全国高职高专公共基础课规划教材

普通话口语教程(第 2 版)

陈兴焱　周　声　主　编
武　超　李　萍　副主编

清华大学出版社
北京

内 容 简 介

《普通话口语教程(第2版)》一书由普通话语音基础、普通话口语表达基础、普通话实用口语训练三篇构成。上篇普通话语音基础(包括第一至三章),从普通话语音的发音到方言发音辨正,理论知识简洁明了,训练材料丰富多彩;中篇普通话口语表达基础(包括第四至七章),从发声到朗读,有一般要求,有艺术性训练;下篇普通话实用口语训练(包括第八至十六章),主要讲述社会人际交往中基本的口头语言表达技巧,同时设计了大量的职业化口训练。

上篇和中篇属于基础性训练,采用了传统的以"知识加训练"为体系的编写模式,这种模式体现了循序渐进的特点,被实践证明是行之有效的。但为了强调实用性,编写时编者淡化了理论知识的讲解,突出了基础性训练。下篇是本书的重点和主要内容,在编写体例上打破常规,以应用语言学理论为指导,采取案例教学法,融知识和训练为一体,同时在每章"思考与练习"中设计适量的情景训练,以期达到在一定的语境中培养和提高学生口语交际能力的目的。

本书理论表述简明扼要,技能训练系统科学,结构合理,脉络清晰。本书是职业院校普通话课程教材,也可作为高校开展素质教育的公共必修课教材。在编写的过程中,本书按照国家语委最新颁布的《普通话水平测试大纲》的要求,摘编了大量的训练材料和测试内容,因此亦可作为教师、公务员及其他行业从业人员学习普通话的辅导用书和普通话水平测试的训练用书。

本书封面贴有清华大学出版社防伪标签,无标签者不得销售。
版权所有,侵权必究。举报: 010-62782989,beiqinquan@tup.tsinghua.edu.cn。

图书在版编目(CIP)数据

普通话口语教程/陈兴焱,周声主编. —2版. —北京:清华大学出版社,2019(2024.9重印)
(全国高职高专公共基础课规划教材)
ISBN 978-7-302-52805-0

Ⅰ.①普… Ⅱ.①陈… ②周… Ⅲ.①普通话—口语—高等职业教育—教材 Ⅳ.①H193.2

中国版本图书馆 CIP 数据核字(2019)第 076889 号

责任编辑:桑任松
装帧设计:刘孝琼
责任校对:李玉茹
责任印制:刘海龙

出版发行:清华大学出版社
    网　　址:https://www.tup.com.cn,https://www.wqxuetang.com
    地　　址:北京清华大学学研大厦A座　　邮　　编:100084
    社 总 机:010-83470000　　邮　　购:010-62786544
    投稿与读者服务:010-62776969,c-service@tup.tsinghua.edu.cn
    质量反馈:010-62772015,zhiliang@tup.tsinghua.edu.cn
    课件下载:https://www.tup.com.cn,010-62791865
印 装 者:三河市龙大印装有限公司
经　　销:全国新华书店
开　　本:185mm×260mm　　印　张:21.25　　字　数:515千字
版　　次:2010年3月第1版　2019年6月第2版　印　次:2024年9月第4次印刷
定　　价:49.00元

产品编号:067533-01

Preface 前言

　　人际交往的手段从书信到网络，呈现出不同的时代要求。但无论何时，无论科技发展到什么程度，口语在人际交往中的作用总是其他交际形式所难以替代也无法替代的。因为任何人都不可能离群索居，我们要生活、工作、学习，就要相互接触，相互交流，相互依存。口语正是人们日常生活、工作、学习时的重要交流工具。

　　我们这里讲的现代交际口语必须是普通话口语，而不是方言口语。普通话是现代汉民族的共同语，是世界华人的共同语，也是加强各民族联系、促进民族团结的坚韧纽带。方言口语也是民族文化的瑰宝，但在社会交际中，使用方言容易出现交流障碍，影响人际交流的效果，影响社会经济价值的创造。

　　当代大学生正处在人才竞争的时代，要想成为一名合格、优秀的大学生，成为高素质人才，加强道德修养、加强专业学习固然重要，但口语表达能力的强弱，也是影响大学生成长、成才和成功的关键因素。因为大学生在求职、应聘、工作、创业的道路上要不断地推荐和展示自己，创造财富，实现人生价值。而这些过程都离不开与人交流、与人交友、与人合作。荀子说："人，力不若牛，走不若马，而牛马为用，何也？曰：人能群，彼不能群也。"马克思认为，人的本质力量是口语交际的力量，这种力量和人的其他力量相比具有决定性的性质。雨果说："语言就是力量。"当代大学生肩负着建设祖国，建设小康社会，实现民族复兴的历史责任，提高口语表达水平和口语交际能力意义重大。

　　目前，高职院校普通话口语课的开设情况不容乐观。虽然部分院校的师范教育专业仍然坚持开设"教师口语"课，并且开展得较好，但大多缺乏普通话和交际口语的训练内容。一般职业院校偏重于专业技能课，文科教学包括口语教学，课时量严重不足。教材要么是普通话教材，偏重于普通话语音和普通话测试；要么就是单一的口语交际技能训练，没有普通话知识和训练。我们认为，高校口语表达技能课，必须是普通话口语，而非方言口语。因此，口语训练教材，应该把普通话和口语结合在一起，包括普通话基础知识和技能训练、普通话水平测试和交际口语训练。学好母语，提高口语表达能力，应是当代大学生素质教育的基本内容之一。基于目前高职院校口语教材和教学的现状，我们组织编写了这本《普通话口语教程(第2版)》，旨在为广大师生学好母语、练好口才做有益的引导。

　　本书由信阳职业技术学院陈兴焱、周声任主编，武超、李萍任副主编。参加编写的人员及所编写的章节分别为：陈兴焱编写绪论、第一章；介小玲编写第七、十五章；李萍编写第四、五、六章；武超编写第二、三章；李秀林编写第八、十六章；朱锐编写第九、十、十一章；周声编写第十二、十三、十四章。武超、李萍负责部分内容的修改，陈兴焱、周声负责各章节内容的增删和全书的统稿。

　　在编写过程中，我们参考了大量书刊，同时从网上查阅并借鉴了一些资料，在书中没有一一标出，有些也未能及时与原作者一一联系，在此深表歉意，并致以诚挚的谢意！

　　由于我们经验不足，水平有限，书中难免有不足、不妥之处，诚望专家学者和广大师生批评指正，多提宝贵意见！

编　者

目　　录

绪论 1
　　一、口语与口才 1
　　二、口语表达的特征 2
　　三、口语表达的基本要求和个人修养要求 6
　　四、口语表达训练方法 9

上篇　普通话语音基础

第一章　普通话概述 14
　第一节　普通话与现代汉语 14
　　一、什么是普通话 14
　　二、为什么要学习普通话 14
　　三、普通话与方言 15
　　四、普通话的推广与普及 16
　　五、怎样学习普通话 17
　第二节　普通话语音概述 18
　　一、语音的性质 18
　　二、语音的结构单位 19
　　三、《汉语拼音方案》 20

第二章　普通话语音训练 23
　第一节　声母 23
　　一、声母的发音技巧 25
　　二、声母辨正训练 29
　第二节　韵母 43
　　一、韵母的发音技巧 44
　　二、韵母辨正训练 52
　第三节　声调 61
　　一、声调的性质及其特征 61
　　二、调值、调类和调号 61
　　三、声调辨正训练 63

第三章　语流音变 72
　第一节　变调 72
　　一、上声的变调 72
　　二、"一"字的变调 73
　　三、"不"字变调 74
　第二节　轻声 75
　　一、轻声 75
　　二、轻声的调值及作用 75
　　三、轻声的变读规律 76
　　四、轻重音格式 76
　第三节　儿化 77
　　一、儿化的性质 77
　　二、儿化韵的发音 78
　　三、儿化的作用 78
　第四节　"啊"的音变 79

中篇　普通话口语表达基础

第四章　发声技巧 86
　第一节　呼吸与换气 86
　　一、呼吸 86
　　二、换气 88
　第二节　吐字归音 88
　　一、吐字清晰 89
　　二、归音到位 90
　第三节　共鸣 90

第五章　朗读训练 94
　第一节　朗读及技巧训练 94
　　一、朗读及其特点 94
　　二、朗读的基本要求 96

三、朗读的技巧 96
第二节 不同文体的朗读 103
    一、记叙文的朗读 103
    二、说明文的朗读 104
    三、议论文的朗读 105
    四、诗歌的朗读 108
    五、寓言、童话的朗读 111

第六章 态势语运用 120

第一节 态势语的特征与功能 120
    一、态势语的内容及分类 120
    二、态势语的作用 121
第二节 态势语的运用技巧 122
    一、目光语 122
    二、微笑语 125
    三、手势语 127

    四、首语 130
    五、态势语实训要求 131

第七章 普通话水平测试 133

第一节 普通话水平测试概述 133
第二节 普通话水平测试的内容与要求 .. 134
    一、读单音节字词 134
    二、读多音节词 134
    三、朗读 135
    四、命题说话 135
第三节 普通话水平测试程序和
    考前准备 136
    一、普通话水平测试的准备 136
    二、机测程序 138
    三、人工测试程序 139

下篇　普通话实用口语训练

第八章 演讲与辩论 176

第一节 演讲 176
    一、演讲的特征 176
    二、演讲的基本要求 177
    三、演讲的准备 178
案例分析 180
第二节 辩论 186
    一、辩论的分类 186
    二、辩论的特点 187
    三、辩论技巧 187
案例分析 191

第九章 拜访与接待 201

第一节 拜访 201
    一、拜访的注意事项 201
    二、拜访语言 204
案例分析 206
第二节 接待 209
    一、接待的注意事项 209
    二、接待语言 210
案例分析 212

第十章 介绍与解说 216

第一节 介绍 216
    一、人物介绍 216
    二、事物介绍 219
案例分析 221
第二节 解说 226
    一、解说与介绍 226
    二、解说的基本要求 226
    三、解说的不同形式 227
案例分析 228

第十一章 求职与应聘 234

第一节 求职应聘的准备 234
    一、知己知彼，胸中有数 234
    二、心理准备，沉着自信 234
    三、资料准备，翔实得当 235
第二节 求职面试的应对技巧 235
    一、常见问题的回答 235
    二、回答问题时的礼貌要求 237
    三、回答问题时的说话技巧 238

　　案例分析 239

第十二章　表扬与批评 247

第一节　表扬 247
　　一、表扬的原则 247
　　二、表扬的技巧 249
　案例分析 249
第二节　批评 253
　　一、批评的原则 253
　　二、批评的技巧 254
　案例分析 256

第十三章　说服与拒绝 261

第一节　说服 261
　　一、说服的原则 261
　　二、说服的技巧和方法 262
　案例分析 263
第二节　拒绝 264
　　一、拒绝的原则 264
　　二、拒绝的技巧 265
　案例分析 266

第十四章　主持与致辞 270

第一节　主持 270
　　一、主持的分类 270
　　二、主持的技巧 271
　案例分析 273
第二节　致辞 275
　　一、致辞的特点 275
　　二、致辞的基本要求 276

　　案例分析 277

第十五章　谈判与推销 284

第一节　谈判 284
　　一、谈判语言的特征 284
　　二、谈判的基本要求 285
　　三、谈判技巧 288
　案例分析 290
第二节　推销 294
　　一、推销语言的特征 294
　　二、推销的语言技巧 296
　案例分析 299

第十六章　教育教学口语 305

第一节　教育教学口语及其特点 305
第二节　教育口语的基本技巧 306
　　一、说服语 306
　　二、沟通语 306
　　三、启迪语 307
　　四、暗示语 307
　　五、激励语 307
　　六、评价语 308
　　七、劝解语 308
　　八、应急语 309
第三节　教学口语的基本技巧 309
　　一、导入语 310
　　二、讲授语 310
　　三、提问语与解答语 311
　　四、结束语 311
　案例分析 311

附录 326

参考文献 329

绪　　论

　　人的社会性决定了人与人交往的必然性，强烈的交往意识是现代人的重要特征之一。人际交往的信息交流主要通过语言沟通来完成。语言(书面语言、口头语言、网络语言)是人类最重要的交际工具，在人际交往中发挥着不可替代的重要作用。其中，口头语言在人际交往中最直接、最普遍，其作用最为明显，历史也最为悠久。夏启大战有扈氏的誓师演讲，孔子运用口语艺术开展教育，子贡游说列国安鲁邦，毛遂自荐搬兵救赵，苏秦以雄辩之才挂起六国相印，张仪三寸之舌拆散齐楚联合，唐雎不辱使命，蔺相如完璧归赵，墨子止楚攻宋，烛之武巧退秦师，邹忌讽齐王纳谏，诸葛亮联吴抗曹、舌战群儒，等等，可以说中国古代口才与交际艺术和四大发明、唐诗宋词一样，是高度发达的。到了近现代，产生了梁启超、孙中山、鲁迅、毛泽东、周恩来、闻一多等许多能言善讲的大师巨擘。历代关于口语神奇功能的溢美之词俯拾皆是："一言可以兴邦，一言也可以丧国""良言一句三冬暖，恶语伤人六月寒""一言之辩，重于九鼎之宝；三寸之舌，强于百万之师""与人善言，胜于布帛""听君一席话，胜读十年书""酒逢知己千杯少，话不投机半句多""一语道破天机""铁齿铜牙""语惊四座"等。

　　现在，随着我国社会主义市场经济的迅速发展，人际交往日益频繁，口语表达能力在人际交往、经济效益的创造和一个人事业的成功过程中所发挥的作用越来越重要。有人说竞争时代，人的第一竞争力就是口才；有人说"知识是财富，口才是资本""拥有口才就拥有成功，投资口才就是投资未来"；有人说，一个人的成功等于15%的专业知识加上85%的人际沟通和处事技巧，而这种技巧主要是语言技巧。科学研究也认为，开发人们潜能的途径可以从语言突破开始，因为语言是思维的外衣。思维能力是人的第一智力因素。无数事实表明，世界上很多成功人士和企业已经把口才的培养作为成就事业的必修课。经济效益的取得和事业走向成功要以口才锻炼为基础，培养团队精神也要凭借口才训练增强其效果。

一、口语与口才

　　一般说来，我们可以把语言分为口语和书面语两大类。

　　口语是有声语言，是我们人类借助语音来表达思想、彼此沟通的语言活动。信息论的研究者认为，即使在通信手段高度发达的现代社会，仍有70%的信息是通过口语来传递的，而且口语比书面语能表达更为丰富的思想感情。所以，运用口语进行交流，在我们的日常生活、工作中具有十分重要的意义；而通过口语表达训练，提高自己的口语表达水平，也应该成为大学生的必修课。

　　口才是人们运用口语传递信息、表达感情、交流沟通的能力。这种能力体现在口头表达时是否简洁、准确、生动，也体现在我们口语表达时的思维应变能力上。口才是高级形

式的口语表达能力，是一个人的会话能力与智慧、知识相结合而形成的语言艺术，是将内在的知识和智慧外化为口语的才能，是人们驾驭生活、完善工作、事业成功的必备技能。

"普通话口语表达"课程，就是在进行普通话语音训练、提高普通话水平的基础上，对学生进行口语表达训练和口才培养的一门技能训练课。

二、口语表达的特征

口语表达的训练以培养口语交际能力为目的，理解和掌握口语表达的特征，有助于提高口头语言表达的准确性和艺术性，口语表达的三大特征简要介绍如下。

(一)口语化

交际口语的口语化特征首先表现在词汇的使用上。通俗的口语，一是词汇多，如"炒股"(买卖股票)、"土豆"(马铃薯)、"电脑"(电子计算机)、"打的"(乘坐出租车)、"栽了"(失败或出丑)、"发了"(赚钱或生意兴旺)等；二是格言、俗语(惯用语、谚语、歇后语)多，如"耍花招""穿小鞋""开绿灯""半斤八两""唱对台戏""只许州官放火，不许百姓点灯""知识就是力量""洗脸盆里扎猛子——不知深浅""黄鼠狼给鸡拜年——没安好心"等。这些语言除了平实、通俗外，还言简意赅、生动形象。

随着人们活动范围的不断扩大，口语词汇的发展变化也在加速，具体表现在三个方面。一是为旧词赋予新义，使平常的词或特定含义的词增加新的含义。例如："下课"原指课堂教学，一节课上完了，老师走下讲台，现在还可用来指代让不称职的领导干部、教练下台；"蛋糕"原指一种食品，现在又有了"财富"的意思。二是外来词语增多。改革开放以来，不同国家之间人口流动性加大，交际增多，彼此语言的对流量不断增大，日常生活中一些外来词时常出现。如"打的"，上"酒吧"，看"茶道表演"，唱"卡拉OK"，穿"T恤"，考"托福"，考"雅思"，参加"欧佩克"(石油输出国组织)，加入"WTO"(世界贸易组织)等。三是网络语言的流行。随着计算机网络的发展，网络语言常出现在人们的口语中，而计算机系统和计算机行业的很多词汇也逐渐变成基本词，如"平台""博客""驴友""美眉""菜鸟""灌水"等。

其次表现在句法上。口语化的句子具有简短的特点，原因主要有三个：一是讲话时客观上总有一定的"不言而喻"的情境和语境，因此，无须细说也明白；二是口头表达时主观上可采用多种"词不达，而意已到"的传达手段，如语调、语速、衣着、手势和面部表情等，因此，语句适当简约意思也能表达清楚；三是说话句子的长短要受人呼吸节奏的制约(书面语无此约束)。一句话，在无须换气的一呼或一吸中说完，当然就轻松自然，否则就会憋气、费劲或不顺畅。比较而言，书面语句子长，优点是精确、严密、细致，缺点是有时不免显得呆板和累赘。口语句子短，优点是简洁、明快、有力、富有生气。事实上，由于口头交际常常有种种客观和主观上的辅助性传达媒介可以借用，因此，尽管口头表达句子简短，却能够丰富多彩、细致入微和恰到好处地传情达意，因而特别受口才家们的青睐。当然，由于口头交际形式的不同，口头语句也有其相应的长短伸缩。如演讲、教学、做报告等比较正规的形式，句子就稍长些；而洽谈、导游及各种社交口才形式，句子自然短一些。

(二)审美性

在人际交往中，口语表达的审美性表现在语言运用的艺术和语言节奏的艺术两方面。

1. 语言运用的艺术

人类的生活是千变万化的，人类的交际也是相当复杂的。在交际过程中，很多时候是靠语言的灵活机智运用，来调节、应对复杂的交际情境，以体现口才的艺术的。

波奇是著名的钢琴家。有一次，他在美国密歇根州的福林特城演奏时，发现会场座位空出了很多。"福林城的人可真有钱啊！"波奇站在舞台上感慨地说，"你们一个人就买了两三张票来看我演出。"冷清清的大厅里顿时爆发出一阵阵的掌声。

著名作家刘绍棠到某国访问，一位外国记者突然向他问道："刘先生，听说贵国进行改革开放，学习资本主义先进的科学技术和管理方法，这样一来，你们国家不就变成资本主义了吗？"刘绍棠不紧不慢地回答道："如此说来，你们每天喝牛奶就会变成奶牛了。"

以上两个例子，第一个例子是情境语言，即在某种场合或某种情境下，用语言来调节处理这种场合下的情景状态。第二个例子是会话语言，即用答话来调节处理问题中某种语意下的情景状态。

对于情境语言，在表达时，要把握以下几点。

(1) 运用时空特点。人们说话都是在一定的时空条件下进行的，如果巧妙运用，就能说出意味深长又富有情趣的话来。如 1984 年秋，中英为香港问题在北京钓鱼台国宾馆举行第 22 轮谈判，谈判过程中，中方代表周南对英方代表说："现在已是秋天了，我记得大使先生是春天来的，那么就经历了三个季节：春、夏、秋——秋天是收获的季节。"周南巧妙地运用了秋天这个收获季节的时空特点，含蓄地表达了希望这次会谈能取得成果的殷切期望，意味深长。

(2) 把握时机。说话要掌握时机，怎么说，什么时候说，说什么，要适时得体，这样才能产生好的效果。像前面钢琴家波奇的调侃，就是把握住了很好的时机，那句话只有在那个时候说才叫妙。

(3) 适应场合。俗话说"到什么山上唱什么歌"，说的就是场合适应问题。话总是在一定场合下说的，说话与场合相适应，就会使听者感到动听舒适。一般情况下，正式场合说话，用语应该郑重、规范；非正式场合，用语可以轻松，随便；大庭广众下说话要清晰洪亮，规范严谨；私下说话，缓慢有致，亲切自然；喜庆场合，用喜庆语言，让大家高兴；悲痛场合，说话严肃，不能随意开玩笑。鲁迅先生曾举过这样一个例子，有一家人喜得贵子，客人去贺喜，却说："这孩子是要死的。"这句话虽然符合人的生死规律，但在这种喜庆场合说，显然是不合适的，势必会引起主人的不满甚至愤怒。

(4) 观察对象。说话要看对象，这是说话的一个基本原则。俗话用"见什么人说什么话"说明那些能说会道的机灵人能看对象说话。真正懂得口才艺术的人都知道，说话不仅要有自觉的主体意识，还要有强烈的对象意识。如在日常生活中，和文化水平较高的长辈说话，称呼"伯父""伯母"；和文化水平不高的长辈说话，则称呼"大伯""大妈"，这样称呼可以使对方感到亲切，缩短和他们之间的距离。说话要看对象，对象的性格特征不容忽视。性格开朗的人，喜欢热烈、坦率的谈话；性格内向深沉的人，喜欢睿智、思辨的话题；性格豪放的人，不喜欢缠绵悠闲的文弱之气；朴实的人，不喜欢奇诡的表达；浪漫的人，喜欢韵致、富有文采的话语。说话看对象，要注意对象的年龄、性别、文化程度等。面对少儿，要尽量口语化、故事化，形象直观；面对青壮年，要尽量体现社会时代特色，语言节奏快，有哲理、有激情；面对中老年人，要尽量生活化，多用交流、请教的口吻；面对男性说话，要坦诚直率，可以随意一点儿；面对女性说话，不能让对方有不被尊重的感觉，要亲切、婉转；对文化程度高的人，要用文雅、蕴含哲理的语言；对文化程度低的人，要用趣味性强的通俗语言。

会话语言，包括提问和回答，是人际交往最常见的基本形式。会话语言的艺术性，体现在"巧问"和"智答"上。

怎样做到巧问呢？首先，要了解对方，熟悉其背景，分析其心理，把握其特征。其次，应根据你所问事物的性质，选用巧妙的提问方式。如，你到一家餐馆就餐，点菜时如果问："这鱼新鲜吗？"通常情况下，店主出于营利的需要，即使鱼不新鲜，也会做肯定的回答，所以你等于白问了；如果换一种问式，将是非问改成特指问："今天有什么好菜吗？"老板为了给本店树招牌、扬声誉，必然会将该店独具特色的拿手好菜介绍给你。

怎样做到"智答"呢？在交际场上，答话有专题对话，答记者问，论文答辩，还有生活中的聊天议论等。懂得问什么，答什么，怎么问，怎么答，才是一个高明的应答者。智答、巧答是口才训练的目标之一。

首先，避实就虚。避实就虚也叫答非所问。有些提问，不怀好意，存有某种动机或不便回答，可以避其锋芒，避而不答或不正面回答，宕开一笔，旁敲侧击。例如，缅甸前总理克立问周总理，为什么别人都不戴像章了周总理还要戴，为什么把"为人民服务"像章换成毛主席像章，总理幽默地避开了对方的锋芒，回答说："克立先生对中国的像章很有兴趣。我知道您想要我这枚像章，送你了。"总理在此运用了改变命题的手法将大问题化小，在幽默亲切的说笑中避开了对实质性问题的回答，又不影响双方关系的融洽。难怪尼克松在他的回忆录中这样写道："周恩来的敏捷机智大大超过其他任何一位世界领袖。"

其次，请君入瓮。在谈判和论辩中经常运用"请君入瓮"的招式，利用对方言论中的失误或漏洞来反击对方，以达到出奇制胜的效果。例如，在"上网有利还是有害"的辩论中，有这样一个回合的交锋：

反方：我方认为上网非常有害，所以坚决反对上网。现在我国因网络成瘾的青少年已经超过 1000 万人，目前这个群体还在不停地壮大。他们有的深陷网络，欲罢不能；有的性格变异，打骂父母；很多网瘾少年休学辍学，沉沦于虚拟世界之中，甚至走向犯罪。

正方：反方掌握的资料还真不少，请问你这些信息是从哪里来的？可靠吗？(故作谦恭)

反方：绝对可靠。为准备这场辩论，我特意到网上查的……(突然悟到什么，赶紧停住)

正方：哦，是这样！那么请问，既然你那么反对上网，为什么还要去上网？你从网上得到这么多信息，使自己得到警醒的同时，还可以告诫他人，这难道是有害的吗？(掌声)

正方巧用"请君入瓮"法，利用对方论辩过程中的错误或漏洞，以对方自己的话来反击他自身，使对方立即陷入"哑口无言"的境地，取得了很好的效果。

再次，类比推理。借对方的某些用语巧换概念或根据事理进行类比推理，使对方无话可说。例如，一位美国记者就北京市政府下达捕杀全市的狗一事采访中国官员，说道："你们中国人一向讲求仁义，现在却大肆捕杀狗，对这件事你们作何解释？""你们美国人每年屠宰千万只牛，对此，不知你是如何认识的？"

最后，即兴智答。急中生智，妙语作答，是一种高水平的应答。应答者必须反应迅速，思维机敏。1935年在巴黎大学的博士论文答辩会上，主考人向年轻的中国留学生陆侃如提出了一个奇怪的问题："《孔雀东南飞》这首诗里，为什么不说'孔雀西北飞呢'？"陆应声而答："西北有高楼。"陆侃如引用了我国《古诗十九首》中的名句"西北有高楼，上与浮云齐"，孔雀自然飞不过去，只好向东南飞去了。真是问得怪，答得也怪，令人捧腹叫绝。众所周知，美国总统小布什当年在耶鲁大学几乎未能毕业，有一次在母校演讲时说道："我当年从耶鲁大学毕业……"话未说完，台下有人高喊"Barely!(几乎未能)"，全场顿时一阵哄笑。小布什也是一怔，尴尬一笑后说："我要对今天以优异成绩毕业的同学们说，干得漂亮！而那些成绩比较差的，也不要气馁，说不定某一天你也可以成为总统。"一片掌声之后，小布什话锋一转："不过能够毕业和不能够毕业的，差别可就大啦，毕不了业的，也许只能当副总统。"因为时任副总统的切尼是耶鲁大学的肄业生。全场再次笑声一片，掌声雷鸣。

2. 语言节奏的艺术

英国首相丘吉尔将口语的节奏称为口才表达艺术的"第一要素"。一般说来，口语的节奏主要表现在语音有高有低，语调有抑有扬，语速有快有慢，吐字停顿有长有短。高亢铿锵的语调催人奋发，快速急骤的语速使人激动和紧张，缓慢低沉的语音让人沉思和黯然神伤。根据表达的需要，说话时，对以上表现形式进行恰当的调控，可以形成口语节奏的协调旋律。

语调是口语节奏变化最重要的形式，声音高低、轻重、快慢都是通过语调表现出来的。虽然汉语声调只有四种：高平调、高升调、降升调、全降调，但语调不同于声调，在人际交往中会随着感情的复杂多变而变化。大文豪萧伯纳曾说，说一个"是"字有五十种方法，说"不是"有五百种方法。据说意大利一位著名演员曾在舞台上使用悲切的语调朗诵阿拉伯数字，台下的听众竟然潸然泪下。我国著名的电影表演艺术家赵丹也有类似的惊人之举，新中国成立前，他在重庆的一次宴会上即席吟诵菜谱，竟也使得满堂宾客为之动容，情不自禁地拍案叫绝。由此可见，口语节奏的确有强烈的表情作用。这种表情作用与语调的关系通常分为以下几种。

"气徐声柔"的语调，可以给人一种温和感，通常用来表示"爱"的感情。
"气促声硬"的语调，可以给人一种挤压感，通常用来表示"憎"的感情。
"气沉声缓"的语调，可以给人一种迟滞感，通常用来表示"悲"的感情。
"气满声高"的语调，可以给人一种跳跃感，通常用来表示"喜"的感情。
"气提声凝"的语调，可以给人一种紧缩感，通常用来表示"惧"的感情。
"气短声促"的语调，可以给人一种紧迫感，通常用来表示"急"的感情。
"气粗声重"的语调，可以给人一种震动感，通常用来表示"怒"的感情。
"气细声黏"的语调，可以给人一种踌躇感，通常用来表示"疑"的感情。

(三)具象性

口语表达的具象性，要求说话时注意使用能够引发听者联想起曾经的感受或体验的形象性语言。这种语言就叫"具象"语言。用比喻来说明事理是具象性语言常用的技巧。"喻巧理至"，用比喻说理可以把抽象的道理说得具体可感，把深奥的道理说得浅显易懂。

有一位年轻人，在搞数学研究时，打算选择数论来作为自己的研究课题。为此他主动向我国著名的数学家华罗庚教授请教。他想听听华罗庚教授对自己这种选择的意见。华罗庚听年轻人介绍了自己的想法以后，笑了笑说："数论这东西，我在三十年代开始研究的时候，好像是一桌丰盛的筵席，好吃的东西多着呢。到了陈景润这一辈，数论已经被许多人'吃'过了，桌上是残羹剩菜，不过，陈景润也够厉害的，'吃'了不少。如今到了你这一辈，数论的一些重大课题都已经被人'吃掉'了，连残羹剩菜都不多了，你何必去舔盘子呢？你要自己去找一个新的领域，闯进去！"华罗庚教授主张做研究工作不要走别人走过的路，应开拓新的研究领域。但是他为了说服这位年轻人接受自己的这种观点，在回答年轻人的时候，并没有使用许多抽象的大道理去说教，而是根据对象，借用生活中具体可感的事例，把那些抽象的大道理具体化，使道理讲得非常形象，并且话语不多，含义却十分深刻。如果华罗庚先生不是"取喻说理"的话，那他也许就要用很多语言去向年轻人解释选题是否适宜以及如何做到有创造性。

三、口语表达的基本要求和个人修养要求

常言道："说出去的话泼出去的水"，这句话是"谨言慎行"中"谨言"的形象体现。我们平时说话，只有按照口语表达的基本要求，加强口语表达训练，加强语言修养，才能说得好，说得巧。

(一)口语表达的基本要求

要做到"谨言"，需要注意以下几点。

1. 准确

口语表达要做到准确，首先必须使用普通话。普通话是现代汉民族的共同语言，它的

语音清晰响亮，词汇、语法规范。我国幅员辽阔，民族众多，如果各地区、各民族的人各说各的，既不便于交往，又不便于发展。其次，用词要恰当明白。说话者表达思想时语意要明白、精确，不能给人含糊其辞或词不达意的感觉。最后，防止把字词说错。说错字，也会破坏语境，还会使说话者的形象大打折扣，当然也会破坏表情达意的效果。例如，某学校请一名历史专家做报告，学校领导在介绍这位专家时说，专家有很高的"造诣"，可想而知这位领导在专家和师生那里会有怎样的评价。

2. 简明

说话简明，首先，中心要明确。口头表达要做到立意明确、主题突出、详略得当，最忌东拉西扯，信口开河。其次，表达技巧上要做到复杂的内容简明化，抽象的东西具体化。俄国作家赫尔岑说过："没有难懂的科学，只有难懂的解释，即不可领会的解释。"1905 年，爱因斯坦在《物理学年鉴》上发表了长达 30 页的相对论论文，但是这种深奥的理论思想超越了同时代人的理解力，许多人不能理解。有一次爱因斯坦向一个疑惑者解释相对论，说："如果你在一个漂亮的姑娘旁坐一个小时，你只觉得坐了片刻；反之，如果坐在一个热火炉上，坐片刻就像坐了一个小时。这就是相对论。"深奥的相对论，一个比喻就通俗清晰地表达出来。复杂的内容如果说不清，就会像一团乱麻，理不出头绪，因此表达时要做到具体化。比如，数字是比较抽象的，属于理性的语言，枯燥乏味，但时常又要用到，要做到具体化，就要在不改变数量的前提下，把数量与某一具体形象联系起来，或者说，把数量变换成另一种可以让人理解和接受的形式去表达，对象比较法是常见的方法之一，即通过表述人们易于接受或者已经接受的对象，来与枯燥乏味的数字进行比较。有位导游在向日本游客介绍黄河时说："黄河全长 5464 公里，相当于东京到博多的新干线长度 1176 公里的 5 倍。"日本游客对自己国家东京到博多新干线的长度是有深刻印象的，现在，导游把游客已知的铁路与未知的黄河进行比较，就非常具体地把黄河长的程度明白地表现出来了。

3. 生动

生动是指语言能激活听者的思维，使其头脑中产生的形象变得生动、有活力。生动性是话语最能产生引人入胜效果的特性。说话生动，首先，词汇要丰富。汉语有丰富的同义词或近义词，有规范的普通话词汇，还有形象生动的俗言俚语，恰当运用，能够起到画龙点睛的作用。其次，句式要灵活多变，以短句式为主。在口语表达中，如果使用长句，会出现讲起来费劲，听起来费力，不便理解，不便记忆的现象。再次，说话语调要抑扬顿挫，音量适中，语速恰当。努力通过语言的绘声绘色来表达丰富、复杂、细腻的思想感情。切记，说话不能一个语调到底，一个语速到底，一个音量到底。"文似看山不喜平"，口语表达亦如此。最后，表达方式和表现手法要多样。表达方式和表现手法要根据表达内容来确定，或描绘叙述，或议论抒情，或声情并茂，或含蓄讽喻，或幽默风趣。

4. 得体

口语表达要做到得体，首先，说话者要注意自己的仪表举止。要仪表端庄，举止得

体,态度从容大方,自然热情,用语切合语境,得体,恰当,不能给人做作、扭捏、随便、怯场、唐突的感觉。1972年美国总统尼克松访问中国时,周恩来总理和江青分别会见了他。尼克松在回忆录中说:"周总理言简意赅地说:'你从大洋彼岸伸出手来,和我握手。我们已经25年没有联系了。'而江青的话是:'你为什么从前不来中国?'"周总理的讲话表现出机智、幽默,态度友好,既符合历史事实,又不伤害对方,用语和态度十分得体;而江青言语不得体,态度不友好,谈话效果可想而知。尼克松在回忆录中说:"江青的话缺乏幽默感,表现出那种令人不悦的好战态度。"其次,说话要讲究文明礼貌。说话要讲究"口风""口德",不能使用污言秽语或出口伤人。售货员辱骂顾客,父母训斥儿女,老师讽刺学生,学生顶撞老师,与朋友谈话骂骂咧咧等,这些人都是在说话时忘记了自己的身份,使用了不得体的语言,在人前为自己塑造了不光彩的形象。

(二)个人修养要求

语言表达是一个人综合素质的表现,在表达时,需要口、耳、目、舌和知、情、意、行相协调。同时,交际语言又是一个人思想道德、文化知识、思维品质、心理素质等多方面的具体体现。

1. 高尚的道德情操

高尚的道德情操,体现在口语表达上,就是要注重"口德"。古人云:"一言而知贤愚。"有几句俗语可以诠释这句话:"什么鸟叫什么声,什么人说什么话""话如其人,言为心声"。培养道德情操,形成良好的口德,其基本要求是:言行一致,表里如一,宽厚仁慈,诚实谦虚,光明磊落,不搬弄是非,不妖言惑众,不以言语诬人、伤人、害人,不说脏话、粗话等。

2. 良好的知识修养

"问渠哪得清如许,为有源头活水来。"口语表达的"清如许"指的是谈笑间文雅平易,旁征博引,演讲中口若悬河,风流倜傥。"源头活水",就是广博的文化知识、丰富的文化底蕴。"知识就是力量""腹有诗书气自华"。因此,在现代社会,尤其是学习型社会,应学会学习,学会积累,掌握一到两门专业知识,并不断追求新知。同时,还要学习一些交际规则和技巧。这样,在口语表达中,才能有真知灼见,高屋建瓴,分析事理才能一针见血,入木三分。

3. 良好的思维品质

俗话说"锦心绣口""文思泉涌",这"口"与"心""文"与"思"的关系就是口才和思维的关系。思维与语言是紧密联系的,相辅相成,如影随形。语言是思维的外衣,语言所表达的是思维的结果。实践证明,口语表达水平的高低与一个人的思维能力的强弱密切相关。思维不清晰、不敏捷、不严密,口语表述就会不清晰、不流畅。思维训练必须强化脱稿说话训练,克服对稿子的依赖性,看稿子念内容是无法训练思维的。思维训练还需强化即兴说话训练,即兴说话是培养思维能力、促进思维发展最有效的方法之一。

4. 良好的心理素质

心理素质主要是指人的气质、性格、兴趣、爱好等方面较稳定的、本质的、个性的心理特征。心理学家认为，这些心理特征对于语言的构思和表达都会有一定的影响。人们的言语交际过程，实质上是一个复杂的心理过程，它和人的气质、性格、兴趣等有关。

(1) 气质。气质分四种：①胆汁型，特点是具有很强的兴奋性，热情开朗，诚恳直率，行动上表现出不均衡性；②多血质型，特点是具有很强的灵活性，容易适应变化的条件和环境，心里想什么，马上反映在面部表情上；③黏液质型，特点是安静、平衡，始终是坚定和顽强的，但不够灵活，具有惰性；④抑郁质型，特点是具有高度的情绪易感性，较孤僻，不太愿意与人交谈，优柔寡断。不同气质的人在口语表达方面表现为思路开阔或闭塞，思维活跃或呆板，表达流畅或阻滞，感情奔放或涓细，风格粗犷或纤弱。我们了解多种气质特征后，可以根据自己的情况扬长避短，反复实践和学习，提高表达水平。

(2) 性格。性格是个性的核心。恩格斯说："人物的性格不仅表现在他做什么，而且表现在他怎么做。"对口语表达来说，"做什么"是指说话的内容，"怎么做"是指说话的方式。不同性格的人说话的内容、方式是不尽相同的。

(3) 兴趣。兴趣对语言来说，就是一种表达欲，它在语言表达中起着巨大的推动作用，是表达者走向成功的动力。

四、口语表达训练方法

一个人的口语表达能力并不是先天决定的，后天培养是其决定性因素。口语表达能力的训练一定要做到以下三点。

一是要开口说话。首先要经历一个模仿学习阶段。可以向周围口语表达能力强的人学习，也可以模仿广播、影视作品中的人物语言，从声音到表情，从风格到个性都可以模仿。模仿学习之后进入规范训练阶段，根据自己的情况制定训练方案，或练语音，或练胆量，或练技巧。在训练中，要争取多在公开场合下发言，不放过任何一次在学校、在社会实践活动中当众讲话的锻炼机会。如自我介绍时，要介绍自己的姓名、年龄、性格、爱好、家庭情况等更多内容。口述见闻时，讲最感兴趣的所见所闻，或在从电视、广播、电影、报刊和广告中吸收的信息里，选一两条，抓住中心，按一定的顺序简单地讲给大家听。工作汇报时，将自己所做的事情有意识地向老师和同学汇报，并接受大家的咨询。同时还可以在课堂内外进行祝贺感谢、接待客人、求助于人、自由议论、争辩问题、主持会议、交易商谈等多方面的训练。

二是多积累知识。积累是聚少成多的过程，是事物发生质变的必要条件。口语表达的积累就是要多积累知识，积累多方面的知识。"嘴尖皮厚腹中空"的人是谈不上口才的。如果缺乏知识或不追求知识的积累和更新，一开口就会紧张，就会语无伦次、错误百出。积累知识的方法和途径有阅读思考、识记等。阅读是获取口语表达资料和知识积累的重要途径。阅读使人眼界开阔，阅历丰富。思考是获得口语表达的思想性、深刻性和说服力的重要方法。识记是占有口语表达资源的主要方法。

三是学会设计说话。我们在说话和演讲之前，有一个准备过程，需要就说话和讲话做一些设计，包括如何组织材料，如何体现主题，如何增强吸引力和说服力等。设计形式有两种，一是打腹稿，一是动笔写稿。

先说打腹稿。说话要有目的，或传递信息，或传授知识，或引起注意，或争取了解和信任，或激励，或鼓励，或说服，或劝告等。说话必须明确目的，这是取得口语表达成功的首要条件。只有目的明确了，说话才有可能取得良好的效果。明确了目的，接着就要选择话题和说话内容。在这个问题上的原则是"避虚就实"，如说自己的经历，话题选好后，就要对将说的话题所涉及的观点进行认真思考和推敲。推敲观点的过程就是对客观事物认识的过程。要深刻认识话题所涉及的事物、现象所蕴藏的内在意义。评价一个人口语表达能力的强弱，不是看他说多少，而是看他能不能触及问题的实质，能不能提出解决问题的办法。常言道："话多不如话少，话少不如话好。"推敲观点有一个重要任务就是寻找最佳角度。另辟蹊径、别出心裁、独树一帜是我们寻找最佳角度的原则。发散思维、求异思维、逆向思维都是我们寻找最佳角度的方法。组织材料是我们说话前打腹稿的重要环节。没有材料作为支撑，说出的话就会苍白无力。材料可以是历史资料，可以是生活中的事例，也可以是名人名言、诗词名句，还可以是任何与要说的内容相关的知识。打腹稿的中心环节就是整理说话的思路。如果将打腹稿比作盖房子，前面是准备盖房的材料，整理思路就是设计怎么盖，先做什么，后做什么。开头难，开头的好坏往往直接影响说话的进程和效果。一般情况下，交谈式对话根据交谈需要选择话题，开头的形式比较随便；而演讲式的讲话，则特别讲究开头，常采用故事性或悬念式开头，以引人注意。至于正文的表达顺序、表达方式，得根据需要确定，标准是层次清晰，有条不紊。结尾也要精心设计，或照应开头，或余音绕梁。

再说写稿。演讲式的讲话，如演讲、做报告、产品发布会、课堂教学等，一般需要事先写稿。写好稿，有的照稿念讲，有的依稿背讲。无论怎样做，这都是说话者高度负责任的表现。那么讲稿应怎样设计呢？写稿应体现作文的一般要求，如主题鲜明，层次清楚，详略得当，用词恰当，语句流畅等。与一般的作文相比，讲稿的开头、正文、结尾更要精心设计。

(1) 开头。人们常常习惯于根据最初印象给人下结论。开场白来得精彩，则能激发听众的兴趣，赢得他们的好感，使讲话顺利切入正题，否则就难以与听众建立良好的合作关系，因而精心设计一个引人入胜的开场白具有特别重要的意义。开场白的方式是多种多样的。用讲故事的方式，讲述一些逸闻趣事作为开头，往往能很快抓住听众的注意力。也可采取问候致意的方式开头。还可以采取其他的方式，如引经据典、提问、展示实物图片、赞扬听众、触景生情，或者干脆开门见山、单刀直入，都是可行的。

(2) 正文。正文是讲话的主体部分，也是最重要的部分。它的任务是要通过阐发主题来感染听众，说服听众，鼓动听众，因而需全力以赴来对待。讲好正文的总的原则是从讲话的目的出发，选择最有利于表现中心议题的结构形式安排内容和表达次序。这就要讲究一定的技巧，把各项内容安排得既紧凑严密，又波澜起伏，表述的层次既眉目清晰，又错落有致，不宜一根直线抽出来，四平八稳。不妨在讲话的中间或结尾之前，设置一两次高潮，着意筑起突兀的奇峰，用出奇制胜的办法和非同寻常的语言，如巧妙的修辞、精辟的论述、强有力的逻辑推理、充满激情的语言、幅度大而得体的动作等，说出最精彩、最感人的要点，带动听众的感情得到升华，这能使你的讲话得到强烈的反响，给听众留下深刻的印象。

(3) 结尾。首先应将讲过的要点作一个简单的总结，以加深听众的印象。然后，如果是要让听众明白某一事理，可以采取逻辑性的结尾方法，使对方被强大的逻辑力量折服；如果是要号召他们采取行动，则宜晓之以理，并动之以情，就像丘吉尔说的那样，"应瞄准听众的心"，用激越的情感使他们受到极大的鼓舞，在这种场合，唤起听众的感情比引起他们的思考更重要。当然还可以设计一个含蓄的意味深长的结尾，令听众回味无穷，那也是相当美妙的。

一、请将以下词语连缀成篇：宿舍、教室、餐厅、同学、老师、同桌、早操、早读。

二、4人一组，组长首先在数张纸条上分别写上不同的题目，然后分别抽签，抽到后立即站起来，就纸条上的题目说一分钟的话。

三、在新同学见面会上作自我介绍，其语言要体现语言的具象性特征。

四、1945年5月4日，在云南昆明，西南联大、云南大学、中法大学、英语专科学校四校学生，会集在云大操场，举行"五四"纪念会，规模盛大。会议开始后不久，大雨如注，不少人离开会场避雨去了，会场秩序变得混乱。这时，闻一多先生迎着雨站在高台上，高呼："热血的青年过来！继承'五四'精神的青年站过来！怕雨吗？"不少青年同声回答："不怕！"于是，闻一多接着高呼："武王伐纣誓师时也下起大雨，武王说这是'天洗兵'，是要把蒙在甲胄上的灰尘洗干净，好上战场攻打敌人。今天，我们纪念'五四'运动，天下雨了，也是'天洗兵'，是青年的都过来，不怯弱的人都过来，这雨算得什么雨？雨，为我们洗兵，这是行动的时候了，让民主回到民间去！"闻一多先生借"雨"发挥，一段精彩的即席演讲，一下子便把与会者吸引过来，秩序顿时好转。假如是你，会作怎样的即兴演讲？

五、请思考下面的故事中朱元璋的两个儿时伙伴为什么会得到两种不同的待遇。

明朝开国皇帝朱元璋出身贫寒。

他当上皇帝后，儿时的一位穷伙伴有一天来京求见。

那人一进大殿，就大礼下拜，高呼万岁，然后说：

"我主万岁！当年微臣随驾扫荡芦州府，打破罐州城。汤元帅在逃，拿住豆将军。红孩子当兵，多亏菜将军。"

朱元璋心里高兴，重重封赏了这个老朋友。

过了不久，另一个当年一起放牛的伙伴也上门来了。

见到朱元璋，他开始指手画脚地在金殿上嚷嚷道：

"我主万岁！你还记得吗？当年咱俩给人放牛，在芦苇荡里用瓦罐煮偷来的豆子吃；你抢着吃，连罐子都打破了，结果把草根卡在嗓子里；最后，还是我给你出的主意，叫你吞下一把青草，这才把草根带下肚子给拉出来了……"

朱元璋还没听完，就恼怒地呵斥道：

"哪里来的疯子！来人，快给我轰出去！"

六、四位大学生来到某公司应聘，该公司采用座谈会的形式面试，考题是每个人说说自己最喜欢《三国演义》里的哪个人物并说出原因。请简要分析第四位同学的回答和语言特点。

第一位同学脱口而出："吕布，吕布一个人单挑刘关张三人，实乃英雄。"考官眼也不眨地说道："吕布这个人，好色薄情，先是认贼作父，后又弑父夺色，不是英雄，实乃小人。"第二位同学想了想说道："刘备，宽厚仁慈，厚德载物。"考官说道："刘备这个人，小事优柔，大事武断。一意孤行，最终为蜀国的灭亡埋下伏笔。"第三位同学冥思良久："诸葛亮，足智多谋，忠心为国。"考官微微笑道："诸葛亮的忠，只是愚忠，明知道阿斗是扶不起来的阿斗却仍然要扶。在其百年之后，蜀国的灭亡也就不可避免，可悲可叹。"轮到第四位同学，他是这样说的："由于历史的局限性，《三国演义》中的人物都是有缺点的，抛开历史的恩恩怨怨，单就个人而言，我最喜欢的是《三国演义》中的大乔、小乔。因为孔夫子说过，食色，性也。"考官听后，只是笑，没有说话。后来，这第四位同学谈到为什么要这样回答时，他说："想到考官熟读《三国演义》，无论我提出何人，他定能找到其缺点，所以这样说。"

七、阅读下面的材料，请简要分析导游小李的语言特色。

1. 小李在向美国游客介绍故宫时说："故宫建成于明朝永乐十八年，大约是在哥伦布发现新大陆之前70年。"她在向英国游客介绍时，又改为："故宫建成于明朝永乐十八年，也就是在莎士比亚诞生前140年。"

2. 小李在向游客介绍黄河时说："黄河每年带起的泥沙6亿吨，如果用这些泥沙来修建一条高1米宽1米的堤防，这堤防可以绕地球27圈。"

几十年前,美籍华人丁肇中先生在诺贝尔奖的颁奖台上致答谢词时,这位英语远比汉语讲得流利的科学家,却一反领诺贝尔奖致答谢词要用英语的惯例,坚决要用普通话向全世界宣布自己的成果。他说:"普通话是我的母语!"

上篇
普通话语音基础

第一章　普通话概述

本章学习与训练的基本要求：

- 掌握普通话的定义，理解学习、推广普通话的意义。
- 了解普通话和方言的关系，提高学习、使用普通话的自觉性。
- 简单了解普通话的语音系统，以帮助指导普通话的学习和训练。
- 总结自己学习普通话的经历和方法，就此与同学进行交流和探讨。

第一节　普通话与现代汉语

一、什么是普通话

1955年10月，在中国科学院召开的现代汉语规范问题学术会议上，确定"汉民族共同语"为普通话。普通话的精确表述是："以北京语音为标准音，以北方话为基础方言，以典范的现代白话文著作为语法规范。"

二、为什么要学习普通话

1956年2月6日，国务院发布了《关于推广普通话的指示》，指示指出："由于历史的原因，汉语的发展还没有达到完全统一的地步。许多严重分歧的方言妨碍了不同地区人们的交谈，造成社会主义建设事业中许多不便。语言中的某些不统一和不合乎语法的现象不但存在在口头上，也存在在书面上。……为了我国政治、经济、文化和国防的进一步发展需要，必须有效地消除这些现象。"

改革开放以来，尤其是社会主义市场经济初步建立以来，推广普通话的工作越来越迫切，越来越必要。

首先，学习普通话，推广普及普通话是经济建设和发展的需要。在封闭式小农经济时代，人民很少出家门远行，以至于"鸡犬之声相闻，老死不相往来"，人民生活上食不果腹，衣不蔽体，推广一种"共同语"显得不是十分迫切。进入新时代，要全面建设小康社会，就必须完善社会主义市场经济体制，推动经济结构战略性调整，坚持以工业化促进信息化，以信息化带动工业化，加快现代化建设。在经济建设中，生产资料、产品要进行跨地区交流，人员要频繁交往，而保证各种交流畅通无阻和整个社会高效协调运转的基本条件之一，就是推广国家通用的语言文字。我们国家有56个民族，70多种语言，现代汉语还有各大方言区，进行现代化建设，没有规范化、标准化程度较高的信息交流载体——"共同语"，其步伐必然受到阻碍，全面建设小康社会的目标也难以实现。因此，我们必须学好普通话，普及普通话。

其次，学习普通话，推广普及普通话是科学技术发展的需要。当前，世界发展已经进入自动化和信息化时代，运用计算机信息处理技术问题，实现生产、办公、日常生活的自动化等已经成为现实。科学技术的发展，使得语言文字的服务领域正由人与人之间的交际拓展到"人机交际"，"人机对话"就是一个范例。自动化和信息处理技术使声音的传播和转换技术日益完善，人的口头语言在计算机信息技术处理中，其传递、储存、检索、转换等功能实现自动化后，一些会说话的机器和会听话的机器会进入人的日常生活，如"机器人大夫""口传打字机""口语翻译机""有声信件"等，这就要求人们说标准的共同语即普通话。否则，人与机器就无法对话，高科技新产品也就无法为人类提供服务。

再次，学习普通话，推广普及普通话是我们自身发展的需要。当今社会是人才竞争的社会，能说一口流利的普通话是人才的基本素质之一。我们要做社会有用之才，要做国家栋梁之材，学习和推广普通话，是促进新世纪人才培养、提高口语交际能力的重要途径。从现实来看，我们毕业后就要走向社会，面临求职就业，将来还要发展事业，其中每一环节都需要我们介绍自己，展示自己，都需要我们与人交际、沟通。这个过程，如果我们能用标准的普通话口语去表达，定会为自己增添光彩，为赢得成功争取机会。改革开放以来，随着国家对有关行业普通话水平具体要求的出台，一些相关行业，尤其是文化教育、机关事业单位和服务业，在人员招聘时都把会说普通话作为一个重要条件提出来。可见普通话水平的高低，有时会直接关系到个人的前途和命运。

最后，学习普通话，推广普及普通话，是国家统一、民族团结的需要。我国台湾地区少数台独分子和国际上的反华势力，企图把台湾从祖国大家庭中分裂出去，鼓吹独立。利用方言分歧作为分裂手段，就是他们的阴谋之一。他们把在台湾地区通用的闽南方言妄称为"台语"，还搞"粤语独立""粤语北伐"。2002年7月10日，台湾地区推出一套"通用拼音"，与祖国推行的、海峡两岸共同使用的、在国际上已经通行的汉语拼音抗衡，其目的就是利用语言搞分裂，搞"一中一台"。2008年，在两岸关系缓和的大背景下，台湾地区又取消了"通用拼音"。从这个意义上说，普及普通话，推行汉字简化，实现语言文字的统一，对于实现国家的统一具有重要意义。这一点，几千年前的秦始皇就懂得。秦朝在统一中国后所实行的一系列巩固统一的措施中，就有"书同文"的要求。清雍正皇帝也曾下过推广"官话"的诏书。"书同文""语同音"，可以增强民族凝聚力，激发人民的爱国热情。说普通话，普及普通话，是每个炎黄子孙维护民族利益、实现国家统一的具体行动体现。

三、普通话与方言

普通话和方言都是汉语大家庭里的成员，普通话和方言不是相互对立的。普通话的推广，并不以方言的消亡为前提。普通话是有条件、有选择地从汉语方言中吸收一些有生命力的成分来丰富自己、完善自己；而全国各地的汉语方言，也都渗进了一些普通话的成分，日益向普通话靠拢。尽管如此，方言仍将长期存在，作为一个地区的交际工具而发挥作用。在方言地区推广普通话，其任务是要使方言地区的人民除了会说本地方言以外，还会说普通话，尤其是在公共场所能够讲普通话。

汉语方言可以分为七大方言区，如表1-1所示。

表1-1 七大方言区分布表

方言名称	代　表	使用人口	占汉族人口	分布的地区
北方方言	北京话	约84000万	73%	长江以北地区、西南地区、湖北、湖南、江西部分地区
吴方言	上海话	约10000万	8.4%	江苏东南、浙江大部
湘方言	长沙话	约6000万	5%	湖南大部
赣方言	南昌话	约2900万	2.4%	江西大部、湖北东南部
客家方言	梅县话	约4800万	4%	广东东北部、福建西部、江西大部、湖北东南部、湖南和四川一部分
闽方言	闽北福州话	约1400万	1.2%	福建北部、台湾一小部分
	闽南厦门话	约3600万	3%	福建南部、广东东部、海南一部分、台湾大部分
粤方言	广州话	约6000万	5%	广东大部、广西南部

就与普通话的差别来说，上述各大方言中，闽、粤方言与普通话距离最大，吴方言次之，湘、赣、客家等方言与普通话距离相对较小。我们研究和了解汉语方言，其目的就是要找出方言与普通话的对应规律，以有效地推广普通话。

四、普通话的推广与普及

新中国成立以来，普通话工作从推广到普及经历了四个里程碑。

第一个里程碑：20世纪50年代，国务院《关于推广普通话的指示》确定了普通话名称，确定了"大力提倡，重点推行，逐步普及"的推普方针，确定了文字改革的任务是"简化汉字，推广普通话，制定和推行汉语拼音方案"。这一时期颁布了《汉语拼音方案》，毛泽东同志发出了"一切干部都要学普通话"的号召。50年代的开创性建设工作，带来了60年代推广普通话工作的繁荣和全国上下学习普通话的热潮，这是推广普通话工作的第一个黄金时期。

第二个里程碑：1982年修改《中华人民共和国宪法》时，在第十九条中明确规定："国家推广全国通用的普通话"，确定了普通话的法定地位。从此，推广普通话，推行简化汉字，走上了法制建设道路。20世纪90年代初，推广普通话的方针由20世纪50年代的"大力提倡，重点推行，逐步普及"调整为"大力推行，积极普及，逐步提高"。1986年全国语言文字工作会议明确提出，20世纪内努力做到：第一，各级各类学校使用普通话教学，普通话成为教学语言；第二，各级各类机关进行工作时一般使用普通话，普通话成

第一章 普通话概述

为工作语言；第三，广播(县以上)、电影、电视、话剧使用普通话，普通话成为宣传语言；第四，不同方言区的人在公共场合的交往基本使用普通话，普通话成为交际语言。

第三个里程碑：1994年10月30日由国家语委、国家教委和广播电影电视部联合发出的《关于开展普通话水平测试工作的决定》，要求对各级各类学校教师、播音员、主持人、师范院校学生等岗位人员进行普通话水平等级测试，并实施教师、播音员、主持人持普通话等级证书上岗制度。之后，逐步扩展到其他服务行业和外国留学生中。这是落实"逐步提高"的手段，也是使普通话考核与国际接轨，使普通话走向世界，使汉语逐渐成为世界强势语言的重大举措。这个时期，确定了自1998年起每年9月的第3周为"全国推广普通话宣传周"。1997年12月全国语言工作会议提出了跨世纪的推广普通话工作目标：2010年以前，普通话在全国范围内初步普及，交际中的方言隔阂基本消除，受过中等或中等以上教育的公民具备普通话的应用能力，并在必要场合自觉使用普通话，与口语表达关系密切行业的工作人员，其普通话水平达到相应的要求；21世纪中叶以前，普通话在全国范围内普及，交际中没有方言隔阂，国民普遍具备普通话应用能力，并在必要场合自觉使用普通话。20世纪90年代，是我国推广普通话工作的又一个黄金时期。

第四个里程碑：以21世纪第一天开始施行的《国家通用语言文字法》为标志。这部语言文字法体现了国家语言文字工作的方针和政策，科学地总结了新中国成立以来开展语言文字工作的经验、教训，反映了人民的呼声、时代的呼唤。这部专门法确定了普通话和规范汉字的国家通用语言文字的法律地位，标志着共和国语言文字法制建设取得了突破性进展。这部专门法的施行，对我国社会主义市场经济建设以及加入世贸组织、走向世界，起到了积极的促进作用。

五、怎样学习普通话

普通话语音优美，圆润丰满，音节界线分明，节奏感强，表现力强，是一种文明优雅而又易学的语言。但对方言口音较重的人来说，学习起来不亚于学好一门外语。但只要想学、肯学，就一定能学好。

首先，要掌握《汉语拼音方案》。《汉语拼音方案》由字母表、声母表、韵母表、声调符号、隔音符号五部分组成，书面上是一套记音符号，口头上要读准，才能帮助我们矫正读音。《新华字典》上附有《汉语拼音方案》，它是我们学习普通话有效的正音工具。曾有一名大学生在普通话水平等级测试中取得一级甲等的成绩，在谈到取得优秀成绩的原因时，他说，在学校就没离开过《新华字典》，不清楚的、似是而非的读音，就查字典拼读。

其次，学会方言辨正。总结归纳普通话与自己所处地方的语音、词汇、语法的对应规律，找出其差异，进行集中辨正训练。

最后，多读、多说、多听，是学好普通话的诀窍和关键。想学普通话，一时又学不好的人常问有什么窍门。学习普通话的窍门就是树立信心，坚持"三多"。起初阶段，一要多读注音读物。二要多说，但要请老师或普通话比较好的同学帮助记一记，以便事后给予指导，指导后再集中练习。练普通话不一定要局限在读书时或在教室里，其实走在校园或街头，满目都是广告语、宣传语，可以按标准音一字一句默读，小声读，一个目的就是读准，然后再快速读，练流畅度。三要多听，一是听记别人(包括广播、电视播音)说得对而自己说错的字词；二是听记别人说错，自己说对的。纠错是为了自己的进步。还可以利用录音机录下自己的读音，或到微格教室录下自己的演讲，然后进行语音比较和纠错。

第二节 普通话语音概述

普通话的语音，有自己独特的性质和完善的结构单位，还有规范语音的《汉语拼音方案》。

一、语音的性质

语音是语言的物质外壳。语音产生于物体的振动，具有物理属性。语音是人的发音器官发出来的，所以它又具有生理属性。语音有表意功能，这种功能是社会成员赋予的，因而它还具有社会属性。

1. 语音的物理性质

语音同其他声音一样，是一种物理现象。发音体振动周围的空气或其他媒介物质而形成音波，音波传到耳内，振动耳膜，刺激了听觉神经，人便听到声音。从语音的物理属性来看，语音同其他声音一样，具有音高、音强、音长、音色四种要素。

(1) 音高：就是声音的高低。声音的高低是由发音体在一定时间里颤动次数的多少来决定的。颤动次数多的，声音高；颤动次数少的，声音低。语音的高低同声带的长短、厚薄、松紧有密切关系。一般来说，长的、厚的，声带颤动得慢，声音低；短的、薄的，声带颤动得快，声音高。女人、小孩儿的声带比较短、薄，所以声音高；男人、成人的声带比较长、厚，所以声音低。同一个人声音也有高有低，因为人有绷紧或放松声带的能力。音高在汉语里是构成声调的主要因素，它有区别意义的作用。例如，"妈""麻""马""骂"的不同，就是靠音高的变化区别开的。

(2) 音强：就是声音的强弱。它是由音波振动的幅度大小决定的。发音体振动的幅度叫作"振幅"。振幅大，声音就强；振幅小，声音就弱。发音体振幅的大小又取决于发音时用力的大小。语音的强弱同发音时呼出的气流量的大小有关，呼出的气流量大，声音就强；呼出的气流量小，声音就弱。

(3) 音长：就是声音的长短。它是由发音体振动持续时间的长短决定的。振动持续时间长，声音长；振动持续时间短，声音短。同是"啊"(a)的声音，表示应答的比较短，表示沉吟思索的就比较长。

(4) 音色：又称音质，就是声音的特色和本质。它取决于音波振动形式，音波振动形式是由发音体、发音方法、共鸣器的形状决定的，三者中只要有一个不同，就会发出不同的音色。说"啊"(ā)的时候嘴张得大些，说"衣"(yī)的时候嘴张得小些，这就形成了不同的音色。语音主要依靠音色来区别意义。

任何声音都是音高、音强、音长、音色的统一体，语音也不例外。但是，在各种语言中，语音各要素被利用的情况并不完全相同。在任何语言中，音色都是区别意义的最重要的要素，其他要素区别意义的作用在不同语言中就不完全相同了。就汉语来说，音高的作用特别重要，音强和音长在语调和轻声里也有重要的作用。

2. 语音的生理性质

语音是由人的发音器官发出来的，发音器官及其活动决定语音的生理性质。人的发音器官可以分为三大部分。

(1) 呼吸器官。这部分包括喉头以下的气管和肺。肺是呼吸气流的活动风箱，气流是发音的原动力，它是由肺输送的。肺部呼出的气流，通过支气管、气管达到喉头，作用于声带、咽头、口腔、鼻腔等发音器官，便发出不同的语音。

(2) 喉头和声带。喉头由甲状软骨、环状软骨和两块勺状软骨组成，上通咽头，下连气管。声带位于喉头的中间，是两片富有弹性的带状薄膜。声带前端附着在甲状软骨上，后端分别和两块勺状软骨相连接。两片声带放松或拉紧，使声门打开或关闭。从肺呼出的气流通过关闭的声门时，就引起声带振动，发出声音。人们控制声带松紧的变化可以发出高低不同的声音。

(3) 口腔、鼻腔和咽腔。从前往后看，口腔上部可分为上唇、上齿、上齿龈、硬腭、软腭和小舌六个部分，口腔下部可分为下唇、下齿和舌头三大部分。舌头又可分为舌尖、舌面和舌根三部分。口腔的后面是咽头，咽头上通鼻腔，下接喉头。鼻腔和口腔靠软腭和小舌隔开。软腭和小舌上升时鼻腔闭塞，口腔畅通，这时发出的音叫作口音。软腭和小舌下垂，口腔某部位闭塞，气流只能从鼻腔呼出，这时发出的音叫作纯鼻音。如果口腔内无阻碍、气流从鼻腔或口腔自由吸入与呼出，这是自然呼吸状态。

3. 语音的社会性质

语音不同于一般声音，它在社会交际中代表一定的意义，用什么样的语音形式来表示什么样的意义，不是由个人决定的，而是经社会约定俗成的。语音的社会性质还表现在语音的系统性上。各种语言或方言都有自己的语音系统。例如：普通话的语音系统中，n和l是两个不同的语音单位，能区别意义；而在四川、湖南、安徽、南京等许多地方的语音系统中则属同一个语音单位，不能区别意义。各民族语言及其方言的语音系统，是在一定地区的社会集团中，与长期的历史性和地域性密切相关。这都充分说明语音具有明显的社会性质。语音的社会属性是语音的本质属性，是语音区别于其他声音的重要标志。

二、语音的结构单位

语音的结构单位可分为以下三类。

1. 音节和音素

音节是最自然的语音单位，人们说话总是一个音节一个音节发出来的。在汉语里，一个汉字就是一个音节。"我是中国人"五个音节写下来就是五个汉字。有的情况例外，即一个音节不一定就是一个汉字。如"八月桂花儿遍地开"，"花儿"这两个字念起来却是一个音节：huār。

音素是最小的语音单位。它是从音节中分析出来的。语音分析到音素，就不能再分了，所以它是最小的语音单位。"红"可以分析出 h、o、ng。一个音节最多由 4 个音素构成。普通话共有 32 个音素。

2. 元音和辅音

音素按发音特点可以分成两大类：元音和辅音。

元音发音时颤动声带，声音响亮，气流在口腔内不受阻碍。普通话中有 10 个单元音：a、o、e、i、u、ü、ê、-i(前)、-i(后)、er。

辅音发音时，不一定颤动声带(有的颤动声带，如 m、n、l，有的不颤动声带，如 s、sh、x)，声音不响亮，气流在口腔要受到不同部位、不同方式的阻碍。普通话中有 22 个辅音，它们是 b、p、m、f、d、t、n、l、g、k、h、j、q、x、zh、ch、sh、r、z、c、s、ng。辅音一般要跟元音拼合，才能构成音节。

3. 声母、韵母、声调

声母、韵母、声调是我国传统分析汉语音节的结构单位。

声母是音节开头的辅音。例如："买 mǎi、卖 mài、明 míng、妹 mèi"开头的"m"，"道德 dào dé""大地 dà dì"开头的"d"就是声母。

韵母是音节中声母后面的部分。它主要是由元音构成的(鼻韵母有鼻辅音 n 或 ng 作韵尾)。比如，"发达 fādá"的a。"朋友 péngyǒu"的 eng 和 ou 就是韵母。韵母是每个音节不能缺少的成分。没有韵母，就不能构成音节。韵母又分韵头、韵腹、韵尾。

声调是音节的高低升降形式，它是由音高决定的。比如："妈 mā""麻 má""马 mǎ""骂 mà"四个音节的声母都是 m，韵母都是a，但它们的声调不一样，就成了不同的音节，代表不同的意义。所以，声调是构成音节非常重要的成分。

普通话声母和韵母相拼构成的基本音节(包括零声母音节)有 400 多个，加上声调的区别，就有 1200 多个音节。这 1200 多个音节的能量非常大，它们构成了现代汉语里成千上万个词。

三、《汉语拼音方案》

《汉语拼音方案》是用拉丁字母来拼写普通话的方案。它由中国文字改革委员会制定，经第一届全国人民代表大会第五次会议批准，于 1958 年 2 月 11 日公布推行。

《汉语拼音方案》的主要用途，是给汉字注音和教学普通话。

《汉语拼音方案》的内容包括字母表、声母表、韵母表、声调符号、隔音符号五个部分。

下面再简要地说一下《汉语拼音方案》的几个用途。

1. 给汉字注音

1958年《汉语拼音方案》公布后,我国的字典、词典、小学语文课本等都用拼音字母注音,只要学习过拼音方案,掌握了声母、韵母和声调的发音,认读汉字就不成问题。这给全国人民的文化学习和对外国人的汉语教学,提供了极大的方便。

2. 教学普通话

《汉语拼音方案》是根据北京音系制定的,它能准确地拼写普通话,按拼音读出的音就是普通话语音。所以,它是教学普通话的良好工具。我们可以用它来编写普通话教材和拼音读物,这给我们的小学教育、成人识字教育和教外国人学习汉语等都带来很大的益处。

3. 其他方面的应用

《汉语拼音方案》可以用来音译人名、地名和科学术语,可以用来做计算机的汉语输入,可以用来编索引、打电报,做工业产品的代号,做商店的招牌,等等。

一、什么是普通话?它在语音、词汇、语法方面各有什么特点?

二、请用普通话读下列句子。

国家推广全国通用的普通话。

正确使用祖国的语言文字,大力推广普通话。

树立语言规范意识,提高民族文化素质。

学习普通话,为现代化建设营造良好的语言环境。

说普通话,迎四方宾客;用文明语,送一片真情。

说普通话,写规范字。

宣传贯彻《国家通用语言文字法》,促进语言文字规范化。

大力推广普通话,齐心协力奔小康。

普通话——情感的纽带,沟通的桥梁。

实现顺畅交流,构建和谐社会。

构建和谐语言生活,弘扬中华优秀文化。

构建和谐语言生活,营造共有精神家园。

热爱祖国语言文字,构建和谐语言生活。

三、读下面三则故事,再根据自己的所见所闻和亲身经历中的一件事,谈谈学习普通话的重要性。

1. 有个广东人第一次到东北出差。下飞机便上了辆出租车,问司机这里大宾馆多吗?司机操着正宗的东北话说:您是第一次来吧!俺们这疙瘩的大宾馆贼(很)多!您去哪个?老板吓了一跳,啊!宾馆贼多?那我住招待所吧!司机说:行!这疙瘩招待所也贼多!你住哪一个?广东人一听说也贼多,说:我下车,不住了,我快回去吧!

2. 有个山西人家里来了三位客人,他沏了茶。给客人用茶盅斟好茶,可自己没茶盅了。他不好意思地用山西话说:你们三坏人是杂种(三个人使茶盅),哦是大王八(我使大碗吧)。

3. 新生军训,立正稍息后,教官讲话:"现在开始训练,一排去杀鸡,二排去偷蛋,三排看我做稀饭!"学生们面面相觑,这时,教官的一个同乡新生翻译说:"今天的训练项目,一排射击,二排投弹,三排看我做示范。"

第二章　普通话语音训练

本章学习与训练的基本要求：

- 了解普通话声母和韵母的分类。
- 通过练习掌握声母和韵母的发音技巧。
- 比较方言和普通话之间声母和韵母发音的区别，纠正发音错误。
- 比较方言和普通话之间声调的区别，掌握发音规律，纠正发音错误。

第一节　声　　母

声母就是汉语音节的开头部分，一般由辅音充当。如"gēn""chí"这两个音节开头的辅音"g""ch"就是声母。以元音开头时，一般称之为"零声母"，如"ài""wàn"，两个都是零声母音节。

辅音的主要特点，是发音时气流在口腔中要受到各种阻碍，因此可以说，声母发音的过程也就是气流受阻和克服阻碍的过程。除"ng"外，普通话有 21 个辅音声母，不同的声母是由不同的发音部位和发音方法决定的。我们可以按照不同的发音部位和发音方法对声母进行分类。

发音部位是指气流受到阻碍的位置。普通话声母的发音部位主要是唇和舌，根据发音时气流在唇和舌受阻的部位，可以把声母分为双唇音、唇齿音、舌尖前音、舌尖中音、舌尖后音、舌面音、舌根音七类。

(1) 双唇音。包括 b、p、m 三个声母，发音时构成阻碍的部位是上唇和下唇。

(2) 唇齿音。普通话中只有一个 f，发音时构成阻碍的部位是上齿和下唇。

(3) 舌尖前音。舌尖前音又称平舌音，包括 z、c、s 三个声母，发音时构成阻碍的部位是舌尖和上齿背。

(4) 舌尖中音。普通话中共有 d、t、n、l 四个，发音时由舌尖和上齿龈对气流构成阻碍。

(5) 舌尖后音。又称翘舌音，普通话中共有 zh、ch、sh、r 四个，发音时由舌尖与硬腭前部对气流构成阻碍。

(6) 舌面音。普通话中共有 j、q、x 三个，发音时由舌面前部与硬腭对气流构成阻碍。

(7) 舌根音。又叫舌面后音，普通话中有 g、k、h 三个，发音时由舌根与软腭对气流构成阻碍。

发音方法是指阻碍气流和解除阻碍的方式、声带是否颤动及气流的强弱等。

1. 根据发音器官构成阻碍和克服阻碍的方式，可以把声母分成五类

(1) 塞音：普通话的塞音共有 b、p、d、t、g、k 六个。发音时发音器官构成阻碍的两部分完全闭塞，阻碍气流，然后突然打开，让气流迸裂而出，爆发成音，一发即逝，声音短暂。

(2) 擦音：普通话的擦音共有 f、s、sh、r、x、h 六个。发擦音时发音器官构成阻碍的两部分接近，中间留一条窄缝，气流从窄缝中挤出来，发出摩擦的声音。擦音可以延长。

(3) 塞擦音：普通话的塞擦音共有 j、q、zh、ch、z、c 六个。塞擦音发音时，构成阻碍的上下部位开始是闭合的，然后气流冲出一条窄缝，气流连续从窄缝中挤出，摩擦成声，声音可以延长，前半部分的发音像塞音，后半部分的发音像擦音。

(4) 鼻音：普通话的鼻音共有 m、n 两个。发鼻音时，软腭下垂，堵塞口腔气流通道，鼻腔气流通道打开，让气流完全从鼻腔通道出来，发音可以延长。

(5) 边音：普通话的边音只有 l 一个，发音时舌尖和上齿龈接触，气流从舌头的两边流出，发音可以延长。

2. 以声带是否颤动为标准可以把声母分成清音和浊音两类

(1) 清音：发音时声带不颤动的辅音叫清音。普通话声母中有 17 个清音，即 b、p、f、d、t、g、k、h、j、q、x、zh、ch、sh、z、c、s。

(2) 浊音：发音时声带颤动的辅音叫浊音。普通话声母中共有四个浊音，即浊鼻音 m、n，浊边音 l，浊擦音 r。

3. 以发音时气流呼出的强弱为标准，在塞音、塞擦音两类声母中又有送气音和不送气音的区别

(1) 送气音：发音时呼出气流较强的音称为送气音。普通话中有 p、t、k、q、ch、六个送气音。

(2) 不送气音：发音时呼出气流较弱的音称为不送气音。普通话中共有 b、d、g、j、zh、z 六个不送气音。

普通话声母分类总表见表 2-1。

表 2-1　普通话声母分类总表

发音方法 发音部位	塞音		塞擦音		擦音		鼻音	边音
	清音		清音		清音	浊音	浊音	浊音
	不送气	送气	不送气	送气				
双唇音	b	p					m	
唇齿音					f			
舌尖前音			z	c	s			
舌尖中音	d	t					n	l
舌尖后音			zh	ch	sh	r		
舌面音			j	q	x			
舌根音	g	k			h		(ng)	

注：ng 只做韵尾，不做声母。

一、声母的发音技巧

掌握发音技巧，对准确地掌握声母的发音十分重要。

(一)辅音声母的发音技巧

辅音声母的发音，主要需从发音部位、气流冲破阻碍的方式、声带是否颤动、发音时气流呼出的强弱等几个方面掌握其技巧。

1. b(玻)：双唇、不送气、清塞音

发音时双唇闭紧，形成阻碍，软腭上升，关闭鼻腔通道，声带不振动，较弱气流一下子冲破双唇的阻碍，爆发成声。例如：

百般 bǎibān	宝贝 bǎobèi	包办 bāobàn	标兵 biāobīng
白布 báibù	辩驳 biànbó	卑鄙 bēibǐ	奔波 bēnbō

2. p(坡)：双唇、送气、清塞音

发音时双唇闭紧，形成阻碍，软腭上升，关闭鼻腔通道，声带不振动，较强气流冲破双唇的阻碍，爆发成声。例如：

偏僻 piānpì	批评 pīpíng	批判 pīpàn	铺平 pūpíng
平盘 píngpán	澎湃 péngpài	乒乓 pīngpāng	偏旁 piānpáng

3. m(摸)：双唇、浊鼻音

发音时双唇闭紧，软腭下降，关闭口腔通道，打开鼻腔通道，气流振动声带，完全从鼻腔冲出成声。例如：

麻木 mámù	面貌 miànmào	埋没 máimò	麦苗 màimiáo
弥漫 mímàn	牧民 mùmín	明媚 míngmèi	美妙 měimiào

4. f(佛)：唇齿、清擦音

发音时下唇略内收接近上齿，形成一条窄缝，同时软腭上升，关闭鼻腔通道，声带不振动，气流从唇齿间的窄缝中挤出，摩擦成声。例如：

反复 fǎnfù	犯法 fànfǎ	肺腑 fèifǔ	丰富 fēngfù
芬芳 fēnfāng	发奋 fāfèn	仿佛 fǎngfú	非凡 fēifán

5. d(得)：舌尖中、不送气、清塞音

发音时舌尖抵住上齿龈，形成阻碍，同时软腭上升，关闭鼻腔通道，声带不振动，股较弱气流一下子冲破阻碍，爆发成声。例如：

得道 dédào	带动 dàidòng	电灯 diàndēng	当代 dāngdài
捣蛋 dǎodàn	大地 dàdì	单调 dāndiào	奠定 diàndìng

6. t(特)：舌尖中、送气、清塞音

发音时舌尖抵住上齿龈，软腭上升形成阻碍，关闭鼻腔通道，声带不振动，较强气流一下子冲破阻碍，爆发成声。例如：

| 天坛 tiāntán | 铁塔 tiětǎ | 体贴 tǐtiē | 探讨 tàntǎo |
| 淘汰 táotài | 忐忑 tǎntè | 拖沓 tuōtà | 坦途 tǎntú |

7. n(纳)：舌尖中、浊鼻音

发音时舌尖抵住上齿龈，软腭下降堵塞口腔通道，打开鼻腔通道，气流振动声带，并从鼻腔冲出成声。例如：

| 南宁 nánníng | 哪能 nǎ'néng | 男女 nánnǚ | 恼怒 nǎonù |
| 农奴 nóngnú | 牛奶 niúnǎi | 呢喃 nínán | 袅娜 niǎonuó |

8. l(勒)：舌尖中、浊边音

发音时舌尖抵住上齿龈，舌头两侧要有空隙，软腭上升，关闭鼻腔通道，气流振动声带，并经舌头两边或一边从口腔冲出成声。例如：

| 老练 lǎoliàn | 理论 lǐlùn | 蜡泪 làlèi | 流利 liúlì |
| 伦理 lúnlǐ | 连累 liánlèi | 嘹亮 liáoliàng | 来历 láilì |

9. g(哥)：舌根、不送气、清塞音

发音时舌根抵住软腭，同时软腭后部上升，堵塞鼻腔通路，声带不颤动，较弱气流冲开舌根和软腭形成的阻碍，爆发成音。例如：

| 公干 gōnggàn | 高贵 gāoguì | 改革 gǎigé | 古怪 gǔguài |
| 故国 gùguó | 尴尬 gāngà | 杠杆 gànggǎn | 广告 guǎnggào |

10. k(科)：舌根、送气、清塞音

发音时舌根抵住软腭，同时软腭上升，堵塞鼻腔通路，声带不颤动，较强气流冲开舌根与软腭形成的阻碍，爆发成声。例如：

| 开阔 kāikuò | 慷慨 kāngkǎi | 口渴 kǒukě | 困苦 kùnkǔ |
| 看客 kànkè | 可靠 kěkào | 叩开 kòukāi | 扩宽 kuòkuān |

11. h(喝)：舌根、清擦音

发音时舌根靠近软腭并留出一条窄缝，同时软腭上升，堵塞鼻腔通路，声带不颤动，气流从舌根与软腭之间的窄缝中出来，摩擦成声。例如：

| 黄花 huánghuā | 缓和 huǎnhé | 好坏 hǎohuài | 憨厚 hānhòu |
| 航海 hánghǎi | 海河 hǎihé | 红黑 hónghēi | 祸患 huòhuàn |

12. j(基)：舌面、不送气、清塞擦音

发音时舌面前部抵住上齿龈和硬腭前端，软腭上升，堵塞鼻腔通路，声带不颤动，较弱的气流把舌面和上齿龈及硬腭形成的阻碍冲开一道狭窄的缝隙，出来后摩擦成声。例如：

| 基金 jījīn | 进军 jìnjūn | 境界 jìngjiè | 坚决 jiānjué |
| 将军 jiāngjūn | 窘境 jiǒngjìng | 军舰 jūnjiàn | 究竟 jiūjìng |

13. q(期)：舌面、送气、清塞擦音

发音时，舌面前部抵住上齿龈和硬腭前端，同时软腭上升，堵塞鼻腔通道，声带不颤动，较强气流从舌面与上齿龈以及硬腭形成的阻碍中冲出一条窄缝，出来后摩擦成声。例如：

| 弃权 qìquán | 牵强 qiānqiáng | 乔迁 qiáoqiān | 秋千 qiūqiān |
| 侵权 qīnquán | 清秋 qīngqiū | 窃取 qièqǔ | 鹊桥 quèqiáo |

14. x(西)：舌面、清擦音

发音时，舌面前部靠近上齿龈和硬腭前端，并留一条窄缝，同时软腭上升，堵塞鼻腔通道，声带不颤动，气流从窄缝中出来，摩擦成声。例如：

| 下雪 xiàxuě | 孝心 xiàoxīn | 现行 xiànxíng | 详细 xiángxì |
| 休闲 xiūxián | 血型 xuèxíng | 些许 xiēxǔ | 选秀 xuǎnxiù |

15. zh(知)：舌尖后、不送气、清塞擦音

发音时舌尖上翘，抵住硬腭前部，同时软腭上升，关闭鼻腔通道，声带不颤动，较弱气流首先从舌尖与硬腭形成的阻碍中冲开一条窄缝，然后连续从窄缝中挤出，摩擦成声。例如：

| 郑州 zhèngzhōu | 茁壮 zhuózhuàng | 整治 zhěngzhì | 招展 zhāozhǎn |
| 主张 zhǔzhāng | 注重 zhùzhòng | 辗转 zhǎnzhuǎn | 庄重 zhuāngzhòng |

16. ch(吃)：舌尖后、送气、清塞擦音

发音时舌尖上翘，抵住硬腭前部，同时软腭上升，关闭鼻腔通道，声带不颤动，较强气流首先从舌尖与硬腭形成的阻碍中冲开一条窄缝，然后连续从窄缝中挤出，摩擦成声。例如：

| 城池 chéngchí | 驰骋 chíchěng | 长春 chángchūn | 出产 chūchǎn |
| 出差 chūchāi | 冲程 chōngchéng | 超产 chāochǎn | 戳穿 chuōchuān |

17. sh(诗)：舌尖后、清擦音

发音时舌尖上翘，接近硬腭前部，形成窄缝，同时软腭上升，关闭鼻腔通道，声带不颤动，气流从窄缝中挤出，摩擦成声。例如：

| 师说 shīshuō | 山水 shānshuǐ | 上升 shàngshēng | 述说 shùshuō |
| 事实 shìshí | 书生 shūshēng | 生疏 shēngshū | 摄氏 shèshì |

18. r(日)：舌尖后、浊擦音

发音时舌尖上翘，接近硬腭前部，形成窄缝，同时软腭上升，关闭鼻腔通道，声带颤动，气流从窄缝中挤出，摩擦成声。例如：

| 如若 rúruò | 仍然 réngrán | 忍辱 rěnrǔ | 荏苒 rěnrǎn |
| 柔韧 róurèn | 闰日 rùnrì | 扰攘 rǎorǎng | 柔软 róuruǎn |

19. z(咨)：舌尖前、不送气、清塞擦音

发音时舌尖轻轻抵住上齿背，软腭上升，关闭鼻腔通道，声带不颤动，较弱气流首先从舌尖与上齿背的阻碍中冲开一条窄缝，然后再从窄缝中挤出，摩擦成声。例如：

总则 zǒngzé　　　最早 zuìzǎo　　　藏族 zàngzú　　　曾祖 zēngzǔ
造字 zàozì　　　　祖宗 zǔzōng　　　自在 zìzài　　　 枣子 zǎozi

20. c(疵)：舌尖前、送气、清塞擦音

发音时舌尖轻轻抵住上齿背，同时软腭上升，堵塞鼻腔通道，声带不颤动，较强气流首先从舌尖与上齿背的阻碍中冲开一条窄缝，然后再从窄缝中挤出，摩擦成声。例如：

曹操 cáocāo　　　催促 cuīcù　　　草丛 cǎocóng　　　猜测 cāicè
粗糙 cūcāo　　　　苍翠 cāngcuì　　措辞 cuòcí　　　 参差 cēncī

21. s(思)：舌尖前、清擦音

发音时舌尖接近上齿背，形成一条窄缝，同时软腭上升，关闭鼻腔通道，声带不颤动，气流从窄缝中挤出，摩擦成声。例如：

四散 sìsàn　　　　洒扫 sǎsǎo　　　琐碎 suǒsuì　　　诉讼 sùsòng
松散 sōngsǎn　　　速算 sùsuàn　　瑟缩 sèsuō　　　思索 sīsuǒ

(二)零声母的发音

普通话的音节一般是以辅音声母开头。少数音节没有辅音声母，而是用元音起头，我们习惯上把这种元音起头的音节称为零声母音节。零声母音节可以分成两类：一类是开口呼零声母音节，一类是非开口呼零声母音节。

1. 开口呼零声母音节

开口呼零声母音节即以a、o、e、ê为开头的零声母音节。汉语拼音的y和w是出现在零声母音节的开头，它们的作用主要是使界限分明。开口呼零声母音节与前面相邻的音节之间用隔音符号隔开。例如：

挨饿 ái'è　　　　恩爱 ēn'ài　　　暗暗 àn'àn　　　傲岸 ào'àn
偶尔 ǒu'ěr　　　皑皑 ái'ái　　　嗷嗷 áo'áo　　　欧安 ōu'ān

2. 非开口呼零声母音节

非开口呼零声母音节即除开口呼音节以外的零声母音节，包括齐齿呼、合口呼、撮口呼三种。

齐齿呼零声母音节：指以 i 为开头的零声母音节。《汉语拼音方案》用隔音字母 y 开头，尽管没有辅音字母，但其实际发音却带有轻微摩擦。例如：

咽炎 yānyán　　　医药 yīyào　　　遥远 yáoyuǎn　　　养育 yǎngyù
阴影 yīnyǐng　　　应用 yìngyòng　原因 yuányīn　　　拥有 yōngyǒu

合口呼零声母音节：指以 u 开头的零声母音节。《汉语拼音方案》用隔音字母 w 开头，实际发音也带有轻微摩擦。例如：

万物 wànwù　　　王维 wángwéi　　　委婉 wěiwǎn　　　文物 wénwù
瓦屋 wǎwū　　　　无畏 wúwèi　　　　玩味 wánwèi　　　威望 wēiwàng

撮口呼零声母音节：指以 ü 开头的零声母音节。汉语拼音方案用隔音字母 y 开头，后面 ü 的上两点省去，写作 u，实际发音也带有轻微摩擦。例如：

豫园 yùyuán　　　圆晕 yuányùn　　　粤语 yuèyǔ　　　孕育 yùnyù
预约 yùyuē　　　 圆月 yuányuè　　　月晕 yuèyùn　　　鼋鱼 yuányú

二、声母辨正训练

普通话是以北京语音为标准音，各种方言音系与北京音系都有或多或少的差异，学好普通话的关键，是要找准自己的方言和普通话发音的差异。声母辨正就是辨别、比较方言声母的发音与普通话声母的发音间的差异，向规范的普通话发音靠拢。进行辨正时，要以方言为出发点，以普通话发音为标准，找出两者之间的对应规律，并逐步纠正方言发音。

(一) z、c、s 与 zh、ch、sh 辨正

舌尖前音 z、c、s，发音时舌尖平伸抵住或接近上齿背，所以又称平舌音；舌尖后音 zh、ch、sh、r，发音时舌尖翘起或抵住硬腭前部，所以又称翘舌音。找准发音部位，可以帮助矫正发音的偏误。

训练时，我们可以通过掌握一些规律，来进行更有效的记忆。

首先，记少不记多。在普通话常用字中，平舌音远比翘舌音字少，只占两者总数的30%，所以重点记平舌音就省事得多。

其次，普通话中平舌音、翘舌音与韵母的拼合是有规律的，例如，s 能跟 ong 拼，而 sh 就不能。z、c、s 不能跟 ua、uai、uang 拼，zh、ch、sh 却能跟这几个韵母拼合。

最后，可以依据偏旁类推。汉字中大部分是形声字，这些形声字都有一个声旁，相同声旁的汉字的读音平舌翘舌往往是一致的，例如以"长"做声旁的字都是翘舌音，以"曾"做声旁的字都读平舌音等。但这个规律不是绝对的，个别字的发音并不遵循这个规律，例如"庄"是翘舌音，而"脏"却是平舌音，所以还要注意这些个别现象。

1. 同声调单字对比训练

z—zh

字 zì—志 zhì　　　　杂 zá—闸 zhá　　　　暂 zàn—站 zhàn
在 zài—债 zhài　　　脏 zāng—张 zhāng　　遭 zāo—招 zhāo
赠 zèng—正 zhèng　　怎 zěn—枕 zhěn　　　宗 zōng—中 zhōng
则 zé—折 zhé　　　　组 zǔ—主 zhǔ　　　　昨 zuó—灼 zhuó
钻 zuān—专 zhuān　　最 zuì—坠 zhuì　　　邹 zōu—周 zhōu

c—ch

次 cì—赤 chì　　擦 cā—插 chā　　残 cán—缠 chán
才 cái—柴 chái　　仓 cāng—昌 chāng　　操 cāo—超 chāo
岑 cén—陈 chén　　层 céng—成 chéng　　聪 cōng—充 chōng
册 cè—彻 chè　　粗 cū—出 chū　　错 cuò—辍 chuò
篡 cuàn—串 chuàn　　催 cuī—吹 chuī　　凑 còu—臭 chòu

s—sh

四 sì—是 shì　　洒 sǎ—傻 shǎ　　三 sān—山 shān
腮 sāi—筛 shāi　　桑 sāng—伤 shāng　　扫 sǎo—少 shǎo
森 sēn—身 shēn　　僧 sēng—生 shēng　　诉 sù—树 shù
色 sè—社 shè　　缩 suō—说 shuō　　搜 sōu—收 shōu

2. 同声调词语对比训练

z—zh

自立 zìlì—智力 zhìlì　　　　栽花 zāihuā—摘花 zhāihuā
暂时 zànshí—战时 zhànshí　　仿造 fǎngzào—仿照 fǎngzhào
综合 zōnghé—中和 zhōnghé　　早稻 zǎodào—找到 zhǎodào
阻力 zǔlì—主力 zhǔlì　　　　自愿 zìyuàn—志愿 zhìyuàn
后走 hòuzǒu—后肘 hòuzhǒu　　造就 zàojiù—照旧 zhàojiù
赠品 zèngpǐn—正品 zhèngpǐn　　增光 zēngguāng—争光 zhēngguāng

c—ch

推辞 tuīcí—推迟 tuīchí　　　粗布 cūbù—初步 chūbù
云层 yúncéng—云城 yúnchéng　木材 mùcái—木柴 mùchái
草鸡 cǎojī—炒鸡 chǎojī　　　藏身 cángshēn—长身 chángshēn
祠堂 cítáng—池塘 chítáng　　曾经 céngjīng—成精 chéngjīng
凑钱 còuqián—臭钱 chòuqián　擦手 cāshǒu—插手 chāshǒu
从来 cónglái—重来 chónglái

s—sh

桑叶 sāngyè—商业 shāngyè　　司长 sīzhǎng—师长 shīzhǎng
搜集 sōují—收集 shōují　　　走私 zǒusī—走失 zǒushī
酥面 sūmiàn—书面 shūmiàn　　僧人 sēngrén—生人 shēngrén
肃立 sùlì—树立 shùlì　　　　死记 sìjì—史记 shǐjì
近似 jìnsì—近视 jìnshì　　　散光 sǎnguāng—闪光 shǎnguāng
骚包 sāobāo—烧包 shāobāo　　色弱 sèruò—设若 shèruò

3. 发音连用训练

z—zh

作者 zuòzhě　　　资助 zīzhù　　　自重 zìzhòng

宗旨 zōngzhǐ	造纸 zàozhǐ	在职 zàizhí
怎知 zěnzhī	增值 zēngzhí	杂志 zázhì
组长 zǔzhǎng	栽种 zāizhòng	罪状 zuìzhuàng
尊重 zūnzhòng	奏章 zòuzhāng	总值 zǒngzhí

zh—z

指责 zhǐzé	制作 zhìzuò	诸子 zhūzǐ
庄宗 zhuāngzōng	沼泽 zhǎozé	志在 zhìzài
制造 zhìzào	转载 zhuǎnzǎi	追踪 zhuīzōng
种族 zhǒngzú	张嘴 zhāngzuǐ	转自 zhuǎnzì
周遭 zhōuzāo	照做 zhàozuò	铸造 zhùzào

c—ch

层出 céngchū	存储 cúnchǔ	促成 cùchéng
凑成 còuchéng	财产 cáichǎn	操场 cāochǎng
磁场 cíchǎng	测出 cèchū	菜场 càichǎng
刺穿 cìchuān	此处 cǐchù	痤疮 cuóchuāng
餐车 cānchē	参禅 cānchán	草创 cǎochuàng

ch—c

楚辞 chǔcí	纯粹 chúncuì	穿刺 chuāncì
炒菜 chǎocài	船舱 chuáncāng	差错 chācuò
车次 chēcì	尺寸 chǐcùn	陈词 chéncí
场次 chǎngcì	长存 chángcún	成才 chéngcái
储存 chǔcún	筹措 chóucuò	吃草 chīcǎo

s—sh

苏轼 sūshì	私事 sīshì	琐事 suǒshì
扫射 sǎoshè	松树 sōngshù	诉说 sùshuō
撒手 sāshǒu	损失 sǔnshī	洒水 sǎshuǐ
宿舍 sùshè	随时 suíshí	搜身 sōushēn
色衰 sèshuāi	肃杀 sùshā	损伤 sǔnshāng

sh—s

上司 shàngsī	哨所 shàosuǒ	深思 shēnsī
申诉 shēnsù	神色 shénsè	生死 shēngsǐ
绳索 shéngsuǒ	世俗 shìsú	收缩 shōusuō
输送 shūsòng		

4. 绕口令练习

(1) 张少成试着在操场测试受损车床。

(2) 苏轼善作山水之诗,最早试着烧制猪肘子。

(3) 周正书在菜场适时阻止赵素石制造损失。

(4) 在宿舍随时洒扫似是琐事，事实上这正是自身素质的体现。

(5) 书生曾松志出生曾村，少时嗜酸枣，手上长紫痣，三岁上私塾，四岁早识字，十岁始作诗，十三上山找石狮子时走失。

(6) 四是四，十是十，十四是十四，四十是四十。四不是十，四里没十；十不是四，十里有四。十四不是四十，十四里有十有四；四十不是十四，四十有四个十，四十有十个四。错把四念十、十念四，十四就会变四十，四十就会变十四。平舌四，翘舌十，时时思，事事试。

(7) 狮子山上狮山寺，山寺门前四狮子。山寺是禅寺，狮子是石狮。狮子看守狮山寺，禅寺保护石狮子。

(二) n、l 辨正

普通话中的 n 和 l 是对立的音位，分得很清楚，不易混淆。虽然两者都是舌尖中音，又都是浊辅音，但气流通路不同。方言区中有很大一部分 n 和 l 是不分的，首先需要读准 n 和 l，然后要知道哪些字的声母是 n，哪些字的声母是 l，这需要有个记忆的过程。

(1) 发音方法。

n 发音时，舌尖抵住上齿龈，软腭下降，打开鼻腔通路，气流振动声带，从鼻腔通过，如"奶牛""泥泞""年内"的声母。

l 发音时，舌尖抵住上齿龈，软腭上升，堵塞鼻腔通路，气流振动声带，从舌头两边通过，如"来历""劳碌""嘹亮"的声母。

(2) 发音特点。

n 发音时，气流从鼻腔通过，所以发出的声音带有"鼻音"。

l 在发音时要注意舌头的动作，即在发音前，舌头向上卷；发音时，舌头伸平，不带有鼻音，即使用手捏住鼻子也能发音。

1. 同声调单字对比训练

n—l

难 nán—蓝 lán	闹 nào—烙 lào	囊 náng—狼 láng
能 néng—棱 léng	怒 nù—路 lù	内 nèi—类 lèi
宁 níng—零 líng	牛 niú—流 liú	诺 nuò—洛 luò
女 nǚ—吕 lǚ	农 nóng—龙 lóng	耐 nài—赖 lài
鸟 niǎo—了 liǎo	泥 ní—离 lí	您 nín—林 lín

l—n

烂 làn—难 nàn	劳 láo—挠 náo	朗 lǎng—攮 nǎng
楞 léng—能 néng	炉 lú—奴 nú	磊 lěi—馁 něi
领 lǐng—拧 nǐng	六 liù—拗 niù	罗 luó—挪 nuó
旅 lǚ—女 nǚ	隆 lóng—浓 nóng	睐 lài—奈 nài

瞭 liào—尿 niào　　　里 lǐ—你 nǐ　　　　领 lǐng—拧 nǐng

2. 同声调词语对比训练

n—l

男鞋 nánxié—篮协 lánxié　　　大娘 dàniáng—大梁 dàliáng
无奈 wúnài—无赖 wúlài　　　　女客 nǚkè—旅客 lǚkè
水牛 shuǐniú—水流 shuǐliú　　浓重 nóngzhòng—隆重 lóngzhòng
鸟雀 niǎoquè—了却 liǎoquè　　年息 niánxī—怜惜 liánxī
泥巴 níbā—篱笆 líbā　　　　　允诺 yǔnnuò—陨落 yǔnluò
公怒 gōngnù—公路 gōnglù　　　留念 liúniàn—留恋 liúliàn

l—n

劳动 láodòng—挠动 náodòng　　褴褛 lánlǚ—男女 nánnǚ
流连 liúlián—牛年 niúnián　　龙鳞 lónglín—农林 nónglín
腊月 làyuè—那月 nàyuè　　　　蓝领 lánlǐng—难拧 nánnǐng
蓝布 lánbù—南部 nánbù　　　　连夜 liányè—年夜 niányè
硫磺 liúhuáng—牛黄 niúhuáng　老子 lǎozi—脑子 nǎozi
烂梨 lànlí—烂泥 lànní　　　　流油 liúyóu—牛油 niúyóu

3. 发音连用训练

n—l

农林 nónglín　　　那里 nàlǐ　　　　你俩 nǐliǎ
能力 nénglì　　　　能量 néngliàng　农历 nónglì
努力 nǔlì　　　　　你来 nǐlái　　　拿来 nálái
奴隶 núlì　　　　　浓烈 nóngliè　　女郎 nǚláng
内敛 nèiliǎn　　　 鸟类 niǎolèi　　奶酪 nǎilào
暖流 nuǎnliú　　　 内乱 nèiluàn　　逆流 nìliú
男篮 nánlán

l—n

烂泥 lànní　　　　留念 liúniàn　　两年 liǎngnián
辽宁 liáoníng　　　理念 lǐniàn　　 老年 lǎonián
靓女 liàngnǚ　　　 两难 liǎngnán　乱闹 luànnào
老娘 lǎoniáng　　　岭南 lǐngnán　 雷诺 léinuò
冷暖 lěngnuǎn　　　楼内 lóunèi　　蓝鸟 lánniǎo
冷凝 lěngníng　　　老衲 lǎonà　　 颅内 lúnèi
流脑 liúnǎo

4. 绕口令练习

(1) 刘郎恋刘妞，刘妞恋刘郎，刘郎牛年恋刘妞，刘妞年年恋刘郎，郎恋妞来妞念郎，念妞恋妞念郎恋郎，念恋妞郎。

(2) 新脑筋，老脑筋，老脑筋可以学成新脑筋，新脑筋不学习就变成老脑筋。

(3) 蓝衣布履刘兰柳，布履蓝衣柳兰流，兰柳拉犁来犁地，兰流播种来拉耧。

(4) 老龙恼怒闹老农，老农恼怒闹老龙，龙怒龙恼农更怒，龙闹农怒龙怕农。

(5) 蓝帘子内男娃娃闹，搂着奶奶连连哭，奶奶只好去把篮子拿，原来篮子内留了块烂年糕。

(三) j、q、x 和 z、c、s 辨正

北方方言、吴方言及湘方言区中一些地方的人，常常把 j、q、x 发成 z、c、s，把团音（即声母 j、q、x 跟 i、ü 或以 i、ü 起头的韵母相拼）发成尖音（即声母 z、c、s 跟 i、ü 或以 i、ü 起头的韵母相拼），如把"九 jiǔ"读成"ziǔ"。其实普通话里只有团音，没有尖音，声母 z、c、s 是不能和 i、ü 或以 i、ü 起头的韵母相拼的，而 j、q、x 则可以。产生这种错误的主要原因是舌面前音 j、q、x 是由舌面前部与硬腭形成阻碍而发声的，有些人在发音时，成阻、除阻的部位太靠近舌尖，发出的音带有"刺刺"的舌尖音的味道。

1. 同声调单字对比训练

j—z

家 jiā—扎 zhā   见 jiàn—暂 zàn   举 jǔ—祖 zǔ
究 jiū—邹 zōu   减 jiǎn—攒 zǎn   就 jiù—奏 zòu
叫 jiào—造 zào   倦 juàn—钻 zuàn   君 jūn—尊 zūn

z—j

咋 zǎ—甲 jiǎ   赞 zàn—剑 jiàn   足 zú—菊 jú
走 zǒu—九 jiǔ   簪 zān—煎 jiān   揍 zòu—旧 jiù
早 zǎo—脚 jiǎo   赚 zhuàn—见 jiàn 遵 zūn—军 jūn

q—c

前 qián—残 cán   劝 quàn—窜 cuàn   巧 qiǎo—草 cǎo
群 qún—存 cún   枪 qiāng—仓 cāng 情 qíng—层 céng
去 qù—醋 cù   欠 qiàn—券 quàn   桥 qiáo—曹 cáo

c—q

苍 cāng—腔 qiāng 曾 zēng—青 qīng   操 cāo—敲 qiāo
村 cūn—逡 qūn   灿 càn—欠 qiàn   粗 cū—区 qū
篡 cuàn—劝 quàn   餐 cān—千 qiān   糙 cāo—橇 qiāo

x—s

新 xīn—森 sēn   西 xī—思 sī   晓 xiǎo—嫂 sǎo
先 xiān—三 sān   胸 xiōng—松 sōng 乡 xiāng—桑 sāng
修 xiū—搜 sōu   宣 xuān—酸 suān   熏 xūn—孙 sūn

s—x

 森 sēn—心 xīn   伞 sǎn—险 xiǎn   叟 sǒu—朽 xiǔ

 四 sì—系 xì   嵩 sōng—兄 xiōng   算 suàn—炫 xuàn

 骚 sāo—消 xiāo   丧 sàng—向 xiàng   素 sù—续 xù

2. 同声调词语对比训练

j—z

 基本 jīběn—资本 zīběn   鉴定 jiàndìng—暂定 zàndìng

 焦土 jiāotǔ—糟土 zāotǔ   校对 jiàoduì—造对 zàoduì

 基金 jījīn—资金 zījīn   加紧 jiājǐn—扎紧 zājǐn

 建筑 jiànzhù—赞助 zànzhù   叫作 jiàozuò—造作 zàozuò

 下降 xiàjiàng—下葬 xiàzàng

z—j

 早渡 zǎodù—角度 jiǎodù   咋说 zǎshuō—假说 jiǎshuō

 造好 zàohǎo—较好 jiàohǎo   藏胞 zàngbāo—酱包 jiàngbāo

 尊师 zūnshī—军师 jūnshī   走到 zǒudào—酒道 jiǔdào

 钻石 zuànshí—圈石 juànshí   造势 zàoshì—教士 jiàoshì

 高祖 gāozǔ—高举 gāojǔ

q—c

 千古 qiāngǔ—参股 cāngǔ   巧妙 qiǎomiào—草庙 cǎomiào

 枪库 qiāngkù—仓库 cāngkù   千金 qiānjīn—餐巾 cānjīn

 劝过 quànguò—窜过 cuànguò   情意 qíngyì—层意 céngyì

 去意 qùyì—醋意 cùyì   牵引 qiānyǐn—餐饮 cānyǐn

 气候 qìhòu—伺候 cì·hou

c—q

 存根 cúngēn—群跟 qúngēn   惨淡 cǎndàn—浅淡 qiǎndàn

 枪声 qiāngshēng—苍生 cāngshēng   曹洪 cáohóng—乔红 qiáohóng

 擦花 cāhuā—掐花 qiāhuā   乔榛 qiáozhēn—曹真 cáozhēn

 醋味 cùwèi—趣味 qùwèi   词汇 cíhuì—棋会 qíhuì

 草鸡 cǎojī—巧机 qiǎojī

x—s

 小雪 xiǎoxuě—扫雪 sǎoxuě   先天 xiāntiān—三天 sāntiān

 香叶 xiāngyè—桑叶 sangyè   延续 yánxù—严肃 yánsù

 相国 xiàngguó—丧国 sàngguó   熏香 xūnxiāng—孙香 sūnxiāng

 显形 xiǎnxíng—伞形 sǎnxíng   森林 sēnlín—新林 xīnlín

 修道 xiūdào—搜到 sōudào

s—x

  扫地 sǎodì—小弟 xiǎodì   松针 sōngzhēn—胸针 xiōngzhēn
  诉说 sùshuō—叙说 xùshuō   搜身 sōushēn—修身 xiūshēn
  丝线 sīxiàn—西线 xīxiàn   酸奶 suānnǎi—鲜奶 xiānnǎi
  拉萨 lāsà—拉下 lāxià   嫂子 sǎozi—小子 xiǎozi
  相知 xiāngzhī—桑枝 sāngzhī

3. 发音连用训练

j—j

简介 jiǎnjiè	将军 jiāngjūn	积极 jījí
急遽 jíjù	究竟 jiūjìng	借鉴 jièjiàn
坚决 jiānjué	境界 jìngjiè	皎洁 jiǎojié
窘境 jiǒngjìng	家具 jiājù	酒精 jiǔjīng
交警 jiāojǐng	尖叫 jiānjiào	集结 jíjié
嘉奖 jiājiǎng	加价 jiājià	间距 jiānjù
监禁 jiānjìn	胶卷 jiāojuǎn	

q—q

弃权 qìquán	翘起 qiàoqǐ	乔迁 qiáoqiān
窃取 qièqǔ	侵权 qīnquán	清秋 qīngqiū
鹊桥 quèqiáo	前期 qiánqī	欠缺 qiànquē
乞求 qǐqiú	情趣 qíngqù	清欠 qīngqiàn
前倾 qiánqīng	崎岖 qíqū	强权 qiángquán
七窍 qīqiào	求全 qiúquán	凄清 qīqīng
砌墙 qìqiáng	求签 qiúqiān	

x—x

谢谢 xièxie	细小 xìxiǎo	西线 xīxiàn
下雪 xiàxuě	显形 xiǎnxíng	肖像 xiàoxiàng
孝心 xiàoxīn	雄心 xióngxīn	些许 xiēxǔ
血型 xuèxíng	休闲 xiūxián	险些 xiǎnxiē
信箱 xìnxiāng	狭小 xiáxiǎo	心胸 xīnxiōng
修行 xiūxíng	新型 xīnxíng	闲暇 xiánxiá
相像 xiāngxiàng	选修 xuǎnxiū	

  另外，有的地方把普通话的声母 z(zh)、c(ch)、s(sh)与韵母 u、uan、uen 相拼时分别读成声母 j、q、x，学普通话时要注意辨正。例如：

住处 zhùchù	逐出 zhúchū	主厨 zhǔchú
出租 chūzū	楚竹 chǔzhú	输出 shūchū
书橱 shūchú	拴住 shuānzhù	顺出 shùnchū

酸楚 suānchǔ　　　　粗俗 cūsú　　　　　宿处 sùchù
拴船 shuānchuán　　　传输 chuánshū　　　祖传 zǔchuán
篆书 zhuànshū　　　　专属 zhuānshǔ　　　初春 chūchūn
存储 cúnchǔ　　　　　算数 suànshù　　　　纯属 chúnshǔ
准数 zhǔnshù　　　　转船 zhuǎnchuán　　　朱唇 zhūchún

4. 绕口令练习

(1) 一张细席，席上有泥。溪边去洗，溪洗细席。

(2) 巧巧瞧高桥，高桥桥头翘。巧巧翘首瞧，翘桥桥姿俏。

(3) 姐姐借刀切茄子，去把儿去叶儿斜切丝，切好茄子烧茄子、炒茄子、蒸茄子，还有一碗焖茄子。

(4) 七加一，七减一，加完减完等于几？七加一，七减一，加完减完还是七。

(四) f 和 h 辨正

f 和 h 在普通话里分得很清，但有些地方出现了混用现象。f 是唇齿音，发音时下唇和上齿构成阻碍。h 是舌根音，发音时舌根和软腭构成阻碍。南方有些方言没有 f 或者 h 声母，普通话的 f 在闽方言里多数读成 b、p 或 h，湘方言有些地区把 f 读成 hu，而粤方言则相反，把普通话里一些读 h 的字(大都是和 u 结合的字，如虎 hu、花 hua)也读作 f。而最明显的是 f 和 h 不分。

1. 同声调单字对比训练

f—h

赋 fù—户 hù　　　　愤 fèn—混 hùn　　　放 fàng—晃 huàng
烦 fán—还 huán　　　风 fēng—轰 hōng　　发 fā—花 huā
佛 fó—活 huó　　　　方 fāng—慌 huāng　　肥 féi—回 huí

h—f

湖 hú—服 fú　　　　荤 hūn—分 fēn　　　　黄 huáng—防 fáng
欢 huān—翻 fān　　　红 hóng—逢 féng　　　滑 huá—罚 fá
辉 huī—飞 fēi　　　　黄 huáng—房 fáng　　　火 huǒ—否 fǒu

2. 同声调词语对比训练

f—h

富丽 fùlì—互利 hùlì　　　　　　方山 fāngshān—荒山 huāngshān
翻腾 fānténg—欢腾 huānténg　　发廊 fàláng—画廊 huàláng
开发 kāifā—开花 kāihuā　　　　分钱 fēnqián—婚前 hūnqián
飞鸿 fēihóng—恢宏 huīhóng　　　废话 fèihuà—绘画 huìhuà
放缓 fànghuǎn—放返 fàngfǎn

h—f

花生 huāshēng—发生 fāshēng　　　工会 gōnghuì—公费 gōngfèi
混战 hùnzhàn—奋战 fènzhàn　　　弧度 húdù—幅度 fúdù
变换 biànhuàn—便饭 biànfàn　　　沪市 hùshì—富士 fùshì
魔幻 móhuàn—模范 mófàn　　　　汇钱 huìqián—费钱 fèiqián
湖州 húzhōu—福州 fúzhōu

3. 发音连用训练

f—h

放缓 fànghuǎn　　废话 fèihuà　　飞鸿 fēihóng
发挥 fāhuī　　　繁华 fánhuá　　防护 fánghù
复活 fùhuó　　　凤凰 fènghuáng　发货 fāhuò
分红 fēnhóng　　粉红 fěnhóng　　浮华 fúhuá
防滑 fánghuá　　焚毁 fénhuǐ　　腐化 fǔhuà
飞灰 fēihuī　　　反话 fǎnhuà　　富户 fùhù
泛黄 fànhuáng　　防患 fánghuàn

h—f

皇甫 huángfǔ　　回复 huífù　　　划分 huàfēn
花费 huāfèi　　　护肤 hùfū　　　荒废 huāngfèi
画风 huàfēng　　回访 huífǎng　　会飞 huìfēi
焕发 huànfā　　　华发 huáfà　　　活佛 huófó
火焚 huǒfén　　　混纺 hùnfǎng　　话锋 huàfēng
画舫 huàfǎng　　伙房 huǒfáng　　皇妃 huángfēi
惠风 huìfēng　　虎符 hǔfú

4. 绕口令练习

(1) 黑化肥发灰会挥发，灰化肥挥发会发黑。
(2) 红蜂强占黄蜂房，黄蜂强占红蜂房。红蜂攻，黄蜂防，黄蜂攻，红蜂防，红蜂黄蜂双方亡。
(3) 洪湖荷花好绘画，画好洪湖画荷花。
(4) 红凤凰，黄凤凰，粉红墙上画凤凰，凤凰画在粉红墙。
(5) 风吹红花黄花飞，黄花红花飞成灰，花花飞飞灰成堆。

(五)sh 和 f 辨正

在有些方言区，普通话里分得很清楚的 sh 和 f 在跟韵母 u、ua、uan、uai、uo、uen 相拼时，把 sh 发成 f，有时还会失去韵头 u。

1. shu 读成 fu

书 shū—fū   熟 shú—fú   薯 shǔ—fǔ   树 shù—fù

2. shua 读成 fa

刷 shuā—fā   耍 shuǎ—fǎ

3. shuai 读成 fai

摔 shuāi—fāi

4. shuan 读成 fan

拴 shuān—fān   涮 shuàn—fàn

5. shui 读成 fei

谁 shuí—féi   水 shuǐ—fěi   睡 shuì—fèi

6. shuo 读成 fo

说 shuō—fō   硕 shuò—fò

(六)送气音和不送气音辨正

普通话声母共有 b 和 p、d 和 t、g 和 k、j 和 q、zh 和 ch、z 和 c 六对不送气和送气音，普通话发音区别得很清楚。但在有些方言区，会把不送气音读成送气音，练普通话时要注意区别。

1. 词语连用训练

b—p

背叛 bèipàn   摆谱 bǎipǔ   逼迫 bīpò
变频 biànpín   奔跑 bēnpǎo   本品 běnpǐn
编排 biānpái   帮派 bāngpài   崩盘 bēngpán
鞭炮 biānpào   扁平 biǎnpíng   标牌 biāopái
爆破 bàopò   表盘 biǎopán   变胖 biànpàng

p—b

炮兵 pàobīng   排比 páibǐ   漂泊 piāobó
普遍 pǔbiàn   疲惫 píbèi   蓬勃 péngbó
碰壁 pèngbì   屏蔽 píngbì   平板 píngbǎn
跑表 pǎobiǎo   剖白 pōubái   贫病 pínbìng
骗保 piànbǎo   拍板 pāibǎn   篷布 péngbù

d—t

大同 dàtóng   带头 dàitóu   地图 dìtú
独特 dútè   动态 dòngtài   点头 diǎntóu

电梯 diàntī　　等同 děngtóng　　单挑 dāntiāo
灯塔 dēngtǎ　　短途 duǎntú　　胴体 dòngtǐ
跌停 diētíng　　稻田 dàotián　　顶帖 dǐngtiě

t—d
态度 tàidù　　唐代 tángdài　　头顶 tóudǐng
天地 tiāndì　　通道 tōngdào　　土豆 tǔdòu
特定 tèdìng　　同等 tóngděng　　塔吊 tǎdiào
探底 tàndǐ　　偷渡 tōudù　　甜点 tiándiǎn
停顿 tíngdùn　　挑逗 tiǎodòu　　铁道 tiědào

g—k
概括 gàikuò　　高考 gāokǎo　　感慨 gǎnkǎi
功课 gōngkè　　高亢 gāokàng　　更快 gèngkuài
广阔 guǎngkuò　　港口 gǎngkǒu　　攻克 gōngkè
钢盔 gāngkuī　　够酷 gòukù　　管窥 guǎnkuī
过客 guòkè　　挂靠 guàkào　　干渴 gānkě

k—g
客观 kèguān　　看过 kànguò　　开关 kāiguān
控股 kònggǔ　　快感 kuàigǎn　　空格 kònggé
跨国 kuàguó　　考古 kǎogǔ　　控告 kònggào
看官 kànguān　　苦果 kǔguǒ　　酷狗 kùgǒu
旷工 kuànggōng　　凯歌 kǎigē　　课改 kègǎi

j—q
技巧 jìqiǎo　　激情 jīqíng　　加强 jiāqiáng
金器 jīnqì　　捐躯 juānqū　　机器 jīqì
金钱 jīnqián　　价钱 jiàqián　　景区 jǐngqū
敬请 jìngqǐng　　减轻 jiǎnqīng　　剑桥 jiànqiáo
剧情 jùqíng　　假期 jiàqī　　汲取 jíqǔ

q—j
契机 qìjī　　气节 qìjié　　千金 qiānjīn
情景 qíngjǐng　　穷尽 qióngjìn　　秋季 qiūjì
求教 qiújiào　　强劲 qiángjìng　　清洁 qīngjié
全局 quánjú　　切忌 qièjì　　求解 qiújiě
劝诫 quànjiè　　全集 quánjí　　瞧见 qiáojiàn

zh—ch
振翅 zhènchì　　支持 zhīchí　　战场 zhànchǎng
找茬 zhǎochá　　侦查 zhēnchá　　正常 zhèngcháng
争吵 zhēngchǎo　　指出 zhǐchū　　中丞 zhōngchéng

| 周朝 zhōucháo | 朱唇 zhūchún | 章程 zhāngchéng |
| 重创 zhòngchuāng | 震颤 zhènchàn | 照抄 zhàochāo |

ch—zh

诚挚 chéngzhì	出征 chūzhēng	沉重 chénzhòng
超值 chāozhí	查证 cházhèng	吃住 chīzhù
冲撞 chōngzhuàng	纯种 chúnzhǒng	床罩 chuángzhào
重振 chóngzhèn	橙汁 chéngzhī	撤职 chèzhí
长住 chángzhù	场站 chǎngzhàn	虫蛀 chóngzhù

z—c

在此 zàicǐ	遵从 zūncóng	自从 zìcóng
总裁 zǒngcái	左侧 zuǒcè	早餐 zǎocān
做错 zuòcuò	自此 zìcǐ	杂草 zácǎo
字词 zìcí	增仓 zēngcāng	最惨 zuìcǎn

c—z

擦澡 cāzǎo	才子 cáizǐ	惨遭 cǎnzāo
藏踪 cángzōng	操纵 cāozòng	测字 cèzì
曾在 céngzài	词组 cízǔ	村组 cūnzǔ
从早 cóngzǎo	凑足 còuzú	脆枣 cuìzǎo

2. 绕口令练习

(1) 哥挎瓜筐过宽沟，赶快过沟看怪狗，光看怪狗瓜筐扣，瓜滚筐空哥怪狗。

(2) 稀奇稀奇真稀奇，蟋蟀踩死老母鸡，气球碰坏大机器，蚯蚓身长一丈七。

(3) 朱家一株竹，竹笋初长出。朱叔处处锄，锄出笋来煮。锄完不再出，朱叔没笋煮，竹株又干枯。

(4) 吃葡萄不吐葡萄皮，不吃葡萄倒吐葡萄皮。

(5) 八百标兵奔北坡，炮兵八百北坡跑，炮兵怕被标兵碰，标兵怕碰炮兵炮。

(6) 大姐发辫俩人编，二姐编半边，三姐编半边，二姐三姐把辫编偏。

(7) 彭平捧着瓶，彭朋捧着盆，彭朋捧的盆碰了彭平捧的瓶，卖盆买瓶盆赔瓶。

(七) r 和 l 辨正

在有些地方存在着 r 和 l 混淆的问题，一般情况是没有声母 r，通常把声母 r 改读成 l、z 或齐齿呼、撮口呼、零声母。如东南沿海个别地方把"绒的"读成"聋的"，东北人也有将"人"读成了"银"的。

要读准 r 和 l，首先要区别两者的发音。r 和 l 虽然都是浊音，但 r 是擦音，发音除阻时，气流的通道很窄，限于舌尖和硬腭之间的一点点儿缝隙，摩擦很重；l 是边音，发音除阻时，气流的通道在舌侧两边，很宽松，摩擦不十分明显。

1. 同声调词语对比训练

碧蓝 bìlán—必然 bìrán　　　融融 róngróng—隆隆 lónglóng
阻拦 zǔlán—阻燃 zǔrán　　　染病 rǎnbìng—懒病 lǎnbìng
求饶 qiúráo—囚牢 qiúláo　　　露馅 lòuxiàn—肉馅 ròuxiàn
如火 rúhuǒ—炉火 lúhuǒ　　　弱点 ruòdiǎn—落点 luòdiǎn
流露 liúlù—流入 liúrù　　　衰落 shuāiluò—衰弱 shuāiruò
脸色 liǎnsè—染色 rǎnsè　　　戎马 róngmǎ—龙马 lóngmǎ
绒子 róngzi—聋子 lóngzi　　　入境 rùjìng—路径 lùjìng
溶洞 róngdòng—龙洞 lóngdòng　　　柔道 róudào—楼道 lóudào
走肉 zǒuròu—走漏 zǒulòu　　　卤汁 lǔzhī—乳汁 rǔzhī
儒家 rújiā—卢家 lújiā　　　热天 rètiān—乐天 lètiān
娱乐 yúlè—余热 yúrè　　　木然 mùrán—木兰 mùlán

2. 词语连用训练

r—l

人类 rénlèi　　热烈 rèliè　　燃料 ránliào
日落 rìluò　　容量 róngliàng　　热浪 rèlàng
认领 rènlǐng　　让路 rànglù　　热流 rèliú
容留 róngliú　　蹂躏 róulìn　　入列 rùliè
锐利 ruìlì　　容量 róngliàng　　扰乱 rǎoluàn

l—r

例如 lìrú　　利刃 lìrèn　　凛然 lǐnrán
鹿茸 lùróng　　炼乳 liànrǔ　　列入 lièrù
礼让 lǐràng　　利润 lìrùn　　烈日 lièrì
例如 lìrú　　老人 lǎorén　　凌辱 língrǔ
缭绕 liáorào　　了然 liǎorán　　连任 liánrèn

(八)零声母读音问题

普通话中的零声母音节在有些方言里读音发生了变化，有些零声母字读成了有声母字，反过来有些有声母字被读作零声母字。

如在读以 a、o、e 开头的零声母字时，某些方言里常在前面加舌根鼻音 ng，将"安"读成"ngan"，"欧"读成"ngou"，"恩"读成"ngen"。纠正时，只要去掉舌根鼻音 ng，直接发元音即可。

普通话中开口呼、合口呼的零声母字，有的方言读成了声母 v(唇齿浊擦音)，如"万""闻""物""尾""问"等字。这只要在发音时注意把双唇拢圆，不要让下唇和上齿接触，就可以改正了。

还有的方言，把声母 r 读成零声母，错把"热""如"读作"yè""yú"，"润"读成"yùn"等；反过来也会把零声母字"用"读成"ròng"或"rèng"。学习普通话时要注意纠正，好在这样的错误音节并不很多，死记也不会太难。

读词练习：

阿姨 āyí	挨饿 ái'è	永远 yǒngyuǎn
昂扬 ángyáng	运用 yùnyòng	熬药 áoyào
偶尔 ǒu'ěr	文案 wén'àn	厄运 èyùn
扼要 èyào	压抑 yāyì	安稳 ānwěn
沿用 yányòng	阿谀 ēyú	演义 yǎnyì
扬言 yángyán	蜿蜒 wānyán	玩偶 wán'ǒu
洋溢 yángyì	谣言 yáoyán	委婉 wěiwǎn
幽雅 yōuyǎ	友谊 yǒuyì	外围 wàiwéi
忘我 wàngwǒ	万维 wànwéi	唯物 wéiwù

第二节　韵　母

韵母是汉字音节结构声母后面的部分。普通话共有 39 个韵母，其中 23 个由元音(单元音或复合元音)充当，16 个由元音和鼻辅音(n、ng)韵尾构成。

韵母一般由韵头、韵腹和韵尾组成。韵头，又叫介音，即韵腹前面的元音，是介于声母与主要元音之间的音素。普通话中只有 i、u、ü 三个元音能做韵头。韵腹，是韵母的主干，又叫主要元音，一般由a、o、e、ê、i、u、ü、er、-i(前)、-i(后)等元音充当，韵母可以没有韵头和韵尾，但所有韵母都有韵腹。如果一个韵母只由一个元音音素构成，那它只能是韵腹。韵尾，又叫尾音，是韵腹后面的部分，一般由元音 i、u、o 或 n、ng 两个鼻辅音充当。

韵母的分类有两个标准(参见表 2-2)。

一是按照韵母开头元音发音口形的不同分为"四呼"，即开口呼、齐齿呼、合口呼、撮口呼。开口呼是没有韵头而韵腹又不是 i、u、ü 的韵母。齐齿呼是韵头或韵腹是 i 的韵母。合口呼是韵头或韵腹是 u 的韵母。撮口呼是韵头或韵腹是 ü 的韵母。

二是按照韵母的内部结构特点，分成单韵母、复韵母、鼻韵母三类。单韵母，是由一个元音构成的韵母，普通话共有 10 个单韵母：a、o、e、ê、i、u、ü、er、-i(前)、-i (后)。复韵母，是由两个或三个元音构成的韵母。它们是ai、ei、ao、ou、ia、ie、ua、uo、üe、iao、iou、uai、uei，共 13 个。鼻韵母，是由元音加鼻辅音 n、ng构成的韵母。它们是an、en、in、ün、ian、uan、üan、uen、ang、eng、ing、ong、iang、uang、ueng、iong，共 16 个。其中，元音加前鼻辅音 n 的叫前鼻韵母，它们是an、en、in、ün、ian、uan、üan、uen，共 8 个韵母；元音加后鼻辅音 ng的叫后鼻韵母，包括ang、eng、ing、ong、iang、uang、ueng、iong，共 8 个韵母。

表2-2 普通话韵母分类总表

韵母 按结构分	按韵头分	开口呼	齐齿呼	合口呼	撮口呼
单韵母(单元音)	-i(前) -i(后)		i	u	ü
	a				
	o				
	e				
	ê				
	er				
复韵母(复合元音)			ia	ua	
				uo	
			ie		üe
		ai		uai	
		ei		uei	
		ao	iao		
		ou	iou		
鼻韵母(复合鼻尾音)		an	ian	uan	üan
		en	in	uen	ün
		ang	iang	uang	
		eng	ing	ueng	
				ong	iong

一、韵母的发音技巧

韵母的发音基本要求是，韵头发音要清晰，韵腹发音要响亮，韵尾发音要到位，唇形与舌位相配合。

(一)单韵母的发音技巧

单韵母的发音取决于舌位的高低、前后和唇形的圆展。

单韵母共有 10 个，其中a、o、e、ê、i、u、ü 是舌面元音韵母，-i(前)、-i(后)是舌尖元音韵母，er 是卷舌元音韵母。

1. a(阿)：舌面、中、低、不圆唇音

发音时口自然张开，舌自然放松在口腔的最低处，舌尖微离开下齿背，舌面中部稍微隆起。发音时，唇形不圆，软腭上升，关闭鼻腔通道，气流均匀地流出，声带颤动。

大坝 dàbà	哪怕 nǎpà	马达 mǎdá	沙发 shāfā
大厦 dàshà	砝码 fǎmǎ	刹那 chànà	发蜡 fàlà
麻辣 málà	打岔 dǎchà	蚂蚱 màzha	打发 dǎfā

2. o(喔)

上下唇自然拢圆，舌面后缩，舌面后部隆起升至半高度。发音时，气流均匀地通过，声带颤动。

剥落 bōluò	磨墨 mómò	薄弱 bóruò	脉脉 mòmò
薄膜 bómó	泼墨 pōmò	摩托 mótuō	伯伯 bóbo
磨破 mópò	落拓 luòtuò	婆婆 pópo	破落 pòluò

3. e(鹅)：舌面、后、半高、不圆唇音

发音时口腔半开不圆，嘴角略展，舌头向后微缩，舌面后部升至半高度，气流均匀地通过，声带颤动。

车辙 chēzhé	割舍 gēshě	隔阂 géhé	苛刻 kēkè
色泽 sèzé	可乐 kělè	各册 gècè	特色 tèsè
客车 kèchē	特赦 tèshè	折射 zhéshè	客舍 kèshè

4. ê(诶)：舌面、前、半低、不圆唇音

发音时口腔半开不圆，舌贴在下齿背后，嘴角略展，软腭上升，舌面中部微隆，声带颤动。

ê 用于单独注音的字只有一个"欸"。ê 的主要用途是与 i、ü 组成复韵母，如：接(jiē)、靴(xuē)、切(qiè)等。

解决 jiějué	斜街 xiéjiē	学界 xuéjiè	节约 jiéyuē
雪月 xuěyuè	学写 xuéxiě	借阅 jièyuè	协约 xiéyuē
孑孓 jiéjué	决绝 juéjué	雀跃 quèyuè	

5. i(衣)：舌面、前、高、不圆唇音

发音时口微张，双唇向两侧展开，舌尖轻抵下齿背，舌面前部上升，和硬腭的距离达到最小，形成较窄缝隙，气流从此缝隙中通过，软腭上升，关闭鼻腔通道，声带颤动。

凄厉 qīlì	低级 dījí	霹雳 pīlì	依稀 yīxī
细腻 xìnì	稀奇 xīqí	秘密 mìmì	习题 xítí
易记 yìjì	比例 bǐlì	谜底 mídǐ	裨益 bìyì

6. u(屋)：舌面、后、高、圆唇音

发音时，嘴唇收圆，形成小孔，舌头略微后缩，舌面后部上升接近硬腭，软腭上升，关闭鼻腔通道，声带颤动，气流均匀通过。

| 糊涂 hútu | 突出 tūchū | 督促 dūcù | 鼓舞 gǔwǔ |
| 互助 hùzhù | 瀑布 pùbù | 父母 fùmǔ | 露骨 lùgǔ |

| 入股 rùgǔ | 酷暑 kùshǔ | 著书 zhùshū | 粗布 cūbù |

7. ü(迂)：舌面、前、高、圆唇音

发音时，双唇向前撮成小圆孔，舌尖抵住下齿背。舌面前部上升接近硬腭形成缝隙，关闭鼻腔通道，声带振动，气流均匀通过。

《汉语拼音方案》中规定，ü 列的韵母跟声母 j、q、x 拼的时候，写成 jū(居)、qū(区)、xū(虚)，ü 上的两点省略。但是跟声母 n、l 拼的时候，仍然写成 nǚ(女)、lǚ(吕)。因为在普通话音节中，j、q、x 不能与 u 拼成音节，所以 ü 上的两点省去，不会同 u 相混淆，这样，可以减少书写时的麻烦。而 n、l 与 ü 及含有 ü 的韵母相拼时，不能去掉 ü 上的两点，而仍然要写成 nǚ(女)、lǜ(绿)、nüè(虐)、lüè(略)。这是因为，n、l 能够和 u 相拼，如 nù(怒)、lù(路)。如果 n、l 与 ü 相拼时把 ü 上的两点去掉，就会发生读音混淆。

须臾 xūyú	吕剧 lǚjù	曲律 qǔlǜ	旅居 lǚjū
区域 qūyù	居于 jūyú	屈居 qūjū	龃龉 jǔyǔ
序曲 xùqǔ	女婿 nǚxù	趋于 qūyú	聚居 jùjū

8. -i(前)：舌尖、前、高、不圆唇音

发音时嘴微张，唇略展，舌尖前伸，靠近上齿背，气流均匀地从缝隙中通过，不发生摩擦，鼻腔通道关闭，声带振动。

还有一种方法，就是发声母 z、c、s 时，口微张，声带颤动，就是舌尖前元音-i(前)。这个韵母不能独立运用，它只出现在舌尖前音声母 z、c、s 的后面。

自此 zìcǐ	子嗣 zǐsì	自私 zìsī	刺字 cìzì
私自 sīzì	此次 cǐcì	字词 zìcí	四次 sìcì
赐死 cìsǐ	次子 cìzǐ	私资 sīzī	紫瓷 zǐcí

9. -i(后)：舌尖后、高、不圆唇音

发音时，口微张，唇略展。舌尖抬起与硬腭前端形成缝隙，软腭上升，关闭鼻腔通道，声带振动，气流从缝隙中通过，不发生摩擦。

还有一种办法，就是发声母 zh、ch、sh、r 时，口微张，舌尖转向硬腭翘起，声带颤动，就是舌尖后元音-i(后)。这个韵母只出现在 zh、ch、sh、r 四个声母的后面。

日志 rìzhì	时事 shíshì	知识 zhīshi	指示 zhǐshì
制止 zhìzhǐ	史诗 shǐshī	实质 shízhì	吃食 chīshí
指使 zhǐshǐ	日食 rìshí	市值 shìzhí	世事 shìshì

10. er(儿)：卷舌、央、中、不圆唇音

发音时，口自然打开，舌头中央部位稍隆起，舌尖卷起与硬腭形成缝隙，软腭上升，关闭鼻腔通道，声带振动。

er 不同声母相拼，只能自成零声母音节或附在其他音节后面构成"儿化韵"，如：画儿(huar)，符号 r 不代表音素，只表示卷舌动作，所以 er 是两个字母标写的单韵母。

二儿 èr'ér	二耳 èr'ěr	尔尔 ěr'ěr	而立 érlì
耳目 ěrmù	饵料 ěrliào	儿科 érkē	二胡 èrhú
耳朵 ěrduo	儿戏 érxì	而已 éryǐ	二黄 èrhuáng

(二)复韵母的发音技巧

复韵母的发音特点，是从一个元音滑到另一个元音。舌位的高低前后，口腔的开闭，唇形的圆展，都是逐渐变动的，不是跳动的，中间有许多过渡音；同时气流不中断，中间没有明显的界线，形成一个整体。其中韵腹发音较响亮，是复韵母的发音重心，它的发音因为受前后音素的影响，实际音值与其做单韵母时不尽相同，不可拘泥于此。

根据韵腹位置的不同，又可把复韵母分为前响复韵母、后响复韵母和中响复韵母。

1. 前响复韵母 ai、ei、ao、ou

前响复韵母由两个元音组成，前面的一个是韵腹，发音响亮清晰，后面的一个是韵尾，发音轻短模糊。整体发音特点是前响后轻。发音时，舌位由低到高，口腔由大到小。

(1) ai(哀)：发音时，先是舌位放低，唇形开而不圆，发出a音，紧接着舌面向 i 的高位移动隆起，双唇由开变半关，最后发出轻短含混的 i 音。

开拆 kāichāi	摘牌 zhāipái	灾害 zāihài	买卖 mǎimài
海苔 hǎitái	开斋 kāizhāi	债台 zhàitái	海带 hǎidài
爱财 àicái	拆台 chāitái	爱戴 àidài	彩带 cǎidài

(2) ei(诶)：双唇微展，舌尖抵住下齿背，从 e 的舌位向 i 的舌位移动，口腔开度慢慢变小。

匪类 fěilèi	北美 běiměi	肥美 féiměi	美眉 měiméi
委培 wěipéi	黑煤 hēiméi	蓓蕾 bèilěi	配备 pèibèi
贝类 bèilèi	飞贼 fēizéi	累累 lěilěi	贼类 zéilèi

(3) ao(凹)：嘴自然张开，唇形开而不圆，发出响而长的a，接着舌面向后高的 o 抬起，唇形由开形拢成圆形，最后发出类似 u 的音。

好孬 hǎonāo	懊恼 àonǎo	高潮 gāocháo	操劳 cāoláo
跑道 pǎodào	招考 zhāokǎo	草帽 cǎomào	牢靠 láokào
号召 hàozhào	毛躁 máozào	叨扰 tāorǎo	鲍照 bàozhào

(4) ou(欧)：双唇拢成圆形，舌头稍后缩，先发响而长的 o，接着向 u 的舌位变化，唇形由大变小，最后发出较短的 u 音。

售后 shòuhòu	欧洲 ōuzhōu	收购 shōugòu	臭肉 chòuròu
口头 kǒutóu	绸缪 chóumóu	佝偻 gōulóu	周侯 zhōuhóu
扣肉 kòuròu	抖擞 dǒusǒu	后楼 hòulóu	瘦狗 shòugǒu

2. 后响复韵母 ia、ie、ua、uo、üe

后响复韵母也是由两个元音组成的。前一个是韵头，后一个是韵腹。发音特点是前轻后响，即开头的元音 i、u、ü 发音不太响亮，比较短促，收尾的元音音素响亮清晰。发音时，舌位由高到低滑动，口腔由小到大，收尾音的舌位、口形要保持韵腹的发音状态不变。

(1) ia(呀)：发音时，先是舌位抬高，发出轻短的 i 音，然后舌位迅速向中低的a的方向滑动落下，唇形开而不圆，发出响而长的"啊"音，口形有明显变化。

压价 yājià	假牙 jiǎyá	下嫁 xiàjià	加价 jiājià
掐下 qiāxià	下牙 xiàyá	恰恰 qiàqià	卡牙 qiǎyá
加压 jiāyā	俩牙 liǎyá	家鸭 jiāyā	夏家 xiàjiā

(2) ie(耶)：发音时，先是舌位抬高，发出轻短的 i 音，接着舌位逐渐向ê的低位变化，发出响而长的ê，口形变化不大。

斜街 xiéjiē	结业 jiéyè	谢谢 xièxie	贴切 tiēqiè
揭帖 jiētiě	镍铁 nièitiě	冶铁 yětiě	趔趄 lièqie
鞋业 xiéyè	铁屑 tiěxiè	界别 jièbié	业界 yèjiè

(3) ua(蛙)：发音时，先双唇撮圆，舌头向后微缩，舌面后部先隆起，在后高 u 的位置上，发出轻短的 u，然后舌位向中低a的方向落下，双唇展开不圆，发出响亮而长的a，口形变化明显。

花袜 huāwà	画花 huàhuā	耍滑 shuǎhuá
挂花 guàhuā	挂画 guàhuà	娃娃 wáwa
抓蛙 zhuāwā	花蛙 huāwā	画画 huàhuà

(4) uo(窝)：发音时，双唇先拢成圆形，舌面后部先微隆在后高 u 的位置上，发出轻短的 u 音，接着舌位向 o 的位置放松落下，双唇扩开，口形由小圆变成大圆，口形变化明显。

错落 cuòluò	国货 guóhuò	活过 huóguò	蹉跎 cuōtuó
骆驼 luòtuo	阔绰 kuòchuò	落果 luòguǒ	说错 shuōcuò
陀螺 tuóluó	落拓 luòtuò	火锅 huǒguō	硕果 shuòguǒ

(5) üe(约)：发音时，先撮双唇，舌尖前伸抵下齿龈，舌位抬高，发出轻短的u音，接着唇形逐渐展开，舌位降到半低，发出响亮而长的ê音，口形变化明显。

决绝 juéjué	雀跃 quèyuè	约略 yuēlüè	掘穴 juéxué
雪月 xuěyuè	绝学 juéxué	薛岳 xuēyuè	乐学 yuèxué
略学 lüèxué	越岳 yuèyuè	学乐 xuéyuè	

3. 中响复韵母 iao、iou、uai、uei

普通话里由三个元音构成的韵母都是中响复韵母，它们发音时都是舌位由高向低滑动，再由低向高滑动。韵头发音轻微不响亮，在音节里特别是零声母音节里发音常常伴有轻微摩擦。韵腹清晰而响亮，饱满圆润。韵尾发音轻短模糊，干净利落。复韵母的发音训练要注意口形、舌位的变化。

(1) iao(腰)：发音时舌位由 i 降到a，再由a升向o(实际舌位接近 u 的高度)。口形由展到开再到合，最后圆唇。舌位活动由前到后，由高降低再升高。

娇小 jiāoxiǎo	巧妙 qiǎomiào	秒表 miǎobiǎo	萧条 xiāotiáo
笑料 xiàoliào	叫嚣 jiàoxiāo	疗效 liáoxiào	窈窕 yǎotiǎo
渺小 miǎoxiǎo	缥缈 piāomiǎo	调表 tiáobiǎo	教条 jiàotiáo

(2) iou(优)：发音时，舌位由 i 降到 o，再由 o 升向 u，唇形由展变圆，最后成撮合状。舌位由前到后，先降后升，舌位口形变化曲折。

牛油 niúyóu	秋柳 qiūliǔ	绣球 xiùqiú	旧友 jiùyǒu
悠久 yōujiǔ	久留 jiǔliú	酒友 jiǔyǒu	优秀 yōuxiù
求救 qiújiù	球友 qiúyǒu	九牛 jiǔniú	六九 liùjiǔ

(3) uai(歪)：发音时，双唇先撮住，舌位由 u 降到a，再由a升向 i，双唇打开，最后再展开。舌位活动由后到前，由高降低再升高，变化曲折。

外踝 wàihuái	外快 wàikuài	拽歪 zhuàiwāi	摔坏 shuāihuài
怀揣 huáichuāi	乖乖 guāiguāi	拐卖 guǎimài	甩坏 shuǎihuài
踹槐 chuàihuái	卖拐 màiguǎi	外卖 wàimài	崴踝 wǎihuái

(4) uei(威)：发音时，先撮住双唇，舌位由后高元音 u 降到 e，再由 e 升向 i，唇形同时由撮状变成展形。舌位活动由后到前，由高降低再升高，呈曲折状态。

推诿 tuīwěi	追悔 zhuīhuǐ	回归 huíguī	汇兑 huìduì
未遂 wèisuì	追尾 zhuīwěi	垂危 chuíwēi	魁伟 kuíwěi
愧对 kuìduì	荟萃 huìcuì	回味 huíwèi	水位 shuǐwèi

(三)鼻韵母的发音技巧

鼻韵母由元音加上一个鼻辅音构成。鼻韵母的韵尾一个是前鼻辅音 n，一个是后鼻辅音 ng。前鼻辅音 n 的发音与声母 n 的发音部位基本相同，区别在于鼻辅音 n 发音时不解除阻碍，而声母 n 发音时最后舌位要放开解除阻碍。后鼻辅音 ng 是浊鼻音，发音时软腭下垂，气流只从鼻腔通过，声带颤动，不解除阻碍。

鼻韵母发音也是由一个音的发音动作向另一个音的发音动作移动变化，最后以鼻音收尾。但鼻辅音韵尾与它前面的元音音素结合得很紧密，中间没有拼合的痕迹，发音收尾时以鼻辅音对气流的阻碍结束。

普通话的鼻韵母有 16 个，按韵尾的不同可分为两类：以 n 作韵尾的韵母称为前鼻韵母，有 an、en、in、ün、uan、ian、üan、uen 8 个；以 ng 作韵尾的韵母称为后鼻韵母，有 ang、eng、ong、ing、iang、iong、uang、ueng 8 个。

1. 前鼻韵母 an、en、in、un、uan、ian、üan、uen

(1) an(安)：发音时舌位放低，口自然张开，不圆唇，发出a音，接着舌尖与上齿龈接触阻塞气流，使声音和气流完全从鼻腔通过，以不除阻的鼻音 n 结束发音。口形由大渐小，舌位变化明显。

潸然 shānrán	单干 dāngàn	展览 zhǎnlǎn	肝胆 gāndǎn
感叹 gǎntàn	谈判 tánpàn	反感 fǎngǎn	干饭 gānfàn
坦然 tǎnrán	暗探 àntàn	办案 bàn'àn	男篮 nánlán

(2) en(恩)：口微张，先发舌位比较靠前的 e，接着舌位升高，舌尖抵住上齿龈，阻塞气流，使之完全从鼻腔通过，以不阻塞的鼻音 n 结束发音。口形由大渐小，舌位变化较小。

陈真 chénzhēn	根本 gēnběn	粉尘 fěnchén	振奋 zhènfèn
门神 ménshén	深圳 shēnzhèn	审慎 shěnshèn	愤恨 fènhèn
恩人 ēnrén	人参 rénshēn	认真 rènzhēn	妊娠 rènshēn

(3) ün(晕)：发音时收圆双唇，发出 ü 音，接着舌尖从下齿背升到上齿龈，阻塞气流使其从鼻腔通过，然后双唇略展，以不除阻的鼻音 n 结束发音。

允准 yǔnzhǔn	驯顺 xùnshùn	均匀 jūnyún	春运 chūnyùn
军训 jūnxùn	熏晕 xūnyūn	芸芸 yúnyún	谆谆 zhūnzhūn
逡巡 qūnxún	准运 zhǔnyùn	云韵 yúnyùn	遵循 zūnxún

(4) in(因)：发音时，口形微张，双唇略展，舌尖抵住下齿背后，舌面抬起接近硬腭，发出 i 音，接着舌尖从下齿背升到上齿龈，阻塞气流使之从鼻腔通过，以不除阻的鼻音 n 结束发音，口形变化很小。

信心 xìnxīn	引进 yǐnjìn	心隐 xīnyǐn	辛勤 xīnqín
亲信 qīnxìn	民品 mínpǐn	金银 jīnyín	近邻 jìnlín
薪金 xīnjīn	拼音 pīnyīn	民心 mínxīn	临近 línjìn

(5) ian(烟)：发音时先抬高舌位，展开唇形发 i 音，然后舌位降低，发出靠前的 a 音，接着舌位再升高，最后舌尖抵住上齿龈阻塞气流，使气流从鼻腔通过，以不除阻的鼻音 n 结束发音。

眼睑 yǎnjiǎn	翩跹 piānxiān	简便 jiǎnbiàn	年限 niánxiàn
前天 qiántiān	咸盐 xiányán	免检 miǎnjiǎn	变脸 biànliǎn
编年 biānnián	脸面 liǎnmiàn	垫钱 diànqián	田间 tiánjiān

(6) uan(弯)：发音时双唇先撮圆，舌头后缩，先发舌位高的 u，然后舌位降低，发出舌位靠前的 a 音，接着舌尖再向前方抬起，贴近上齿龈，使声音归至前鼻音 n 处收尾。同时双唇有一个从圆到展的动态变化。

专款 zhuānkuǎn	婉转 wǎnzhuǎn	短传 duǎnchuán	转暖 zhuǎnnuǎn
传唤 chuánhuàn	专管 zhuānguǎn	宦官 huànguān	酸软 suānruǎn
软缎 ruǎnduàn	乱钻 luànzuān	贯穿 guànchuān	攒款 cuánkuǎn

(7) üan(冤)：发音时收圆双唇，发舌位高的 ü，然后舌位降低，发出舌位靠前的 a 音，随之再迅速抬起与上齿龈相抵，阻塞口腔通路，使气流从鼻腔通过，以不除阻的鼻音 n 结束发音。

轩辕 xuānyuán	涓涓 juānjuān	全权 quánquán	圆圈 yuánquān
渊源 yuānyuán	玄远 xuányuǎn	全员 quányuán	源泉 yuánquán
圆券 yuánquàn	愿捐 yuànjuān	袁璇 yuánxuán	全院 quányuàn

(8) uen(温)：发音时双唇先撮起发 u 音，接着舌位降低，发出 e 音，然后舌位再升高紧贴上腭，发出鼻音 n。双唇由圆变为略展。

混沌 hùndùn	温顺 wēnshùn	困顿 kùndùn	纹唇 wénchún
春笋 chūnsǔn	论文 lùnwén	昆仑 kūnlún	温存 wēncún
馄饨 húntun	滚轮 gǔnlún	春困 chūnkùn	孙文 sūnwén

2. 后鼻韵母ang、eng、ong、ing、iang、iong、uang、ueng

(1) ang(肮)：发音时先是嘴自然张开，舌头后缩，发出a音，接着舌根与软腭接触，阻塞气流使之从鼻腔通过，发鼻音ng。要领是先无阻后成阻，切不可先成阻后除阻，发成了口鼻音。

张苍 zhāngcāng	肮脏 āngzāng	方丈 fāngzhàng	长廊 chángláng
党章 dǎngzhāng	长长 zhǎngcháng	上当 shàngdàng	廊坊 lángfáng
苍茫 cāngmáng	账房 zhàngfáng	盲肠 mángcháng	怅惘 chàngwǎng

(2) eng(亨的韵母)：发音时口自然张开，先发稍低稍前的e，接着发鼻音ng，使在口腔受到阻碍的气流从鼻腔里通过。要领是先无阻后成阻，切不可先成阻后除阻，发成了口鼻音。

声称 shēngchēng	风筝 fēngzheng	增生 zēngshēng	整风 zhěngfēng
承蒙 chéngméng	鹏程 péngchéng	升腾 shēngténg	风声 fēngshēng
风能 fēngnéng	灯绳 dēngshéng	蒸腾 zhēngténg	愣怔 lèngzheng

(3) ong(松的韵母)：发音时圆唇，舌头后缩，先发o，接着舌根接触软腭，使阻塞气流从鼻腔里透出，发鼻音ng。发音过程不能有上齿咬下唇动作。

葱茏 cōnglóng	松动 sōngdòng	隆重 lóngzhòng	从容 cóngróng
恐龙 kǒnglóng	中东 zhōngdōng	通融 tōngróng	冲动 chōngdòng
共同 gòngtóng	空洞 kōngdòng	龙宫 lónggōng	总统 zǒngtǒng

(4) ing(英)：发音时双唇微展，先舌尖抵住下齿背发i，接着舌面后部与软腭闭合，使口腔受到阻碍的气流从鼻腔透出，直接发鼻音ng，舌位变化明显。

零星 língxīng	英明 yīngmíng	敬请 jìngqǐng	精明 jīngmíng
明净 míngjìng	秉性 bǐngxìng	定型 dìngxíng	酩酊 mǐngdǐng
倾听 qīngtīng	宁静 níngjìng	瓶颈 píngjǐng	清醒 qīngxǐng

(5) iang(央)：发音时嘴微张，唇略展。先发轻轻的i，接着发ang，尾音一定要从鼻腔发出。

江洋 jiāngyáng	酿酱 niàngjiàng	粮饷 liángxiǎng	强项 qiángxiàng
湘江 xiāngjiāng	踉跄 liàngqiàng	像样 xiàngyàng	强将 qiángjiàng
两蒋 liǎngjiǎng	想象 xiǎngxiàng	向阳 xiàngyáng	

(6) iong(拥)：发音时，先展唇发i，然后双唇拢圆后放发ong，舌位由前向后运动，口形变化明显。

穷凶 qióngxiōng	茕茕 qióngqióng	汹涌 xiōngyǒng	炯炯 jiǒngjiǒng
穷窘 qióngjiǒng	勇兄 yǒngxiōng	熊熊 xióngxióng	臃 yōng
迥 jiǒng	庸 yōng	胸 xiōng	蛩 qióng

(7) uang(汪)：发音时，双唇撮圆，先发 u，接着双唇自然打开发 ang，舌位变化不明显。

状况 zhuàngkuàng	狂妄 kuángwàng	王庄 wángzhuāng
窗框 chuāngkuàng	矿床 kuàngchuáng	装潢 zhuānghuáng
双簧 shuānghuáng	幢幢 chuángchuáng	黄光 huángguāng
网状 wǎngzhuàng	撞网 zhuàngwǎng	双床 shuāngchuáng

(8) ueng(翁)：发音时先双唇撮住发 u 音，接着双唇自然打开发 eng。这个韵母不和任何声母相拼，只能自成音节 weng。

翁 wēng　　嗡 wēng　　滃 wēng　　蓊 wěng　　瓮 wèng

二、韵母辨正训练

在方言与普通话的发音对比中，韵母发音的差异远远大于声母，情况也更为复杂。单韵母之间，单韵母与复韵母之间，复韵母之间，前后鼻韵母之间都有很多需要辨正的问题。因此，普通话训练过程中，矫正韵母发音的任务要更艰巨。

(一) i 和 ü 辨正

普通话里的 i 和 ü 是分得很清楚的，但在南方的方言区里往往没有撮口呼韵母，把 ü 读成 i，以 ü 为开头元音的韵母 üe、ün、üan 读成以 i 为开头元音的 ie、in、ian。

训练时首先要掌握 i 和 ü 各自的发音特点，学会正确的发音方法。其次，因为普通话中撮口呼的韵母字不多，因此可以有意识地去死记它们。

1. 同声调单字对比训练

i—ü

记 jì—句 jù	气 qì—去 qù	西 xī—虚 xū
见 jiàn—倦 juàn	前 qián—全 quán	险 xiǎn—选 xuǎn
接 jiē—掘 jué	窃 qiè—却 què	邪 xié—学 xué
今 jīn—君 jūn	秦 qín—群 qún	新 xīn—熏 xūn

ü—i

举 jǔ—己 jǐ	取 qǔ—启 qǐ	续 xù—系 xì
捐 juān—兼 jiān	劝 quàn—欠 qiàn	炫 xuàn—献 xiàn
绝 jué—结 jié	缺 quē—切 qiē	雪 xuě—写 xiě
俊 jùn—进 jìn	逡 qūn—亲 qīn	训 xùn—信 xìn

2. 同声调词对比训练

i—ü

几节 jǐjié—咀嚼 jǔjué　　　千千 qiānqiān—圈圈 quānquān
气象 qìxiàng—去向 qùxiàng　　金丝 jīnsī—菌丝 jūnsī

尖刻 jiānkè—镌刻 juānkè	前面 qiánmiàn—全面 quánmiàn
结缝 jiéfèng—撅缝 juéfèng	结缘 jiéyuán—绝缘 juéyuán
仙岩 xiānyán—轩辕 xuānyuán	信仰 xìnyǎng—驯养 xùnyǎng
建委 jiànwěi—卷尾 juànwěi	勤奋 qínfèn—群愤 qúnfèn

ü—i

拳头 quántou—前头 qiántou	渠道 qúdào—棋道 qídào
确切 quèqiè—切切 qièqiè	确实 quèshí—切实 qièshí
群英 qúnyīng—秦英 qínyīng	权重 quánzhòng—钱重 qiánzhòng
喧天 xuāntiān—先天 xiāntiān	遇见 yùjiàn—意见 yìjiàn
学派 xuépài—邪派 xiépài	序曲 xùqǔ—戏曲 xìqǔ
熏心 xūnxīn—心心 xīnxīn	虚妄 xūwàng—希望 xīwàng

3. 发音连用训练

均匀 jūnyún	君悦 jūnyuè	咀嚼 jǔjué
芸芸 yúnyún	涓涓 juānjuān	绝句 juéjù
拒绝 jùjué	禁绝 jìnjué	金爵 jīnjué
进军 jìnjūn	军眷 jūnjuàn	掘金 juéjīn
急遽 jíjù	捐建 juānjiàn	捐躯 juānqū
前驱 qiánqū	艰巨 jiānjù	熏心 xūnxīn
寻衅 xúnxìn	限选 xiànxuǎn	坚决 jiānjué
群亲 qúnqīn	悬心 xuánxīn	

4. 绕口令练习

(1) 山前有个阎圆眼，山后有个严眼圆，二人山前来比眼。不知是阎圆眼比严眼圆的眼圆，还是严眼圆比阎圆眼的眼圆。

(2) 夜夜下雪，月夜化雪，夜雪映月，月映雪夜。

(3) 金群军军训，轩辕岩寻菌。

(二) o 和 e(或 uo)辨正

有些方言里 e 和 o 不分。北方有些方言会把韵母 o 念成 e，如"波""坡""摸"的韵母读成 e；南方有些方言中当 g、k、h 与 e 相拼时，则会把韵母 e 念成 o(或 uo)，如把"哥""颗""喝"的韵母读成 o。

从声母韵母的搭配规律来看，普通话的韵母 o 只跟 b、p、m、f 拼合，而韵母 e 却相反("么"字除外)，不能和这四个声母拼合，所以记住 b、p、m、f 后面的韵母一定是 o 而不是 e 就简单了。

1. 同声调单字对比训练

o—e

波 bō—歌 gē	薄 bó—隔 gé	跛 bǒ—葛 gě	擘 bò—个 gè
坡 pō—颗 kē	婆 pó—壳 ké	叵 pǒ—可 kě	破 pò—课 kè
摸 mō—喝 hē	魔 mó—和 hé	磨 mò—贺 hè	

2. 同声调词对比训练

e—o

格斗 gédòu—搏斗 bódòu　　　割开 gēkāi—剥开 bōkāi
歌颂 gēsòng—播送 bōsòng　　喝高 hēgāo—摸高 mōgāo
可测 kěcè—叵测 pǒcè　　　　客运 kèyùn—破运 pòyùn
客栈 kèzhàn—破绽 pòzhàn　　何求 héqiú—魔球 móqiú

3. 发音连用训练

隔膜 gémó	割破 gēpò	隔河 géhé	刻薄 kèbó
磕破 kēpò	胳膊 gēbo	合格 hégé	泼墨 pōmò
磨破 mópò	伯婆 bópó	破格 pògé	磨合 móhé
博客 bókè	破壳 pòké	漠河 mòhé	鹁鸽 bógē

4. 绕口令练习

哥哥弟弟坡前坐，坡上卧着一只鹅，坡下流着一条河，哥哥说：宽宽的河，弟弟说：肥肥的鹅。鹅要过河，河要渡鹅。不知是鹅过河，还是河渡鹅。

(三) e 和 ai(或 ê)辨正

当韵母 e 与声母 d、t、n、l、g、k、z、c、s、zh、ch、sh、r 相拼时，部分方言区的个别读音会把 e 读成 ê 或 ai，学习普通话时要注意辨别纠正，需要注意以下几点。

- 声母 d 与 e 相拼，常用的字只有"的""得""地""德"少数几个字。
- 声母 t 与 e 相拼，最常见的字也只有"特""忑"极少的字。
- 声母 n 与 e 相拼，只能拼出"哪"(哪吒)、"讷"(木讷)、"呐"(同讷)和轻声的"呢"几个字。
- 声母 l 与 e 相拼，只有"了""勒""乐"三个常用字。
- 声母 r 与 e 相拼，有"热""惹""喏"几个常见字，r 不能与 ai 相拼，普通话里没有"rai"这个音节。

以上这些都可以死记。

1. 同声调单字对比训练

e—ai(或 ê)

特 tè—太 tài　　　仄 zè—在 zài　　　册 cè—菜 cài
色 sè—赛 sài　　　哲 zhé—宅 zhái　　车 chē—拆 chāi
社 shè—晒 shài　　赊 shē—筛 shāi　　客 kè—忾 kài

2. 同声调词对比训练

e—ai(或 ê)

特务 tèwu—太恶 tài'è　　　　特备 tèbèi—太背 tài bèi
仄声 zèshēng—再生 zàishēng　书册 shūcè—蔬菜 shūcài
比色 bǐsè—比赛 bǐsài　　　　开车 kāichē—开拆 kāichāi

射日 shèrì—晒日 shàirì   赊酒 shējiǔ—筛酒 shāijiǔ
涉猎 shèliè—晒裂 shàiliè

3. 发音连用训练

特设 tèshè	社科 shèkē	热车 rèchē
特热 tèrè	得乐 délè	可得 kědé
车辙 chēzhé	隔热 gérè	咋舌 zéshé
客车 kèchē	客舍 kèshè	合辙 hézhé
设色 shèsè	车色 chēsè	折射 zhéshè

(四) u 和 ü 辨正

有些地方，当韵母 u 与 z、c、s、zh、ch、sh、r 相拼时就会错误地读作 ü，而又相应地把声母 z、zh 读作 j，把声母 c、ch 读作 q，把声母 s、sh 读作 x，把声母 r 读作元音 i，要特别注意纠正。

1. 同声调单字对比训练

u—ü

主 zhǔ—举 jǔ   足 zú—菊 jú   出 chū—区 qū
醋 cù—去 qù   书 shū—须 xū   素 sù—续 xù
入 rù—玉 yù   住 zhù—句 jù   租 zū—居 jū
楚 chǔ—取 qǔ   粗 cū—区 qū   树 shù—序 xù
俗 sú—徐 xú   如 rú—鱼 yú   乳 rǔ—雨 yǔ

2. 同声调词对比训练

u—ü

主人 zhǔrén—举人 jǔrén   阻止 zǔzhǐ—举止 jǔzhǐ
楚辞 chǔcí—曲词 qǔcí   出世 chūshì—趋势 qūshì
猝死 cùsǐ—去死 qùsǐ   素养 sùyǎng—蓄养 xùyǎng
树叶 shùyè—续页 xùyè   注意 zhùyì—句意 jùyì
入时 rùshí—玉石 yùshí   如火 rúhuǒ—渔火 yúhuǒ
抒情 shūqíng—虚情 xūqíng   入门 rùmén—玉门 yùmén

3. 发音连用训练

驻足 zhùzú	著书 zhùshū	住宿 zhùsù	住处 zhùchù
租出 zūchū	组数 zǔshù	诸如 zhūrú	楚竹 chǔzhú
处暑 chǔshǔ	出入 chūrù	数组 shùzǔ	属猪 shǔzhū
戍卒 shùzú	输入 shūrù	乳猪 rǔzhū	儒术 rúshù

4. 绕口令练习

戍卒朱书本属猪，处暑出入住宿处，素熟儒术数著书，驻足宿处数书数。

(五) u 和 ou、uo 辨正

有的地方会把 u 读作 ou，特别是把"虏 lǔ"错读作"luǒ"，平时要注意辨别。

1. 同声调单字对比训练

u—ou

度 dù—斗 dòu　　　兔 tù—透 tòu　　　路 lù—漏 lòu
祖 zǔ—走 zǒu　　　促 cù—凑 còu　　　处 chù—臭 chòu
祝 zhù—骤 zhòu　　初 chū—抽 chōu　　虏 lǔ—搂 lǒu

2. 同声调词对比训练

u—ou

渡口 dùkǒu—斗口 dòukǒu　　　徒弟 túdì—投递 tóudì
组成 zǔchéng—走成 zǒuchéng　出头 chūtóu—抽头 chōutóu
炉膛 lútáng—楼堂 lóutáng　　　珠峰 zhūfēng—周峰 zhōufēng
虏住 lǔzhù—搂住 lǒuzhù　　　露水 lùshuǐ—漏水 lòushuǐ

3. 发音连用训练

督促 dūcù　　　出土 chūtǔ　　　属兔 shǔtù　　　出路 chūlù
煮熟 zhǔshú　　书塾 shūshú　　吐露 tǔlù　　　书橱 shūchú
除数 chúshù　　图书 túshū　　　路途 lùtú　　　注疏 zhùshū
屠戮 túlù　　　突出 tūchū　　　露宿 lùsù　　　组图 zǔtú

4. 绕口令练习

苏叔书塾数书橱，数数书橱储图书，组组图书露出图，读书读图读注疏。

(六) uei 和 ei 辨正

普通话里声母 n、l 不能跟 uei 相拼，但能跟 ei 相拼。在河南北部部分地方的方言里，n、l 跟 ei 相拼时，往往增加韵头 u，变成了 lui、nui。

反过来，普通话里声母 d、t、c、s 和 zh、ch、sh、r 不能跟 ei 相拼，但能跟 uei 相拼。在河南南部大部分地方方言里，d、t、z、c、s 和 zh、ch、sh、r 跟 uei 相拼时，常常丢掉韵头 u，变成了 dei、tei、zei、cei、sei 和 zhei、chei、shei、rei。

因此，这些地方的人学习普通话时要注意这些声母韵母的搭配规律。

1. 单字训练

　　对 duì　　　退 tuì　　　内 nèi　　　类 lèi
　　嘴 zuǐ　　　坠 zhuì　　　追 zhuī　　　脆 cuì
　　催 cuī　　　吹 chuī　　　垂 chuí　　　岁 suì
　　随 suí　　　谁 shuí　　　水 shuǐ　　　瑞 ruì

2. 发音连用训练

　　累赘 léizhuì　　　泪水 lèishuǐ　　　最脆 zuìcuì　　　嘴碎 zuǐsuì
　　捶腿 chuítuǐ　　　追随 zhuīsuí　　　催泪 cuīlèi　　　垂泪 chuílèi
　　吹水 chuīshuǐ　　　随水 shuísuǐ　　　水雷 shuǐléi　　　水嘴 shuǐzuǐ
　　随队 suíduì　　　对内 duìnèi　　　退税 tuìshuì　　　对垒 duìlěi

3. 绕口令练习

隋翠对崔瑞垂泪，崔瑞对隋翠嘴碎，崔瑞催隋翠捶腿，隋翠啐崔瑞累赘。

(七) uan 和 an 辨正

普通话里，d、t、n、l 既可以跟 uan 相拼，也可以跟 an 相拼。但在河南南部某些地方，当 d、t、n、l 跟 uan 相拼时，都会丢掉韵头 u。

1. 同声调单字对比训练

uan—an

　　端 duān—担 dān　　　短 duǎn—胆 dǎn　　　断 duàn—但 dàn
　　湍 tuān—贪 tān　　　团 tuán—谈 tán　　　彖 tuàn—叹 tàn
　　暖 nuǎn—赧 nǎn　　　乱 luàn—烂 làn　　　鸾 luán—兰 lán

2. 同声调词对比训练

uan—an

　　端起 duānqǐ—担起 dānqǐ　　　端口 duānkǒu—单口 dānkǒu
　　断肠 duàncháng—蛋肠 dàncháng　　　乱情 luànqíng—滥情 lànqíng
　　团史 tuánshǐ—谈史 tánshǐ　　　团圆 tuányuán—谈缘 tányuán
　　团校 tuánxiào—谈笑 tánxiào　　　鸾鸟 luánniǎo—蓝鸟 lánniǎo

3. 发音连用训练

　　单团 dāntuán　　　但暖 dànnuǎn　　　淡蓝 dànlán
　　贪婪 tānlán　　　难断 nánduàn　　　男单 nándān
　　男团 nántuán　　　男篮 nánlán　　　懒蛋 lǎndàn
　　篮坛 lántán　　　蓝缎 lánduàn　　　南端 nánduān

4. 绕口令练习

篮坛有男团,男团有男篮,男篮有懒蛋,懒蛋投南篮。

(八)üe 辨正

普通话里 üe 韵母的一部分字,在河南大部分地方的方言中读成了 üo。普通话里是没有"üo"这个音节的,所以要引起重视。

1. 单字训练

掠 lüè	略 lüè	月 yuè	约 yuē
悦 yuè	越 yuè	绝 jué	觉 jué
嚼 jué	角 jué	却 què	缺 quē
确 què	雀 què	学 xué	削 xuē

2. 发音连用训练

略觉 lüèjué	略学 lüèxué	约略 yuēlüè
跃跃 yuèyuè	月缺 yuèquē	乐学 yuèxué
觉略 juélüè	觉月 juéyuè	决绝 juéjué
绝学 juéxué	薛岳 xuēyuè	雀跃 quèyuè

3. 绕口令练习

喜鹊悦月,麻雀悦雪,喜鹊雪上跃看月,麻雀月下跃看雪,麻雀学喜鹊跃看月,喜鹊学麻雀跃看雪,麻雀喜鹊月月跃雪看月缺。

(九)uen 和 en 辨正

南方方言中,发音时丢失韵头 u 是普遍现象,把 uen 读成 en。当 d、t、l 与 uen 相拼时,会读成 den、ten、len。z、zh 与 uen 相拼时误读成 zen。c、ch 与 uen 相拼时误读成 cen。s、sh 与 uen 相拼时误读成 sen。

1. 单字训练

吨 dūn	顿 dùn	盾 dùn	敦 dūn
吞 tūn	屯 tún	臀 tún	豚 tún
论 lùn	轮 lún	伦 lún	仑 lún
尊 zūn	遵 zūn	准 zhǔn	谆 zhūn
村 cūn	存 cún	寸 cùn	春 chūn
纯 chún	唇 chún	孙 sūn	损 sǔn
笋 sǔn	顺 shùn	舜 shùn	瞬 shùn

2. 发音连用训练

村屯 cūntún   伦敦 lúndūn   准论 zhǔnlùn

谆谆 zhūnzhūn　　村村 cūncūn　　蠢蠢 chǔnchǔn
春笋 chūnsǔn　　春顺 chūnshùn　　孙村 sūncūn
孙淳 sūnchún　　论吨 lùndūn　　蠢论 chǔnlùn

3. 绕口令练习

孙淳蹲伦敦，顺唇论孙村，孙村屯春笋，村村笋论吨。

(十)ong和eng辨正

在南方方言音系中，当d、t、n、l、z、c、s、zh、ch、r与ong相拼时，ong都被误读作eng。

1. 同声调单字对比训练

ong—eng

动 dòng—邓 dèng　　同 tóng—疼 téng　　农 nóng—能 néng
龙 lóng—棱 léng　　宗 zōng—增 zēng　　从 cóng—层 céng
松 sōng—僧 sēng　　众 zhòng—正 zhèng　　虫 chóng—成 chéng
荣 róng—仍 réng　　东 dōng—灯 dēng　　中 zhōng—争 zhēng

2. 同声调词对比训练

ong—eng

东门 dōngmén—登门 dēngmén　　铜器 tóngqì—藤器 téngqì
农人 nóngrén—能人 néngrén　　龙角 lóngjiǎo—棱角 léngjiǎo
棕色 zōngsè—增色 zēngsè　　终生 zhōngshēng—增生 zēngshēng
从事 cóngshì—曾是 céngshì　　重叠 chóngdié—层叠 céngdié
松仁 sōngrén—僧人 sēngrén　　荣耀 róngyào—仍要 réngyào

3. 发音连用训练

洞中 dòngzhōng　　冬虫 dōngchóng　　东送 dōngsòng
同弄 tóngnòng　　同宗 tóngzōng　　铜钟 tóngzhōng
通融 tōngróng　　弄懂 nòngdǒng　　弄通 nòngtōng
脓肿 nóngzhǒng　　龙洞 lóngdòng　　笼统 lǒngtǒng
隆重 lóngzhòng　　总统 zǒngtǒng　　总重 zǒngzhòng
中东 zhōngdōng　　肿痛 zhǒngtòng　　葱茏 cōnglóng

4. 绕口令练习

隆冬总统冲龙洞，肿痛脓肿用冬虫，冬虫隆重送洞中，洞中总统总弄疼。

(十一)eng和en、ing和in辨正

在南方方言音系中，eng和ing发音的后鼻韵尾ng都误读作前鼻韵尾n，这个错误是南方人学普通话时特别难纠正的，要引起重视。

1. 单字对比训练

eng—en

  崩 bēng—奔 bēn   朋 péng—盆 pén   更 gēng—跟 gēn
  能 néng—嫩 nèn   坑 kēng—肯 kěn   横 hèng—恨 hèn
  赠 zèng—谮 zèn   层 céng—岑 cén   僧 sēng—森 sēn
  正 zhèng—阵 zhèn   成 chéng—陈 chén   生 shēng—身 shēn

ing—in

  兵 bīng—宾 bīn   平 píng—频 pín   名 míng—民 mín
  宁 níng—您 nín   零 líng—林 lín   静 jìng—进 jìn
  清 qīng—亲 qīn   兴 xīng—新 xīn   影 yǐng—引 yǐn

2. 同声调词对比训练

eng—en

  蹦极 bèngjí—笨极 bènjí   烹食 pēngshí—喷食 pēnshí
  更正 gēngzhèng—根震 gēnzhèn   横事 hèngshì—恨事 hènshì
  赠言 zèngyán—谮言 zènyán   层层 céngcéng—涔涔 céncén
  僧僧 sēngsēng—森森 sēnsēn   正痛 zhèngtòng—阵痛 zhèntòng
  城市 chéngshì—尘世 chénshì   声明 shēngmíng—申民 shēnmín
  仍为 réngwéi—人为 rénwéi   升高 shēnggāo—身高 shēngāo

ing—in

  冰馆 bīngguǎn—宾馆 bīnguǎn   平平 píngpíng—频频 pínpín
  名声 míngshēng—民身 mínshēn   拧好 nínghǎo—您好 nínhǎo
  零食 língshí—临时 línshí   敬畏 jìngwèi—禁卫 jìnwèi
  倾情 qīngqíng—亲情 qīnqín   姓名 xìngmíng—信民 xìnmín
  硬度 yìngdù—印度 yìndù   兴兵 xīngbīng—新斌 xīnbīn

3. 发音连用训练

鹏程 péngchéng   烹茗 pēngmíng   仍应 réngyīng
姓名 xìngmíng   庆幸 qìngxìng   荧屏 yíngpíng
更名 gēngmíng   恒生 héngshēng   增生 zēngshēng
蒸腾 zhēngténg   领命 lǐngmìng   争胜 zhēngshèng
征兵 zhēngbīng   成冰 chéngbīng   承平 chéngpíng
病名 bìngmíng   冰凌 bīnglíng   平静 píngjìng
惊醒 jīngxǐng   影星 yǐngxīng   倾听 qīngtīng

4. 绕口令练习

(1) 程兵荧屏成影星，成名倾情征影评，邓生领命评程兵，程兵烹茗平静听。

(2) 景诚更名景鹏程，更名鹏程仍姓景。庆幸更名能成名，成名更能胜明星。

(3) 天上七颗星，树上七只鹰，梁上七个钉，台上七盏灯。拿扇扇了灯，用手拔了钉，举枪打了鹰，乌云盖了星。

(4) 洞庭湖上一根藤，青青藤条挂金铃，风吹藤动金铃响，风停藤静铃不鸣。

(5) 老彭拿着一个盆，路过老陈住的棚，盆碰棚，棚碰盆，棚倒盆碎棚压盆。老陈要赔老彭的盆，老彭不要老陈来赔盆。老陈陪着老彭去补盆，老彭帮着老陈来修棚。

(6) 任命是任命，人名是人名，任命不是人命，人名不是任名，人名不能任命，名是名，命是命，名、命要分清。

(7) 墙上一根钉，钉上挂条绳，绳下吊个瓶，瓶下放盏灯。掉下墙上钉，脱掉钉上绳。滑落绳下瓶，打碎瓶下灯。瓶打灯，灯打瓶，瓶说灯，灯骂绳，瓶说绳，绳说钉。

第三节 声　　调

方言与普通话的发音区别，与声母韵母相比，声调方面显得更为突出。相邻地区的语音差异也主要表现在声调上。因此，重视声调的学习和训练，对于我们更好地掌握普通话来说，是一个很重要的环节。

一、声调的性质及其特征

普通话中的声调是指一个音节发音时用来区别意义的高低升降的音高变化。汉字的发音除少数儿化音外，一个字就是一个完整的音节，所以声调也称字调。声调与音节发音相始终，是字音结构不可或缺的部分。

声调主要有以下几个特点。

(1) 声调的高低升降主要取决于音高。

一个人的音高变化，可以通过控制声带的松紧来决定，声带越紧，音频越快，音高越高。反之，声带越松，音频越慢，音高越低。这样，通过对声带松紧变化的调控，使音高产生变化，从而形成声调。

(2) 声调的作用是区别词义，跟声母韵母的作用一样。

那里(nàlǐ)和哪里(nǎlǐ)，卖米(màimǐ)和买米(mǎimǐ)，另外，还有山西(shānxī)和陕西(shǎnxī)，主人(zhǔrén)和主任(zhǔrèn)等，主要是通过声调来区别词义的。

(3) 声调的高低升降变化是一个滑动的过程，中间不能有任何停顿。

二、调值、调类和调号

声调包括调值、调类和调号三个方面。

1. 调值

调值是指声调的实际读法，也就是高低升降变化的具体形式。调值是由音高决定的。

音高有绝对音高,也有相对音高。音乐里音阶的音高是绝对的,调值的音高是相对的。如用普通话读"好"字,成年男人的调值比女人和小孩儿的低,同一个人情绪平静时的调值比情绪激动时低。

描写调值常用五度制声调表示法。把一条竖线四等分,得到五个点,自下而上定为五度:1度是低音,2度是半低音,3度是中音,4度是半高音,5度是高音。普通话四种调值可以用图2-1表示。

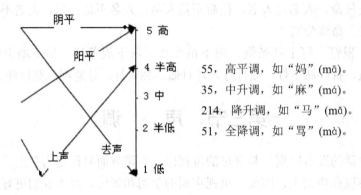

图2-1　普通话四种调值

2. 调类

调类是声调的种类,就是把调值相同的字归纳在一起所建立的类。普通话有四个基本调值,因而也有四个调类。

一个音如果又高又平(55),是高平调,叫阴平;如果从半低升到最高(35),是中升调,叫阳平;如果从半低降到最低再升到半高(214),是降升调,叫上声;如果由最高降到最低(51),是全降调,叫去声。阴、阳、上、去也可以用序号称为第一声、第二声、第三声、第四声,简称"四声"。

3. 调号

调号就是用来标记普通话调类的符号。

《汉语拼音方案》制定的调号是:阴平"－"、阳平"ノ"、上声"∨"、去声"\"。虽然声调是整个音节音高的高低升降,但声调的高低变化主要是体现在这个音节中发音相对最响亮的元音即韵腹上,所引调号也要标在韵母的主要元音即韵腹上。

拼音中的元音,按照发音的响亮程度排列依次是:a、o、e、ê、i、u、ü、-i(前)、-i(后),调号的标注一般也按照这个顺序优先标在顺序最靠前的元音上。但《汉语拼音方案》还规定,i、u同时出现在一个音节里时,调号标在后一个元音上。在i、-i(前)、-i(后)上标注调号时,还要把上面的小点去掉。轻声不标调。

普通话声调主要有以下特点。

(1) 四个声调的调型有明显的区别,一平、二升、三曲、四降。除阴平外,其他三个声调升降的幅度都比较大,所以普通话听起来抑扬顿挫,音乐性很强。

(2) 高音成分多,阴、阳、去声都有最高度5,上声末尾也到4,所以普通话语音显

得比较高昂。

(3) 四个声调的长度有一定的比例，上声最长，阳平次长，去声最短，阴平次短，在词语中形成和谐的节奏。

三、声调辨正训练

全国各地的方言跟普通话的调类和调值都有很大区别，即使是北京话的发音，也不是跟普通话完全相同。因此学习普通话时，要找准本地方言跟普通话在声调上的对应关系，有针对性地与普通话对照，纠正自己发音时声调的错误。

方言跟普通话声调的主要差异有四：一是声调种类的多少不同，二是声调的调值不同，三是方言跟普通话之间各类声调所包含的字不尽相同，四是入声的保留和归并不同。普通话有阴、阳、上、去四种声调，也就有四种调类。这个声调系统是从中古汉语的阴平、阳平、阴上、阳上、阴去、阳去、阴入、阳入八类声调分合演变而来。南方方言调类比较复杂，比如：吴方言许多方言点完整地保存了中古的八个调类；江淮西北方言有五种调类，多了入声；江淮东南区有六种调类，有的还有七种调类。北方方言的调类跟普通话的基本相同。至于调值方面，各地方言跟普通话都存在很大差异。

1. 四声顺序单字训练

包 薄 宝 报	坡 婆 叵 破	摸 魔 抹 末
飞 肥 匪 费	多 夺 躲 剁	通 童 统 痛
孬 挠 脑 闹	捞 劳 老 烙	郭 国 果 过
科 壳 可 客	酣 寒 喊 汗	机 急 己 记
青 情 请 庆	星 行 醒 姓	遭 凿 早 造
村 存 忖 寸	虽 随 髓 岁	扎 闸 眨 炸
窗 床 闯 创	身 神 审 甚	嚷 瓤 壤 让
烟 严 眼 厌	威 为 伪 位	

2. 阴平声练习

阴平声一开始是 5 度，然后维持不变，保持一条横线。阴平起音高，声带绷到最紧，始终无明显变化，保持音高。如果是两个阴平声连在一起，念时稍把前一个降一点，后边的不变，保持 5 度。

青春光辉	春天花开	公司通知	新屋出租	高音音箱
鲜花飘香	珍惜光阴	声东击西	倾听心声	居安思危
中央空军	担心吃穿	资金输出	山东安徽	周三开工
香蕉丰收	参加新兵	今天播出	咖啡中心	参观飞机
西安出租	声音单一	苏州真丝	三星公司	班车出发

3. 阳平声练习

阳平声开始在 3 度，滑动直线上移到 5 度，如果两个阳平声相连要注意前边一个不能弯曲。起音比阴平稍低，然后升到高。声带从不松不紧开始，逐步绷紧，直到最紧，声音从不低不高到最高。

人民银行	连年和平	农民犁田	圆形循环	团结联合
长年流行	坚持学习	河南石油	滑翔模型	临时和平
洋红旗袍	哲学才能	及时完成	云南来人	衡量才能
谋求结盟	沉着弹琴	轮流值勤	轮船直达	驰名吉林
提前回国	无名儿童	豪华流行	灵活裁决	豪情昂扬

4. 上声练习

上声开始是 2 度，向下滑动到 1 度，接着从 1 度折转滑向 4 度。它是个降升调，念时注意首先要下到底，然后折转直升到 4 度。阴平起音半低，先降后升，声带从略微有些紧张开始，立刻松弛下来，稍稍延长，然后迅速绷紧，但没有绷到最紧。如果两个上声相接，还要按上声的变调规律处理，即前一个上声的调值由 214 变为 35。

彼此理解	理想美满	党委领导	永远友好	勇猛果敢
很好管理	指导演讲	产品展览	总理鼓掌	北海广场
导演好找	眼里有你	老鼠摇首	请你举手	古典美女
比武表演	了解舞蹈	保管匕首	讲稿简短	蚂蚁很少
早起洗脸	满手老茧	五谷减产	水饺可口	手表显眼

5. 去声练习

去声一开始是 5 度，然后下滑降到最低 1 度。普通话里叫全降调。去声起音高，接着往下滑，声带从紧开始到完全松弛为止，声音从高到低，音长是最短的。如果两个去声相连，前边一个去声可以不降到 1 度，但后边一个必须降到 1 度。

下次注意	世界教育	胜利报告	创造利润	会议闭幕
快乐世界	日夜变化	运动大会	教育事业	计划变动
动乱内幕	互惠互利	日渐被动	继续狩猎	困境救助
快速渡过	重视地震	外汇汇兑	利禄富贵	部队训练
大彻大悟	怒斥坏蛋	勿犯众怒	大辩若讷	靠近树木

6. 四声顺序词语训练

千锤百炼	山明水秀	英明果断	花红柳绿	积极努力
山盟海誓	风调雨顺	思前想后	西湖景色	虚情假意
非常美丽	高朋满座	深谋远虑	身强体壮	心直口快
英雄本色	鸡鸣狗盗	诸如此类	优柔寡断	音容宛在
獐头鼠目	斟酌损益	山穷水尽	山重水复	钢牙咬碎

7. 四声倒序训练

逆水行舟	背井离乡	智勇无双	奋笔疾书	刻骨铭心
四脚朝天	厚古薄今	信口胡说	各显神通	不敢明说
调虎离山	对手服输	后仰前倾	不老神仙	一马平川
热火朝天	信以为真	万古流芳	妙手回春	异口同声
弄巧成拙	破釜沉舟	路撒情歌	禁止传播	驷马难追

8. 声调对比训练

骑士—其实	器具—起居	晴空—清空	气流—其六
位置—未知	等高—登高	盲区—忙去	贵族—鬼卒
告诉—高速	正常—整场	导演—导言	招式—找事
厂房—长方	留念—流年	知识—致使	会议—悔意
主题—猪蹄	展览—湛蓝	机关—籍贯	史诗—事实
信义—心仪	冲锋—崇奉	化学—滑雪	惩罚—乘法
义务—衣物	半岛—办到	艰巨—检举	死记—司机
机会—忌讳	整洁—正街	原样—远洋	体裁—题材
世界—时节	天才—添彩	投机—偷鸡	佳节—嫁接
烈士—猎食	寒心—韩信	荒地—黄帝	江河—讲和
参观—餐馆	战刀—栈道	百年—拜年	医院—意愿

9. 综合训练

人声鼎沸 rénshēngdǐngfèi　　明察秋毫 míngcháqiūháo
随声附和 suíshēngfùhè　　别出心裁 biéchūxīncái
飞来横祸 fēiláihènghuò　　横加阻拦 héngjiāzǔlán
呱呱坠地 gūgūzhuìdì　　一哄而散 yīhòng'érsàn
并行不悖 bìngxíngbùbèi　　奴颜婢膝 núyánbìxī
刚愎自用 gāngbìzìyòng　　风驰电掣 fēngchídiànchè
瞠目结舌 chēngmùjiéshé　　牵强附会 qiānqiǎngfùhuì
相形见绌 xiāngxíngjiànchù　　淙淙流水 cóngcóngliúshuǐ
殚思竭虑 dānsījiélǜ　　肆无忌惮 sìwújìdàn
供不应求 gōngbùyìngqiú　　潸然泪下 shānránlèixià
提纲挈领 tígāngqièlǐng　　随声附和 suíshēngfùhè
虎视眈眈 hǔshìdāndān　　恬不知耻 tiánbùzhīchǐ
浑水摸鱼 húnshuǐmōyú　　放荡不羁 fàngdàngbùjī
无稽之谈 wújīzhītán　　惟妙惟肖 wéimiàowéixiào
重峦叠嶂 chóngluándiézhàng　　脍炙人口 kuàizhìrénkǒu
讳疾忌医 huìjíjìyī　　弄巧成拙 nòngqiǎochéngzhuō

开花结果 kāihuājiēguǒ　　开学在即 kāixuézàijí
一触即发 yīchùjífā　　　　人才济济 réncáijǐjǐ
既往不咎 jìwǎngbùjiù　　　杀一儆百 shāyījǐngbǎi
轻描淡写 qīngmiáodànxiě　凄婉哀怨 qīwǎnāiyuàn
浪遏飞舟 làngèfēizhōu　　小桥流水 xiǎoqiáoliúshuǐ
含情脉脉 hánqíngmòmò　　大漠孤烟 dàmògūyān
莺啼鸟啭 yīngtíniǎozhuàn　情不自禁 qíngbùzìjīn
循规蹈矩 xúnguīdǎojǔ　　　丢三落四 diūsānlàsì
书声琅琅 shūshēnglángláng　果实累累 guǒshíléiléi
罪行累累 zuìxínglěilěi　　　量入为出 liàngrùwéichū
蒙头转向 mēngtóuzhuànxiàng　一曝十寒 yīpùshíhán
蓦然回首 mòránhuíshǒu　　拈花惹草 niānhuārěcǎo
萎靡不振 wěimǐbùzhèn　　　蒙头盖脸 méngtóugàiliǎn
风尘仆仆 fēngchénpúpú　　居心叵测 jūxīnpǒcè
垂涎三尺 chuíxiánsānchǐ　大腹便便 dàfùpiánpián
呶呶不休 náonáobùxiū　　　偃旗息鼓 yǎnqíxīgǔ
心宽体胖 xīnkuāntǐpán　　　博闻强识 bówénqiángzhì
怏怏不乐 yàngyàngbùlè　　　舐犊之情 shìdúzhīqíng
通衢大道 tōngqúdàdào　　　断瓦残垣 duànwǎcányuán
徇私舞弊 xùnsīwǔbì　　　　啧啧称赞 zézéchēngzàn
潜移默化 qiányímòhuà　　　似水东流 sìshuǐdōngliú

一、声母辨正训练。

1. 平翘舌音辨正。

| 组织者 | 猪肘子 | 自治州 | 资质证 | 暂住证 | 中转站 | 组织罪 | 张自忠 |
| 山水诗 | 事实上 | 石狮市 | 手术室 | 石首市 | 硕士生 | 十三岁 | 少室山 |

神射手	尚书省	上诉书	瘦身素	存车处	创造者	陈村镇	词作者
长城站	苏轼词	洒水车	韶山冲	生死场	深层次	赛车场	宋神宗
射手座	私生子	蔬菜汁	四重奏	搜查证	测试纸	厨师证	施蛰存
上贼船	苏州城	肇事车	助产士	贮藏室	主赛场	伤自尊	摄制组
时装周	四冲程	测试赛	注射室	轴承厂

| 政治主张 | 自知者智 | 自作主张 | 吱吱喳喳 | 浊者自浊 |
| 重中之重 | 自自在在 | 知足知止 | 捉贼捉赃 | 做张做智 |

第二章　普通话语音训练

主张自治	村村寨寨	众志成城	综上所述	扎扎实实
知之甚少	子子孙孙	财产损失	搔首踟蹰	时时处处
出尘之姿	实实在在	收山之作	思之所至	十指所指
上证综指	擅作主张	春蚕抽丝		

超尘出俗	至真至诚	知足者足	自作自受	执子之手
咂嘴咂舌	善始善终	束手束足	着手成春	杂草丛生
战死沙场	草率从事	三寸之舌	藏身之处	

2. n、l 辨正。

难拧	拿捏	牛年	恼怒	扭捏	哪里	脑力	拿来	内乱
纳兰	内敛	能量	内陆	浓烈	烂泥	蓝鸟	老衲	老年
雷诺	冷凝	冷暖	理念	靓女	李宁	流脑	留念	两难
鸾鸟	牛奶	尼龙	暖流	年龄	连年			

| 年利率 | 努努力 | 农林路 | 能量流 | 农历年 | 刘丽娜 | 拉尼娜 | 老奶奶 | 辽宁路 |
| 刘姥姥 | 零利率 | 浏览量 | 狼来了 | 你能耐 | 捏了捏 | | | |

3. j、q、x 和 z、c、s 辨正。

经济界	歼击机	救济金	技监局	京津冀	金鸡奖	建军节	京剧界
将进酒	假借字	佼佼者	金戒指	纪检组	禁忌症	急救站	狙击战
氢气球	邱清泉	钱其琛	青青草	青春期	汽车漆	驱虫器	强磁场
秦长城	休闲鞋	小学校	学习型	新形象	信息学	形象性	信息箱
心相许	休息室	新鲜事	小小说	新秀赛	刑讯室	休闲衫	新思想

几经周折	计较锱铢	久经战阵	政治经济	真真假假	战战兢兢
尽职尽责	金质奖章	竭智尽忠	捉襟见肘	君子之交	介胄之间
清清楚楚	凄凄惨惨	妻妾成群	轻轻巧巧	财产清查	惺惺相惜
详详细细	纤纤素手	形形色色	相形失色	先圣先师	刑事诉讼
小试身手	稍事休息	上山下乡			

4. f 和 h 辨正。

何厚铧	好和坏	黄淮海	合欢花	花卉画	红花会	恒河猴	符号化	非好汉
发挥好	凤凰花	伏皇后	好方法	后付费	很丰富	合法化	混合粉	花非花
黄飞鸿	回复函	很符合	火凤凰	复合肥	防护服			

| 风风火火 | 反反复复 | 含含糊糊 | 恍恍惚惚 | 红红火火 | 或好或坏 |
| 方法符合 | 海沸河翻 | 方法符合 | 洪峰缓和 | 含糊回复 | 划分方法 |

二、韵母辨正训练。

1. i 和 ü 辨正。

聚居—技击　区区—期期　蓄须—戏嬉　曲剧—期冀　选卷—显见　军训—金信

俱全—寄钱　许泉—洗钱　训犬—信钱　全军—前襟　君权—金钱　全局—钱记

生育—生意　居住—记住　聚会—忌讳　取名—起名　于是—仪式　名誉—名义

遇见—意见　舆论—议论　美育—美意　姓吕—姓李　雨具—以及　区域—歧义

2. 读下面 e 韵母词语，注意不要把 e 读成 ai(或 ê)。

得乐	德泽	嘚瑟	德者	特乐	特色	特赦	哥特
各色	各册	歌者	割舍	可贺	苛责	可测	客车
客舍	可热	菏泽	何策	褐色	合辙	则可	仄仄
咋舌	色泽	塞责	瑟瑟	赭色	这车	折射	车壳
车侧	车辙	社科	设色	热核	热了	热车	特热

3. 读准带 u 韵母的词，不要把 u 读成 ü，也不要把声母 z 和 zh 读成 j，c 和 ch 读成 q，s 和 sh 读成 x，r 读成 i。

租住	租出	组数	祖述	租书	粗俗	粗疏	速速	诉诸
宿主	宿处	速出	苏叔	诉述	驻足	住宿	注塑	住处
逐出	主厨	著述	煮熟	注疏	竹书	著书	注入	诸如
侏儒	住入	出租	初速	楚竹	处暑	除数	出书	出处
楚楚	出入	初乳	如诉	人主	乳猪	入驻	如注	如初
儒术	溽暑	如鼠						

4. 读下列词语，防止 uei 和 ei 混淆。

类推	雷翠	累赘	泪垂	泪水	内退	内随	对垒	对内
对对	对推	对嘴	对吹	对谁	退队	推推	退税	最累
最内	最对	最脆	嘴碎	催泪	催退	翠翠	髓内	随队
碎嘴	岁岁	随水	追催	追随	惴惴	追谁	垂泪	吹擂
捶腿	垂坠	吹水	水雷	水内	水碓	水嘴	水锤	

5. 读下面的词语，注意韵母 uan 和 an 的区别。

短暖	短叹	断难	段兰	团团	团单	暖段	暖团
乱团	乱弹	乱谈	滦南	单端	单团	单暖	单谈
淡蓝	谭端	谈乱	贪婪	蓝缎	蓝团	男单	难谈
因因	男篮	懒蛋	篮坛				

6. 读下面的词语，防止 ong 和 eng 读音混淆。

动动	东龙	董总	东从	东送	洞中	冬种	冬虫	动容
冬藤	动能	冬冷	东征	东城	统统	同弄	同宗	铜钟
同种	通融	同等	痛哼	统称	弄疼	浓重	脓肿	弄重
弄疼	农政	龙灯	龙腾	隆重	龙钟	龙洞	隆冬	龙腾
龙城	总统	总重	纵容	总动	总政	总称	葱茏	淙淙
从重	从容	从戎	从政	宋总	送终	送呈	中等	肿痛
中东	重症	忠诚	荣登	溶洞	融通	融融	蓉城	荣升

7. 读下面的词语，注意不要把 eng 和 ing 读成 en 和 in。

崩症	碰疼	鹏程	烹茗	碰钉	彭玲	碰硬	孟鹏	猛增
蒙城	萌生	孟明	梦影	风灯	风疼	风能	风冷	冯铿
奉赠	疯僧	风筝	奉承	风声	丰盛	疯病	奉命	封顶
风铃	丰盈	登封	登程	灯绳	灯明	登顶	邓婷	等零
灯影	疼风	腾升	疼定	能整	能省	能定	能挺	能赢
冷风	愣怔	冷声	冷冰	冷丁	冷凝	冷硬	更疼	更能
更横	更正	更生	更名	更硬	横征	恒生	横评	恒定
横岭	曾诚	增生	增订	增盈	僧名	僧兵	整风	蒸腾
争衡	整整	征程	争胜	征兵				

整瓶	证明	正定	正厅	狰狞	政令	承蒙	乘风	逞能
诚征	乘胜	称病	承平	成名	成岭	程婴	生猛	生风
生冷	声称	生病	生平	圣明	胜定	省厅	生灵	圣婴
仍称	病症	秉承	冰瓶	兵丁	冰凌	兵营	凭证	平生
平明	评定	明证	名胜	名称	命令			

三、声调训练。

1. 读下面由四个不同声调的音节组成的成语。

反经合义	饭来张口	贩夫走卒	肺腑之言	分毫不爽	分庭抗礼
焚膏继晷	粉白黛黑	粉妆玉琢	奋起直追	风流倜傥	风雨如晦
蜂虿有毒	佛眼相看	敷衍塞责	十亲九故	十室九空	人心不古
人声鼎沸	三教九流	戴圆履方	胆大于身	额手相庆	耳鬓厮磨
耳聪目明	淡水交情	淡妆浓抹	岛瘦郊寒	倒打一耙	得心应手
灯红酒绿	等而下之	等量齐观	等闲视之	堤溃蚁穴	
地角天涯	地久天长	颠来倒去	恶语伤人	饿虎扑食	发短心长
翻云覆雨	电光石火	貂裘换酒	雕虫小技	顶头上司	鼎新革故
鼎足之势	睹物思人	长吁短叹	多财善贾	多愁善感	多历年代
阿其所好	另请高明				

2. 读下面按四声顺序排列的词语。

中国伟大	山河美丽	天然宝藏	资源满地	中华有志	阶级友爱
中流砥柱	工农子弟	千锤百炼	坚持改进	身强体健	精神百倍
心明眼亮	光明磊落	天才领袖	山明水秀	花红柳绿	开渠引灌
风调雨顺	三足鼎立	阴阳上去	非常好记	相濡以沫	吃鱼吐刺
说学捧唱	千锤百炼	山明水秀	英明果断	山盟海誓	天文景象
风调雨顺	思前想后	颠来倒去	坚持法治	发扬蹈厉	幡然醒悟
飞文染翰	飞檐走壁	喝茶醒胃			

3. 读下面按四声倒叙排列的词语。

逆水行舟	背井离乡	智勇无双	热火朝天	信以为真	万古流芳
沸反盈天	地广人稀	调虎离山	断简残编	厚古薄今	破釜沉舟
弄巧成拙	万里长征	妙手回春	异口同声	兔死狐悲	碧海蓝天
自以为非	并马齐驱	大有文章	大好河山	大显神通	告老还乡
刻苦研究	聚少成多	奋起直追	戏曲研究	刻骨铭心	墨守成规
耀武扬威	木已成舟	视死如归	映雪读书	袖手旁观	驷马难追
寿比南山	顺理成章	痛改前非	下笔成章	笑里藏刀	

4. 读下面同声调词语。

春天花开	中心突出	中央空军	担心吃穿	苏州真丝	资金输出
山东山西	周三开工	抽根香烟	三星公司	天天插秧	鲜花歌声
十年读书	流行韩流	农民学习	云南石油	桃红旗袍	哲学才能
前年完成	油田来人	衡量才能	谋求结盟	沉着弹琴	展览场馆
洗洗小脸	美好理想	老鼠老虎	猛煮马肚	法语语法	整垮你我
胆敢眨眼	蒙古好酒	影响很小	对症下药	犯上作乱	力不胜任
废物利用	社会计划	数量变化	再次抗日	日夜做梦	注意现在
饭菜质量	历届会议	教育运动	重要会议	电视任务	卑躬屈膝
名存实亡	前庭悬鱼	乌七八糟	惺惺相惜	七高八低	春生秋杀
一枝一栖					

四、句段练习。

1. 幸福在哪里？朋友啊！告诉你。她不在柳荫下，也不在温室里。她在辛勤的工作中，她在艰苦的劳动里。啊！幸福就在你晶莹的汗水里。幸福在哪里？朋友啊！告诉你。她不在月光下，也不在睡梦里。她在精心的耕耘中，她在知识的宝库里。啊！幸福就在你闪光的智慧里。(民歌)

2. 大雪整整下了一夜。今天早晨，天放晴了，太阳出来了。推开门一看，嗬！好大的雪啊！山川、河流、树木、房屋，全都罩上了一层厚厚的雪，万里江山，变成了粉妆玉砌的世界。落光了叶子的柳树上挂满了毛茸茸亮晶晶的银条儿；而那些冬夏常青的松树和柏树上，则挂满了蓬松松沉甸甸的雪球儿。一阵风吹来，树枝轻轻地摇晃，美丽的银条儿和雪球儿簌簌地落下来，玉屑似的雪末儿随风飘扬，映着清晨的阳光，显出一道道五光十色的彩虹。(峻青《第一场雪》)

3. 我曾见过北京什刹海拂地的绿杨，脱不了鹅黄的底子，似乎太淡了。我又曾见过杭州虎跑寺近旁高峻而深密的"绿壁"，丛叠着无穷的碧草与绿叶的，那又似乎太浓了。其余呢，西湖的波太明了，秦淮河的也太暗了。可爱的，我将什么来比拟你呢？我怎么比拟得出呢？大约潭是很深的，故能蕴蓄着这样奇异的绿；仿佛蔚蓝的天融了一块在里面似的，这才这般的鲜润啊。(朱自清《绿》)

五、绕口令训练。

1. 打南边来了个喇嘛,手里提拉着五斤鳎(tǎ)目。打北边来了个哑巴,腰里别着个喇叭。南边提拉着鳎目的喇嘛要拿鳎目换北边别喇叭哑巴的喇叭。哑巴不愿意拿喇叭换喇嘛的鳎目,喇嘛非要换别喇叭哑巴的喇叭。喇嘛抡起鳎目抽了别喇叭哑巴一鳎目,哑巴摘下喇叭打了提拉着鳎目的喇嘛一喇叭。也不知是提拉着鳎目的喇嘛抽了别喇叭哑巴一鳎目,还是别喇叭哑巴打了提拉着鳎目的喇嘛一喇叭。喇嘛炖鳎目,哑巴嘀嘀嗒嗒吹喇叭。

2. 天上七颗星,地下七块冰,树上七只鹰,梁上七根钉,台上七盏灯。呼噜呼噜扇灭七盏灯,唉唷唉唷拔掉七根钉,呀嘘呀嘘赶走七只鹰,抬起一脚踢碎七块冰,飞来乌云盖没七颗星。一连念七遍就聪明。

3. 九月九,九个酒迷喝醉酒。九个酒杯九杯酒,九个酒迷喝九口。喝罢九口酒,又倒九杯酒。九个酒迷端起酒,"咕咚、咕咚"又九口。九杯酒,酒九口,喝罢九个酒迷醉了酒。

4. 蒋家羊,杨家墙,蒋家羊撞倒了杨家墙,杨家墙压死了蒋家羊,杨家要蒋家赔墙,蒋家要杨家赔羊。

5. 补破皮帽子不如不补破皮帽子。

6. 七巷一个漆匠,西巷一个锡匠,七巷漆匠偷了西巷锡匠的锡,西巷锡匠偷了七巷漆匠的漆。

7. 石室诗士施氏,嗜狮,誓食十狮,氏时时适市,氏视十狮,恃矢势,使是十狮逝世,氏拾是十狮尸,适石室,石室湿,氏使侍拭石室,石室拭,氏始试食十狮尸,食时,始识十狮尸实是十石狮尸,试释是事实。

第三章 语流音变

本章学习与训练的基本要求：
- 了解并掌握上声的变调规律。
- 了解并掌握"一""不"的变调规律。
- 识记常见的轻声音节，注意在实践中运用。
- 认识儿化韵的作用，把握儿化韵的发音并熟练运用。
- 掌握"啊"的音变规律，在阅读中熟练运用。

我们在说话时不是孤立地发出一个个音节，总要把一些音节快速组织起来，说出一个个句子，一段话，形成语流。在语流中，一个音素或音节或声调由于受到前后音素或音节或声调的影响，或者受到说话的高低、快慢、强弱等因素的影响会发生一些变化，这种现象叫作"语流音变"。学习普通话，要了解语流音变规律，否则即使声母、韵母、声调都读得很准确，连起来说也会出现跟普通话相差甚远的现象。普通话里的音变现象主要有变调、轻声、儿化以及语气词"啊"的音变等。

第一节 变 调

变调是指在语流中，由于相邻音节的相互影响而产生的音高变化，使某个音节本来的声调发生变化。普通话的变调主要包括：上声的变调、"一"字的变调、"不"字的变调。

一、上声的变调

上声调值为 214，是个曲折调，比较长，在快速连读时常常会挤短、扯直，不是把开头的下降部分挤掉，就是把末尾的上升部分挤掉。上声在四个声调前都会产生变调，只有在读单音节字或处在词、句末尾时才有可能读原调。上声变调的类型主要有如下几种。

(一) 上声+上声→35+214

一般的上声加上声，前一个音节变为 35，调值与阳平一样。例如：

旅馆　展览　小草　首长　懒散　俯角　腐乳　谷雨　拐角　胆敢　党委　反省
彼此　友好　水井　俭省　奖品　醒酒　许久　礼品　脸谱　两可

叠音词出现上声加上声时，变调有两种情况。

(1) 叠音名词，前面的音节变为 211，后一个音节读轻声。例如：

姐姐　姥姥　宝宝　奶奶　婶婶　嫂嫂

(2) 叠音动词，前字变为阳平35，后字读轻声。例如：

洗洗　打打　比比　走走　想想　躺躺　啃啃

如果三个上声相连，也有两种情况。

若为"双音节词+单音节词"，即"双单格"时，前两个上声变为35。例如：

展览馆　母女俩　勇敢者　洗脸水　管理组　处理品　演讲稿

若为"单音节词+双音节词"，即"单双格"时，前面的上声变为半上211，中间的上声变为35。例如：

纸老虎　耍笔杆　搞管理　很美满　老古董　冷处理　小粉笔

(3) 以上的上声字连读时，可以按照语义的逻辑停顿，按上述变调规律处理。也可以只保留最后一个字的上声，前面的都读近似阳平的调值。例如：

请你/给我/找五本/草纸。

奶奶/没有/本领/阻止/俩姐姐/吵嘴。

我/很了解/你。

展览馆/里/有/好几百/种/展览品。

请把/美好/理想/给领导/讲讲。

(二)上声+非上声→211+214

上声在非上声前变为低降调，调值由214变为半上声211。

上声+阴平，例如：

喜欢　北京　饼干　展出　海军　首先　奖杯

上声+阳平，例如：

饱学　表情　古文　坦白　海拔　旅游　语言

上声+去声，例如：

晚饭　北部　场面　典范　讨论　广大　挑战

上声+轻声，例如：

讲头　里边　椅子　嘴巴　我们　搅和　枕头

二、"一"字的变调

"一"字的读音比较复杂，大致分为以下几种情况。

(一)"一"字单读、表序数或出现在词语末尾，读本调阴平55

例如：

一层　统一　五一　一年级　高一一班　一九一一年　单一　同一　有一说一

一不怕苦二不怕死　一不做二不休

作序数或词尾时，即便在这个词的后面出现了其他声调的字，"一"的读音也不变。

如"统一思想、统一认识"，"一"并不因后面出现"思"就变读为去声，也不因后面出现了"认"就变读为阳平，这是因为"一"是"统一"的词尾，与后面字的关系是松散的。典型的例子还有，"五一节"的"一"是"五一"的词尾，读音不能变调，如果认为"一"字后面有个阴平的"节"，就按一般变调规律变调，会使人误听为"武艺节"！

(二)数字里 "一"的读法视情况而定

在"十、百、千、万、亿"前，"一"字要变调，如"一十、一百、一千、一万、一亿"。

但是在长数字中，只有位于开头的"一"才变调，位于中间和末尾的"一"并不变调，例如"一万一千一百一拾一"，只有"万"前面的"一"需变读为阳平，其余的"一"并不变调。

还有，尽管"一种、一年、一回、一个"的"一"要变调，但在"十一种、二十一年、三十一回、四十一个"里，"一"是数字词尾，也无须变调。

(三)在去声前变为35，与阳平的调值相同

例如：

  一次 一旦 一日 一倍 一件 一切 一概 一再 一共 一致 一页

  一夜 一路 一半 一色 一晃 一阵 一刻

  一落千丈 一曝十寒 一线生机 一触即发 一叶扁舟

(四)在非去声前(阴平、阳平、上声前)变为51，与去声调值相同

例如：

  阴平前：一般 一边 一天 一端 一朝 一生 一些

  阳平前：一条 一直 一齐 一时 一同 一行 一群

  上声前：一秒 一口 一举 一手 一体 一统 一种

(五)夹在重叠动词中间变为轻声

例如：

  比一比 谈一谈 走一走 讲一讲 学一学 试一试 想一想

三、"不"字变调

"不"字单念或用于阴平、阳平、轻声前，读本调51，如"不堪""不难""不好""不了"。

"不"字变调有两种情况。

(一)去声字前变为35

例如：

  不会 不去 不赖 不必 不变 不测 不要 不但 不错 不是

不至于　不厌其烦　不动声色　不速之客　不翼而飞

(二)夹在词语中间变为轻声

例如：

对不起　用不着　去不去　听不清　看不懂　大不大　穿不穿　差不多　挡不住

第二节　轻　　声

一、轻声

普通话每一个音节都有一个固定的声调，可是某些音节在词和句子中失去了它原有的声调，读成一种轻短模糊的调子，甚至声、韵母也发生了变化，这就是轻声。例如"过"，在"过错""过程"这些词中，要读成去声"guò"，而在"说过""看过""吃过"等词语中要读轻声"guo"。这些失去原有的声调，而读成又轻又短的调子，不是四声之外的第五种声调，而是四声的一种特殊音变。

由于轻声没有固定的调值，它的调值要随着前一音节的变化而变化，因此不能成为一个固定的调类，所以不用调号标示。

二、轻声的调值及作用

在日常口语表达中，轻声调值的变化不是很明显，其作用较为突出。

(一)轻声音节的调值

轻声音节的调值有两种形式。

(1) 当前面一个音节的声调调值是阴平、阳平、去声的时候，后面一个轻声音节的调形是短促的低降调，调值接近31。例如：

阴平后轻声：出去　说过　东西　巴结　玻璃
阳平后轻声：合同　麻烦　名字　时候　行李
去声后轻声：去吧　错了　丈夫　厉害　味道

(2) 当前面一个音节的声调是上声的时候，后面一个轻声音节的调形是短促的半高平调，调值接近44。例如：

本事　妥当　养活　脊梁　脑袋

(二)轻声的作用

轻声的作用主要有以下几个方面。

(1) 区别词义。例如：

兄弟 xiōngdì(哥哥和弟弟)——兄弟 xiōngdi(弟弟)

东西 dōngxī(东、西方向)—东西 dōngxi(物品)

(2) 区别词性。例如：
铺盖 pūgài(动词)—铺盖 pūgai(名词)
厉害 lìhài(名词)—厉害 lìhai(形容词)

三、轻声的变读规律

常见读轻声的情况大致有以下几种。

(1) 语气词"吧、吗、啊、阿、呢"等读轻声。例如：
走吧　他呢　行啊　好哇　快呀　冷吗

(2) 助词"着、了、过、地、得"等读轻声。例如：
听着　行了　说过　走得快　悄悄地

(3) 实词后缀"个、头、家、们、巴、子、么、乎、溜、着"等读轻声。例如：
两个　说头　姑娘家　他们　嘴巴　筷子　那么　近乎　光溜　趴着

(4) 动词或名词叠音词的尾字读轻声。例如：
拍拍　读读　照照　妈妈　奶奶　弟弟

(5) 趋向动词读轻声。例如：
出去　登上　按下　下去　抬起来　做下去　拷上

(6) 方位词读轻声。例如：
背地　前面　头里　外头　身外　地下　天上

(7) 动词补语读轻声。例如：
打开　站住　合上　拿下

(8) 作宾语的代词读轻声。例如：
找你　喊我　揍他

(9) 双音节单纯词第二个音节读轻声。例如：
葡萄　鸳鸯　篱笆　萝卜　和尚　妯娌　苜蓿

(10) 约定俗成的必读轻声的双音节词。例如：
衣裳　答应　知识　收成　身份　报酬　早上　应酬

四、轻重音格式

在普通话及各方言中，由于词义或情感表达的需要，一个词中的各个音节有着约定俗成的轻重强弱的差别，称为词的轻重音格式。我们将短而弱的音节称为轻，长而强的音节称为重，介于两者之间的称为中。

(一)双音节词的轻重格式

在普通话中，双音节词的轻重音格式有三种，其中中重格式最多。例如：

中重格式：日常　打通　表达　语言
重轻格式：地方　首饰　清楚　唠叨

(二)三音节词的轻重格式

普通话三音节词的轻重音格式一般有三种。例如：
中中重：运动会　播音员　刽子手　收音机
中重轻：不行啊　干看着　枪杆子　命根子
中轻重：摩托车　保不齐　备不住　指甲油

(三)四音节词的轻重格式

四音节词的轻重格式较为复杂，一般认为与词的结构关系有关，普通话四音节词的轻重音格式一般有两种。例如：
中重中重：丰衣足食　日积月累　天上人间　思前想后
中轻中重：社会主义　管理制度　集体利益　快乐生活

练习普通话时，要把每个词都说得清楚而自然，就需要掌握词的轻重音格式，符合普通话的要求。但是，词的轻重音格式只是一种约定俗成，不是绝对的、不变的，词的轻重音格式要受语句目的的制约，所以在语流中我们往往会遇到原来的轻重音格式被打破、被改变的现象，这也是正常的、必然的。

第三节　儿　化

卷舌元音 er 除了能自成音节外，还能与其他韵母结合成一个音节，并使这个韵母成为卷舌韵母，这种现象就叫"儿化"。

一、儿化的性质

儿化的基本性质是在韵母发音的同时带上卷舌动作。普通话的儿化现象主要由词尾的"儿"变化而来，儿化了的韵母叫作"儿化韵"。"儿化韵"的汉字书写形式中的"儿"字不代表一个单独的音节，而是表示前一个字(音节) 附加的卷舌动作。例如"一块儿"，就是在发韵母ɑi 的同时加上一个卷舌动作，卷舌动作用字母拼写时就用 r 来表示。用汉语拼音字母拼写儿化韵，原韵母不变，只在后边加一个表示卷舌动作的 r。如"一下儿"的拼写形式是 yīxiàr。

儿化韵书写形式中的"儿"，并不代表一个单独的音节，而是就记录口语而言的。朗读作品(诗歌、小说、散文等)时，除了人物对话中的和已经定型化了的儿化词以及上述有区别词义、词性作用的儿化词以外，非儿化词中的"儿"仍然要单独读作一个音节。例如："花儿迎春开""可怜的孤儿""好男儿志在四方""女儿""幼儿""混血儿"等。

二、儿化韵的发音

儿化韵的发音取决于韵母的尾音是否便于卷舌。因此，儿化韵的发音有两种情况。

一种是韵母的发音同卷舌动作没有冲突，儿化时原韵母不变只加卷舌动作。韵母或韵尾是 a、o、e、u、ê 的音节属于这种情况。例如：

刀把儿 dāobàr　　小猫儿 xiǎomāor　　水珠儿 shuǐzhūr
一下儿 yīxiàr　　山歌儿 shāngēr　　小偷儿 xiǎotōur
山坡儿 shānpōr　　台阶儿 táijiēr　　爆肚儿 bàodǔr

另一种是韵母的发音同卷舌动作有冲突，儿化时要在卷舌的同时变更原来韵母的结构和音色。韵母或韵尾是 i、ü、-i(前)、-i(后)、n、ng 的音节属于这种情况。由于变化情况较为复杂，需要分别加以分析说明。

(1) 韵母是 i、ü 的音节，保留原韵母，加卷舌音 er。例如：

小米儿 xiǎomǐer　　马驹儿 mǎjūer　　玩意儿 wányìer
小驴儿 xiǎolǘer　　没趣儿 méiqùer　　书皮儿 shūpíer

(2) 韵母是 in、ün、ui、un 的音节，去掉韵尾 n，再按韵母是 i、ü 的音节儿化。例如：

脚印儿 jiǎoyìer　　奶嘴儿 nǎizuěr　　飞轮儿 fēiluér
笔芯儿 bǐxiēr　　皮筋儿 píjiēr　　短裙儿 duǎnquér

(3) 韵母是 -i(前)、-i(后) 的音节，-i 失落，变成 er。例如：

好词儿 hǎocér　　坏事儿 huàishèr　　挑刺儿 tiāocèr
瓶塞儿 píngsēr　　棋子儿 qízěr　　树枝儿 shùzhēr

(4) 韵尾是 i、n(in、ün 除外) 的音节，去掉 i 或 n，在韵腹上加卷舌动作。例如：

蛋白儿 dànbár　　刀背儿 dāobèr　　同伴儿 tóngbàr
窍门儿 qiàomér　　花脸儿 huāliǎr　　书本儿 shūběr

(5) 韵尾是 ng 的音节，去掉 ng，主要元音鼻化。例如：

门缝儿 mén fèr　　鞋帮儿 xiébār　　板凳儿 bǎndèr
电影儿 diànyǐr　　药瓶儿 yàopír　　铃铛儿 língdār

三、儿化的作用

普通话里的儿化词，不是纯粹的语音现象，大部分具有区别词义、区分词性或表示一定感情色彩的作用，使表达更准确，语言更动听。

(1) 区别词义。例如：

眼(眼睛)—眼儿(小孔)　　头(脑袋)—头儿(领头的)
画(作画)—画儿(作好的画)　　信(信件)—信儿(消息)
偷(盗窃)—偷儿(盗窃的人)　　鼻(鼻孔)—鼻儿(小孔)

(2) 区分词性。例如：

尖(形容词)—尖儿(名词)　　堆(动词)—堆儿(名词)

塞(动词)—塞儿(名词)　　伴(动词)—伴儿(名词)

干(形容词)—干儿(名词)　　亮(形容词)—亮儿(名词)

(3) 表示细小、轻微。例如：

小刀儿　小事儿　冰棍儿　煤球儿　水珠儿　头发丝儿　芝麻官儿

(4) 带有亲切、喜爱等感情色彩。例如：

鲜花儿　电影儿　老头儿　宝贝儿　苹果脸儿　小赵儿　茶壶儿

第四节　"啊"的音变

"啊"是一个表达语气感情最常用的词，可以独立作一个感叹词，也可以附着在句子的末尾作语气助词。由于跟前一个音节连读而受其末尾音素的影响，常常发生音变现象。"啊"的音变是一种增音现象。在不同的语音环境中，受它前面音节的发音影响，"啊"的读音有不同的变化形式。另外，"啊"的不同读音，也可用相应的汉字来表示。

"啊"的音变规律有以下几点(参见表3-1)。

(1) 前面音节的收尾音素是a、o、e、ê、i、ü(ao、iao除外)时，"啊"读ya，汉字写作"呀"或"啊"。例如：

生活可要节约啊！

这么多瓜呀！

多好听的歌啊！

怎么不快点儿写啊！

路上可要注意啊！

还是得我去啊！

(2) 前面音节收尾音素是 u(包括ao、iao)时，读作"wa"，汉字可写作"啊"或"哇"。例如：

还是你说得好啊！

这是家乡的沃土啊！

胆子还真不小啊！

今天到哪儿住啊？

我哪儿知道没有啊！

(3) 前面音节收尾音素是n时，读作"na"，写作"哪"或"啊"。例如：

家乡的水真甜啊！

这事还得您费心啊！

真对不起他们啊！

你对她的感情真纯啊！

(4) 前面音节收尾音素是"ng"时，读作"nga"，汉字写作"啊"。例如：

这事说什么也办不成啊!
咱们老百姓啊,今儿晚上真高兴啊!
你快点儿跟上啊!
我怎么就闹不懂啊!

(5) 前面音节收尾音素是舌尖元音-i(前)时,读作"za",汉字写作"啊"。例如:
你要把我累死啊!
你写的这叫什么字啊!
你到底做错了多少次啊?

(6) 前面音节收尾音素是舌尖元音-i(后)、er 或儿化韵时,读作"ra",汉字写作"啊"。例如:
做人可要有价值啊!
你还吃不吃啊?
你这叫什么事儿啊!
多孝顺的女儿啊!
你身上难道没带几个子儿啊!

"啊"的音变规律见表3-1。

表3-1 "啊"的音变规律简表

前面音节末尾音素	读音	写法	举例
a o e i ü ê (ao、iao 除外)	ya	呀	他呀,急呀!好看的画呀,真多呀!
u(包括 ao iao)	wa	哇	好哇!加油哇!快跑哇!
n	na	哪	好人哪!难哪!路真远哪!
ng	nga	啊	亲情啊!大声唱啊!
-i(后) er	ra	啊	是啊!店小二啊
-i(前)	[za]	啊	孩子啊,有意思啊

一、总结上声变调规律,注意下列词语中上声的变调。

1. 口音 小生 整形 反刍 野性 胆量
2. 阻挡 水井 犬齿 首尾 恼火 口吻
3. 展览馆 洗脸水 勇敢者 选举法 纸雨伞 好领导 冷处理 老保守
4. 空想 篝火 旋转 结尾 警犬 马匹 受苦
5. 倒塌 展销 组织 导师 口腔 北方 五金 普通 指责 扯皮
   羽绒 口才 祖国 敏捷 笔画 丑恶 满意 好像 努力 体育

考试　美丽　引水　手稿　渺小　老总　考场　法典　顶嘴　起点
书法　山谷　吹捧　梅雨　手表　引起　也许　彻骨　冒险　贷款

二、总结"一"和"不"的变调规律，读准下列词语中"一""不"的变调。

1. 一般　一边　一端　一心　一生　一丝不苟
2. 不安　不光　不禁　不堪　不休　不约而同
3. 一连　一旁　一齐　一时　一同　一筹莫展
4. 不曾　不妨　不服　不良　不宜　不由得
5. 一起　一体　一早　一举　一览　一鼓作气
6. 不等　不管　不仅　不久　不满　不敢当
7. 一半　一带　一旦　一定　一贯　一会儿
8. 不必　不变　不错　不但　不当　不胫而走

三、读准下列常见的双音节轻声词。

爱人	比方	八哥	步子	巴结	扒拉	爸爸	扳手	包袱	包涵	报酬	本子
辈分	蹦跶	鼻子	鞭子	扁担	便当	别扭	拨拉	伯伯	簸箕	补丁	部分
财主	苍蝇	差事	柴火	掺和	颤悠	称呼	抽屉	出息	锄头	畜生	窗户
伺候	刺猬	凑合	错处	耷拉	搭理	答应	打扮	打发	打量	打听	大爷
大夫	耽搁	耽误	叨唠	倒腾	道士	灯笼	豆腐	提防	嘀咕	底下	弟弟	弟兄
点心	东边	懂得	动静	动弹	斗篷	豆腐	嘟噜	队伍	对付	多么	恶心
耳朵	风筝	奉承	福分	福气	斧头	富余	盖子	干巴	甘蔗	膏药	告示
疙瘩	胳膊	哥哥	个子	跟头	根子	功夫	勾搭	估摸	姑姑	姑娘	骨头
故事	寡妇	官司	棺材	管子	罐头	逛荡	规矩	闺女	哈欠	孩子	害处
含糊	寒碜	行当	好处	合同	和气	和尚	核桃	后头			
厚道	厚实	狐狸	胡琴	葫芦	糊涂	护士	花哨	坏处	黄瓜	晃荡	晃悠
活泛	活泼	火烧	伙计	叽咕	机灵	脊梁	记得	记号	记性	嫉妒	家伙
价钱	架势	嫁妆	奸细	煎饼	见识	将就	讲究	交情	娇嫩	搅和	饺子
叫唤	结巴	结实	街坊	姐夫	姐姐	芥末	戒指	进项	舅舅	觉得	考究
咳嗽	客气	窟窿	苦处	裤子	快活	宽敞	宽绰	困难	阔气	拉扯	喇叭
喇嘛	牢靠	老婆	老实	老爷	累赘	篱笆	里头	力气	厉害	莲蓬	凉快
粮食	铃铛	菱角	萝卜	骆驼	妈妈	麻烦	麻利	马虎	码头	买卖	馒头
忙乎	玫瑰	眉毛	妹妹	门路	牡丹	眯缝	迷糊	棉花	苗条	名堂	名字
明白	模糊	磨蹭	蘑菇	木匠	木头	那么	奶奶	难为	脑袋	闹腾	能耐
你们	腻烦	年成	黏糊	念叨	念头	娘家	扭搭	奴才			
女婿	暖和	疟疾	牌楼	盘缠	炮仗	朋友	皮匠	皮实	疲沓	脾气	屁股
便宜	漂亮	婆婆	欺负	气性	前头	亲戚	勤快	清楚	情形	亲家	拳头
热乎	热和	热闹	认得	认识	任务	日子	软和	扫帚	山药	晌午	上司
上头	烧饼	烧麦	少爷	舌头	舍得	身份	身量	什么	婶婶	生分	牲口
师父	师傅	师爷	石榴	石头	时辰	时候	拾掇	使唤	事情	势力	收成

收拾	书记	叔叔	舒服	舒坦	疏忽	熟识	属相	数落	摔打	顺当	说合
俗气	素净	算计	岁数	踏实	抬举	态度	太太	踢腾	嚏喷	笤帚	停当
头发	吐沫	妥当	唾沫	娃娃	外甥	外头	晚上	王八	王爷	忘性	尾巴
委屈	位置	味道	温和	稳当	蚊子	窝囊	窝棚	我们	稀罕	喜欢	虾米
下巴	吓唬	先生	显得	响动	相公	相声	消息	小气				
晓得	笑话	歇息	谢谢	心思	星星	猩猩	行李	休息	秀气	玄乎	学生
学问	牙碜	牙口	衙门	哑巴	胭脂	秀才	烟筒	严实	阎王	眼睛	砚台
燕子	秧歌	养活	吆喝	妖精	钥匙	爷爷	衣服	衣裳	姨夫	已经	义气
益处	意思	应酬	硬朗	用处	油水	冤家	冤枉	约莫	月饼	月亮	月钱
云彩	匀实	杂碎	再不	在乎	咱们	早晨	早上	造化	怎么	扎实	咋呼
栅栏	张罗	丈夫	丈母	帐篷	招呼	招牌	找补	折腾	这么	枕头	芝麻
知识	直溜	指甲	指头	主意	转悠	庄稼	壮实	状元	字号	祖宗	嘴巴
作坊	琢磨	做作									

四、读准下列常用的儿化韵词。

小丑儿	顶牛儿	抓阄儿	棉球儿	火锅儿	做活儿	大伙儿	邮戳儿	
小说儿	被窝儿	露馅儿	心眼儿	鼻梁儿	透亮儿	花样儿	刀把儿	
号码儿	戏法儿	在哪儿	找茬儿	打杂儿	板擦儿	名牌儿	鞋带儿	
壶盖儿	刀刃儿	钢镚儿	夹缝儿	脖颈儿	提成儿	脸盘儿	脸蛋儿	
收摊儿	栅栏儿	包干儿	笔杆儿	门槛儿	药方儿	赶趟儿	香肠儿	

瓜瓢儿	掉价儿	一下儿	豆芽儿	小辫儿	照片儿	扇面儿	差点儿
一点儿	雨点儿	聊天儿	拉链儿	冒尖儿	坎肩儿	牙签儿	小孩儿
加塞儿	快板儿	老伴儿	蒜瓣儿	脑瓜儿	大褂儿	麻花儿	笑话儿
牙刷儿	一块儿	茶馆儿	饭馆儿	火罐儿	落款儿	打转儿	拐弯儿
好玩儿	大腕儿	蛋黄儿	打晃儿	天窗儿	烟卷儿	手绢儿	出圈儿

包圆儿	人缘儿	绕远儿	杂院儿	刀背儿	摸黑儿	老本儿	花盆儿
嗓门儿	把门儿	哥们儿	纳闷儿	后跟儿	别针儿	一阵儿	走神儿
大婶儿	杏仁儿	送信儿	花瓶儿	打鸣儿	图钉儿	门铃儿	酒盅儿
小葱儿	红包儿	灯泡儿	半道儿	挑刺儿	墨汁儿	锯齿儿	记事儿
脚印儿	唱歌儿	挨个儿	打嗝儿	饭盒儿	在这儿	开春儿	小瓮儿
瓜子儿	石子儿	没词儿	半截儿	小鞋儿	旦角儿	主角儿	跑腿儿

一会儿	耳垂儿	墨水儿	围嘴儿	走味儿	打盹儿	胖墩儿	砂轮儿

五、在下列"啊"的变读词语训练中,总结"啊"的音变规律。

1. 说啥啊 好卡啊 真差啊 快爬啊 头发啊 好阔啊 难说啊 真多啊
   好破啊 摸摸啊 真的啊 好了啊 亲哥啊 好喝啊 口渴啊 不急啊
   生气啊 看戏啊 早睡啊 能吹啊 几句啊 咋去啊 兴许啊 捞鱼啊
   真绿啊 扮酷啊 烫手啊 流油啊 可爱啊 太冷啊 小熊啊 围裙啊

里头啊　转圈啊　探亲啊　轻松啊　难用啊　撒欢啊　太脏啊　痒痒啊

跳舞啊　祝贺啊　吃饱啊　报告啊　大干啊　运动啊　抠门啊　警惕啊

认生啊　背景啊　冤枉啊　真挚啊　不想啊　好笑啊　路数啊

2. 鸡啊、鸭啊、猫啊、狗啊，一块儿玩啊！

牛啊、羊啊、马啊、骡啊，一块儿跑啊！

狮啊、狼啊、虎啊、豹啊，一块儿叫啊！

兔啊、鹿啊、猴啊、鸟啊，一块儿住啊！

六、朗读短文，注意语流音变现象。

　　我看见过波澜壮阔的大海，玩赏过水平如镜的西湖，却从没看见过漓江这样的水。漓江的水真静啊，静得让你感觉不到它在流动；漓江的水真清啊，清得可以看见江底的沙石；漓江的水真绿啊，绿得仿佛那是一块无瑕的翡翠。船桨激起的微波扩散出一道道水纹，才让你感觉到船在前进，岸在后移。

　　我攀登过峰峦雄伟的泰山，游览过红叶似火的香山，却从没看见过桂林这一带的山。桂林的山真奇啊，一座座拔地而起，各不相连，像老人，像巨象，像骆驼，奇峰罗列，形态万千；桂林的山真秀啊，像翠绿的屏障，像新生的竹笋，色彩明丽，倒映水中；桂林的山真险啊，危峰兀立，怪石嶙峋，好像一不小心就会栽倒下来。

荀子说过："言语之美，穆穆皇皇。"意思是语言的魅力在于美好而正大。地球上，人的声音最美。这是因为人懂得怎样为美好和正大的语言而发声，发出有节奏、韵律美、个性音质美的声音，从中还能听出人最美妙的感情。

中篇
普通话口语表达基础

第四章 发声技巧

本章学习与训练的基本要求:

- 通过学习,掌握呼气与换气的技巧。
- 通过学习,掌握吐字归音的技巧。
- 通过学习,掌握共鸣的技巧。

声音信息是口语交流思想的物质基础。这种声音信息的交流,要用优美动听的语音,使听者毫不费力地接受其思想内容,并从中受到启迪和教育。

要达到这样的目的,说话人的语音不仅要正确、清晰,还必须生动感人,富有表现力和感染力。在口语表达中,要使自己的声音具有这种艺术魅力,就必须在掌握普通话基本发音的基础上,注意各种发声技巧的训练。

第一节 呼吸与换气

气息是人体发声的原动力和基础。无论在生活语言里,还是在朗读、朗诵、演讲、讲故事等艺术语言中,气息的强弱直接影响着声音的大小高低,影响着语势的强弱和感情的表达。人的一切情感活动,都在气息状态中得到明显的反映。例如:人在暴怒时,气满全胸,气流不通畅;高兴时,气流通畅,气息运动较快;惊恐害怕时,急速吸气,或气息抖颤;思考时,气息处于停滞状态或逐渐吸气;哀伤时,吸气深,呼气长等。这说明气息状态与人的情感有密切关系。在日常生活里,无须考虑操纵和控制气息,但在艺术语言活动中,气息则是催发和调动感情的重要手段。要想使声音运用自如,清晰响亮,且能在较长时间内,保持音色圆润,悦耳动听,优美感人,在练习吐字归音的同时,还必须掌握一定的用气技巧。

一、呼吸

"气乃声之源"。呼吸的正确与否,是决定声音优美与否的关键。底气不足,声音无力,且送不远;用气过猛,尖声大叫,会损害声带,既送不远,也不能持久。不善于运用呼吸,还会造成声音嘶哑,甚至使声带充血,咽喉发炎。所以,经常从事口语工作的演员、播音员、解说员以及教师等,都必须练好呼吸,要做到会科学地呼吸,能以气托声。

常用的呼吸方法有胸式呼吸、腹式呼吸和胸腹联合呼吸。在日常生活中一般都是用胸式呼吸。睡在床上时是用腹式呼吸。只用胸呼吸,呼吸浅且气息量少,在口语表达时往往会感到气不够用。采用胸腹联合呼吸的方法,可使全部呼吸器官协同操作,呼吸深且气息的容量大,是较为理想的呼吸方法。

第四章 发声技巧

胸腹联合式呼吸，就是运用胸腔、横膈膜和腹部肌肉共同控制气息。下面介绍一下这种呼吸方法。

吸气时，用鼻腔将气流缓缓吸入肺的深部。胸腔与肺部要尽量纳气，直到不能再吸为止。在吸气时，两肋有向左右张开和略有上提的感觉，但不要耸肩挺胸。同时略收小腹，横膈膜收缩下降，有下压腹部的感觉。在小腹肌肉，横膈膜向小腹中收——丹田穴(脐下三指的地方)这个支点收缩时，利用收缩力将气托住，这就是人们常说的"气沉丹田"。这时，腰部也有向外撑的感觉。若用手触摸腰部，似有一个气环。

呼气时，仍要收住小腹，在腹肌和横膈膜收缩力的控制下，将气均匀、平缓地徐徐吐出。两肋和胸腔基本上要保持吸气时的状态，在控制下逐渐松弛。总之，吸气要吸得深，呼气要慢而均匀，练习时可缓吸缓呼，也可以急吸缓呼。

这种呼吸方法，胸腔容积大，控制能力强，支持时间长，能够对呼吸的强弱进行调节，使呼气均匀而有节制。因而可以自如地控制声音的高低、强弱的变化，能够适应各种发声的需要。同时，还能减轻声带和喉头的压力，并可以做到长时间讲话而不感觉疲劳。

胸腹联合式呼吸练习有以下两种方法。

1. 无声练习

清晨可到空气新鲜的地方，做深呼吸或嗅觉(如闻花香等)练习，练习时身体站直，双手自然下垂、头正、肩松、不挺胸，舌尖轻抵上腭，用鼻慢慢吸气，小腹慢慢收缩，肋骨与腰部慢慢扩张，将气一直吸入肺的深部。吸气较满时，利用收缩的腹肌和横隔膜共同控制住气息，慢慢地将气从口中或鼻中自然均匀地呼出，直到呼完，再放松小腹。待稍停，再继续练习。呼气时，还可拿一片纸对着口腔，或伸直手臂手心对着口腔，将气徐徐吐出，以检验呼气是否均匀。

2. 有声练习

胸腹联合式呼吸的另一种练习方法是有声练习。

(1) 吸气方法与无声练习相同。呼气时均匀地出声练习发"啊"或"思"。可先低声练，再高声练。练习时小腹收缩，胸腰扩张，舌头、下颌均需放松。发声时两手轻按两肋，如出声时感到两肋发胀，就是用上丹田气了。

(2) 练发"气泡音"。所谓气泡音，是指让气流微微击声带，均匀地发出近似"a"的音色，像一连串的气泡一样，注意发气泡音的时候，一定要使气流均匀地轻轻抚摸声带。这种方法常在早上练声前使用，既可以检查呼气是否均匀，练习控制气息的能力，又可以促使还处在半睡眠状态的声带苏醒，避免高声练习时损伤声带。

(3) 蓄气控气练习。

一口气说完下面这段绕口令。要注意节省气息，吐清字音。

出东门，过大桥，大桥前面一树枣。拿着杆子打枣，青的多，红的少。一个枣、二个枣、三个枣、四个枣、五个枣、六个枣、七个枣、八个枣、九个枣、十个枣、十个枣、九个枣、八个枣、七个枣、六个枣、五个枣、四个枣、三个枣、二个枣、一个枣。

这是一段绕口令，一气说完才算好。

在口语实践中，一定要学会节约用气。要做到需要多少，就呼出多少，并且在一句话说完以后，不能一下子把气放光，时刻都要留有"余气"。若是不善于控制气息，放气太急、太冲，那么刚说几个字，后面的话就会由于"动力"不足，吐字虚弱无力。即使强憋出来，声音也太小，传送不远，别人听着会感到吃力难受。这就是人们常说的"气竭"或底气不足。

二、换气

人们说话时，总不能一口气将所要说的内容说完，总要换气。例如："义务教育是我国教育史上的一件大事，对提高整个中华民族的科学文化素质具有极其重大的深远的战略意义。"这句话，若不换气，就很难用一口气将它顺畅地说完。因此，人们说话时，总要根据内容和表情达意的需要，采取不同的方式进行换气，以保证底气充足。

换气一般有只吸不呼和少呼多吸两种方式。

只吸不呼换气(即偷气)，也称小气口，是用鼻或口急速吸进一小口气，或在吐完前一个字时不露痕迹地带回一点气。少呼多吸的换气，也称大气口，气有出有进，以出带进。在允许瞬间停顿的条件下，先轻轻吐出一点儿气，紧接着吸进一口气。呼出少量的气，目的是透进较多的气。大气口吸气时要把气吸足。

换气跟停顿有密切关系。说话、朗读、朗诵时，常需要根据不同的内容和表情达意的需要做时间不等的顿歇。在许多顿歇处，都需要及时换气，以保证语气从容和音色的优美，并防止出现气竭现象。正确的换气，能够使自己说着顺畅，别人听着舒服。因此，口语表达，要安排好气口，必须注意换气。

举例：

<u>实行义务教育，</u>(小气口，带进一点儿气)是我国教育史上的(停顿极短，不换气)一件大事，(大气口)对提高(停顿极短，不换气)<u>整个中华民族的</u>(小气口，带进一点儿气)科学文化素质(小气口，带进一点气)具有极其重大(停顿极短，不换气)和深远的(不换气)意义。

在艺术语言实践中，还常常碰到需要一口气贯下来，一气呵成的情况，即传统所说的"贯口"。实际上，一气呵成，并不是要求只许吸一口气把一长段话说完，而是要巧妙地安排无痕迹的气口。做到字断气不断，意连气也连，似江河直下，一气呵成，听着干脆痛快。

第二节 吐字归音

在各种形式的口语实践中，首先遇到的是吐字归音问题。"吐字归音"是我国传统戏曲语言中的一个术语。它是历代戏剧家在口语实践中总结出来的吐字发声的经验，至今广泛流传，颇值得借鉴。

第四章 发声技巧

吐字归音，主要是指在吐字发声时，要咬准字头，吐清字腹(主要是指韵腹)和收住字尾(韵尾)。例如：发 bān(班)这个音节时，要先找准 b 的发音部位，即咬住字头；而后在一股较强气流的作用下，冲破阻碍，清晰、响亮地吐出字腹a；紧接着舌头要轻轻回抵上牙床(即 n 的发音部位)，收住字尾，也即传统所说的归音(或叫归韵)。吐字归音的要求是：吐咬清晰，归音到位。出字要呈"橄榄形"或"枣核形"，两头小，中间大。即字腹要念得清晰响亮，字头和字尾要严格控制口形。

一、吐字清晰

咬字头时应准确、干脆、有力，吐字腹时应清晰、实在、响亮，要避免出现字音含混模糊或吃字现象，可从以下几个方面练习。

(一)喷崩法

喷崩法就是在咬字时，吸足气流，双唇紧闭形成阻碍，然后让气流爆破除阻将字音吐送出来。练习 b、p 声母的字，可用喷崩法。例如：

bèi bāo　　bēn bō　　pī píng　　piān páng　　biāo běn　　bào biǎo
背 包　　奔 波　　批 评　　偏 旁　　标 本　　报 表

八百标兵奔北坡，炮兵并排北边跑；炮兵怕把标兵碰，标兵怕碰炮兵炮。

(二)弹舌法

弹舌法就是利用舌头的弹力，将字音有力且富有弹性地弹吐出来。练习 d、t 声母的字，可用弹舌法。例如：

diào dòng　　dá dào　　tán tiān　　tuán tǐ　　duàn dìng　　děng dài
调 动　　达 到　　谈 天　　团 体　　断 定　　等 待

调到大岛打大盗，大盗太习投短刀；推打丁当短刀掉，踏盗得刀盗打倒。

(三)震牙法

震牙法就是吐字时气流冲击牙齿，使之震颤，以求字音的响亮有力。练习发 j、r 声母的字，牙齿有明显的震动之感。例如：

jiā jié　　jiǎn jié　　rén rén　　rěn ràng　　jí jù　　jiān jù
佳 节　　简 洁　　仁 人　　忍 让　　急 剧　　艰 巨

(四)开喉法

开喉法就是在吐字时，尽量使口腔后部打开，蓄足气流，吐送有力。练习发以g、k、h 为声母的字，可用开喉法。例如：

gǔ gàn　　guì guàn　　kuān kuò　　kǎn kě　　gǎi gé　　huī huáng
骨 干　　桂 冠　　宽 阔　　坎 坷　　改 革　　辉 煌

哥挎瓜筐过宽沟，过沟瓜筐滚宽沟；挎筐过沟瓜筐扣，瓜滚筐空哥怪沟。

二、归音到位

归音也叫归韵。归音到位是指发音时要收准韵尾，渐弱渐止、清晰圆满。对于没有韵尾的音节，不需要归音，但要保持口形，直到声音渐止后，再恢复到自然状态，在日常生活语言中，韵尾的实际读音比较模糊。但是在艺术语言中，则必须交代清楚，特别是在舞台上，或面对较多的听众时，更应该这样。

1. 展唇

凡 ai、ei、uai、uei 韵母的字归音时，应微展嘴角，唇形扁平，收"i"音。

bái cài　　bèi lěi　　guī duì　　zhuī suí
白 菜　　蓓 蕾　　归 队　　追 随

2. 聚唇

凡 ao、iao、ou、iou 韵母的字归音时，应聚敛双唇收"u"音。

gāo cháo　　miáo tiáo　　qiū shōu　　yōu xiù
高 潮　　苗 条　　秋 收　　优 秀

3. 抵舌

凡是收前鼻音"n"音节，字尾收音时要有一个明显的抵舌动作，即舌头稍稍回抵上牙床位置发出前鼻音，但要迅速轻快，不要抵得太死，以免影响语流的通畅。

guàn chuān　　yuán quán　　yǎn lián　　jūn xùn
贯 穿　　源 泉　　眼 帘　　军 训

砍头不要紧，只要主义真；杀了夏明翰，还有后来人。

4. 穿鼻

凡是收后鼻音"ng"的音节，归音时，气息要灌满鼻腔，穿鼻而收"ng"音。舌根与小舌要有接触感。

cāng máng　　fēng shèng　　cóng róng　　míng xīng
苍 茫　　丰 盛　　从 容　　明 星

大江歌罢掉头东，邃密群科济世穷；面壁十年图破壁，难酬蹈海亦英雄。

第三节　共　鸣

优美的声音，主要靠适宜的共鸣。人类发声的共鸣器官一般可分为两大类：一是不可变共鸣腔，它包括鼻腔、头腔和喉下气管，这些共鸣腔的形状是不能改变的；二是可变共鸣腔，它包括口腔、咽腔等，这些共鸣腔的形状是可变和可调整的。口腔、咽腔可根据发音的需要，改变其形状，以达到扩大音量、调整音波、确定音色之目的。调节好可变共鸣腔，找到合适的共鸣位置，可使声音洪亮，音色圆润，刚柔适度，悦耳动听。

第四章 发声技巧

有些人在口语实践中,想加大音量,美化音色,一味在喉咙上使劲,结果是,喊不了几声,声带就会出问题,甚至喉咙嘶哑。要么因为共鸣位置过于靠前,声音太散,音色单薄;要么由于共鸣位置过于靠后,声音送不出来,形成闷声。这都是由于不善于运用共鸣的缘故。

人的音域,可根据共鸣腔的位置分为胸腔共鸣区(低音区)、口腔共鸣区(中音区)和头腔共鸣区(高音区)三个区域。低音区主要靠胸腔共鸣,中音区主要靠口腔和咽腔共鸣,高音区主要靠头腔共鸣。三个共鸣腔常常是互相调节、协调使用的。

练习共鸣首先要找到高、中、低三个音区的通路。有人只会运用中音区——口腔共鸣,声音高了劈,低了憋,就是因为没有找到胸腔、口腔、头腔三个共鸣腔体的通道。一般可采用下列方法练习共鸣。

(1) 可念"咪、嘛、喵、呜、衣"等不带鼻尾音的字:往上走,打开鼻腔,使气径上冲击颅腔诸窦穴,产生头腔共鸣微震颤之感,发出响亮的音色;往下走,打开胸腔,胸腔有震颤之感,产生胸腔共鸣,发出深沉之声。在改变音高时,声带也应随之自然拉紧和放松,喉头、下颌和颈肌肉要尽量放松,使咽喉能自如开放,不然,会出现喉音,破坏声音的柔美。

(2) 有意识地用高调门和低调门谈话,寻找三个音区的通路。

(3) 借鉴哼曲和唱歌的方法体会摸索正确的共鸣发声位置。

(4) 平常使用最多的是口腔共鸣,练习口腔共鸣要注意前音稍后,后音稍前,开音稍闭,闭音稍开。同时要把咽腔这个共鸣腔用上。共鸣点应集中在口腔中部,气流打在硬腭上。例如:"上海"的"海"应稍靠后一点,"很好"的"好"字应稍靠前一点,这样发出的声音厚实响亮。

(5) 有人说话时对于有鼻尾音的字,打不开鼻腔,或不能充分利用鼻腔共鸣,这就需要有意识地练一练鼻腔共鸣。简单的办法可发"恩(ēn)"和"鞥(ēng)",充分使鼻腔发生共鸣,也可找一些有鼻尾音的字词进行练习,例如"英雄""长江""黄河""士兵""东方红,太阳升"等。

(6) 在以上练习的基础上,可练习朗诵句段。朗诵时,要在主要元音上下功夫,使字音圆润、集中。要以情运气,以情带声,不能有声无情。

例如:

(1) 这是勇敢的海燕,在怒吼的大海上,在闪电中间,高傲地飞翔;这是胜利的预言家在叫喊:

——让暴风雨来得更猛烈一些吧!

(高尔基《海燕》)

(2) 血沃的中原呵,古老的神州,有多少风流人物千古不朽!
　　花开于春哟,叶落于秋,历史不死呵,又拔新秀——
　　君不见:江山代有人才出,现代人比祖先更加风流!

(纪宇《风流歌》)

练习共鸣，气流起统帅作用，因此必须控制好气息。同时还要注意保护声带。中音区共鸣最节省气流，高音区和低音区共鸣极费气流。不管在哪个区域发生共鸣，呼气都要均匀，以减少气流对声带的猛烈冲击。平时可经常练习发气泡音。练习时，还要尽量避免出现嗡鼻音，大喊大叫的噪声以及"假嗓"音等发声的毛病。

一、胸腹联合式呼吸的特点是什么？用讲解的方法做呼吸和蓄气控气练习。

二、一口气说完下面这段绕口令，练习蓄气控气。

一口气数不了二十四个葫芦，一个葫芦两块瓢，两个葫芦四块瓢，三个葫芦六块瓢，四个葫芦八块瓢，五个葫芦十块瓢，六个葫芦十二块瓢，七个葫芦十四块瓢，八个葫芦十六块瓢，九个葫芦十八块瓢，十个葫芦二十块瓢，十一个葫芦二十二块瓢，十二个葫芦二十四块瓢。

三、吐字归音应注意哪些问题？

四、练习下列绕口令，注意吐字归音，可由慢到快。

1. 小猫描眉，煤飞小猫满毛煤。

2. 吃葡萄不吐葡萄皮儿，不吃葡萄倒吐葡萄皮儿。

3. 桌上放个盆，盆里放个瓶，乓乓乓、乒乒乒，不知是瓶碰盆还是盆碰瓶。

4. 东洞庭，西洞庭，洞庭山上一条藤，藤上藤下挂铜铃，风吹藤动铜铃动，风停藤停铜铃停。

5. 会炖炖冻豆腐，来炖炖冻豆腐，不会炖炖冻豆腐，别烧炖破了炖冻豆腐。

6. 板凳宽，扁担长，扁担压在板凳上，板凳不让扁担压在板凳上，扁担偏要压在板凳上。

7. 四是四，十是十，十四是十四，四十是四十，谁说十四是四十，就来试一试。

8. 隔着窗户撕字纸，一撕横字纸，再撕竖字纸，一共撕了四十四张湿字纸。

9. 梁大娘的场院两边各有两辆粮车，你爱拉哪两辆就拉哪两辆。

10. 小妞妞，围兜兜，坐在地头看豆豆。地边来了一头牛，小妞怕牛踩坏豆，跨过小土丘，跳过小水沟，忙把牛绳拉在手。小牛急得哞哞叫，大伙都夸小妞妞。

11. 武汉商场卖混纺，红混纺，黄混纺，粉红混纺，粉黄混纺，黄红混纺，红黄混纺，样样混纺销路广。

五、练习朗读下面的散文或诗歌片段，注意运用共鸣。

1. 在船上，为了看日出，我特地起个大早，那时天还没有亮，周围是很寂静的，只有机器房的声音。

天空变成了浅蓝色，很浅很浅的；转眼间天边出现了一道红霞，慢慢儿扩大了它的范围，加强了它的光亮。我知道太阳要从那天际升起来了，便目不转睛地望着那里。……

2. 热爱生命(汪国真)
我不去想是否能够成功
既然选择了远方
便只顾风雨兼程

我不去想能否赢得爱情
既然钟情于玫瑰
就勇敢地吐露真诚

我不去想身后会不会袭来寒风冷雨
既然目标是地平线
留给世界的只能是背影

我不去想未来是平坦还是泥泞
只要热爱生命
一切,都在意料之中

第五章 朗读训练

本章学习与训练的基本要求：
- 了解朗读的含义与作用、基本要求，明确朗读与朗诵的区别与联系。
- 熟悉朗读的技巧以及各种文体的朗读。

朗读，作为一种社会现象，自有文字产生后就开始萌芽了。多少年来，不但作家们自己吟诗诵文，广大读者也是父传子继、师生相沿地吟诵名篇佳作，特别是旧时私塾，几乎全凭吟诵之功，使学生由得心应口，到得心应手。在现代生活中，朗读应用范围非常广泛，它是语言教学的一个重要环节，是教师、播音主持的一项业务基本功，也是我们每个人在生活中用得着的口语技能。然而，由于对朗读的学习和训练不够，生活中常会遇到这样的事情：一篇好文章或一个重要文件被读得支离破碎，让听的人摸不着头脑。所以我们说，朗读是每个有文化的人不可缺少的一种功夫，它有助于人们去理解文字作品，也有利于充分发挥有声语言的感染力。成功的朗读能够使人得到一种高尚的精神享受，还可以大大提高我们运用有声语言表情达意的能力，有助于掌握正确的用气发声方法，同时，还能促进普通话的学习和运用。因此，朗读在口语表达训练中具有重要的作用。

第一节 朗读及技巧训练

一、朗读及其特点

朗读是一种有声艺术语言。即借助语音形式，生动形象地表达作品的思想内容的言语活动。如果说写文章是一种创造，朗读则是一种再创造。书面语言是用文字静止地把意义反映在书面上，让人们用视觉来理解。朗读则是利用语音手段传情达意，让人们通过听觉来加以理解。但朗读不是机械地把文字变成声音，而是要求朗读者把握文章的思想内容，用普通话正确流利、有感情地把文章读出来，从而更好地传情达意。

朗读与其他口语语体相比，具有以下几个特点。

(一)再创性

再创，就是再次创造的意思。朗读以文字作品为依据。文字作品是作者的创作，而朗读文字作品，则是朗读者的一种再创作。朗读者是在尊重原作的前提下，运用有声语言传达作品的主要精神和艺术美感的，要传达得好，就必须根据有声语言表达的规律，将自己的真实感情融入朗读之中，对文学作品进行二度创作。比如朗读徐志摩的《沙扬娜拉》，仅仅做到字音准确、声音洪亮、语句流利是不行的。高水平的朗读，应当深入诗的意境，

用有声语言展现出一幅图画。这首诗仅用了短短五句,却包容了无限的离绪和柔情,女性的温柔多情,楚楚动人,纯洁优雅跃然纸上;女性的盈盈含笑,妩媚婉约,端庄贤淑不言而喻。柔情百转的离别,惊鸿一瞥的低头,有了这一丝莲花般的娇羞而让人多了些心疼和怜爱。要达到这样的高度,就必须深入领会作品的内容,通过形象思维和丰富的想象,细心体验,进入诗的意境中然后形之于声,把精练的语言里所包含的内容和感情传达给听者,增加诗的感染力。在表达过程中,还要注意技巧的运用,充分体现诗的音韵美。只有这样,朗读才有再创造可言。只把朗读按照日常说法去要求,或把它看成照字读音的简单过程,这些认识和做法都是不正确的。

(二)书面性

朗读都有文字依据,它是凭借文字作品进行表达的。朗读者必须准确地把握和再现原作的思想内容和艺术风貌。朗读中不允许随意更改原作,就连一些小的错漏也应尽量避免。文字作品的语言往往有较浓的书面语味道。因此,有人说朗读是书面语的口语表达形式。这是有一定道理的。这种书面性,使得朗读对表达技巧的要求更高了,否则,朗读很容易形成一种"照字念音"的无思维状态。因此,在"看"和"读"之间,必须有一个中间环节——"思"。通过"思",把"看"和"读"连成一个有机整体,看的同时就要思考,不仅要见字连词组句,更要把握字词的内涵,获得形象和逻辑的感受,进而引动感情,由衷而发。根据朗读的书面性要求,朗读者只有合理安排停连,准确把握重音,恰当运用语气,才能再现原作的内容和精神实质。否则,就可能把文章念得有音无意,有句无篇,一片散乱。

(三)规范性

规范性主要表现在朗读所选择的文字作品和使用的语言两方面。朗读通常应选择典范的文学作品,如文学名篇、政府文告、报刊社论等,它们从思想内容到语言形式,都经过提炼加工,比较符合规范要求,可供人们学习和效法。朗读所使用的有声语言,也应该是规范的,这就是现代汉民族的共同语——普通话。只有用普通话进行朗读,才能较好地传达作品的内容,取得良好的表达效果。

此外,朗读和朗诵不尽相同,二者是既有联系又有区别的姊妹艺术。朗诵属于艺术表演范畴。朗读强调的是忠实于原文,朗诵则允许朗诵者在忠实于原文的基础上进行艺术加工,用丰富多彩的语言手段及其他声音形式,比如音乐,创造优美动人的意境和形象。因此,评价朗诵的优劣往往是看朗诵者的艺术创造是否能给人一种美的享受。这样,朗诵者的文化修养、对语言文字的感悟能力、语音运用技巧、艺术表现能力往往就成了决定朗诵水平高低的因素。朗诵文本的选择范围较朗读就狭窄得多。一般说来,抒情色彩较浓的文学作品适合作为朗诵的文本。另外,在选择文本时还要兼顾朗诵者的性别、年龄、个性特征及音色等因素。一个文弱且音域狭窄的少女不宜选豪放的"大江东去",一个豪情万丈、声如洪钟的关东大汉朗诵李清照的早期词作也未免显得有些扭捏作态。朗读考虑的是让听众听清楚,朗诵考虑的是让听众受感动。而要感动别人首先要感动自己。所以,朗诵

时一定要做到"眼前有景,心中有情",可以借助音乐、态势等辅助手段造成一种"未有曲调先有情"的氛围。在音色、音量、语速、节律等方面也可作适当的夸张,以渲染气氛。当然,当朗读的对象为抒情浓郁的文学作品时,朗读和朗诵的区别基本就不着痕迹了。

二、朗读的基本要求

朗读不同于小学生的"唱式读书法"和中学生的"念经式读书法",有以下三点基本要求。

(一)语义明晰

朗读,首先要把意思表达清楚,所以在朗读之前要对语义认真进行分析、深入加以理解,把握全篇的主题和层次之间的逻辑关系,明确重点段落和重点语句。只有这样,朗读时才能把每句话都读得清晰明了,全篇的重点也才能突出出来,从而传达出原作的精神实质。

(二)感情真挚

真挚的感情是朗读的基本要求之一。作者进行创作总是有感而发的,"情动于中而形于言",喜怒哀乐都融注在作品的字里行间。朗读者是作者的"代言人",朗读时不仅要达意,而且要传情。这就要求朗读者在理解作品的基础上,深入开掘作品中蕴含的丰富而细微的感情变化,设身处地、如临其境,把自己的思想感情激发出来,使作品的字字句句仿佛是从自己心中流淌出来的。这样,朗读才会具有感人的力量,才能唤起听者的共鸣,从而达到影响人、教育人的目的。

(三)语言规整

朗读是一种郑重的转述,是一种比较庄重、质朴的再创作。因此,朗读的语言应当是规整的,无须追求夸张和渲染。

语言规整,包含字音准确,词或词组的轻重音格式正确,语法关系和逻辑关系明确,语速适度,语句流畅,声音起伏得当,节奏变化平衡,声音高低起伏不宜太大。另外,朗读还要做到不读错字、不添字、不漏字、不颠倒、不中断、不重复、不拖腔。但规整不等于平板,朗读的语言应当是生动感人的。如果朗读时的有声语言没有思维过程,没有感情活动,语调又缺少变化,单调雷同,就难免会显得呆板、平淡。朗读语言来源于生活语言,但它又不同于日常生活中聊天说话式的表达,它比自然语言更准确、更生动、更具有美感,是一种既规整又有一定艺术性的语言。

三、朗读的技巧

把书面语言转化为有声语言的手段就是朗读技巧,包括内部技巧和外部技巧。内部技巧就是要进入作品，确定其基调；外部技巧指停连、重音、语气、节奏等表达技巧的运用。

(一)准确把握内部技巧

把握内部技巧的关键就是把握作品的基调。基调是指作品的基本情调，即作品的总的态度感情，总的色彩和分量。任何一篇作品，都会有一个统一完整的基调。朗读作品必须把握作品的基调，因为作品的基调是一个整体概念，是层次、段落、语句中具体思想感情的综合表露。要把握好基调，必须深入分析、理解作品的思想内容，力求从作品的体裁、主题、结构、语言，以及综合各种要素而形成的风格等方面入手，进行认真、充分和有效的解析。只有如此，朗读者才能产生真实的感情、鲜明的态度和语言的律动。只有经历这样一个复杂的过程，作品的思想才能成为朗读者的思想，作品的感情才能成为朗读者的感情，作品的语言表达才能成为朗读者要说的话。也只有经历这样一个复杂的过程，朗读者才能从作品的思想内容出发，把握住基调。整体把握文章情感是否确切，关系到能否读出作者的喜怒哀乐、悲欢离合。

阅读理解是熟悉作品的关键，须从理性上把握作品的思想内容和精神实质。只有透彻地理解，才能有深切的感受，才能准确地掌握作品的情调与节奏，正确地表现作品的思想感情。首先，了解作者当时的思想和作品的时代背景。其次，深刻理解作品的主题，这是深刻理解作品的关键。最后，根据不同体裁作品的特点，熟悉作品的内容和结构。对于抒情性作品，应着重熟悉其抒情线索和感情格调；对于叙事作品，应着重熟悉作品的情节与人物性格；对于议论文，需要通过逐段分析理解，抓住中心论点和各分论点，明确文章的论据和论述方法，或者抓住文章的说明次序和说明方法。总之，只有掌握了不同作品的特点，熟悉了作品的具体内容，才能准确地把握不同的朗读方法。

文章的基调主要有"明朗、低沉、平淡、高亢、哀婉、悲愤"等，但每篇文章表达的情感不同，又都有自己独特的基调。有的文章甚至不同部分的基调也不一样，如下面几例。

(1) 毛泽东的《沁园春·雪》属于典型的昂扬激越、乐观向上的基调。

(2) 马致远的《天净沙·秋思》属于典型的凄凉萧条、低沉委婉的基调。

(3) 郭沫若的《天上的街灯》的基调是美好、恬静而略带一丝忧郁。

(4) 朱自清的《荷塘月色》一文的感情基调，一般解读为"既有淡淡的忧愁，又有淡淡的喜悦"。

(5) 柳宗元的《小石潭记》的感情基调是哀伤凄凉的。

(6) 毛泽东的《忆秦娥·娄山关》，上阕确定的基调是阴沉抑郁，而下阕的基调则是高亢激昂，强烈的感情对比，恰恰反映了作者的乐观主义精神和指挥若定的气魄。

(7) 苏轼的《水调歌头》，全词的基调是乐观的。

(8) 曹操的《观沧海》的感情基调应该是苍凉慷慨、悲壮激昂的。

(9) 王安忆的作品《上种红菱下种藕》是一种细腻和平缓的基调。

(10) 大多数说明文的基调是平和的。

(二)恰当运用外部技巧

在理解作品内容的基础上,应对整个作品的朗读方案有个总体考虑。例如,作品中写景的地方怎么读?作品的高潮在什么地方?怎么安排快慢、高低、重音和停连等。这就是技巧设计。常见的朗读外部表达技巧有停顿、重音、语速、语调等。

1. 停顿

在朗读中,词语之间、句子之间、段落层次之间出现声音的中断叫停顿;在文字中有标点符号的地方,缩短停顿的时间抒发真情叫连接。无论停或连,都是思想感情发生变化的需要,绝不是思想感情的中断和空白。恰当运用停顿,可以增加有声语言的色彩和魅力。朗读中在什么情况下停顿?标点符号是书面语的重要组成部分,在口语中则需要用停顿来表示。其停顿时间的长短,一般由标点类型决定,常用标点符号的停顿时间,大致可用下图表示:

。? !＞; : ＞, ＞、

省略号和破折号的停顿时间要酌情而定。

根据作品内容、脉络、听者心理上的需要,停连主要分为以下五类。

(1) 并列性停顿。并列性停顿是指表示并列关系的词语间的停顿。它能把事物描写得更具体,也使有声语言产生一定的美感。例如:

山‖朗润起来了,水‖涨起来了,太阳的脸‖红起来了。

(2) 陈述性停顿。陈述性停顿是指表示陈述和被陈述关系的词语间的停顿。它能使思想更明晰,感情更鲜明。例如:

我‖很少扒开叶蔓瞧它们。

(3) 转折性停顿。转折性停顿是指表示转折关系的词语间的停顿。这种转折往往会出现表示转折关系的关联词语,如"然而""可是""但是""却""可"等;有时也可以不出现。合理安排这种停顿,可以突出语意、文势、感情的转换,使原作内容起伏。例如:

虽然都是极熟的朋友,却是‖终年难得一见。

(4) 呼应性停顿。呼应性停顿是指表示呼应关系的词语间的停顿。它能使呼应关系明确,使原作内容连贯完整。例如:

默默享受着‖这小家伙亲近的情意。

(5) 感情性停顿。感情性停顿是指表示某种特别强烈的感情的词句间的停顿。这种停顿,常常安排在表现沉痛、愤怒、危急、惊异、激动、赞美、赞叹等处。它能把原作的感情表达得更加突出强烈,从而对听者造成强烈的刺激和感染。例如:

为了我的出生,母亲去了,‖弟弟‖也去了。

2. 重音

重音是指朗读时,句子里需要强调或突出的词或短语的重读。朗读时使用重音要注意,重音绝不是"加重声音"的简称。

(1) 确定重音的方法。

重音是依据语句的内容、作者的态度、感情的脉络而定的。掌握好它，可以把语句的内容表达得更加充分准确，把作者的思想感情表达得更加细腻动人。重音没有固定的位置，情况也较复杂，下面仅介绍常见的 10 种。

并列重音。并列重音是指语句中或句子间构成并列关系的重音。并列的部分是相辅相成的有机并列，没有反方向运动。它能使作品的内容统一完整地展示出来，并形成各自的区别。例如：

其实，友情也好，爱情也好，久而久之都会转化为亲情。

对比重音。对比重音是指语句中或句子间形成对比关系的重音。它是一种相反相成的重音。这种重音有突出句意、加强形象、深化感情、明确观点、渲染气氛等作用。例如：

那么，人要做有用的人，不要做只讲体面，而对别人没有好处的人。

肯定重音。肯定重音是表示肯定或否定判断的重音。这种重音经常用"是""有""在""不是""没有""不""没"等表示对人、事、物等做出肯定或否定的判断。它有再次申明、明确肯定或否定的作用。例如：

这句话有充分的科学根据，并不是一句迷信的成语。

比喻重音。比喻重音是指比喻句中喻体的重音。作品中使用比喻，可以使空泛的内容具体化，使抽象的内容形象化。在朗读中突出比喻重音，能使被比喻的事物鲜明活脱，生动可感。例如：

看，像牛毛、像花针、像细丝，密密地斜织着，人家屋顶上全笼着一层薄烟。

夸张重音。夸张重音是指夸张句中被扩大、缩小或超前的事物的重音。这种重音能引起听众的丰富想象，有利于突出作者对事物的鲜明感情态度，或有利于突出事物的本质和特征，使人感到真实可信。例如：

天黑时，我躺在床上，他便伶伶俐俐地从我身上跨过，从我脚边飞去了。

递进重音。递进重音是指表示递进关系、假设关系、条件关系、顺承关系的重音。递进重音具有顺序性、新鲜性、链条直进性。不管是说理、叙述或描写事物，都能给人步步推进、一气呵成的感觉。这种重音经常是落在关联词语上，有时也落在实词上。例如：

那只穿着好看袜子的小脚已经抬了起来，踩在了人行道的边沿上，但孩子还没有下定决心蹬上第二只脚。

转折重音。转折重音是指表示转折关系的重音。这种重音反映了语言链条的发展有某种多向性的特点，它不包括递进性和对比性，不按上文的意思往下说而是转了一个弯才说。转折重音可以落在实词上，也可以落在表示转折关系的关联词语上。转折重音有强调、突出事物、揭示事物本质特征的作用。例如：

他失望了——他翻遍了整块土地，但连一丁点儿金子都没看见。

问答重音。问答重音是指表示问与答关系的重音。问答的关系也是呼应关系，所答必所问，不能答非所问。例如：

"谁能把花生的好处说出来？"

姐姐说："花生的味美。"

拟声重音。拟声重音是指语句里模拟各种声响的重音。拟声重音一般落在象声词上，朗读模拟声音虽然不必惟妙惟肖，但要求近似，这样能够生动地传达原作的声音状态，使原作的情景表达得更加形象传神。例如：

小鸟啾啾细柳枝。

对象重音。对象重音是指被陈述的人、事物或动作支配的人、事物的重音。这种重音有突出作品中的人或事物的作用。例如：

看的人正在寻找马尾巴，那匹马就变模糊了。

在确定重音时，一般来说一个语句只有一个重音，但有时有的语句有多个重音，这时，就应该分出主要重音和次要重音。朗读中除了注意主重音和次重音外，还应照顾到非重音，不能把二者对立起来，割裂开来，在突出重音以外，还要把次重音、非重音"带过去"。

(2) 掌握重音的表达方法。

在口语实践中，为了准确细微地表情达意，显示重音的方法也是多种多样的，一般有下列几种方法。

加强音量。即说得或读得重一些、响一些，增强音势。例如：

雪纷纷扬扬，下得很大。

它一边大笑，它一边高叫……

拖长音节。即用拖腔的方法，将重音节拖长一些。对于号召性、鼓动性的话语，呼口号、发口令和表现某种特别强烈的感情时，重音音节往往需要延长。音节拖腔的长短，要视具体内容的感情而定。例如：

① 周——总——理，您——在——哪——里？

② 立正——，向前——看——，向后——转。

③ 冲啊——！为连长报仇——！

重音轻吐。表示重音，不能只是一味地增加音高。有时，在表达极为复杂而细腻的感情时，可以降低音高，加强音势，将重音低而有力地轻轻吐出。这样，往往比简单地增加音高、加大音量效果更好。例如：

① 风轻悄悄的，草软绵绵的。

② 漓江的水真静啊，静得让你感觉不到水在流动，漓江的水真清啊，清得可以看见江底的沙石。

3. 语速

语速是语言节奏的主要标志，是有声语言表情达意的一种重要手段。一般来说，快慢与语言的内在节奏是一致的。快速可表现急迫、紧张；慢速则可表现安闲、平静。掌握语速快慢的变化，可从以下几方面加以注意。

(1) 看交际对象。跟青少年交际，因他们精力充沛，思维敏捷，反应快，语速可以稍快些。如果跟老年人和学龄前儿童交际，速度则应稍慢些，使他们能听清楚，容易接受。例如：

① 小朋友，今年几岁了？你在哪儿上学啊？
② 大娘！我们不是土匪，我们是中国人民解放军！
③ 甲：小张，下班后咱们一起去商场吧？
　　乙：好！

例①②的语速应稍慢些，照顾到儿童和老年人的接受能力和反应速度。例③是两个青年人的对话，语速应稍快，方能体现青年人朝气蓬勃的特点。

(2) 看环境气氛。一般表示热烈、紧张的场面，激动、惊异的心情，争辩、斥责的态度，语速应稍快些；表示宁静、庄严的场面，平静、失望、沉痛的心情，犹豫、宽慰的态度，语速要稍慢些。例如：

① 雷声轰响。波浪在愤怒的飞沫中呼啸着，跟狂风争鸣。看吧，狂风紧紧抱起一堆巨浪，恶狠狠地扔到悬崖上，把这大块的翡翠摔成尘雾和水沫。

② 可万万没有想到，这么一位在艺术上日趋辉煌、前途不可估量的小猴娃，竟然被白血病这个病魔无情地夺走了生命，年仅十六岁。他的英年早逝，着实令人痛惜不已。

例①描写暴风雨来临之前的紧张场面，语速稍快；例②描写作者对小猴娃英年早逝深感悲痛，语速稍慢。

(3) 看人物性格。一般聪明机警、性格豪放、作风泼辣的人的话语，应稍快；而心思迟钝、性格憨厚、作风懒散的人的话语应稍慢。

(4) 看作品体裁。作品的体裁和语言风格，难易程度不同，听者接收声音信息的速度也不一样。因此，从语速的快慢上看，诗歌一般比散文慢；在诗歌中，旧体诗一般比新体诗慢。此外，议论文应比一般散文慢；同是议论文，理论性较强的要更慢一些。

语速的快慢，并无绝对标准，快和慢总是相对的。在口语交流中，不分快慢不合适，脱离实际，快慢不当也不合适。

4．语调

语调主要体现在句调抑扬升降的变化上。通过句调抑扬升降的变化，可以表达不同的语气，即表现说话人喜怒哀乐等多种不同的感情态度。比如一个人打电话，拿起耳机说：

啊！知道了。　　　　　　(降抑，表示肯定)
啊！你说谁？　　　　　　(上扬，表示发问)
啊！怎么会是他？　　　　(先降后升，表示恍然大悟或疑惑不解)
啊！原来是这样啊！　　　(先升后降，表示恍然大悟)

句调的抑扬升降可以概括为下列四种类型。

(1) 高升调。

高升调一般用来表达号召、鼓动、设问、反问、呼唤等语气。这种句调大都由低到高，句尾语势上升。例如：

① 同志们！我们一定要赶超世界先进水平！
② 难道我们班就甘心落后吗？
③ 什么是普通话呢？
④ 李老师！李老师！

(2) 降抑调。

降抑调一般用来表示肯定、坚信、赞叹、祝愿等语气。句调大都由高而低，句尾语势渐降。降抑调一般是半降调，加重语气时必须用全降调。例如：

① 勇士们，我将加入你们的队伍。　　　　（表坚决，半降稍抑。）
② 东风来了，春天的脚步近了！　　　　　（表肯定，半降稍抑。）
③ 王木匠可真是一把好手啊！　　　　　　（表赞叹语气，全降。）
④ 祝你取得更大的成绩！　　　　　　　　（表祝愿，半降稍抑。）

(3) 平直调。

平直调一般用来表示庄重、严肃、平淡等语气，句调大都平直舒缓。一般叙述或说明的句子，多用平直调。值得注意的是，平直调并非绝对水平，只是起伏不大，末尾音节的升降不太明显。例如：

① 这是电冰箱上的一个零件。　　　　　　　（说明）
② 我家的后面有一个很大的花园，相传叫百草园。（叙述、说明）
③ 人民英雄纪念碑矗立在天安门广场中央。　　（庄重、严肃）

(4) 曲折调。

曲折调句子语势有抑扬升降的曲折变化，呈波浪形。一般是先降后升再降（降——升——降），或先升后降再升（升——降——升），常用来表示讽刺、诙谐、滑稽、双关、踌躇、狡猾等复杂的语感。它不像其他句调多表现在句末，而是根据需要出现在句子的不同位置上。例如：

① 好个"友邦人士"，是些什么东西！
② 哎呀呀，你把我说成神仙啦。
③ 啊？会有这种事？

要掌握句调升降抑扬的规律，必须注意句子的语气。标点符号，是句子语气的主要标志。例如：

大家都出去了。　　　（陈述句）
大家都出去吗？　　　（疑问句）
大家都出去吧！　　　（祈使句）
大家都出去啦！　　　（感叹句）

此外，还要注意字调跟句调升降抑扬的关系。不管字调是升是降，表示陈述语气，尾音都要下降，表示疑问语气，句尾都得上升。即字调要服从句调。例如：

这个坏。　　　（陈述语气）
这个好。　　　（陈述语气）
这个坏？　　　（反问语气）
这个好？　　　（反问语气）

除此之外，朗读还要借助眼神、手势等态势语帮助表达作品感情，引起听众共鸣。朗读常常伴随有手势、姿态等体态语。但朗读时的姿态或手势不能过多、过火，毕竟朗读不同于演戏。演戏时，演员不直接和观众交流，他扮演剧中人物，模仿剧中人物的语言、动作，他只和同台的演员进行交流，而朗读者直接交流的对象是听众，他主要是通过声音把感情传达给听众，引起听众共鸣。手势、姿态等只不过是帮助表达感情的辅助性工具，不宜过多、过火。

第二节　不同文体的朗读

一、记叙文的朗读

本节所讲的记叙文是狭义上的记叙文，指的是记人叙事的文章。"记叙"就是讲故事。讲故事最重要的就是"引人入胜"，要让别人听得津津有味。怎样才能做到这一点呢？要求在朗读时做到：渲染气氛，交代脉络，塑造人物。

(一)渲染气氛

任何一个故事都有气氛的问题。是轻松愉快的，还是沉重不幸的？是富有哲理的，还是幽默风趣的？不同的气氛要用不同的嗓音来表现。例如《齐白石买菜》说的是老画家想买点儿白菜，卖菜的小伙子认出了他，提出要用画来换，是轻松愉快的作品。我们要用明亮的嗓音、跳跃的节奏来朗诵。《最后一课》写的是一位教师在国家将亡之际坚持上完最后一堂母语课时的悲痛心情，气氛是庄严、沉重的。我们要用低沉的嗓音、缓慢的节奏来朗读。

(二)交代作品的脉络

故事总有开头、结尾。事件也总有发生、发展、高潮和结局。这就是脉络。开头用慢速，多停顿，使听众听得清楚明白；中途娓娓道来，要从容不迫；关键之处要运用重音、停顿引起听众的注意；高潮到来，要用语速的变化来表现，否则就会显得平淡无奇。

(三)塑造人物

故事中如果有人物出现，就要用声音来塑造人物的形象。人们的嗓音频率跟年龄有关。所以，若是读小伙子的话，就要提高频率；读老先生的话，就要降低频率；人物的喜、怒、哀、乐都可以用嗓音来表现。

下面我们用《齐白石买菜》这篇故事为例来讨论记叙文的朗读方法。

齐白石买菜

一天早晨，齐白石上街买菜，看见一个乡下小伙子的白菜又大又新鲜，就问："多少钱一斤？"小伙子正要答话，仔细一看，心想：哦！这不是大画家齐白石吗？就笑了笑说："您要白菜，不卖！"齐白石一听，不高兴地说："那你干吗来了？"小伙子忙说："我的白菜用画换。"齐白石明白了，看来这小伙子认出我了，就说："用画换？可以啊，不知怎样换法？"小伙子说："您画一棵白菜，我给你一车白菜。"齐白石不由笑出了声："小伙子，你可吃大亏了！""不亏，您画我就换。""行。"齐白石也来了兴致："快拿纸墨来！"小伙子买来纸墨，齐白石提笔抖腕，一幅淡雅清素的水墨《白菜图》很快就画出来了。小伙子接过画，从车上卸下白菜，拉起空车就走。齐白石忙拦住他笑笑："这么多菜我怎么吃得完？"说着，就只拿了几棵白菜走了。

这篇故事轻松活泼，富有生活气息。因此我们可以选用自然、松弛的嗓音来朗读，完全不需要夸张。这样，故事的背景和气氛(生活中常见的菜市场)就出来了。

从故事的脉络来看。一开始是普通的讨价还价，接着小伙子认出了老画家，情况有了变化：不卖——要换。这一过程又分为以下几个小阶段：

(1) 小伙子认出："正要答话……齐白石吗？"用低声表示内心活动。

(2) 欲擒故纵："就笑了笑……不卖"扬声，故作冷淡。

(3) 齐不高兴："齐白石一听……干吗来了？"声音低沉，稍重，表示老人有些生气了。

(4) 小伙子解释："我的白菜用画换。"语调下抑，表示诚恳。

(5) 老人明白："齐白石……换画"先抑后扬。

(6) 商量办法："小伙子……行"松弛自然，生活化，体现幽默风趣。

(7) 画画过程："齐白石……画出来了"高潮，声音明快，体现一挥而就。

(8) 取菜结束："小伙子……走了"尾声，恢复平和自然的语气。

二、说明文的朗读

说明文以传授知识为主要目的，它常用来说明、解释事物的性质、特点、结构、功能等，使人获得必要的科学知识，朗读说明文，重在把事物的基本特征解说清楚，表达应力求客观确切，平实舒展，把作品完整、明白、有条理地传达给读者。

(一)说明文的朗读基调

说明文具有条理清楚、结构严谨的特点。我们在朗读时不需要像朗读记叙文、寓言等文章而投入一定的情感。叶圣陶先生在《文章例话》中说："说明性文章说明一种道理，作者的态度是非常冷静的。道理本该怎样，作者把它说清楚了就算完事，其间掺不进个人的感情、绘声绘色的描摹这一套。"说明文的朗读基调应是平实舒展，在语速、停顿等方面可以用叙述的语气把文章读正确，强调说明文中所介绍事物的特点，使受众理解说明文的内容，在朗读中启发思维。

例如《太阳》一文，为了说明太阳离我们很远，开头引用了一个神话故事，这个神话故事的引用是为了帮助我们理解说明事物的状况，朗读时，可以区别于朗读一般神话故事带着神秘的感情色彩，而应用较平实的叙述的语气来朗读。为了强调太阳离我们远，传说

中的"箭能射到太阳"和"箭射不到太阳",中间用了连词"其实"连接,为了让受众形象地感受太阳的远,朗读时可以将"其实"适当加强语气,让人体会到"其实"这个连词含有转折的意思,引导受众关注句与句之间的条理和顺序。

文中介绍太阳的特点,那些枯燥的数据说明,我们也要通过朗读,读出那些特点来。文章第一段3、4、5句写的就是太阳离地球很远的特点,"其实,太阳离我们有1.5亿公里远,到太阳上去,如果步行,日夜不停地走,差不多要走3500年,就是坐飞机,也要飞二十几年。这么远,箭哪能射得到呢?"第3句和第4句用了列数字、举例子、类比等说明方法,充分体现了太阳离地球很远的特点。第5句是作者的疑问。把"其实""1.5亿""太阳""步行""日夜不停""3500年""坐飞机""二十几年"等词语都重读,并且从"就是坐飞机"开始,语速稍微加快,这样太阳远的特点就很清晰、深刻地印在我们的脑海中了。最后,第5句是疑问句,我们可以用若有所思的语气来读,效果很好。

(二)逻辑感受

说明文对科学知识的说明,是按序列层层展开的,为了让受众把握好说明文内在的逻辑结构,在朗读时主要靠正确的停顿、节奏的变化来显示文章的内在逻辑结构。受众有一定的逻辑思维,我们可以通过朗读进一步培养其逻辑思维。

例如《蛇与庄稼》中第一段,叙述了广东沿海地区发生一次大规模的海啸后,庄稼得不到好收成,后来一位老农说破了秘密,老农说破秘密时的一段话是因果关系:原来洪水淹没了田地的时候,藏在洞里的蛇都给淹死了,田鼠却窜出洞来,因为没有了吃田鼠的蛇,田鼠繁殖得特别快,庄稼叫田鼠糟蹋得特别严重,所以庄稼就歉收了。在这一段话中,老农为了说清蛇与庄稼的关系,从现象分析,看到问题的实质,层层递进,我们朗读时,要通过语调的变化来表达课文的内在逻辑结构。"藏在洞里的蛇都给淹死了,田鼠却窜出洞来,因为没有了吃田鼠的蛇,"读得稍慢,而"田鼠繁殖得特别快,庄稼叫田鼠糟蹋得特别严重,"读的时候应加快语速。"所以庄稼就歉收了。"可以用平常的语速读。

三、议论文的朗读

议论文,是指有感而发,对某一件事表达自己的意见、观点、看法而形成的文章,包括演讲稿、辩护词以及随笔等。从广义上说,也有人把随笔归入散文,但随笔和抒情散文是完全不同的文体,随笔是一种议论文。

议论文有明确的观点,符合逻辑的论证过程,它应该脉络清楚、条理分明、重点突出。所以,议论文的朗读应注意以下几点。

(一)声音明亮清晰

议论文的朗读,声音要明亮清晰,这是因为在文章中要明确地亮出作者的观点,而且要毫不犹豫,为了表现坚决,应该使用明亮的音色,在发音时,要使自己的发音器官肌肉紧绷,这样声音就不至于显得拖泥带水。

(二)语句重音作用明显

因为在议论文中有大量的议论,为了论证,一定会有所强调,所以语句重音就显出特别重要的作用。

(三)层次分明

议论文中的思考和议论必然有一定的脉络和思路,由此一步步带着听众走向结论,所以必须是层次分明的,朗读时必须运用音量的大小、速度的快慢等因素逐步推进到结论的出现,也就是全文的高潮所在。

下面,我们以《理解万岁》为例,来具体说说议论文的朗读方法。

理解万岁

记得《论语·学而篇》中有那么一句话:"患不知人也。"意思是,可担忧的是不理解人吧!

的确,理解、相知是人类多么宝贵的一种境界。理解自然、理解社会、理解人生……人类不也就是在这种境界之升华中运行的吗?

——乘着创世纪的诺亚方舟,理解是那只窥探到大自然,衔回了橄榄枝的鸽子;

——沿着千回百折的汨罗江,理解是屈原感叹社会而转唱于今的骚体长辞;

——拨着高山流水般的琴声,理解是蔡锷小凤仙人生难得一知己的知音一曲……

自然界在理解中求达平衡,社会在理解中求达和谐,而更重要的是人类在理解中求达进化。

人是需要理解的。每个人都渴望理解自己,也渴望理解他人,更渴望被他人理解。

不理解自己的人,是难以把握自己的人生航向的;不理解他人的人,是难以团结生活和事业的同盟军的;不被他人理解的人,则难以挣脱孤独和苦闷的阴影。而只有理解自己,也理解他人,同时让他人理解的人,才能在求索的漫漫路途中不昏不聩,不傲不矜,不令不予。

有时候,理解是一股热源,它能给人以无穷无尽的力量。镇守在亚热带南中国边疆的战士们,被短短一曲《十五的月亮》吟出了泉水般的泪水,他们紧紧抱在一起,陶醉在被理解之中,久久也不松开。一旦他们重新卧在堑壕里,那颗心便会化成山一样的屏障。

有时候,理解是一架罗盘,它能改变人一生的走向。在工读学校里,一道理解的目光,竟能使那误入歧途的年轻人从怦然心动,反省、悔疚,以至于作为一个真正的人重新崛起。

有时候,理解是一道霓虹,它能给原本庄重的生活增添绮丽。读一读马克思给燕妮的书信吧,伟人对理解的渴求,以及被理解后的欢愉和情爱,难道不会给你给我们或新或深的启迪吗?

当然,要达到这个境界,并不是件轻而易举的事。恢宏的宇宙,繁复的社会、神秘的自然,以及大千世界,芸芸众生,要达到相互间那种完全彻底的默契神会的理解,从现阶

段人类的认识能力、幻想能力、道德能力、智商凝聚力及科学技术水平来看，还十分遥远。那么就从一点一滴开始吧，理解自己的同志和朋友、父母和妻儿、理解自己周围的每颗小草，每片树叶，每粒尘土和每缕风，每束光吧！

《理解万岁》这篇短文从《论语》中的一句话："患不知人也"说起，论述了"理解是人类一种宝贵的境界"这个道理。在论述时，全文十个小节又从五个不同的层面加以阐述。这五个层面环环相扣，结构是很严密的。

(1) 开题与立论：第一小节——引用《论语》，提出话题。第二小节——论点：理解是人类宝贵的境界。

(2) 历史的回顾：第三小节——人所共知的历史事实。第四小节——自然、社会的发展规律。

(3) 人们需要它：第五小节——人渴望相互理解。第六小节——理解与否，影响巨大。

(4) 理解是什么：第七小节——理解是热源，给人力量。第八小节——理解是罗盘，改变方向。第九小节——理解是霓虹，增添绮丽。

(5) 怎样达到它：第十小节——从一点一滴开始。

我们可以清楚地看出，全文的重点在第四个层面。在这一层中作者用了三个小节来反复论证，同时也在这一层中用了很具体、生动的事实来证明自己的论点。由此可见，作者说到这儿，倾注了感情，眼前似乎出现了堑壕里的战士，误入歧途的青年，历史上的伟人；耳边似乎听见了《十五的月亮》的歌声……因此我们在朗读时，也要把这一层次作为重点来处理。我们在朗读这几个小节时，一定要倾注我们的热情，例如，朗读"紧紧地""久久地""山一样的"应该有重音，以体现理解给人的力量是如何巨大；朗读"怦然心动""反省""悔疚"时，要一个比一个高而强，体现理解所带来的这些行动之间的关系像一个又一个的台阶一样，把跌入深渊的人托上彼岸；在朗诵"霓虹""绮丽""书信""渴求"时，要把声音放得很柔和，不用加强而用延长的方法来处理重音，使声音充分表现出人们被理解之后的欢欣。

既然全文是以第四层次为中心的，前面的三个层次就要为第四层次做铺垫。第一层次用平实的语调，体现庄重；第二层次用较为缓慢低沉的语调，体现沧桑感；第三层次开始，要逐步加快节奏和语速，从反面论说时可以稍稍放慢放低，以便和正面论说有所对比。

这样就可以和第四层次相衔接。而最后一个层次，应该是引起听众深深思考的一节。朗读时要放慢语速加重语气，给人以"语重心长"的感觉。在这一小节中，有些重音是决不能忽视的："一点一滴""小草""树叶""尘土""风""光"等。

也许有人会问，为什么要把重音放在草和叶上，朋友、父母就不重要吗？当然重要！父母、朋友，怎么说也比草、叶重要，唯其重要才不能作为这里的重音。请注意，这里特别要说的是"一点一滴"，是指要从身边最不容易注意的地方做起。因此后边一连串的人和事物是由大到小来排列的，不信，我们来看看：和尘土相比，小草和树叶是不是还算大的？但是跟风和光相比，尘土是不是还算"有形"的？所以，这儿是由大到小排列的。作者的意思是：要是你连小到这样微不足道的东西都能理解，那你就能达到这个宝贵的境界了。由此可见作者要强调的正是那最最小的东西。这也就是我们为什么要把树叶尘土处理为重音的缘故。

四、诗歌的朗读

诗歌是最常见的文学形式。它以凝练的语言、强烈的感情、飞腾的想象、和谐的韵律、深邃的意境来高度集中地反映现实生活。

学习诗歌，朗读是必不可少的环节。要朗读好一首诗，就必须掌握朗读技巧，如音调的高低、音量的大小、声音的强弱、速度的快慢，有对比、有起伏、有变化，使整个朗读犹如一曲优美的乐章。

诗歌分为格律诗和自由诗，它们都有自己的特点，所以朗读的技巧也不相同。

(一)格律诗的朗读技巧

一般意义上的格律诗，指中国古典五言、七言绝句和律诗。"格"是格式，"律"是声律，声律包括平仄和押韵。格律诗对其字数、句数、平仄、押韵和对仗都有严格的要求。

根据诗的字数和句数的不同，又可分为三种，即律诗、排律和绝句。律诗，有五言、七言之分。五言律诗每首为八句，每句五个字，共四十个字。排律，也叫"长律"，至少在十句以上，有长达一二百句的，多是五言，七言的很少。绝句，又叫"截句"，是截取律诗的一半之意。绝句也分五言、七言。五言绝句每首四句，每句五个字，共二十个字。七言绝句每首四句，每句七个字，共二十八个字。

1. 格律诗讲究平仄、押韵与对仗

平仄，是根据古代汉语的声调来确定的。律诗的平仄格式是固定的，形成几种格式。"平"，在古代汉语中指"平声"，在现代汉语中则指"阴平"和"阳平"。"仄"在古代汉语中指"上声""去声"和"入声"，而在现代汉语中指"上声"和"去声"。诗歌的平仄交错，可使声调多样化，使人听之和谐悦耳、音韵铿锵。

对仗，就是在一联的出句和对句中(每两句相配称为"一联"，一联的前一句叫作"出句"，后一句叫作"对句")，把同类性质的词依次并列起来，如名词对名词、动词对动词、形容词对形容词、副词对副词等(绝句不讲究对仗，用不用对仗都可以)。对仗的种类有很多种。

押韵，指把同韵母的字放在同一位置上(一般都放在"对句"的句尾处)押韵。押韵是律诗不可缺少的条件之一，也是一般诗歌所应具备的共同特点。

总之，格律诗讲究平仄，注重对仗，注意押韵，有自己的声律美和形式美。

2. 格律诗的朗读要划好语节

凡格律诗都有一定的句数和每句的字数，它用明显的格律来包容凝聚的思想感情。因而，我们在朗读(诵)前，应参照诗句的具体语义及每行字数划分为一定规格的语节来表现它。

语节，类似于音乐中的节拍，每一语节中字数多，字的疏密度就小。反之，字数少，其疏密度就大，这就形成了语流速度的不同。中国古典诗歌的节奏比较规整，节拍感很强，它们都体现在语节上，而语节的存在正是格律诗的重要标志。不同的格律诗有不同的语节划分。因此，划好语节就成为朗诵格律诗的第一步。下面我们重点来看看五言和七言绝句、律诗的划分情况。

中国古典诗歌中每句都有一定的"顿数"，并有规律可循。一般"五言诗"是每句两顿，每顿两个字或一个字，并且主要是第三个字或第五个字可以一个字成为一顿。而"七言诗"则比五言诗增加一顿为每句三顿，其主要是第五个字或第七个字可以一个字成为一顿。实际上，格律诗的节奏主要在于平仄格律，而平仄的安排又是与"顿"相结合的，在顿与顿之间，就形成了一定的语节。照此说来，我们无须再自划语节了，按照以上划分规律不是可以了吗？诚然，照此规律朗诵是可以的，它可有较强的韵律感、品味感与吟诵感，有时，还可有力地点指诗眼。但有时会破坏诗句中语义的完整性。因而，从这一角度出发，有些诗可以减少顿数，将五言诗改为一顿，将七言诗改为两顿。这样，可以使诗的末尾语义完整，让人听得更清楚。

例如：李白的《静夜思》可划分为两种：

① 床前——明——月光，
  疑是——地上——霜。
  举头——望——明月，
  低头——思——故乡。

② 床前——明月光，
  疑是——地上霜。
  举头——望明月，
  低头——思故乡。

例如：《早发白帝城》也可划分为两种：

① 朝辞——白帝——彩云——间，
  千里——江陵——一日——还。
  两岸——猿声——啼——不住，
  轻舟——已过——万重——山。

② 朝辞——白帝——彩云间，
  千里——江陵——一日还。
  两岸——猿声——啼不住，
  轻舟——已过——万重山。

以上五言诗和七言诗究竟划分为哪一种更合适,可根据诗文的具体情况而定。如果用在古诗词赏析中,用第一种划分稍好些,因它能较好地体现中国古典诗歌的格律特征。而在一般朗读中,用第二种划分较好些,因它能较完整、清晰地体现诗义,朗读起来也不过于呆板。尤其在诗句的最后三个字为一个密不可分的概念时,就更需要用此种划分法来朗读,否则会因形害义。

3. 押住韵脚

诗句末尾韵母相同的字称为韵脚。马雅可夫斯基曾说:"没有韵脚,诗就会散架子的。韵脚使你回到上一行去,叫你记住它,使得形成一个意思的各行诗维持在一块儿。"在中国古典诗歌中,押韵更是极为重要的,没有韵脚难称格律诗。韵是诗歌语言音乐性的重要条件。例如《春晓》,这是一首格律诗,朗读这首诗时,应该注意每个字都要吐音清晰,淌出诗的节奏。每行诗句都可处理为三处停顿:

春眠／不觉／晓,处处／闻／啼鸟。夜来／风雨／声,花落／知／多少。

念到"晓、鸟、少"时,字音要适当延长,略带吟诵的味道,使听众能感觉出诗的音韵美和节奏感。前两句是写诗人早上醒来后看到的景物,朗读时要用柔和、舒缓的语调,音量不要过大。"鸟"字的尾音可稍向上扬,表现出诗人见到的是春光明媚、鸟语花香的明朗景象。后两句写诗人想起昨天夜里又刮风又下雨,不知园子里的花被打落了多少。在读"花落知多少"时,要想象出落花满园的景象。可重读"落"字,再逐渐减轻"知多少"三个字的音量,表现出诗人对落花的惋惜之情。

(二)自由诗的朗读技巧

自由诗是现代流行的一种新诗,其字数、句数、行数、段数、平仄和音韵均没有固定的格式,但有节奏,大致押韵,朗读时应注意以下几点。

1. 把握诗歌的情感基调

诗歌一般融合着饱满而丰富的激情。艾青说:"对生活所引起的丰富的、强烈的感情是写诗的第一条件,缺少了它,便不能开始写诗。"一首诗感情总有一定的倾向,要么雄浑、豪迈,要么哀婉、悲伤,要么喜悦、欢乐,要么愤慨、恼恨……这就形成了诗歌的情感基调。例如台湾诗人余光中的《乡愁》,是一首怀念祖国、渴望回归大陆的爱国诗篇,它以一种民谣的形式,倾吐了对祖国统一的强烈愿望,基调是深沉而忧郁的。

2. 厘清诗的结构层次

把握基调后,要进一步对诗歌的内容与结构进行分析,厘清其情感变化的层次。例如《乡愁》这首诗用我国民歌中分别递进、对比互衬的写作方法"小小""窄窄""矮矮""浅浅"修饰着邮票、船票、坟墓、海峡,短短的十六行诗就有八个"头"字,显示出鲜明的节奏感。

3. 运用想象,展示诗的意境

诗歌是以最简洁的形式反映社会生活,并通过典型画面激发读者想象的方式来完成艺

术形象的塑造的，朗读时要借助丰富的想象力，加之明朗的思想，饱满的激情，便会展现出"触景抒情，景中有情；情景交融，诗情画意"的生动形象。例如王怀让的诗《我骄傲，我是中国人》，激昂大气，饱含深情。朗读时，我们要通过或轻或重，或抑或扬，高昂豪迈，迂回缓荡的技巧，声声传情，步步入境，从而把诗中那种雄浑的意境、缤纷的形象展示给听众。

4. 读出诗的节奏和韵律

节奏是诗歌的生命。富于音韵美的诗，语言节奏是由舒展的音节、恰当的停连、变化多姿的语气共同构成的，把握节奏就是要对诗行中的音节进行恰当的划分，以充满变化的语调表现丰富、具体的感情色彩。

例如：《天上的街市》的第一段：

远远的／街灯／明了，

好像／天上的／明星，

天上的／明星／亮了，

好像／点着／无数的／街灯。

优美的语句展示着美妙无比的空中幻景，五颜六色，奇光异彩，轻松而舒缓的节奏给听众带来无比美好的遐想，朗读前要细细品味，渐入意境。

总之，朗读(诵)诗歌时，要注意节奏鲜明，并根据作品的基本节奏采取相应的速度。该轻快的要朗读(诵)得轻快些，该沉重的要朗读(诵)得沉稳、稍慢些。就一首诗来说，朗读(诵)速度也不是固定不变的，而是要根据表现作品内容的需要来决定，并具有一定的变化。

五、寓言、童话的朗读

(一)朗读寓言

寓言是一种文学体裁，以散文或者韵诗的形式，讲述带有劝谕或讽刺意味的故事。结构大多短小，主人公多为动物，也可以是人或非生物。主题多是惩恶扬善、充满智慧哲理。素材多起源于民间传说。

寓言是带有劝谕或讽谏性的故事。"寓"是"寄托"的意思。寓言，通常是把深刻的道理寄于简单的故事之中，借此喻彼，借小喻大，借古喻今，惯于运用拟人的手法，语言简洁锋利。

朗读时要注意以下几点。

1. 形象立体化

寓言的形象一般不是人，但它们是人格化的形象，代表着现实中不同性格、不同思想的人。朗诵寓言，首先要分析、揣摩作品中间的人物形象，男女有差别，年龄有长幼，身份有尊卑，这样才能运用不同的朗诵技巧，或褒或贬，或赞扬或批评，或讽刺或嘲笑。如寓言《揠苗助长》的主人公是一位主观急性、头脑发热、违背客观规律的人，朗诵时可以用较高的声音、急促的语气来表达。朗诵寓言，要对所读作品产生强烈、浓厚的兴趣，展开丰富的想象，然后通过语言、表演把它们生动地刻画出来。在朗诵寓言中各种动物的声音、神态、动作的语句时，要求神似，不可太夸张，表演色彩不能太过分。因为寓言采取的是拟人化手法，即让没有思想性的各种动物带上人的特性，是动物的人格化，所以不能把人装扮成动物，否则，会产生图解式效果，破坏其真实性。

2. 表达个性化

寓言作为一种文学作品，形象很鲜明，而展示形象性格特点的主要方法是人物语言，朗诵时应让人物语言带上鲜明的个性，这自然增加了朗诵的难度。因为作品中人物的对话表现出来的情感态度是丰富多彩的，其中既有"喜怒哀乐""爱憎好恶"和"忧惧疑奇"的情感体现，又有"冷热亲疏""褒贬毁誉"的态度分寸，还有"强弱深浅"的程度区别，要表现这些复杂的区别，朗诵者必须借助语流声音的高低强弱、明暗虚实和刚柔粗细等技巧处理，用千变万化的语气来表现。

3. 寓意明朗化

寓言的寓意是指作品通过故事所寄托的深刻含义，或者所说明的道理，即作品的主题思想。如《农夫和蛇》这则寓言的寓意是通过农夫同情、可怜毒蛇而被毒蛇咬死的故事，告诫人们不要同情恶人。朗诵时节奏要平稳缓慢，声音要沉重。作品的寓意与作品的情感基调是相连的，因此在朗诵时，要寻找到文章的主要细节，因为往往是这些细节，哪怕是一个动作、一种神态，却对"引出寓意"起关键作用，朗诵时要重点体现。另外，绝大部分寓言有直接点明寓意的句子，朗诵这些画龙点睛的语句时要放慢速度，吐字沉稳，一字一情，点送到位。

下面我们举例来分析如何朗读寓言。

一只"讲道德"的狼

狼常常到牧场里偷吃羊，牧羊人便在牧场周围设了陷阱，要捉住狼。一次，贪心的狼又来了。它一心只想着羊肉的滋味，当然不会知道地上有陷阱，一不留神，便跌进了陷阱。狼用尽气力也跳不上来，便大叫起来："岂有此理！你们凭什么设陷阱暗算别人？这太不讲道德了！"牧羊人笑着说："原来你是一只讲道德的狼。那么，你来偷吃我的羊，算是什么道德呢？"

(1) 了解故事的基本内容，这是读懂寓言的基础。这则寓言讲的是一只狼因为想偷吃牧场里的羊，结果落入陷阱，可是它却反过来指责牧羊人设陷阱不道德。

(2) 仔细琢磨故事中蕴含的道理，这是读懂寓言的关键。首先要找出故事中各种事物之间的联系，这则寓言讲了狼要吃羊而落入陷阱；牧羊人设陷阱是为了保护羊。然后进行分析就可知，按照狼指责牧羊人设陷阱是不道德的这种说法，牧羊人只有不设陷阱，乖乖地让狼吃羊才是讲道德了，很显然这是讲不通的。最后就能得出结论：一贯做坏事的狼，

居然也讲起道德来了，这是十分荒谬可笑的。这就是这则寓言的道理。

了解了故事内容，理解了故事蕴含的道理，朗读时，就能很好地把握"狼"和"牧羊人"的对话，用"骄横"的语气谈出"狼"的无理，用"嘲讽"的语气谈出"牧羊人"的聪明。

(二)朗读童话

童话世界是瑰丽而生动的，童话是用符合儿童想象力的情节而编织成的富于幻想色彩的故事，它语言浅显，生动优美，情节吸引人；它虚构成分多，是作者想象的产物，具有鲜明的教育意义与启迪作用。在童话作品中，天地日月、风云雷电、山川鸟兽、花草虫鱼，都可以被赋予"人"的性格，"人"的思想感情，并以其鲜明的形象和独特的个性活跃在幻想生活的舞台上，所以总是特别受孩子们的欢迎。

朗读童话除了"用普通话语音朗读、把握作品的基调、使用朗读的基本技巧"外，关键是"化妆"好角色。朗读时可以适当地把声音"化化妆"以加强表现力，朗读的音色因角色不同而有所变化。为了逼真地表现出作品中的角色，可以进行模仿、夸张，例如朗读乌鸦的话时，声音可以尖一些，因为乌鸦体形很小；而朗读蜗牛的话时，可以把声音放低一些，慢一些，因为蜗牛总是慢腾腾的。这样立刻就可以使两个角色的声音拉开距离，形成对比。不但可以塑造不同的角色，而且可以加强作品的艺术效果。

朗诵童话时语调要张扬，表达求生动，充分展示情节的戏剧性，具体说来应注意以下四点。

1. 夸张形象个性

童话作品的情感倾向很鲜明，就是赞颂真、善、美，鞭挞假、恶、丑，作品中好人与坏人泾渭分明，一看便知，好人总是历经磨难，最后完成自己的使命，实现了自己的理想，惩治了坏人；坏人虽然逞能于一时，但最终逃不出可耻的下场。朗诵时要有鲜明的爱憎感情，适度地夸张，以刻画形象，表现故事的情节。如童话《神笔马良》有一处描写财主贪财的情节，当马良画出一座水中金山时，财主渴望得到金山，要马良画船并将风画大点，财主叫嚷道：风大点，风大点。朗诵财主的话可用破嗓音，变化音色并拖长时值，这样可以充分展示财主贪婪的丑态。

2. 充满童心童趣

童话是孩子们的精神食粮，它用儿童的口吻叙述故事，生动、有趣的情节很适合儿童的需求，浅显明白的道理又为儿童理解和接受。朗诵时，要从儿童的接受心理和理解心理出发，充分符合儿童的兴趣，在声音造型方面要适合儿童轻柔、徐缓的特点，适度儿童口语化，但要注意，不可刻意去模仿作品中"人物"的言行举止去"演"，要从语气、语调、停连和节奏方面加以技巧处理。

3. 分清叙述语言和人物语言

叙述语言是指作品中客观的介绍性、描绘性的语言，它们主要体现故事脉络、情节的

发展,叙述语言要读得平稳清晰,语速稍慢,语调略低。人物语言是指作品中的人物(包括拟人化的动植物等)语言,它主要是展示人物的性格特点,人物语言表达要有特点,按人物的个性特征进行表达。

4. 读好重点语句

童话虽短,但其中有些重点词句很好地揭示了主题,表明了寓意,朗诵时要严肃、郑重;开头句,要定好基调,结尾处要有力、肯定,给人一种归结全文的感觉。

一、什么是停顿?停顿分为几种?朗读下面一段话,体会一下停顿和标点的关系,哪些是一致的,哪些不一致?

正当我们返回的时候,天渐渐黑了。霎时间,四面八方电灯明亮,就像万千颗珍珠飞上了天!这排排串串的珍珠使天上的银河失色,叫满湖碧水生辉。

二、朗读下面片段,仔细体会并运用停顿。

风!你咆哮吧!尽力地咆哮吧!在这暗无天日的时候,一切都睡着了,都沉在梦里,都死了的时候,正是你应该咆哮的时候,你应该尽力地咆哮的时候!

尽管你是怎样的咆哮,你也不能把他们从梦中叫醒,不能把死了的人吹活转来,不能吹掉这比铁还沉重的眼前的黑暗,但你至少可以吹走一些灰尘,吹走一些砂石,至少可以吹动一些花草树木。你可以使那洞庭湖,使那长江,使那东海,为你翻波涌浪,和你一同大声地咆——哮——啊!

(郭沫若《雷电颂》)

三、重音有几种?常用显示重音的方法有哪些?朗读下面几段文字,确定重音,用合适的方法和力度来显示,并注意重音与停顿的配合。

真的猛士,敢于直面惨淡的人生,敢于正视淋漓的鲜血,这是怎样的哀痛者和幸福者?然而造化又常常为庸人设计,以时间的流逝,来洗涤旧迹,仅使留下淡红的血色和微漠的悲哀。在这淡红的血色和微漠的悲哀中,又给人暂得偷生,维持着似人非人的世界。我不知道这样的世界何时是一个尽头!

(鲁迅《记念刘和珍君》)

我不禁一颤:多可爱的小生灵啊!对人无所求,给人的却是极好的东西,蜜蜂是在酿蜜,又是在酿造生活:不是为自己,而是为人类酿造最甜的生活。蜜蜂是渺小的,蜜蜂却又是多么高尚啊!

透过荔枝树林,我望着远远的田野,那儿正有农民立在水田里,辛勤地分秧插秧。他们正用劳力建设自己的生活,实际上也是在酿蜜——为自己,为别人,也为后代子孙酿造生活的蜜。

(杨朔《荔枝蜜》)

乌云越来越暗,越来越低,向海面直压下来;波浪一边歌唱,一边一冲向空中去迎接那雷声。

雷声轰响。波浪在愤怒的飞沫中吼叫着,跟狂风争鸣。……

海燕叫喊着,飞翔着,像黑色的闪电,箭一般地穿过乌云,翅膀刮起波浪的飞沫。

看吧,它飞舞着,像个精灵——高傲的、黑色的暴风雨的精灵,——它一边大笑,又一边高叫……它笑那些乌云,它为欢乐而高叫!

(高尔基《海燕》)

四、语速的快慢对表情达意有什么作用,掌握快慢应注意哪些问题?朗读下面文字,注意把握语速快慢的变化。

她们轻轻划着船,船两边的水,哗—哗—哗。顺手从水里捞上一棵菱角来,菱角还很嫩小,乳白色,顺手又丢到水里去。那棵菱角就又安安稳稳浮在水面上生长去了。

"现在你知道他们到了哪里?"

"管他呢!也许跑到天边上去了。"

她们都抬起头往远处看了看。

"哎呀!那边来了一只船。"

"哎呀,日本人!你看那衣裳!"

"快摇!"

小船拼命往前摇。她们心里也许有些后悔,不该这么冒冒失失走来,也许有些怨恨那些走远了的人。但是立刻就想:什么也别想了,快摇,大船紧紧急追过来了!

大船追得很紧。

幸亏是些青年妇女,白洋淀长大的,她们摇得小船飞快。小船活像离了水波的一条打跳的梭鱼。她们从小跟这小船打交道,驶起来就像织布穿梭,缝衣透针一般快。

假如敌人追上来了,就跳到水里去死吧!

后面大船来得飞快。那明明白白是鬼子。这几个青年妇女咬紧牙,制止住心跳,摇橹的手并没有慌,水在两旁大声地哗哗,哗哗,哗哗哗!

"往荷花淀里摇!那里水浅,大船过不去。"

(孙犁《荷花淀》)

五、语调有哪些类型?语气与语调的升降有什么关系?读下文,细心体会画线部分的语气、语调,恰当使用曲直升降的语调。

"哎呀,美极了!真是美妙极了!"老大臣一边说,一边从他的眼镜里仔细地看,"多么美的花纹!多么美的色彩!是的,我将要呈报皇上,我对这块布料非常满意。"

"这是怎么一回事呢?"皇帝心里想,"我什么也没有看见!这可骇人听闻了。难道我是一个愚蠢的人吗?难道我不够资格当一个皇帝吗?这可是我遇到的一件最可怕的事情。""哎呀!真是美极了!"皇帝说,"我十二分地满意!"

他们向皇帝建议,用这新的、美丽的布料做成衣服,穿着这衣服,去参加快要举行的游行大典。"这布是华丽的!精致的!无双的!"每人都随声附和着。每人都有说不出的快乐。皇帝赐予骗子每人一个爵士的头衔和一枚可以挂在扣眼上的勋章,同时还封他们为

"御聘织师"。

(安徒生《皇帝的新装》)

六、按照不同体裁作品朗读的要求，认真准备并朗读以下几篇作品。

父亲的游戏

儿子上小学时，家贫，可他的成绩很好，每次考试都是班级第一。上高中时儿子学习成绩却下降了，而且一泻千里，这令父亲很是头疼。

那时，他们的家庭条件已经转好了，父亲办了个体工厂，几年的拼搏使他们家成了当地有名的富裕户。父亲因为自己文化不高，在经商中曾吃过亏，因此他希望儿子能考上大学，为家族扬名是小事，重要的还是为了儿子自己能够有一个好的前途。

因此，为了儿子能学习好，父亲把他送到本地最著名的私立学校，为他请最知名的家教，还送他进名师补习班，但儿子就是油盐不进，学习照样没起色。父亲无奈地摇头叹息："真是纨绔子弟少俊才呀，难道就没办法了?!"

在儿子上了高二那一年，父亲接连做败了几笔生意，产品也出了质量问题，工厂就停了产。雪上加霜的是，父亲又得了癌症，眼看整个家败落下来，不要说昔日的灯红酒绿了，连吃饭都快成了问题。

家庭遭如此变故，儿子仿佛一夜之间长大了，他不再泡网吧，不再下酒馆了，他将过去的不良习惯通通改了，只是把自己埋在书堆里，埋在功课里。他连天加夜地刻苦攻读，他的学习成绩一大步一大步地上升，到了高二后期，他的成绩竟赶到了年级前几名。老师惊叹地断言，以他现在的学习成绩，考上名牌大学绝对没问题。到了高三，儿子更是拼命般地学习，高三毕业后，他终于考上了北京一所著名的大学。

接到儿子大学的录取通知书后，父亲把这两年间家事变迁的原因和盘托出：

原来，父亲为了让儿子成才，用两年的时间同儿子做了个游戏：关于他的破产，他的癌症，都只是他编造的故事，他的资产只不过从一个工厂转向另一个工厂而已。如今，儿子考上了大学，他的游戏也要结束了。他举办了一个盛大的宴会，庆祝儿子的成才。席间，他感慨万端地说："真是贫寒人家出才俊啊！亏得我狠了心，让儿子吃了几年苦，才会有这样的结果。"

儿子惊讶地说："咳！有钱花时我看不到知识的金贵，没有钱时才想到知识可以保命。这真是意料之外的事啊。"

儿子看了一眼爸爸，突然又长长地叹了一口气，说："爸爸，你知道吗？以我的成绩，我完全有把握直接考到国外留学。可是，爸爸，在报考时，我以为家里很贫穷，没办法支付我留学期间的费用，所以不得不报考了一所国内的大学，这样一来，即便我要留学，也要等到四年之后了。"

父亲却没有半点的遗憾，说："这也是情理之中的事啊！如果你能在大学里依然把自己当作是个贫穷的人，我就会很满足了。"

小 猫

胖乎乎的身上长满了洁白的长毛，像穿了一件雪白色的皮袄。圆圆的脸上嵌着一对

铜铃般的眼睛，一对三角形耳朵像两只小粽子竖在头顶上，一张小嘴的两边长着几根银白色的胡须。那条又粗又长的尾巴，像一条大辫子，在它的身后甩来甩去。这就是它，我们家可爱的小猫——欢欢。

欢欢既顽皮又爱干净。有一次，我不小心碰掉了桌子上的乒乓球，欢欢还以为是一只老鼠胆敢入侵呢。欢欢一见立刻撅起胡须，轻轻地向后挪动了几步，两只大眼睛紧紧地盯住"老鼠"，慢慢地躬起腰，尾巴翘得老高，"喵"的一声，迅速向"老鼠"猛扑过去，难怪大家都说猫是捕鼠的能手。还有一次，爸爸拿回几条小鱼，欢欢闻到了腥味，赶快就跑了过来，眼睛盯着盆里的鱼，舌头伸了出来，嘴里不停地"喵——喵"地叫着，好像在说："小主人，'我饿了！'"我抓了一条鱼扔给它，它接过小鱼，走到没人的地方，津津有味地吃了起来。吃完了鱼，它用爪子认真地洗着小嘴。我拍拍它的头说："小家伙，还挺讲卫生呢！"

欢欢很会撒娇，一天中午，我正在睡觉，觉得自己的手指痒痒的，睁眼一看是欢欢正在舔我的手指，我一把把欢欢搂了过来——一起进入了梦乡。

欢欢这么顽皮、可爱，我怎么能不喜欢它呢？

做一回理性的自己

记得不久以前，一位同学问过我一道性格测试题：如果选择吃得好和穿得好，你会选择哪个？我当时想都没想就说穿得好。我的同学说我是一个不能理性对待问题的人，吃得好只是给自己吃，而穿得好是给别人看呀，我一想可不是吗？恍然大悟。这只是一道小题，并不能说明什么，可它或多或少地反映了我们在认知问题和处理问题的方式方法中存在着不理性，也就是感情用事的情况。如果我们过于重感情而轻视了问题的实际情况，那么无疑好心也会办错事的。

如果我们面对问题时是理性的，而不因心情感情影响，那么你一定会成功的。有这样一首诗，《枫桥夜泊》：月落乌啼霜满天，江枫渔火对愁眠。姑苏城外寒山寺，夜半钟声到客船。此诗是中唐诗人张继所作。当时的张继也是一个胸怀大志的学子，他受到家里的支持和朋友帮助学有所成进京赶考，想以此成功实现心中的理想和报答家人朋友。可天公就是不作美，张继的第三次科考又一次落榜。在回家的途中，张继路过苏州，夜宿江边。看着窗外火红的枫叶，听着远处的钟声，张继伤感得失眠了。他想到自己苦读多年的艰辛，想到朋友、家人的期望，可自己又一次失败了。于情于理他真想放弃，可如果就这样放弃又怎么对得起家人、朋友呢？经过漫长的思考他最终理性地选择了放弃科考，去发展自己的另一片天地。于是他提起笔写下了这千古绝唱。一千九百多年过去了，当时的状元呢？当时的状元街谈巷议，穿红戴绿，可如今人们却把他忘了。人们记住的是这不朽的诗篇。正是张继理性地对待了自己的现状，而没有受到感情的拖累，才造就了张继最后的成功。

古人尚能如此理性地面对问题，可如今的世界却有很多人，无法理性地面对自己的实际和考虑别人的情况。如果"非典"在发现初期就被重视而不隐报，也许今天的"非典"就不会如此猖獗。如果美国理性面对伊拉克的核危机，试着用外交手段解决，也许美伊战争就不会爆发，也就不会有那么多人死伤了。

人生一曲歌，而那个唱歌的人就是我们自己，如果我们想让这首歌动听，我们理性的行为就是这首歌的每一个音符，无论如何唱好你的歌，让我们做一回理性的自己吧。

春　　望

杜甫

国破山河在，城春草木深。
感时花溅泪，恨别鸟惊心。
烽火连三月，家书抵万金。
白头搔更短，浑欲不胜簪。

再别康桥

徐志摩

轻轻的我走了，
　　正如我轻轻的来；
我轻轻的招手，
　　作别西天的云彩。

那河畔的金柳，
　　是夕阳中的新娘；
波光里的艳影，
　　在我的心头荡漾。

软泥上的青荇，
　　油油的在水底招摇；
在康桥的柔波里，
　　我甘心做一条水草！

那榆荫下的一潭，
　　不是清泉，是天上虹，
揉碎在浮藻间，
　　沉淀着彩虹似的梦。

寻梦？撑一支长篙，
　　向青草更青处漫溯，
满载一船星辉，

在星辉斑斓里放歌。

但我不能放歌，
　　　悄悄是别离的笙箫；
夏虫也为我沉默，
　　　沉默是今晚的康桥！

悄悄的我走了，
　　　正如我悄悄的来；
我挥一挥衣袖，
　　　不带走一片云彩。

第六章 态势语运用

本章学习与训练的基本要求：
- 掌握态势语运用的要领，初步养成态势语运用的良好习惯。
- 了解态势语的分类及作用。

态势语是口语表达的重要辅助手段，它是通过表情、手势、身姿等传情达意的非口语形式配合有声语言传递信息的重要手段，又称为体态语。在口语交际中，态势语使用频率很高。人们之间的交谈、讨论、争执、发言等，无一不伴随着千变万化的态势语，甚至一举手、一投足、一点头、一扬眉、一眨眼都像语言文字一样具有丰富的含义。常言道："言为心声"，态势语可说是无言的心声。

第一节 态势语的特征与功能

一、态势语的内容及分类

根据态势语所包括的内容，可以把态势语分为三大类：动态体语、静态体语和类语言。动态体语又分为两种：动作和表情。动作包括手势、身势和触摸；表情包括眼神和笑容。静态体语又分为两种：界域和服饰。

(一)表情

表情指人的面部表情，是指人们在社会交际中，由于外部环境和内心机制的双重作用，而引起面部的颜色、光泽、肌肉的收缩与舒展，以及纹路的变化，从而实现表情达意，感染他人的一种信息传递手段。它以最灵敏的特点，把具有各种复杂变化的内心世界，如高兴、悲哀、痛苦、畏惧、愤怒、失望、焦虑、烦恼、疑惑、不满等思想感情充分表现出来，"喜怒哀乐"就是这个意思。据统计，利用眼神，人类能传递上千种信息。

(二)动作

动作指人的全身或一部分活动，是行为的表达方式。它包括手势和身体动作。人要交际，要活动，就会产生一系列动作。某些感情会使人体产生一定的动作，反过来，这些人体动作又可以表达一定的感情。如高昂着头表示高傲，低垂着头表示懊丧。手势是传递信息能力最强的动作，触摸也是动作的一个方面。如："颖石看见哥哥这样打扮着回来，不禁好笑，又觉得十分伤心，含着眼泪，站起来点一点头。颖铭反微微地惨笑。姐姐也没说什么，只往东南厢房努一努嘴，颖铭会意，便伸了一伸舌头，笑了一笑，恭恭敬敬地进去。"(冰心《斯人独憔悴》)这里虽然没有话语，只是"点一点头""努一努嘴""伸了一伸舌头""笑了一笑",但三人各自表达了自己的意思,达到了交际的目的。

(三)服饰

服饰指人们的穿着打扮。包括服装、鞋帽、发型、化妆、饰物、随身携带物品等。因为服饰是附着于人体而显示其意义的,所以我们说服饰是人体语言之一。服饰有三项功能:舒适、保护遮羞与文化展示。在现代社会中,尽管服饰仍具有前两项功能,但它作为文化标志的作用却越来越大。一个人的外貌是一个整体,它是由人体特征、情绪状态和服饰共同构成的。但是当观察一个人的时候,有80%~90%的注意力集中于他的服饰,因此,一个人的服饰是否得体可以给别人留下不同的第一印象。一般来说,穿着得体会给人留下良好的印象,而衣着邋遢则易遭受冷落和疏远。同时,一个人的服饰象征其身份地位,或表明其职业。

(四)界域

界域是交际者之间以空间距离所传递的信息,它是人际交往的一种特殊的无声语言。人体周围都有一个属于自己的个人空间,犹如其身体的延伸,人际交往只有在这个空间允许的限度内才会显得自然。如夫妻、情侣的允许空间为0~45cm,即所谓的亲密空间;朋友、熟悉人则可进入个人空间,距离约为46~122cm;在社交、谈判等场合,人们一般在122~317cm这一社交空间之内觉得较为自在。

(五)类语言

类语言是某种类似语言的符号。语言是人发出的有固定意义的声音,而类语言是人发出的有声而无固定语义的非语言交际方式。如各种笑声、呻吟、叹息及叫声。它有时可能是冗余信息,完全不起交际作用,但有时也能起到交际的职能。如当一个人突然遇见一种意外的危险场面时,他发出的尖叫声就向人发出了求救信息。

二、态势语的作用

态势语虽然是口语表达的辅助手段,但在口语表达中具有不可忽视的作用。

(一)辅助有声语言更好地表情达意

有声语言通过声音传递信息,但在表情达意上有一定的局限性。人们常常把所要表达的意思的一部分甚至大部分隐藏起来,造成所谓"言不达意""言不由衷"。这时就需要态势语的辅助,态势语能弥补有声语言的这些不足,它能通过有形可视的、具有丰富表现力的各种动作和表情,辅助有声语言将内容准确无误地表达出来。起到支持、修饰有声语言行为,强化有声语言行为表达效果的作用。

(二)信息量大、可靠性高

据研究,各种感觉器官接收信息的比例是:视觉87%,听觉7%,嗅觉3.4%,触觉

1.5%，味觉 1%。态势语言是一种视觉语言，它完全靠视觉器官感知。所以在信息传递中，体态语言的信息量特别大。而且态势语言的信息通道也相当宽，因为体态语言可以通过动作、表情、人体符号(如指纹、面纹)、服装、发式、交际距离等形式传递信息。无声语言所显示的意义要比有声语言多得多，而且深刻得多。

(三)体现气质风度，塑造美的形象

在日常生活的谈话中，人们的举手投足，一颦一笑，无不传递着大量的信息，显露出说话者的思想感情、爱憎好恶和文化修养。因此，人们往往通过别人的体态动作去衡量别人的价值，同时也通过自己的动作和姿势来表现个人的风度。恰当的形体语言的设计和运用能使谈话声情并茂、形神皆备，使谈话者风度翩翩、仪态万方。比如，一个几年前还名不见经传，并无多少政治履历的非洲裔美国人——奥巴马，何以能够在短短时间内跃升为美国人气最旺的政治明星而成为美国总统？这不能不归功于其演讲的魅力。奥巴马的演讲，既激情四射、振奋人心，又能保证言简意赅、主题突出，这种集传道士和推销员于一身的演讲技巧，再加上其体态、风度、气质的魅力，经过媒体的放大，便能产生名人效应。

第二节 态势语的运用技巧

在交际过程中，怎样有意识地、积极地、艺术地运用态势语呢？这里我们仅就主要的交流渠道介绍一下目光语、微笑语、手势语和首语的运用技巧。

一、目光语

目光语，又称眼神，是面部表情的核心，指的是人们在注视时，眼部所进行的一系列活动以及所呈现的神态。人的眼神能表达他的思想感情和对人及事物的倾向性，而且人们普遍对目光语具有一定的解读能力。

(一)目光语的特点

目光语在交际中是通过视线的接触来传递信息的。俗话说："眼睛是心灵的窗户"，眼睛被认为是人体传递信息的一个最重要、最清楚和最正确的部位，因为外界的信息约有80%通过眼睛传入大脑。而且，心理学试验表明，眼睛是产生各种情态语符号的面部器官中最重要的器官，它具有反映人的深层心理的功能。印度著名作家、诗人泰戈尔说过："一旦学会了眼睛的语言，表情的变化将是无穷无尽的。"美国作家爱默生也说过："当眼睛说得这样，舌头说得那样时，有经验的人更相信前者。"所以，一个口才出众的人一定要学会和掌握丰富的目光语技巧。

美国第四十任总统里根是运用目光语的典范，他每次演讲都能充分运用目光语。有人比喻，他的目光有时像聚光灯，把目光聚集到全场的某一点上；有时则像探照灯，目光扫

第六章 态势语运用

遍全场。有人评价他的演讲是一台"征服一切的戏"。所以,不管是在日常口语交际中,还是在演讲中,我们都要学会利用目光语来增强我们讲话或演讲的效果。

(二)目光语的常见表现形式

目光语的分析指标有多种,通常从目光的投射方向、聚焦度以及注视的区域来分析。

1. 从目光的投射方向看

一般归结为平视、上视、下视、旁视几种类型。不同的投射方向有不同的语义。平视是视线平行接触,即正视,这种目光主要含义是显示地位的平等,也表示"思考""理性""评价"等含义。上视,视线朝上,即仰视,可表达的含义是"尊敬""谦逊""期待""哀求""悲痛"等。下视,视线往下,即俯视,可表示"爱护""宽容""傲慢""激愤""自卑"等。旁视,视线斜行,可能表示"怀疑、疑问"的意思。单纯的旁视,一般用来表达非正面的情绪,如"轻视""敌意""厌恶""不经心"等。

2. 从聚焦度来看

目光的典型状态大致可以分为注视、散视和移视三种。注视,目光集中于一点,表现出人的注意力和兴趣所在,亦可反映其深处的心理内容。散视,目光虚灵,似视非视,一般反映出一个人的心慌意乱、神思不定、漫不经心或精疲力竭。移视,视线流转,如回顾、四顾、瞥视、左顾右盼等,所表达的意味较为复杂。

3. 目光注视的区域

注视的区域很重要,不同的注视区域所传达的信息不同,而且能被人们所普遍感知。注视区域可分为公事注视区、社交注视区和亲密注视区。公事注视区:位置在以双眼连线为底边,前额中心点为顶角顶点所构成的三角形区域。此区域的注视能够造成严肃、可信、有某种权威性的气氛,适用于公事活动和初次会面。社交注视区:位置在以双眼连线为底边,嘴的中心点为顶角顶点所构成的倒三角形区域。该区域的注视介于严肃与亲密之间,普遍适用于各种社交场合。亲密注视区:位置在以双眼连线为底边,胸部中心点为顶角所构成的倒三角形区域。注视该区域的体态语效果是使亲密的气氛出现,也表示对对方的某种特殊的兴趣,适宜于恋人、配偶及亲朋好友之间,否则将会被视为一种"准侵犯行为"。不过,由于生理和心理原因,人们的注视是和视线的移开交替进行的。

(三)目光语的运用技巧

目光语表情内涵丰富,使用领域广泛,一般而言,目光语应该是热情、礼貌、友善和诚恳的。眼神与谈话之间有一种同步效应,它忠实地显示着说话的真正含义。更重要的是眼睛能帮你说话。与一般人交谈时,要敢于和善于同别人进行目光接触,这既是一种礼貌,又能帮助维持一种联系,使谈话在频频的目光交接中持续不断。视线接触对方脸部的时间应占全部谈话时间的 30%~60%。超过这一平均值,可认为对谈话者本人比谈话内容更感兴趣；低于这个平均值，表示对对方不感兴趣。回避对方视线，不愿进行目光接触者，或眼睛闪烁不定者一定是精神上不稳定或性格上不诚实，企图掩饰什么或者内心有愧疚隐藏着什么事，不愿意被对方察觉到自己的行动。瞪大眼睛注视，是对对方感兴趣，说明注意力集中。眨眼一般每分钟 5~8 次，眨眼时间如果超过 1 秒，则表示对对方的厌烦、不满，有藐视和蔑视的意思。如果几乎不看对方，那是怯懦和缺乏自信心的表现，当然也不能老盯着对方。英国人体语言学家莫里斯说："眼对眼的凝视只发生于强烈的爱或恨之时，因为大多数人在一般场合中都不习惯于被人直视。"长时间的凝视有一种蔑视和威慑功能。因此，在一般社交场合不宜使用凝视。注视、环视、虚视是常用的几种目光语，我们应该很好地利用它们来调节交际现场的气氛。

1. 运用注视，表达你对对方的尊敬和关注

在日常工作中，常通过目光的正视——平视和注视结合的方式来表达尊重，正视会使人感到你的自信和坦率。视线停留在对方双肩和头顶所构成的一个正方形的区域内，以示态度的真诚。

值得注意的是，除关系十分亲近的人外，一般连续注视对方的时间是在 1~2 秒钟内。美国人习惯只用 1 秒钟，而中东一些地区以相互凝视为正常的交往方式。在许多文化背景中，长时间地注视对方都是失礼的行为，被认为是对对方占有空间或势力范围的侵犯，这往往会使对方把目光移开，以示退让，造成心理上的不舒坦，从而影响交际效果。

2. 运用环视，表现你对每一个接受者的一视同仁和同等重视

环视是一种频繁而固定地缓慢扫视听众的目光运用方法。环视能够使每一个接受者感到本身没有被忽视，这就在一定程度上满足了他的交际需要。演讲者在演讲过程中或教师在讲授过程中应该多用此法。比如，在人数比较多的讲话场合，讲话者要有意识地环顾全场的每个听众，使所有听你讲话的人都能感受到你的注视，不觉得你只和某一个或某一部分人交流，这样既能满足听众被尊重的心理需求，又能较全面地了解听众的心理反应。而且，你可以根据环视发现的情况随时调整说话的节奏、内容、语调，把握说话的主动权和控制权。

3. 运用虚视，减轻心理压力，展现自己的勤勉和机敏

虚视是一种似视非视的目光投射技巧，常穿插在注视和环视间，既可削弱注视可能带来的呆板感，又有助于调整环视可能带来的飘忽感。同时通过这种目光语的变化给别人留下勤勉、机敏的印象。虚视也常用来平复紧张心理，减轻心理压力，主要用于演讲的场合。这种虚与实的目光交替，好像是看着每个听众的面孔，实际上谁也没看，只是为了营造讲话者(演讲者)与听众之间的一种交流的氛围。

如果注视是"点"，环视是"线"，那么虚视就是"面"，要注意虚视并不是茫然若失、游移不定。

二、微笑语

微笑语是通过不出声的笑来传递信息的。微笑是仅限于脸部肌肉运动的收敛的笑,由从嘴角往上牵动颧骨肌和环绕眼睛的括纹肌的运动所组成,并且左右脸是对称的。微笑语在人类各种文化中的含义是基本相同的,能超越文化而传播,是名副其实的"世界语",被称为"最美的语言"。

(一)微笑语的作用

微笑语在体态语中是运用最广、最具魅力的一种形式。美国喜剧演员博格说:"笑是两个人之间的最短距离",美国沟通学家卡耐基的"被人喜爱的六个秘诀"之一就是"用微笑对待他人"。 微笑在传达亲切温馨的情感、有效地缩短双方的心理距离、增强人际吸引力等方面的作用显著,因而在服务行业,微笑服务尤其受到推崇。比如,进行良好医患沟通,微笑是关键。医务人员的微笑既是自身良好形象的体现,又是尊重和体谅患者的重要体现。患者焦虑时,护士面带微笑与其交谈,让患者有"春风拂面"之感;患者恐惧不安时,护士镇定、从容的笑容,能给予患者安全感。当然,微笑需要发自内心,虚假做作的笑逃不过患者的眼睛,不会产生任何正面效果。在交际过程中,微笑是最富有吸引力、最有价值的体态语。微笑能强化有声语言沟通的功能,增强交际效果;微笑还能与其他体势语相结合,代替有声语言的沟通。

微笑作为一种表情,不仅是形象的外在表现,也是人的内在精神的反映。不仅有助于营造和谐、宽松的社会氛围,还有助于保持积极乐观的心态,进而有利于身心健康。

日本的原一平先生说:"微笑是非常重要的助手",至少有下列10个好处:

微笑能把你的友善与关怀有效地传达给准客户;

微笑能拆除你与准客户之间的心理隔阂,敞开双方的心扉;

微笑使你的外表更迷人;

微笑可以消除双方的戒心与不安,以打开僵局;

微笑能消除自卑感;

微笑能感染对方也笑,创造和谐的交谈基础;

微笑能建立准客户对你的信赖感;

微笑能去除自己的哀伤,迅速地重建信心;

微笑是表达爱意的捷径;

微笑会增加活力,有益健康。

由于微笑表达策略具有无本万利的作用,所以在公共关系中得到了推广,"微笑表达"成为一种颇具市场生命力的市场推介策略和经营模式。

(二)微笑语的修炼

微笑既是一门科学,也是一门艺术。为了提高微笑的魅力,强化微笑效应的影响力,需要全方位地推行微笑表达策略。

1. 强化微笑服务理念，培养微笑的自觉性

人的行为一般都受制于观念、理念。为了提高公共关系人员微笑表达的主动性和自觉性，企业应该开展培训活动，让大家在观念上把微笑也视为一项基本工作，而且是必要的基础性工作，使之认识到微笑是卓有成效地开展公共关系接待的前提，树立"微笑即工作"的观念，从价值观上正确对待微笑，意识到微笑与公共关系工作的关系，养成正确的职业微笑价值观。

2. 善于自我调节，强化快乐意识

现代社会应该不断强化人们的快乐意识。快乐与生活水平、财富没有内在联系，只是一种自我感觉。某国际研究组织最近就"快乐指数"对亚洲进行调查，指出日本是亚洲最不快乐的国家，27%的受访者认为自己不快乐，5%的人甚至认为自己活得特别凄惨，其"快乐指数"在全球位居第 95 位，而日本却是亚洲最发达的国家，人均收入和财富是我国的十几倍。

由于市场经济机制的作用，人与人之间的收入差距将会不断拉大，人们往往会觉得自己是失败者。德国精神治疗专家迈克·蒂兹认为："我们似乎创造了这样一个社会，人人都在拼命地表现，期望获得成功，达不到这些标准心里便觉得不痛快，产生耻辱感。"商品时代培养出来的商品情结，让人们变得越来越贪婪，需求越来越难以满足，心理世界越来越脆弱。

为了提高沟通交际的水平，我们应该运用各种自我调节方法，引导自己养成"有所比有所不比"的心理思维，感受成功与满足，释放压力与压抑，提高生活的快乐指数。

3. 时时欣赏公众，储备微笑心态

动人的微笑需要良好的心态，人的心绪不佳，其微笑是无法打动公众的。因此，在沟通交际时，我们应该时时要求自己欣赏公众、鉴赏公众，努力寻找公众的可爱之处、动人之处、闪光之处，引导自己产生愉快的心态，为"发自内心地微笑"准备起码的心态。正如美国的一位经营者所说："我把所有的公众都看成是自己的亲人来接待。"有了这种亲人般的认同感，就容易"微笑"了。

4. 熟练运用微笑技巧，提高微笑魅力

微笑具有一定的操作性，即存在方法艺术性的问题。除了养成科学的微笑表达理念、具备良好的心情之外，还应该掌握并熟练地运用各种微笑技巧。微笑技巧涉及的内容比较丰富，因人而异，一般微笑语的动作技术性练习可以从以下几个方面着手。

(1) 一般微笑是嘴角挂着一丝笑容的状态，基本做法是面部肌肉放松，两边嘴角向上略微提起，不露齿，不出声。

(2) 练习双颊肌肉向上抬，嘴角外拉上翘，口里默念普通话的"一""茄子"或英文单词"Cheese"、英文字母"g"等。

(3) 练眼睛的笑容。面对镜子，用一张厚纸遮住眼睛以下的脸部，想象美好的情境、回忆快乐的时光，使笑肌抬升收缩，嘴两角上翘，做出微笑的口形，然后面部肌肉放松，眼睛随之恢复原状。这样经常反复练习，达到自我感觉最佳的状态为止。

这些方法可以使自己的微笑既自然，又动人，从而有效地提高微笑的心理感染力。

三、手势语

手势语是通过手和手指活动传递信息的。人们往往借助手势来表达思想，在说话时也常常用手势来加强语气，使话语变得有声有色。

(一)手势语的类型

手势语的类型一般有说明型、模拟型、象征型、情绪型四种。

1. **说明型手势**

说明型手势是起指示、解释作用的手部动作。指示性手势是最重要的指示性体态语言，我们在工作中经常用到。比如，用手指指自己的胸口，表示谈论的是自己或跟自己有关的事情；伸出一只手指向某一座位，是示意对方在该处就座。指示手势还可以用来指点对方、他人、某一事物或方向，表示数目、指示谈论中的某一话题或观点等。指示手势可以增强谈话内容的明确性和真切性，便于及时掌握听者的注意力。解释性手势是对所说事物的一种比画。

2. **模拟型手势**

模拟型手势是模拟具体事物或动作的形态，如手指相交模拟十字架，张开双臂模拟鸟的飞翔，抬起手臂比画张三的高矮，伸出拇指、食指构成一个圆圈比画鸡蛋的大小，抡起胳膊侧身往后模仿骑马。模拟手势在一定程度上能使听者如见其人，如临其境，由于它往往还带有一点夸张意味，因而极富有感染力。

3. **象征型手势**

象征型手势是通过带象征性的手势表达某种抽象事物，如右手握拳于耳际表示宣誓，不断上举则是表示抗议了。

4. **情绪型手势**

情绪型手势是通过某种习惯性的动作表现人内心的某种感情情绪和心理状态。比如，高兴时拍手称快，悲痛时捶打胸脯，愤怒时挥舞拳头，悔恨时敲打前额，犹豫时抚摸鼻子，着急时双手相搓，而用手摸后脑勺则表示尴尬、为难或不好意思，双手叉腰表示挑战、示威、自豪，双手摊开表示真诚、坦然或无可奈何，扬起巴掌猛力往下砍或往外推，常常表示坚决果断的态度、决心或强调某一说词。情绪手势是说话人内在情感和态度的自然流露，往往和表露出来的情绪紧密结合，鲜明突出，生动具体，能给听者留下深刻印象。

"手语"是语义最丰富的动作语言，各种场合均少不了不同的手势语。人们用手来表示各种各样的情感。总而言之，动作语言所表示的礼仪是非常丰富多彩的。我们应根据具体场合、对象和时间等来施行这种动作语言礼仪。必须指出的是，以上四类手势的划分并不是绝对的，有时一个手势可以包含几种意义。

(二)手势语的运用特点和要求

在口语表达中，要正确恰当地使用手势语，必须了解和掌握手势语的运用特点和运用要求。

1. 手势语的运用特点

手势语的运用体现出鲜明的文化差异性，往往因文化不同而各有千秋，歧义性较大。不仅手势语差异大，而且使用频率也大相径庭。所以，要想有效发挥手势语的交际作用，还得了解、熟悉交际对象和环境的文化特性。比如，竖大拇指：中国人表示赞赏、夸奖，暗示某人真行；伸出小拇指表示鄙视，在人背后指指点点表示不礼貌。而西方一些民族则把拇指朝上表示"好"，朝下表示"坏"。在美国、英国、澳大利亚等国，这种手势则有三种含义：搭便车，表示OK，骂人；在希腊，这种手势意味着"够了""滚开"，是侮辱人的信号。在日本用大拇指表示老爷子，印度尼西亚人用大拇指指东西。将大拇指指向自己，是自夸的意思，而跷向别人，通常是看不起人的表示。OK手势：用拇指和食指构成一个圆圈，其他三指伸直张开表示"OK"。19世纪初风行于美国而后在欧洲被普遍采用的表示同意、良好、顺利、赞赏和暗示赞成或欣赏对方的观点。在日本则表示"懂了"；在缅甸、韩国表示"金钱"；在印度表示"正确"；在泰国表示"没问题"；在巴西，常以之指责别人作风不正确；在突尼斯表示"无用"；在印尼表示"不成功"。V形手势：第二次世界大战期间，英国首相丘吉尔推广的一种象征胜利的"V"形手势，伸出右手的食指和中指构成"V"字形状，余指屈拢，通常表示胜利，暗示对工作或某项活动充满信心。这种手势要求手掌向外。若是手掌向内，就变成侮辱人的信号了。其他手势：右手握拳伸出食指，在我国，它表示"一次"或"一"，或是"提醒对方注意"的意思；在日本、韩国等国表示"只有一次"；在法国是"请求，提出问题"的意思；在缅甸表示"拜托"；在新加坡表示"最重要"；而在澳大利亚则表示"请再来一杯啤酒"。举起握成拳头的右手表示庄严、宣誓、忠诚和坚定。表示兴奋和激昂的情绪，手势位置总是向上、快速；表示低沉、气愤的情绪时，手势的位置总是向下；表示坦率、直接的信息时，最好让对方看清手掌，表示隐蔽和被动时则用手背；双手摊开，手掌向上表示欢迎和公开；双手握拳放在胸前则表示防卫和敌意；双手叉腰，挺胸抬头表示傲慢和自负；双手抱臂给人以懒散、自傲的感觉；有时手插裤兜，给人以故作姿态的印象。

2. 手势语的运用要求

我们要重视手势语在交际中的作用，手势语要规范适度，不宜过多，应该显得落落大方、明确而热情，与全身配合协调，同时动作幅度不应过大，要给人以一种优雅、含蓄而彬彬有礼的感觉。对于个体而言，我们手势语的样式和变化比较有限，运用中一定要讲求简括，具体要求体现在以下三个方面。

(1) 精练。用必要的、少量的手势动作去衬托，强调关键性的、主要的内容。

(2) 明确。使用含义明确的或约定俗成的手势，充分发挥手势语的补充、强调等表达作用。

(3) 行业规范化。在配合口头表达或单独使用手势语时，要注意手势动作合乎行业规范。

3. 演讲中手势语的运用

演讲中，自然而安稳的手势，可以帮助演讲者平静地说明问题；急剧而有力的手势，可以帮助演讲者升华感情；稳妥而含蓄的手势，可以帮助演讲者表明心迹。演讲手势贵在自然，切忌做作；贵在协调，切忌脱节；贵在精简，切忌泛滥；贵在变化，切忌死板；贵在通盘考虑，切忌前紧后松或前松后紧。

演讲的手势可以说是"词汇"丰富，千变万化，没有一个固定模式。作为一个出色的演讲者，平时要认真观察生活，刻苦训练，积极付诸实践。下面介绍演讲中常用的三十式手势。

(1) 拇指式。竖起大拇指，其余四指弯曲，表示强大、肯定、赞美、第一等意。

(2) 小指式。竖起小指，其余四指弯曲合拢，表示精细、微不足道或蔑视对方。这一手势演讲中用得不多。

(3) 食指式。食指伸出，其余四指弯曲并拢，这一手势在演讲中被大量采用，用来指称人物、事物、方向，或者表示观点甚至表示肯定。胳膊向上伸直，食指向空中则表示强调，也可以表示数字"一""十""百""千""万"。手指不要太直，因为面对听众手指太直，针对性太强。弯曲或钩形表示九、九十、九百……齐肩线表示直线，在空中划弧线表示弧形。

(4) 食指、中指并用式。食指、中指伸直分开，其余三指弯曲。这一手势在一些欧美国家及非洲国家表示胜利的含义，由英国首相丘吉尔在演讲中大量推广。也表示二、二十、二百……之意。

(5) 中指、无名指、小指三指并用式。表示三、三十、三百……

(6) 食指、中指、无名指、小指四指并用式。表示四、四十、四百……

(7) 五指并用式。如果是五指并伸且分开，表示五、五十、五百……指尖并拢并向上，掌心向外推出，表示"向前""希望"等含义，显示出坚定与力量，又叫手推式。

(8) 拇指、小指并用式。拇指与小指同时伸出，其余三指并拢弯曲，表示六、六十、六百……

(9) 拇指、食指、中指并用式。三指相捏向前表示"这""这些"，用力一点表示强调，也表示数字七、七十、七百……

(10) 拇指、食指并用式。并拢表示肯定、赞赏之意；二者弯曲靠拢但未接触，则表示"微小""精细"之意；分开伸出，其余三指弯曲表示八、八十、八百……

(11) "O"形手势。又叫圆形手势，曾风行欧美。表示"好""行"的意思，也表示"零"。

(12) 仰手式。掌心向上，拇指自然张开，其余弯曲，表示包容量很大。手部抬高表示

"赞美""欢欣""希望"之意；平放是"乞求""请施舍"之意；手部放低表示无可奈何，很坦诚。

(13) 俯手式。掌心向下，其余弯曲。表示审慎提醒，抑制听众情绪，进而达到控场的目的，同时表示反对、否定之意；有时表示安慰、许可之意；有时又用以指示方向。

(14) 手切式。手剪式的一种变式。五指并拢，手掌挺直，像一把斧子用力劈下，表示果断、坚决、排除之意。

(15) 手啄式。五指并拢呈簸箕形，指尖向前。表示"提醒注意"之意，有很强的针对性、指向性，并带有一定的挑衅性。

(16) 手包式。五指相夹相触，指尖向上，就像一个收紧了开口的钱包，用于强调主题和重点，也表示探讨之意。

(17) 手剪式。五指并拢，手掌挺直，掌心向下，左右两手同时运用，随着有声语言左右分开，表示强烈拒绝。

(18) 手抓式。五指稍弯、分开、开口向上。这种手势主要用来吸引听众，控制大厅气氛。

(19) 手压式。手臂自然伸直，掌心向下，手掌一下一下向下压去。当听众情绪激动时，可用这手势平息。

(20) 手推式。见"五指并用式"。

(21) 抚身式。五指自然并拢，抚摸自己身体的某一部分。抚胸表示沉思、谦逊、反躬自问；抚头表示懊恼、回忆等。

(22) 挥手式。手举过头挥动，表示兴奋、致意；双手同时挥动表示热情、致意。

(23) 掌分式。双手自然撑掌，用力分开。掌心向上表示"开展""行动起来"等意，向下表示"排除""取缔"等；平行伸开还表示"面积""平面"之意。

(24) 举拳式。单手或双手握拳，平举胸前，表示示威、报复；高举过肩或挥动或直锤或斜击，表示愤怒、呐喊等。这种手势有较强的排他性，演讲中不宜多用。

(25) 拳击式。双手握拳在胸前作撞击动作，表示事物间的矛盾冲突。

(26) 拍肩式。用手指拍肩击膀，表示担负工作、责任和使命的意思。

(27) 拍头式。用手掌拍头，表示猛醒、省悟、恍然大悟等意。

(28) 搔胸式。用拳搔胸，辅之以跺脚、顿足，表示愤恨、哀戚、伤悲。演讲中不太多用。

(29) 搓手式。双手摩擦，意味做好准备，期待取胜；速度慢表示猜疑；在冬天则表示取暖；拇指与食指或其他指尖摩擦，通常暗示对金钱的希望。

(30) 颤手式。单手或双手颤动，必须与其他手势配合才表示一个明确的含义。

四、首语

首语是通过头部活动来传递信息的，包括点头语和摇头语。一般来说，点头表示首肯，也可以是表示致意、感谢理解、顺从等意义；摇头则表示否定，还可以是表示对抗、高傲的意思。

但首语因文化和环境的差异而具有不同的表现形式。如表示首肯：塞孟人是将头向前；巴基斯坦旁遮普和信德人是把头向后一扬，然后再靠近左肩；斯里兰卡人是将下巴低垂，然后朝下往左移等。表示否定：土耳其和阿拉伯人一般将头抬起。特别是在保加利亚和印度的某些地方，他们的首语是"点头不算摇头算"，形式恰好同常规相反。

五、态势语实训要求

态势语的运用必须做到自然。自然是对态势语的第一位要求。动作要自然，自然见真诚。有的人说话时，动作生硬、刻板如木偶；有的人则刻意表演，动作和姿态总是那样做作。这都使人觉得别扭、不真实、缺乏诚意。因此有人说，宁要自然的雅拙，不要做作的乖巧。这不是没有道理的。

态势语的运用要简洁明了。动作要大众化，举手投足要符合一般生活习惯，简洁明了，易于被人们看懂和接受。不要搞得烦琐复杂，拖泥带水，不要龇牙咧嘴、手舞足蹈地像在表演戏剧。否则，不仅会喧宾夺主，妨碍有声语言的正常表达，也让听的人眼花缭乱，不知所以。要注意克服不良的习惯动作，无意义的多余的手势务必去掉。

态势语的运用要适度适宜。所谓适度，即要求动作要适量，以不影响别人听话的注意力为度，不要用得过多。

态势语的运用要富有变化。不要总重复一种姿势、一种表情、一种手势，那样会单调乏味，呆钝死板。因此，要善于随着内容、情绪的变化适当变换动作和姿态，以期生动活泼，富有朝气和魅力。

不过，在最初练习口语交流时大都有怯生感，害怕与对方目光对视，甚至无视对方目光，反应迟钝，不愿意抛头露面。经过一段时间的指导训练，掌握一些训练方法，这段怯生阶段会很快过去。在这一阶段可做如下目光接触训练，训练内容与方法：课堂上，一个人站在讲台前，目视全体学生3~5分钟，然后再目视教师2~3分钟。训练结束后开展师生情景对话：①说说你害怕与对方目光对视的原因是什么。教师做技术性指导并做出示范。②谈谈你与同学或老师目光接触时，你的目光表达了什么，有哪些含义，他们的目光中表达了哪些含义。学生也可在一面镜子前，一边看着自己的眼睛，一边想一边说。现在，我应该用柔和、信任的目光去与听众交流，感谢他们注意听我的发言；我应该用平和、企求的目光去征询听众的意见，"听懂了吗？""我讲得清楚吗？"我应该用坚定自信的目光告诉听众，"对于这一点，我坚信不疑"；我应该用火热、亲切的目光与听众交流，表达我们感情上的共鸣。

诚然，在言语交际的许多场合，单凭"言辞"往往不能听出说话人的"真心实意"，必须联系手势、身势等动作语言，才能揣测到说话人的心理。在文学作品中，作家就是通过人物的动作描写来展示人物内心世界的。例如"行者见罗敷，下担捋髭须。少年见罗敷，脱帽著帩头。耕者忘其犁，锄者忘其锄。"(古诗《陌上桑》)诗中通过描绘旁观者看到罗敷后种种忘情的体态，惟妙惟肖地表现了这些人对她的美丽姿容的惊慕与倾倒的心理。在教学中，教师要善于采撷文学作品中的精彩片段作为教学示例，引导学生去模仿。

一、按"眉毛舒展、目光亲切、嘴角上抬，提笑"表情动作要求，完成下面两个情景的口语表达：

1. 同学们，告诉大家一个好消息，我们的实验成功了。

2. 啊，多好的地方呀！

二、完成下面的情景口语表达，需要什么样的表情动作？并进行情景口语训练。

1. 她走了，她永远不会回来了。

2. 你，你给我滚出去！

3. 我，我真不该想念你这个叛徒！

4. 我，我，这事不是我干的。

5. 我，我以后再也不敢了。

三、根据下面情景语言，做手势训练。

1. 你往这边走。　　　　　　（指示手势）

2. 猴王找了个大西瓜。　　　（摹形手势）

3. 这是勇敢的海燕，在怒吼的大海上，在闪电之间高傲地飞翔！（象征手势）

4. 死一般的沉寂笼罩着大地。　（指示手势）

四、哑剧小品训练。构想生活中的某个情节片断（讽刺某种现象，赞赏某种行为），以哑剧形式（即通过动作、手势、表情、眼神等多种态势语的综合运用）表现出来，可以一人表演或数人合作。表演后让学生说出大致内容或主要情节，测定态势语的表现力如何。

五、给下列诗歌设计恰当的感情象征手势，并上台进行练习，大家评议，看谁设计得好。

经历过混浊的雾——我清醒，
冲决了无形的网——我解放，
风沙吹不迷我的眼睛，
寒流摧不垮我的志向，
我的羽毛将在搏击中丰满，
我的筋骨将在奋斗中坚强！
呵！蓝天因我而辽阔，
前方，闪烁着理想之光……

第七章 普通话水平测试

本章学习与训练的基本要求：

- 掌握普通话水平测试的内容。
- 了解普通话水平测试的要求。

第一节 普通话水平测试概述

普通话水平测试(Putonghua Shuiping Ceshi，PSC)是我国为加快共同语普及进程，提高全社会普通话水平而设置的一种语言测试制度。它属于语言测试的范畴，但不是普通话系统知识的考核，不是文化水平的测试，也不是口才的评估，它测查应试人的普通话规范程度、熟练程度，认定其普通话水平等级，属于标准参照性考试。全部测试内容均以口头方式进行。普通话水平测试是一种国家级的资格证书测试。有关行业对本行业从业人员提出了相应的普通话水平等级要求，《普通话水平等级证书》是从业人员普通话水平的凭证，在全国范围内通用。普通话水平等级按全国统一标准，分为三级六等，即一、二、三级，每个级别再分出甲乙两个等次；一级甲等为最高，三级乙等为最低。应试人的普通话水平根据在测试中所获得的分值确定。

普通话水平测试等级标准

一级甲等 朗读和自由交谈时，语音标准，语汇、语法正确无误，语调自然，表达流畅。测试总失分率在3%以内。一级甲等≥97分

一级乙等 朗读和自由交谈时，语音标准，语汇、语法正确无误，语调自然，表达流畅。偶有字音、字调失误。测试总失分率在8%以内。97分＞一级乙等≥92分

二级甲等 朗读和自由交谈时，声韵调发音基本标准，语调自然，表达流畅。少数难点音(平翘舌音、前后鼻尾音、边鼻音等)有时出现失误。语汇、语法极少有误。测试总失分率在13%以内。92分＞二级甲等≥87分

二级乙等 朗读和自由交谈时，个别调值不准，声韵母发音有不到位现象。难点音较多(平翘舌音、前后鼻尾音、边鼻音、fu - hu、z - zh - j、送气不送气、i - ü 不分、保留浊塞音、浊塞擦音、丢介音、复韵母单音化等)，失误较多。方言语调不明显，有使用方言词、方言语法的情况。测试总失分率在20%以内。87分＞二级乙等≥80分

三级甲等 朗读和自由交谈时，声韵母发音失误较多，难点音超出常见范围，声调调值多不准。方言语调明显。语汇、语法有失误。测试总失分率在30%以内。80分＞三级甲等≥70分

三级乙等 朗读和自由交谈时，声韵调发音失误多，方音特征突出。方言语调明显。

语汇、语法失误较多。外地人听其谈话有听不懂的情况。测试总失分率在 40% 以内。70 分＞三级乙等≥60 分

第二节 普通话水平测试的内容与要求

按照国家普通话水平测试大纲的要求，普通话水平测试有五项，其中"选择判断"项，可以根据测试对象或本地区的实际情况，决定是否免测。全国大部分地区用的是其余四项：读单音节词、读多音节词、朗读短文、命题说话。满分 100 分。

一、读单音节字词

读单音节字词的测试内容、目的、标准都有具体规定。

(一)测试内容

该项测试要求应试者在 3.5 分钟内正确地读完 100 个单音节。这 100 个音节，涵盖普通话所有声母、韵母和声调。每个声母出现的次数不少于 3 次，每个韵母出现的次数不少于 2 次，声调出现的次数大致均衡。

(二)测试目的

该项测试，重点考查应试人员对普通话 21 个声母、39 个韵母与四个声调的掌握情况，在带调音节中测试应试人员发音的规范程度。

(三)评分标准

该项测试的分值占测试总分的 10%(10 分)。语音错误，一个扣 0.1 分；语音缺陷，一个音节扣 0.05 分；限时 3.5 分钟，超时 1 分钟以内，扣 0.5 分，超时 1 分钟以上(含 1 分钟)扣 1 分。每个音节不论是声母、韵母还是声调，有一项读错，均算该音节错误。语音错误，是指把甲声韵调读成乙声韵调，如翘舌音读成平舌音，后鼻音读成前鼻音，上声读成去声。语音缺陷，是指虽然没读错，但没读准，主要表现是发音不到位，如发翘舌音，舌位在平翘之间；发合口呼、撮口呼韵母时圆唇度明显不够；声调调值明显偏低或偏高等。

二、读多音节词

读多音节词的测试内容、目的、标准都有具体的规定。

(一)测试内容

该项测试是前一项测试的继续与提升，要求应试者在 2.5 分钟内正确地读出规定的 100 个音节，其中包括普通话音系的所有声母、韵母、声调及轻声、儿化与变调。

(二)测试目的

该项测试旨在进一步考核应试者对普通话声韵调发音的掌握情况及轻声词、儿化词、多音节词变调的发音。

(三)评分标准

该项测试的分值占测试总分的 20%(20 分),即每个词语占 0.4 分,每个音节占 0.2 分。读错一个音节声、韵、调的任何一项算该音节发音错误,每错一个音节扣 0.2 分,读音有明显缺陷的音节扣 0.1 分;超时 1 分钟以内,扣 0.5 分,超时 1 分钟以上(含 1 分钟),扣 1 分。

以上两项测试内容,若有一项失分超过该项总分的 10%(即前一项失 1 分或后一项失 2 分),即可判定应试人的普通话水平不能进入一级。应试者若有较为明显的语音缺陷,即使测试总分达到一级甲等也要降级,只能评定为一级乙等。

三、朗读

在普通话水平测试中,朗读是对应试者普通话运用能力的一种综合检测形式。

(一)测试内容

短文从《普通话水平测试用朗读作品》中选取。评分以朗读作品的前 400 个音节(不含标点符号和括注的音节)为限,在作品中以"//"为标记。

(二)测试目的

测查应试人使用普通话朗读书面作品的水平,在测查声母、韵母、声调读音标准程度的同时,重点测查连读音变、停连、语调以及流畅程度。

(三)评分标准

该项测试的分值占测试总分的 30%(30 分)。每错一个音节扣 0.1 分,漏读或增读一个音节扣 0.1 分;声母或韵母系统性缺陷,视程度扣 0.5 分、1 分;不同程度地存在方言语调一次性扣分,视程度扣 0.5 分、1 分、2 分;停顿、断句不当每次扣 0.5 分、1 分、2 分;朗读不流畅(包括回读),视程度扣 0.5 分、1 分、2 分;限时 4 分钟,超时扣 1 分。

四、命题说话

(一)测试内容

说话话题从《普通话水平测试用话题》中选取,由应试人从给定的两个话题中选定一个话题,连续说一段话。

(二)测试目的

测查应试人在无文字凭借的情况下说普通话的水平，重点测查语音标准程度、词汇语法规范程度和自然流畅程度。

(三)评分标准

该项测试的分值占测试总分的 40%(40 分)。限时 3 分钟。

(1) 语音标准程度，共 20 分，分六档。
- 一档：语音标准，或极少有失误。扣 0 分、0.5 分、1 分。
- 二档：语音错误在 10 次以下，有方音但不明显。扣 1.5 分、2 分。
- 三档：语音错误在 10 次以下，但方音比较明显；或语音错误在 10 次～15 次之间，有方音但不明显。扣 3 分、4 分。
- 四档：语音错误在 10 次～15 次之间，方音比较明显。扣 5 分、6 分。
- 五档：语音错误超过 15 次，方音明显。扣 7 分、8 分、9 分。
- 六档：语音错误多，方音重。扣 10 分、11 分、12 分。

(2) 词汇语法规范程度，共 5 分，分三档。
- 一档：词汇、语法规范。扣 0 分。
- 二档：词汇、语法偶有不规范的情况。扣 0.5 分、1 分。
- 三档：词汇、语法屡有不规范的情况。扣 2 分、3 分。

(3) 自然流畅程度，共 5 分，分三档。
- 一档：语言自然流畅。扣 0 分。
- 二档：语言基本流畅，口语化较差，有背稿子的表现。扣 0.5 分、1 分。
- 三档：语言不连贯，语调生硬。扣 2 分、3 分。

说话用时不足 3 分钟，酌情扣分：缺时 1 分钟以内(含 1 分钟)，扣 1 分、2 分、3 分；缺时 1 分钟以上，扣 4 分、5 分、6 分；说话用时不满 30 秒(含 30 秒)，本项测试成绩计为 0 分。应试人单向说话。如发现应试人有明显背稿、离题、说话难以继续等表现时，主试人应及时提示或引导。

第三节　普通话水平测试程序和考前准备

普通话水平测试分人工测试和计算机辅助测试(以下简称机测)。测试前，要到报名处领取准考证，根据准考证上的时间、地点、考场、序号的要求参加测试。测试进场时要携带准考证和身份证。

一、普通话水平测试的准备

普通话测试准备的三步走：了解测试——有的放矢——反复模拟。

第七章 普通话水平测试

第一步：了解测试，做到胸中有数。

做到两种了解：了解测试程序、内容和要求，了解本人的基础和水平。这样知彼知己，才能胸中有数。因此，应试人员应积极参加考前培训。就跟玩游戏要知道游戏规则一样，普通话测试有一定的规则和要求。一般考前培训的第一课就是讲测试要求和规则的，包括测试内容及评分要求、测试环节和注意事项。熟悉整个测试过程和要求，以免测试时出现非普通话水平问题而影响测试状态。如，机测时，试音声音太小，出现试音失败，还得重新安排下一个批次再测。人工测试时，有些应试者开始就读题，忘了报单位、姓名和考号，有的读单音节词时，测试员找不到所读的字词，原来应试者不是横着读而是竖着读；有的在朗读短文时，不知道限读到双竖线等。这些问题的出现，测试员都要进行纠正性指点，这样势必影响到测试的情绪和状态。还有一点就是要了解测试对普通话语音的要求，对照自己的方音，制定出本人普通话测试目标和计划，如果方音与普通话语音差别很大，那就要拉长训练时间或加强训练力度；如果差别不是很大或很明显，则主要了解测试环节和技巧即可。因为普通话水平测试主要还是看普通话说得怎么样。总之，要了解测试，做到胸中有数。

第二步：有的放矢，做好强化训练。

有了第一步，就要把自己参加普通话测试所存在的语音问题一一列出。如平翘舌音问题有三种情况，一是平翘舌音不分，二是平舌翘舌化，三是翘舌平舌化。如果平翘舌不分，那就是平舌音读成翘舌音，翘舌音读成平舌音，这种情况问题较为严重，因为平翘舌音字基本全读错；如果是平舌翘舌化，问题比较单一，把平舌读成翘舌音，说明翘舌音能读好；翘舌平舌化，问题也比较单一，是把翘舌读成平舌音，说明平舌音能读好。这样找出问题，针对自己的学习实际，抓住重点，突破难点，进行科学的强化训练。即使语音基础较好，也要把测试的字、词、文章通读三至五遍，把说话的题目仔细思索和归纳，基础差的更得加倍努力。如有翘舌平舌化语音问题，则把字词、短文甚至说话内容中的翘舌音都一一标注，反复训练。参加测试前需要学习的内容很多，如识字量、音变问题等，测试又要求应试者对60篇文章和30则说话达到相当标准和熟练的程度。所以要求应试者把普通话的训练要落实到平时的工作、生活中。"平时不烧香，临时抱佛脚"在普通话学习中是基本无效的。

第三步：反复模拟，达到心态平和。

进行模拟测试是为了检测平时训练的成果，也是一种很好的实战训练法。模拟测试可以由老师组织进行，也可以由几个同学组成测试小组，相互测试。模拟测试时，最好能录音，以便拟测完毕后自己审听。

反复模拟，也是对心理素质的训练。面对测试，大部分应试者都有不同程度的心理紧张现象，也都不同程度地影响测试成绩。因此，每次模拟训练就要看作正式测试，有意识地进行心态调整，暗示自己不要胆怯、不要紧张，多从正面提醒自己、鼓励自己。而实际上也就是没有什么害怕的，虽然人工测试面对两名测试员测试，但无论是省级还是国家级测试员，他们都是老师，不叫"考官"。何况测试基本上是应试人的单项口语活动，自己读、自己说，最好不要看着测试员打分，有的人看见测试员的笔动一下，就以为给自己扣了多少分，越看越紧张，这样势必影响测试成绩。机测更不要紧张，我们大多都天天面对电脑，何况，机测系统，每一步都提示得非常清楚。因此应正确看待普通话测试，普通话测试不完全是为了得到证书而测试，以测促训，提高普通话水平才是真正的目的。试想一个满口方言的人拿着一个一级乙等普通话证书去求职面试，岂不是自欺欺人吗？所以参加普通话测试，要有一个正确的认识和沉着冷静、从容应试的平和心态。

二、机测程序

机测，考生要经过三个环节：一是在候测室详细了解上机测试的步骤和注意事项；二是在备测室准备上机测试的试题；三是在测试室上机测试。重要的环节就是上机测试。测试的具体步骤是：

第一步，佩戴耳机。应试人就座后戴上耳机(麦克风应在脸颊左侧)，麦克风置于距离嘴巴2~3厘米的位置。戴好耳机后点击"下一步"。

第二步，应试人登录。电脑屏出现登录界面后，考生填入自己的准考证号的最后四位数字，前几位号系统会自动显示。输入后，点击"进入"按钮登录。如果输入有误，点击"修改"重新输入。

第三步，核对信息。考生登录成功后，考试机屏幕上会显示考生个人信息，应试人请仔细核对所显示信息是否与自己相符。核对无误后，请点击"确认"继续。核对时若发现错误，请点击"返回"重新登录。

第四步，应试人试音。进入试音界面后，考生会听到系统的提示语，提示语结束后，请以适中的音量和语速朗读界面出现的内容："我叫×××，我的准考证号是××××××××××××××"。试音时间是30秒。音量适中指的是两三个人之间交谈的音量。音量太小，会出现试音失败。试音和考试过程音量应一致。试音顺利，系统会出现"试音结束"的对话框。请点击"确认"进入下一程序。

第五步，开始测试。普通话水平测试共有4个测试项，在测试过程中，应试人应做到吐字清晰，语速适中，音量与试音时保持一致。注意屏幕下方时间提示条的提示。每题之间，应试人可点击屏幕右下方"下一题"，进入下一项测试。最后一题"命题说话"部分满三分钟后，该项测试自动结束，不需要点击"提交试卷"按钮，系统会自动提交试卷。

四道测试题的具体注意事项如下。

第一项读单音节字词。100个单字以黑色字体和蓝色字体隔行显示，以便于应试人识别，应试人应横向依次逐行朗读。避免漏字、漏行。

第二项读多音节词语。请应试人横向依次朗读词语，避免漏读。

第三项朗读短文。请应试人注意语音清晰、语义连贯，防止添字、漏字、改字。

第四项命题说话。首先说出所选的话题。应试人的说话内容不得同时包括试卷提供的两个话题。命题说话必须围绕一个话题说满3分钟，说话要自然流畅，要符合说话的特点，不要出现背诵或朗读的现象。

三、人工测试程序

首先，应试人提前半小时到候测室等待测试通知。候测期间可以查阅字典等资料。

其次，开始测试。考场内有两名测试员和一名服务生操作录音设备，同时有两名应试人，其中1号应试人交验准考证、身份证，并抽取试卷开始准备10分钟。1号应试人开始测试时，2号应试人交验证件、抽取试卷开始准备。1号测试完毕离开考场，3号进场，同时2号开始测试。以此类推。进入考场不准带资料、文具盒、通信工具等，不得就测试内容向他人询问。

再次，录音开始时，应试人首先报单位、姓名、编号。单位只报所在一级单位即可，如在校生就报学校名称，不报系、年级、班名称。编号只报准考证后四位，然后按试卷的要求逐项测试。测试时可以不读大题只报题号，直接进入内容。

最后，测试结束时，应试人将试卷交给测试员，带着证件离开考场。不得询问成绩，因为初试分数不是最终成绩，最终成绩是由省测试中心复审后公布。

附1：普通话水平测试用60篇朗读作品

作品1号

那是力争上游的一种树，笔直的干，笔直的枝。它的干呢，通常是丈把高，像是加以人工似的，一丈以内，绝无旁枝；它所有的丫枝呢，一律向上，而且紧紧靠拢，也像是加以人工似的，成为一束，绝无横斜逸出；它的宽大的叶子也是片片向上，几乎没有斜生的，更不用说倒垂了；它的皮，光滑而有银色的晕圈，微微泛出淡青色。这是虽在北方的风雪的压迫下却保持着倔强挺立的一种树！哪怕只有碗来粗细罢，它却努力向上发展，高到丈许，二丈，参天耸立，不折不挠，对抗着西北风。

这就是白杨树，西北极普通的一种树，然而绝不是平凡的树！

它没有婆娑的姿态，没有屈曲盘旋的虬枝，也许你要说它不美丽——如果美是专指"婆娑"或"横斜逸出"之类而言，那么白杨树算不得树中的好女子；但是它却是伟岸，正直，朴质，严肃，也不缺乏温和，更不用提它的坚强不屈与挺拔，它是树中的伟丈夫！当你在积雪初融的高原上走过，看见平坦的大地上傲然挺立这么一株或一排白杨树，难道你觉得树只是树，难道你就不想到它的朴质，严肃，坚强不屈，至少也象征了北方的农民；难道你竟一点也不联想到，在敌后的广大//土地上，到处有坚强不屈，就像这白杨树一样傲然挺立的守卫他们家乡的哨兵！难道你又不更远一点想到这样枝枝叶叶靠紧团结，力求上进的白杨树，宛然象征了今天在华北平原纵横决荡用血写出新中国历史的那种精神和意志。

(节选自茅盾《白杨礼赞》)

作品2号

两个同龄的年轻人同时受雇于一家店铺，并且拿同样的薪水。

可是一段时间后，叫阿诺德的那个小伙子青云直上，而那个叫布鲁诺的小伙子却仍在

原地踏步。布鲁诺很不满意老板的不公正待遇。终于有一天他到老板那儿发牢骚了。老板一边耐心地听着他的抱怨，一边在心里盘算着怎样向他解释清楚他和阿诺德之间的差别。

"布鲁诺先生，"老板开口说话了，"您现在到集市上去一下，看看今天早上有什么卖的。"

布鲁诺从集市上回来向老板汇报说，今早集市上只有一个农民拉了一车土豆在卖。

"有多少？"

布鲁诺赶快戴上帽子又跑到集上，然后回来告诉老板一共四十袋土豆。

"价格是多少？"

布鲁诺又第三次跑到集上问来了价格。

"好吧，"老板对他说，"现在请您坐到这把椅子上一句话也不要说，看看阿诺德怎么说。"

阿诺德很快就从集市上回来了。向老板汇报说到现在为止只有一个农民在卖土豆，一共四十口袋，价格是多少多少；土豆质量很不错，他带回来一个让老板看看。这个农民一个钟头以后还会弄来几箱西红柿，据他看价格非常公道。昨天他们铺子的西红柿卖得很快，库存已经不//多了。他想这么便宜的西红柿，老板肯定会要进一些的，所以他不仅带回了一个西红柿做样品，而且把那个农民也带来了，他现在正在外面等回话呢。

此时老板转向了布鲁诺，说："现在您肯定知道为什么阿诺德的薪水比您高了吧！"

(节选自张健鹏、胡足青主编《故事时代》中《差别》)

作品3号

我常常遗憾我家门前的那块丑石呢：它黑黝黝地卧在那里，牛似的模样；谁也不知道是什么时候留在这里的，谁也不去理会它。只是麦收时节，门前摊了麦子，奶奶总是要说：这块丑石，多碍地面哟，多时把它搬走吧。

它不像汉白玉那样的细腻，可以凿下刻字雕花，也不像大青石那样的光滑，可以供来浣纱捶布；它静静地卧在那里，院边的槐荫没有庇覆它，花儿也不再在它身边生长。荒草便繁衍出来，枝蔓上下，慢慢地，竟锈上了绿苔、黑斑。我们这些做孩子的，也讨厌起它来，曾合伙要搬走它，但力气又不足；虽时时咒骂它，嫌弃它，也无可奈何，只好任它留在那里去了。

终有一日，村子里来了一个天文学家。他在我家门前路过，突然发现了这块石头，眼光立即就拉直了。他再没有走去，就住了下来；以后又来了好些人，说这是一块陨石，从天上落下来已经有二三百年了，是一件了不起的东西。不久便来了车，小心翼翼地将它运走了。

这使我们都很惊奇！这又怪又丑的石头，原来是天上的呢！它补过天，在天上发过热，闪过光，我们的先祖或许仰望过它，它给了他们光明，向往，憧憬；而它落下来了，在污土里，荒草里，一躺就//是几百年了！

我感到自己的可耻，也感到了丑石的伟大；我甚至怨恨它这么多年竟会默默地忍受着这一切？而我又立即深深地感到它那种不屈于误解、寂寞的生存的伟大。

(节选自贾平凹《丑石》)

作品4号

在达瑞八岁的时候,有一天他想去看电影。因为没有钱,他想是向爹妈要钱,还是自己挣钱。最后他选择了后者。他自己调制了一种汽水,向过路的行人出售。可那时正是寒冷的冬天,没有人买,只有两个人例外——他的爸爸和妈妈。

他偶然有一个和非常成功的商人谈话的机会。当他对商人讲述了自己的"破产史"后,商人给了他两个重要的建议:一是尝试为别人解决一个难题;二是把精力焦距在你知道的、你会的和你拥有的东西上。

这两个建议很关键。因为对于一个八岁的孩子而言,他不会做的事情很多。于是他穿过大街小巷,不住地思考:人们会有什么难题,他又如何利用这个机会?

一天,吃早饭时父亲让达瑞去取报纸。美国的送报员总是把报纸从花园篱笆的一个特制的管子里塞进来。假如你想穿着睡衣舒舒服服地吃早饭和看报纸,就必须离开温暖和房间,冒着寒风,到花园去取。虽然路短,但十分麻烦。

当达瑞为父亲取报纸的时候,一个主意诞生了。当天他就按响邻居的门铃,对他们说,每个月只需付给他一美元,他就每天早上把报纸塞到他们的房门底下。大多数人都同意了,很快他有//了七十多个顾客。一个月后,当他拿到自己赚的钱时,觉得自己简直是飞上了天。

很快他又有了新的机会,他让他的顾客每天把垃圾袋放在门前,然后由他早上运到垃圾桶里,每个月加一美元。之后他还想出了许多孩子赚钱的办法,并把它集结成书,书名为《儿童挣钱的二百五十个主意》。为此,达瑞十二岁时就成了畅销书作家,十五岁有了自己的谈话节目,十七岁就拥有了几百万美元。

(节选自[德]博多·费舍尔《达瑞的故事》,刘志明译)

作品5号

这是入冬以来,胶东半岛上第一场雪。

雪纷纷扬扬,下得很大。开始还伴着一阵儿小雨,不久就只见大片大片的雪花,从彤云密布的天空中飘落下来。地面上一会儿就白了。冬天的山村,到了夜里就万籁俱寂,只听得雪花簌簌地不断往下落,树木的枯枝被雪压断了,偶尔咯吱一声响。

大雪整整下了一夜。今天早晨,天放晴了,太阳出来了。推开门一看,嗬!好大的雪啊!山川、河流、树木、房屋,全都罩上了一层厚厚的雪,万里江山,变成了粉妆玉砌的世界。落光了叶子的柳树上挂满了毛茸茸亮晶晶的银条儿;而那些冬夏常青的松树和柏树上,则挂满了蓬松松沉甸甸的雪球儿。一阵风吹来,树枝轻轻地摇晃,美丽的银条儿和雪球儿簌簌地落下来,玉屑似的雪末儿随风飘扬,映着清晨的阳光,显出一道道五光十色的彩虹。

大街上的积雪足有一尺多深,人踩上去,脚底下发出咯吱咯吱的响声。一群群孩子在雪地里堆雪人,掷雪球,那欢乐的叫喊声,把树枝上的雪都震落下来了。

俗话说,"瑞雪兆丰年"。这个话有充分的科学根据,并不是一句迷信的成语。寒冬大雪,可以冻死一部分越冬的害虫;融化了的水渗进土层深处,又能供应//庄稼生长的需要。我相信这一场十分及时的大雪,一定会促进明年春季作物,尤其是小麦的丰收。有经验的老农把雪比做是"麦子的棉被"。冬天"棉被"盖得越厚，明春麦子就长得越好，所以又有这样一句谚语："冬天麦盖三层被，来年枕着馒头睡。"

我想，这就是人们为什么把及时的大雪称为"瑞雪"的道理吧。

(节选自峻青《第一场雪》)

作品6号

我常想读书人是世间幸福人，因为他除了拥有现实的世界之外，还拥有另一个更为浩瀚也更为丰富的世界。现实的世界是人人都有的，而后一个世界却为读书人所独有。由此我想，那些失去或不能阅读的人是多么的不幸，他们的丧失是不可补偿的。世间有诸多的不平等，财富的不平等，权力的不平等，而阅读能力的拥有或丧失却体现为精神的不平等。

一个人的一生，只能经历自己拥有的那一份欣悦，那一份苦难，也许再加上他亲自闻知的那一些关于自身以外的经历的经验。然而，人们通过阅读，却能进入不同时空的诸多他人的世界。这样，具有阅读能力的人，无形间获得了超越有限生命的无限可能性。阅读不仅使他多识了草木虫鱼之名，而且可以上溯远古下及未来，饱览存在的与非存在的奇风异俗。

更为重要的是，读书加惠于人们的不仅是知识的增广，而且还在于精神的感化与陶冶。人们从读书学做人，从那些往哲先贤以及当代才俊的著述中学得他们的人格。人们从《论语》中学得智慧的思考，从《史记》中学得严肃的历史精神，从《正气歌》中学得人格的刚烈，从马克思学得人世//的激情，从鲁迅学得批判精神，从托尔斯泰学得道德的执着。歌德的诗句刻写着睿智的人生，拜伦的诗句呼唤着奋斗的热情。一个读书人，一个有机会拥有超乎个人生命体验的幸运人。

(节选自谢冕《读书人是幸福的人》)

作品7号

一天，爸爸下班回到家已经很晚了，他很累也有点儿烦，他发现五岁的儿子靠在门旁正等着他。

"爸，我可以问您一个问题吗？"

"什么问题？""爸，您一小时可以赚多少钱？""这与你无关，你为什么问这个问题？"父亲生气地说。

"我只是想知道，请告诉我，您一小时赚多少钱？"小孩儿哀求道，"假如你一定要知道的话，我一小时赚二十美金。"

"哦，"小孩儿低下了头，接着又说，"爸，可以借我十美金吗？"父亲发怒了："如果你只是要借钱去买毫无意义的玩具的话，给我回到你的房间睡觉去。好好想想为什么你会那么自私。我每天辛苦工作，没时间和你玩儿小孩子的游戏。"

小孩儿默默地回到自己的房间关上门。

父亲坐下来还在生气。后来，他平静下来了，心想他可能对孩子太凶了——或许孩子真的很想买什么东西，再说他平时很少要过钱。

父亲走进孩子的房间："你睡了吗？""爸，还没有，我还醒着。"孩子回答。

"我刚才可能对你太凶了，"父亲说。"我不应该发那么大的火儿——这是你要的十美金。""爸,谢谢您。"孩子高兴地从枕头下拿出一些被弄皱的钞票,慢慢地数着。

"为什么你已经有钱了还要?"父亲不解地问。

"因为原来不够,但现在凑够了。"孩子回答,"爸,我现在有//二十美金了,我可以向您买一个小时的时间吗?明天请早一点儿回家——我想和您一起吃晚餐。"

(节选自唐继柳编译《二十美金的价值》)

作品 8 号

我爱月夜,但我也爱星天。从前在家乡七八月的夜晚在庭院里纳凉的时候,我最爱看天上密密麻麻的繁星。望着星天,我就会忘记一切,仿佛回到了母亲的怀里似的。

三年前在南京我住的地方有一首后门,我打开后门,便看见一个静寂的夜。下面是一片菜园,上面是星群密布的蓝天。星光在我们的肉眼里虽然微小,然而它使我们觉得光明无处不在。那时候我正在读一些天文学的书,也认得一些星星,好像它们就是我的朋友,它们常常在和我谈话一样。

如今在海上,和繁星相对,我把它们认得很熟了。我躺在舱面上,仰望天空。深蓝色的天空里悬着无数半明半昧的星。船在动,星也在动,它们是这样低,真是摇摇欲坠呢!渐渐地我的眼睛模糊了,我好像看见无数萤火虫在我的周围飞舞。海上的夜是柔和的,是静寂的,是梦幻的。我望着许多认识的星,我仿佛看见它们在对我眨眼,我仿佛听见它们在小声说话。这时我忘记了一切。在星的怀抱中我微笑着,我沉睡着。我觉得自己是一个小孩子,现在睡在母亲的怀里了。

有一夜,那个在哥伦波上船的英国人指给我看天上的巨人。他用手指着://那四颗明亮的星是头,下面的几颗是身子,这几颗是手,那几颗是腿和脚,还有三颗星算是腰带。经他这一番指点,我果然看清楚了那个天上的巨人。看,那个巨人还在跑呢!

(节选自巴金《繁星》)

作品 9 号

假日到河滩上转转,看见许多孩子在放风筝。一根根长长的引线,一头系在天上,一头系在地上,孩子同风筝都在天与地之间悠荡,连心也被悠荡得恍恍惚惚了,好像又回到了童年。

儿时放的风筝,大多是自己的长辈或家人编扎的,几根削得很薄的篾,用细纱线扎成各种鸟兽的造型,糊上雪白的纸片,再用彩笔勾勒出面孔与翅膀的图案。通常扎得最多的是"老雕""美人儿""花蝴蝶"等。

我们家前院就有位叔叔,擅扎风筝,远近闻名。他扎的风筝不只体形好看,色彩艳丽,放飞得高远,还在风筝上绷一叶用蒲苇削成的膜片,经风一吹,发出"嗡嗡"的声响,仿佛是风筝的歌唱,在蓝天下播扬,给开阔的天地增添了无尽的韵味,给驰荡的童心带来几分疯狂。

我们那条胡同的左邻右舍的孩子们放的风筝几乎都是叔叔编扎的。他的风筝不卖钱,谁上门去要,就给谁,他乐意自己贴钱买材料。

后来,这位叔叔去了海外,放风筝也渐与孩子们远离了。不过年年叔叔给家乡写信,总不忘提起儿时的放风筝。香港回归之后，他的家信中说到，他这只被故乡放飞到海外的风筝，尽管飘荡游弋，经风沐雨，可那线头儿一直在故乡和//亲人手中牵着，如今飘得太累了，也该要回归到家乡和亲人身边来了。

是的。我想，不光是叔叔，我们每个人都是风筝，在妈妈手中牵着，从小放到大，再从家乡放到祖国最需要的地方去啊！

（节选自李恒瑞《风筝畅想曲》）

作品 10 号

爸不懂得怎样表达爱，使我们一家人融洽相处的是我妈。他只是每天上班下班，而妈则把我们做过的错事开列清单，然后由他来责骂我们。

有一次我偷了一块糖果，他要我把它送回去，告诉卖糖的说是我偷来的，说我愿意替他拆箱卸货作为赔偿。但妈妈却明白我只是个孩子。

我在运动场打秋千跌断了腿，在前往医院的途中一直抱着我的，是我妈。爸把汽车停在急诊室门口，他们叫他驶开，说那空位是留给紧急车辆停放的。爸听了便叫嚷道："你以为这是什么车？旅游车？"

在我生日会上，爸总是显得有些不大相称。他只是忙于吹气球，布置餐桌，做杂务。把插着蜡烛的蛋糕推过来让我吹的，是我妈。

我翻阅照相册时，人们总是问："你爸爸是什么样子的？"天晓得！他老是忙着替别人拍照。妈和我笑容可掬地一起拍的照片，多得不可胜数。

我记得妈有一次教我骑自行车。我叫他别放手，但他却说是应该放手的时候了。我摔倒之后，妈跑过来扶我，爸却挥手要她走开。我当时生气极了，决心要给他点儿颜色看。于是我马上爬上自行车，而且自己骑给他看。他只是微笑。

我念大学时，所有的家信都是妈写的。他//除了寄支票外，还寄过一封短柬给我，说因为我不在草坪上踢足球了，所以他的草坪长得很美。

每次我打电话回家，他似乎都想跟我说话，但结果总是说："我叫你妈来接。"

我结婚时，掉眼泪的是我妈。他只是大声擤了一下鼻子，便走出房间。

我从小到大都听他说："你到哪里去？什么时候回家？汽车有没有汽油？不，不准去。"爸完全不知道怎样表达爱。除非……

会不会是他已经表达了而我却未能察觉？

（选自 [美] 艾尔玛·邦贝克《父亲的爱》）

作品 11 号

一个大问题一直盘踞在我脑袋里：

世界杯怎么会有如此巨大的吸引力？除去足球本身的魅力之外，还有什么超乎其上而更伟大的东西？

近来观看世界杯，忽然从中得到了答案：是由于一种无上崇高的精神情感——国家荣誉感！

地球上的人都会有国家的概念，但未必时时都有国家的感情。往往人到异国思念家乡，心怀故国，这国家概念就变得有血有肉，爱国之情来得非常具体。而现代社会，科技昌达，信息快捷，事事上网，世界真是太小太小，国家的界限似乎也不那么清晰了。再说足球正在快速世界化，平日里各国球员频繁转会，往来随意，致使越来越多的国家联赛都具有国际的因素。球员们不论国籍，只效力于自己的俱乐部，他们比赛时的激情中完全没有爱国主义的因子。

然而，到了世界杯大赛，天下大变。各国球员都回国效力，穿上与光荣的国旗同样色彩的服装。在每一场比赛前，还高唱国歌以宣誓对自己祖国的挚爱与忠诚。一种血缘情感开始在全身的血管里燃烧起来，而且立刻热血沸腾。

在历史时代，国家间经常发生对抗，好男儿戎装卫国。国家的荣誉往往需要以自己的生命//换取。但在和平时代，唯有这种国家之间大规模对抗性的大赛，才可以唤起那种遥远而神圣的情感，那就是：为祖国而战！

（节选自冯骥才《国家荣誉感》）

作品 12 号

夕阳落山不久，西方的天空，还燃烧着一片橘红色的晚霞。大海，也被这霞光染成了红色，而且比天空的景色更要壮观。因为它是活动的，每当一排排波浪涌起的时候，那映照在浪峰上的霞光，又红又亮，简直就像一片片霍霍燃烧着的火焰，闪烁着，消失了。而后面的一排，又闪烁着，滚动着，涌了过来。

天空的霞光渐渐地淡下去了，深红的颜色变成了绯红，绯红又变成浅红。最后，当这一切红光都消失了的时候，那突然显得高而远了的天空，则呈现出一片肃穆的神色。最早出现的启明星，在这蓝色的天幕上闪烁起来了。它是那么大，那么亮，整个广漠的天幕上只有它在那里放射着令人注目的光辉，活像一盏悬挂在高空的明灯。

夜色加浓，苍空中的"明灯"越来越多了。而城市各处的真的灯火也次第亮了起来，尤其是围绕在海港周围山坡上的那一片灯光，从半空倒映在乌蓝的海面上，随着波浪，晃动着，闪烁着，像一串流动着的珍珠，和那一片片密布在苍穹里的星斗互相辉映，煞是好看。

在这幽美的夜色中，我踏着软绵绵的沙滩，沿着海边，慢慢地向前走去。海水，轻轻地抚摸着细软的沙滩，发出温柔的//啧啧声。晚来的海风，清新而又凉爽。我的心里，有着说不出的兴奋和愉快。

夜风轻飘飘地吹拂着，空气中飘荡着一种大海和田禾相混合的香味，柔软的沙滩上还残留着白天太阳炙晒的余温。那些在各个工作岗位上劳动了一天的人们，三三两两地来到这软绵绵的沙滩上，他们浴着凉爽的海风，望着那缀满了星星的夜空，尽情地说笑，尽情地休憩。

（节选自峻青《海滨仲夏夜》）

作品 13 号

生命在海洋里诞生绝不是偶然的，海洋的物理和化学性质，使它成为孕育原始生命的摇篮。

我们知道，水是生物的重要组成部分，许多动物组织的含水量在百分之八十以上，而一些海洋生物的含水量高达百分之九十五。水是新陈代谢的重要媒介，没有它，体内的一

系列生理和生物化学反应就无法进行，生命也就停止。因此，在短时期内动物缺水要比缺少食物更加危险。水对今天的生命是如此重要，它对脆弱的原始生命，更是举足轻重了。生命在海洋里诞生，就不会有缺水之忧。

水是一种良好的溶剂。海洋中含有许多生命所必需的无机盐，如氯化钠、氯化钾、碳酸盐、磷酸盐，还有溶解氧，原始生命可以毫不费力地从中吸取它所需要的元素。

水具有很高的热容量，加之海洋浩大，任凭夏季烈日曝晒，冬季寒风扫荡，它的温度变化却比较小。因此，巨大的海洋就像是天然的"温箱"。是孕育原始生命的温床。

阳光虽然为生命所必需，但是阳光中的紫外线却有扼杀原始生命的危险。水能有效地吸收紫外线，因而又为原始生命提供了天然的"屏障"。

这一切都是原始生命得以产生和发展的必要条件。//

(节选自童裳亮《海洋与生命》)

作品 14 号

读小学的时候，我的外祖母去世了。外祖母生前最疼爱我，我无法排除自己的忧伤，每天在学校的操场上一圈儿又一圈儿地跑着，跑得累倒在地上，扑在草坪上痛哭。

那哀痛的日子，断断续续地持续了很久，爸爸妈妈也不知道如何安慰我。他们知道与其骗我说外祖母睡着了，还不如对我说实话：外祖母永远不会回来了。

"什么是永远不会回来？"我问着。

"所有时间里的事物，都永远不会回来了。你的昨天过去，它就永远变成昨天，你不能再回到昨天。爸爸以前也和你一样小，现在也不能回到你这么小的童年了；有一天你会长大，你会像外祖母一样老；有一天你度过了你的时间，就永远不会回来了。"爸爸说。

爸爸等于给我一个谜语，这谜语比课本上的"日历挂在墙壁，一天撕去一页，使我心里着急"和"一寸光阴一寸金，寸金难买寸光阴"还让我感到可怕；也比作文本上的"光阴似箭，日月如梭"更让我觉得有一种说不出的滋味。

时间过得那么飞快，使我的小心眼儿里不只是着急，而是悲伤。有一天我放学回家，看到太阳快落山了，就下决心说："我要比太阳更快地回家。"我狂奔回去，站在庭院前喘气的时候，看到太阳//还露着半边脸，我高兴地跳跃起来，那一天我跑赢了太阳。以后我就时常做那样的游戏，有时和太阳赛跑，有时和西北风比快，有时一个暑假才能做完的作业，我十天就做完了；那时我三年级，常常把哥哥五年级的作业拿来做。每一次比赛胜过时间，我就快乐得不知道怎么形容。

如果将来我有什么要教给我的孩子，我会告诉他：假若你一直和时间比赛，你就可以成功！

(节选自(台湾)林清玄《和时间赛跑》)

作品 15 号

三十年代初，胡适在北京大学任教授。讲课时他常常对白话文大加称赞，引起一些只喜欢文言文而不喜欢白话文的学生的不满。

一次，胡适正讲得得意的时候，一位姓魏的学生突然站了起来，生气地问："胡先生，难道说白话文就毫无缺点吗？"胡适微笑着回答说："没有。"那位学生更加激动了："肯定有！白话文废话太多，打电报用字多，花钱多。"胡适的目光顿时变亮了。轻声地解释说："不一定吧！前几天有位朋友给我打来电报，请我去政府部门工作，我决定不去，就回电拒绝了。复电是用白话写的，看来也很省字。请同学们根据我这个意思，用文言文写一个回电，看看究竟是白话文省字，还是文言文省字？"胡教授刚说完，同学们立刻认真地写了起来。

十五分钟过去，胡适让同学举手，报告用字的数目，然后挑了一份用字最少的文言电报稿，电文是这样写的：

"才疏学浅，恐难胜任，不堪从命。"白话文的意思是：学问不深，恐怕很难担任这个工作，不能服从安排。

胡适说，这份写得确实不错，仅用了十二个字。但我的白话电报却只用了五个字："干不了，谢谢！"

胡适又解释说："干不了"就有才疏学浅、恐难胜任的意思；"谢谢"既//对朋友的介绍表示感谢，又有拒绝的意思。所以，废话多不多，并不看它是文言文还是白话文，只要注意选用字词，白话文是可以比文言文更省字的。

(节选自陈灼主编《实用汉语中级教程》(上)中《胡适的白话电报》)

作品 16 号

很久以前，在一个漆黑的秋天的夜晚，我泛舟在西伯利亚一条阴森森的河上。船到一个转弯处，只见前面黑黢黢的山峰下面一星火光蓦地一闪。

火光又明又亮，好像就在眼前……

"好啦，谢天谢地！"我高兴地说，"马上就到过夜的地方啦！"

船夫扭头朝身后的火光望了一眼，又不以为然地划起桨来。

"远着呢！"

我不相信他的话，因为火光冲破朦胧的夜色，明明就在那儿闪烁。不过船夫是对的，事实上，火光的确还远着呢。

这些黑夜的火光的特点是：驱散黑暗，闪闪发亮，近在眼前，令人神往。乍一看，再划几下就到了……其实却还远着呢！……

我们在漆黑如墨的河上又划了很久。一个个峡谷和悬崖，迎面驶来，又向后移去，仿佛消失在茫茫的远方，而火光却依然停在前头，闪闪发亮，令人神往——依然是这么近，又依然是那么远……

现在，无论是这条被悬崖峭壁的阴影笼罩的漆黑的河流，还是那一星明亮的火光，都经常浮现在我的脑际，在这以前和在这以后，曾有许多火光，似乎近在咫尺，不止使我一人心驰神往。可是生活之河却仍然在那阴森森的两岸之间流着，而火光也依旧非常遥远。因此，必须加劲划桨……

然而，火光啊……毕竟……毕竟就//在前头！……

(节选自[俄]柯罗连科《火光》，张铁夫译)

作品17号

对于一个在北平住惯的人，像我，冬天要是不刮风，便觉得是奇迹；济南的冬天是没有风声的。对于一个刚由伦敦回来的人，像我，冬天要能看得见日光，便觉得是怪事；济南的冬天是响晴的。自然，在热带的地方，日光永远是那么毒，响亮的天气，反有点叫人害怕。可是，在北方的冬天，而能有温晴的天气，济南真得算个宝地。

设若单单是有阳光，那也算不了出奇。请闭上眼睛想：一个老城，有山有水，全在天底下晒着阳光，暖和安适地睡着，只等春风来把它们唤醒，这是不是理想的境界？小山整把济南围了个圈儿，只有北边缺着点口儿。这一圈小山在冬天特别可爱，好像是把济南放在一个小摇篮里，它们安静不动地低声地说："你们放心吧，这儿准保暖和。"济南的人们在冬天是面上含笑的。他们一看那些小山，心中便觉得有了着落，有了依靠。他们由天上看到山上，便不知不觉地想起："明天也许就是春天了吧？这样的温暖，今天夜里山草也许就绿起来了吧？"就是这点幻想不能一时实现，他们也并不着急，因为这样慈善的冬天，干什么还希望别的呢！

最妙的是下点儿小雪呀。看吧，山上的矮松越发的青黑，//树尖儿上顶着一髻儿白花，好像日本看护妇。山尖儿全白了，给蓝天镶上一道银边。山坡上，有的地方雪厚点儿，有的地方草色还露着；这样，一道儿白，一道儿暗黄，给山们穿上一件带水纹儿的花衣；看着看着，这件花衣好像被风儿吹动，叫你希望看见一点儿更美的山的肌肤。等到快日落的时候，微黄的阳光斜射在山腰上，那点薄雪好像忽然害羞，微微露出点粉色。就是下小雪吧，济南是受不住大雪的，那些小山太秀气。

（节选自老舍《济南的冬天》）

作品18号

纯朴的家乡村边有一条河，曲曲弯弯，河中架一弯石桥，弓样的小桥横跨两岸。

每天，不管是鸡鸣晓月，日丽中天，还是月华泻地，小桥都印下串串足迹，洒落串串汗珠。那是乡亲为了追求多棱的希望，兑现美好的遐想。弯弯小桥，不时荡过轻吟低唱，不时露出舒心的笑容。

因而，我稚小的心灵，曾将心声献给小桥：你是一弯银色的新月，给人间普照光辉；你是一把闪亮的镰刀，割刈着欢笑的花果；你是一根晃悠悠的扁担，挑起了彩色的明天！哦，小桥走进我的梦中。

我在漂泊他乡的岁月，心中总涌动着故乡的河水，梦中总看到弓样的小桥。当我访南疆探北国，眼帘闯进座座雄伟的长桥时，我的梦变得丰满了，增添了赤橙黄绿青蓝紫。

三十多年过去，我带着满头霜花回到故乡，第一紧要的便是去看望小桥。

啊！小桥呢？它躲起来了？河中一道长虹，浴着朝霞熠熠闪光。哦，雄浑的大桥敞开胸怀，汽车的呼啸、摩托的笛音、自行车的叮铃，合奏着进行交响乐；南来的钢筋、花布，北往的柑橙、家禽，绘出交流欢跃图……

啊！蜕变的桥，传递着家乡进步的消息，透露了家乡富裕的声音。时代的春风，美好的追求，我蓦地记起儿时唱//给小桥的歌，哦，明艳艳的太阳照耀了，芳香甜蜜的花果捧来了，五彩斑斓的岁月拉开了！

第七章　普通话水平测试

我心中涌动的河水，激荡起甜美的浪花。我仰望一碧蓝天，心底轻声呼喊：家乡的桥啊，我梦中的桥！

(节选自郑莹《家乡的桥》)

作品 19 号

三百多年前，建筑设计师莱伊恩受命设计了英国温泽市政府大厅。他运用工程力学的知识，依据自己多年的实践，巧妙地设计了只用一根柱子支撑的大厅天花板。一年以后，市政府权威人士进行工程验收时，却说只用一根柱子支撑天花板太危险，要求莱伊恩再多加几根柱子。

莱伊恩自信只要一根紧固的柱子足以保证大厅安全，他的"固执"惹恼了市政官员，险些被送上法庭。他非常苦恼，坚持自己原先的主张吧，市政官员肯定会另找人修改设计；不坚持吧，又有悖自己为人的准则，矛盾了很长一段时间，莱伊恩终于想出了一条妙计，他在大厅里增加了四根柱子，不过这些柱子并未与天花板接触，只不过是装装样子。

三百多年过去了，这个秘密始终没有被人发现。直到前两年，市政府准备修缮大厅的天花板，才发现莱伊恩当年的"弄虚作假"。消息传出后，世界各国的建筑专家和游客云集，当地政府对此也不加掩饰，在新世纪到来之际，特意将大厅作为一个旅游景点对外开放，旨在引导人们崇尚和相信科学。

作为一名建筑师，莱伊恩并不是最出色的。但作为一个人，他无疑非常伟大，这种//伟大表现在他始终恪守着自己的原则，给高贵的心灵一个美丽的住所：哪怕是遭遇到最大的阻力，也要想办法抵达胜利。

(节选自游宇明《坚守你的高贵》)

作品 20 号

自从传言有人在萨文河畔散步时无意发现了金子后，这里便常有来自四面八方的淘金者。他们都想成为富翁，于是寻遍了整个河床，还在河床上挖出很多大坑，希望借助它们找到更多的金子。的确，有一些人找到了，但另外一些人因为一无所得而只好扫兴归去。

也有不甘心落后的，便驻扎在这里，继续寻找。彼得·弗雷特就是其中一员。他在河床附近买了一块没人要的土地，一个人默默地工作。他为了找金子，已把所有的钱都押在这块土地上。他埋头苦干了几个月，直到土地全变成了坑坑洼洼，他失望了——他翻遍了整块土地，但连一丁点儿金子都没看见。

六个月后，他连买面包的钱都没有了。于是他准备离开这儿到别处去谋生。

就在他即将离去的前一个晚上，天下起了倾盆大雨，并且一下就是三天三夜。雨终于停了，彼得走出小木屋，发现眼前的土地看上去好像和以前不一样：坑坑洼洼已被大水冲刷平整，松软的土地上长出一层绿茸茸的小草。

"这里没找到金子，"彼得忽有所悟地说，"但这土地很肥沃，我可以用来种花，并且拿到镇上去卖给那些富人，他们一定会买些花装扮他们华丽的客//厅。如果真是这样的话，那么我一定会赚许多钱。有朝一日我也会成为富人……"

于是他留了下来。彼得花了不少精力培育花苗，不久田地里长满了美丽娇艳的各色鲜花。

五年以后，彼得终于实现了他的梦想——成了一个富翁。"我是唯一一个找到真金的人！"他时常不无骄傲地告诉别人，"别人在这儿找不到金子后便远远地离开，而我的'金子'是在这块土地里，只有诚实的人用勤劳才能采集到。"

(节选自陶猛译《金子》)

作品 21 号

我在加拿大学习期间遇到过两次募捐，那情景至今使我难以忘怀。

一天，我在渥太华的街上被两个男孩子拦住去路，他们十来岁，穿得整整齐齐，每人头上戴着个做工精巧、色彩鲜艳的纸帽，上面写着"为帮助患小儿麻痹的伙伴募捐"。其中的一个，不由分说就坐在小凳上给我擦起皮鞋来，另一个则彬彬有礼地发问："小姐，您是哪国人？喜欢渥太华吗？""小姐，在你们国家有没有小孩儿患小儿麻痹？谁给他们医疗费？"一连串的问题，使我这个有生以来头一次在众目睽睽之下让别人擦鞋的异乡人，从近乎狼狈的窘态中解脱出来。我们像朋友一样聊起天来……

几个月之后，也是在街上。一些十字路口处或车站坐着几位老人。他们满头银发，身穿各种老式军装，上面布满了大大小小形形色色的徽章、奖章，每人手捧一大束鲜花。有水仙、石竹、玫瑰及叫不出名字的，一色雪白。匆匆过往的行人纷纷止步，把钱投进这些老人身旁的白色木箱内，然后向他们微微鞠躬，从他们手中接过一朵花。我看了一会儿，有人投一两元，有人投几百元，还有人掏出支票填好后投进木箱。那些老军人毫不注意人们捐多少钱，一直不//停地向人们低声道谢。同行的朋友告诉我，这是为纪念二次大战中参战的勇士，募捐救济残废军人和烈士遗孀，每年一次；认捐的人可谓踊跃，而且秩序井然，气氛庄严。有些地方，人们还耐心地排着队。我想，这是因为他们都知道：正是这些老人们的流血牺牲换来了包括他们信仰自由在内的许许多多。

我两次把那微不足道的一点钱捧给他们，只想对他们说声"谢谢"。

(节选自青白《捐诚》)

作品 22 号

没有一片绿叶，没有一缕炊烟，没有一粒泥土，没有一丝花香，只有水的世界，云的海洋。

一阵台风袭过，一只孤单的小鸟无家可归，落到被卷到洋里的木板上，乘流而下，姗姗而来，近了，近了！……

忽然，小鸟张开翅膀，在人们头顶盘旋了几圈，"噗啦"一声落到了船上。许是累了？还是发现了"新大陆"？水手撵它它不走，抓它，它乖乖地落在掌心。可爱的小鸟和善良的水手结成了朋友。

瞧，它多美丽，娇巧的小嘴，啄理着绿色的羽毛，鸭子样的扁脚，呈现出春草的鹅黄。水手们把它带到舱里，给它"搭铺"，让它在船上安家落户，每天，把分到的一塑料桶淡水匀给它喝，把从祖国带来的鲜美的鱼肉分给它吃，天长日久，小鸟和水手的感情日趋笃厚。清晨，当第一束阳光射进舷窗时，它便敞开美丽的歌喉，唱啊唱，嘤嘤有韵，宛如春水淙淙。人类给它以生命，它毫不悭吝地把自己的艺术青春奉献给了哺育它的人。可能都是这样？艺术家们的青春只会献给尊敬他们的人。

小鸟给远航生活蒙上了一层浪漫色调，返航时，人们爱不释手，恋恋不舍地想把它带到异乡。可小鸟憔悴了，给水，不喝！喂肉，不吃！油亮的羽毛失去了光泽。是啊，我//们有自己的祖国，小鸟也有它的归宿，人和动物都是一样啊，哪儿也不如故乡好！

慈爱的水手们决定放开它，让它回到大海的摇篮去，回到蓝色的故乡去。离别前，这个大自然的朋友与水手们留影纪念。它站在许多人的头上，肩上，掌上，胳膊上，与喂养过它的人们，一起融进那蓝色的画面……

(节选自王文杰《可爱的小鸟》)

作品23号

纽约的冬天常有大风雪，扑面的雪花不但令人难以睁开眼睛，甚至呼吸都会吸入冰冷的雪花。有时前一天晚上还是一片晴朗，第二天拉开窗帘，却已经积雪盈尺，连门都推不开了。

遇到这样的情况，公司、商店常会停止上班，学校也通过广播，宣布停课。但令人不解的是，唯有公立小学，仍然开放。只见黄色的校车，艰难地在路边接孩子，老师则一大早就口中喷着热气，铲去车子前后的积雪，小心翼翼地开车去学校。

据统计，十年来纽约的公立小学只因为超级暴风雪停过七次课。这是多么令人惊讶的事。犯得着在大人都无须上班的时候让孩子去学校吗？小学的老师也太倒霉了吧？

于是，每逢大雪而小学不停课时，都有家长打电话去骂。妙的是，每个打电话的人，反应全一样——先是怒气冲冲地骂，然后满口道歉，最后笑容满面地挂上电话。原因是，学校告诉家长：

在纽约有许多百万富翁，但也有不少贫困的家庭。后者白天开不起暖气，供不起午餐，孩子的营养全靠学校里免费的中饭，甚至可以多拿些回家当晚餐。学校停课一天，穷孩子就受一天冻，挨一天饿，所以老师们宁愿自己苦一点儿，也不能停课。//

或许有家长会说：何不让富裕的孩子在家里，让贫穷的孩子去学校享受暖气和营养午餐呢？

学校的答复是：我们不愿让那些穷苦的孩子感到他们是在接受救济，因为施舍的最高原则是保持受施者的尊严。

(节选自(台湾)刘墉《课不能停》)

作品24号

十年，在历史上不过是一瞬间。只要稍加注意，人们就会发现：在这一瞬间里，各种事物都悄悄经历了自己的千变万化。

这次重新访日，我处处感到亲切和熟悉，也在许多方面发觉了日本的变化。就拿奈良的一个角落来说吧，我重游了为之感受很深的唐招提寺，在寺内各处匆匆走了一遍，庭院依旧，但意想不到还看到了一些新的东西。其中之一，就是近几年从中国移植来的"友谊之莲"。

在存放鉴真遗像的那个院子里，几株中国莲昂然挺立，翠绿的宽大荷叶正迎风而舞，显得十分愉快。开花的季节已过,荷花朵朵已变为莲蓬累累。莲子的颜色正在由青转紫,看来已经成熟了。

我禁不住想:"因"已转化为"果"。

中国的莲花开在日本,日本的樱花开在中国,这不是偶然。我希望这样一种盛况延续不衰。可能有人不欣赏花,但决不会有人欣赏落在自己面前的炮弹。

在这些日子里,我看到了不少多年不见的老朋友,又结识了一些新朋友。大家喜欢涉及的话题之一,就是古长安和古奈良。那还用得着问吗,朋友们缅怀过去,正是瞩望未来。瞩目于未来的人们必将获得未来。

我不例外,也希望一个美好的未来。

为//了中日人民之间的友谊,我将不浪费今后生命的每一瞬间。

(节选自严文井《莲花和樱花》)

作品25号

梅雨潭闪闪的绿色招引着我们;我们开始追捉她那离合的神光了。揪着草,攀着乱石,小心控身下去,又鞠躬过了一个石穹门,便到了汪汪一碧的潭边了。

瀑布在襟袖之间;但我的心中已没有瀑布了。我的心随潭水的绿而摇荡。那醉人的绿呀!仿佛一张极大极大的荷叶铺着,满是奇异的绿呀。我想张开两臂抱住她;但这是怎样一个妄想呀。

站在水边,望到那面,居然觉着有些远呀!这平铺着,厚积着的绿,着实可爱。她松松地皱缬着,像少妇拖着的裙幅;她轻轻地摆弄着,像跳动的初恋的处女的心;她滑滑的明亮着,像涂了"明油"一般,有鸡蛋清那样软,那样嫩,令人想着所曾触过的最嫩的皮肤;她又不杂些儿尘滓,宛然一块温润的碧玉,只清清的一色——但你却看不透她!

我曾见过北京什刹海拂地的绿杨,脱不了鹅黄的底子,似乎太淡了。我又曾见过杭州虎跑寺近旁高峻而深密的"绿壁",丛叠着无穷的碧草与绿叶的,那又似乎太浓了。其余呢,西湖的波太明了,秦淮河的也太暗了。可爱的,我将什么来比拟你呢?我怎么比拟得出呢?大约潭是很深的,故能蕴蓄着这样奇异的绿;仿佛蔚蓝的天融了一块在里面似的,这才这般的鲜润呀。

那醉人的绿呀!我若能裁你以为带,我将赠给那轻盈的//舞女;她必能临风飘举了。我若能挹你以为眼,我将赠给那善歌的盲妹;她必能明眸善睐了。我舍不得你;我怎舍得你呢?我用手拍着你,抚摩着你,如同一个十二三岁的小姑娘。我又掬你入口,便是吻着她了。我送你一个名字,我从此叫你"女儿绿",好么?

我第二次到仙岩的时候,我不禁惊诧于梅雨潭的绿了。

(节选自朱自清《绿》)

作品26号

我们家的后园有半亩空地,母亲说:"让它荒着怪可惜的,你们那么爱吃花生,就开辟出来种花生吧。"我们姐弟几个都很高兴,买种,翻地,播种,浇水,没过几个月,居然收获了。

母亲说:"今晚我们过一个收获节,请你们父亲也来尝尝我们的新花生,好不好?"我们都说好。母亲把花生做成了好几样食品,还吩咐就在后园的茅亭里过这个节。

晚上天色不太好,可是父亲也来了,实在很难得。

父亲说:"你们爱吃花生么?"

我们争着答应:"爱!"

"谁能把花生的好处说出来?"

姐姐说:"花生的味美。"

哥哥说:"花生可以榨油。"

我说:"花生的价钱便宜,谁都可以买来吃,都喜欢吃。这就是它的好处。"

父亲说:"花生的好处很多,有一样最可贵,它的果实埋在地里,不像桃子、石榴、苹果那样,把鲜红嫩绿的果实高高地挂在枝头上,使人一见就生爱慕之心。你们看它矮矮地长在地上,等到成熟了,也不能立刻分辨出来它有没有果实,必须挖出来才知道。"

我们都说是,母亲也点点头。

父亲接下去说:"所以你们要像花生,它虽然不好看,可是很有用,不是外表好看而没有实用的东西。"

我说:"那么,人要做有用的人,不要做只讲体面,而对别人没有好处的人了。" //

父亲说:"对。这是我对你们的希望。"

我们谈到夜深才散。花生做的食品都吃完了,父亲的话却深深地印在我的心上。

(节选自许地山《落花生》)

作品 27 号

我打猎回来,沿着花园的林荫路走着,狗跑在我的前面。

忽然,狗放慢脚步,蹑足潜行,好像嗅到了前边有什么野物。

我顺着林荫路望去,见有一只嘴边还带着黄色,头上生着柔毛的小麻雀。风猛烈地吹打着林荫路上的白桦树,麻雀从巢里跌落下来,呆呆地伏在地上,孤立无援地张开两只羽毛还未丰满的小翅膀。

我的狗慢慢向它靠近,忽然,从附近的树上飞下一只黑胸脯的老麻雀,像一颗石子似的落到狗的跟前。老麻雀全身倒竖着羽毛,惊恐万状,发出绝望、凄惨的叫声,接着向露出牙齿、大张着的狗嘴扑去。

老麻雀是猛扑下来救护幼雀的。它用身体掩护着自己的幼儿……但它整个小小的身体因恐怖而战栗着,它小小的声音也变得粗暴嘶哑,它在牺牲自己!

在它看来,这狗是多么庞大的怪物啊!然而它还是不能站在自己高高的安全的树枝上……一种比它的理智更强烈的力量,使它从那儿扑下身来。

我的狗站住了,向后退了退……看来,它也感到了这种力量。

我赶紧唤住惊惶失措的狗,然后我怀着崇敬的心情,走开了。

是啊,请不要见笑。我崇敬那只小小的、英勇的鸟儿,我崇敬它那种爱的冲动和力量。

爱，我想，比死//和死的恐惧更强大，只有依靠它，依靠这种爱，生命才能维持下去，发展下去。

(节选自[俄]屠格涅夫《麻雀》，巴金译)

作品 28 号

那年我 6 岁。离我家仅一箭之遥的小山坡旁，有一个早已被废弃的采石场，双亲从来不准我去那儿，其实那儿风景十分迷人。

一个夏季的下午，我随着一群小伙伴偷偷上那儿去了。就在我们穿越了一条孤寂的小路后，他们却把我一个人留在原地，然后奔向"更危险的地带"了。

等他们走后，我惊慌失措地发现，再也找不到要回家的那条孤寂的小道了。像只无头的苍蝇，我到处乱钻，衣裤上挂满了芒刺。太阳已落山，而此时此刻，家里一定开始吃晚餐了，双亲正盼着我回家……想着想着，我不由得背靠着一棵树，伤心地呜呜大哭起来……

突然，不远处传来了声声柳笛。我像找到了救星，急忙循声走去。一条小道边的树桩上坐着一位吹笛人，手里还正削着什么。走近细看，他不就是被大家称为"乡巴佬"的卡廷吗？

"你好，小家伙儿，"卡廷说，"看天气多美，你是出来散步的吧？"

我怯生生地点点头，答道："我要回家了。"

"请耐心等上几分钟，"卡廷说，"瞧，我正在削一支柳笛，差不多就要做好了，完工后就送给你吧！"

卡廷边削边不时把尚未成形的柳笛放在嘴里试吹一下。没过多久，一支柳笛便递到我手中。我俩在一阵阵清脆悦耳的笛音//中，踏上了归途……

当时，我心中只充满感激，而今天，当我自己也成了祖父时，却突然领悟到他用心之良苦！那天当他听到我的哭声时，便判定我一定迷了路，但他并不想在孩子面前扮演"救星"的角色，于是吹响柳笛以便让我能发现他，并跟着他走出困境！卡廷先生以乡下人的纯朴，保护了一个小男孩强烈的自尊。

(节选自唐若水译《迷途笛音》)

作品 29 号

在浩瀚无垠的沙漠里，有一片美丽的绿洲，绿洲里藏着一颗闪光的珍珠。这颗珍珠就是敦煌莫高窟。它坐落在我国甘肃省敦煌市三危山和鸣沙山的怀抱中。

鸣沙山东麓是平均高度为十七米的崖壁。在一千六百多米长的崖壁上，凿有大小洞窟七百余个，形成了规模宏伟的石窟群。其中四百九十二个洞窟中，共有彩色塑像两千一百余尊，各种壁画共四万五千多平方米。莫高窟是我国古代无数艺术匠师留给人类的珍贵文化遗产。

莫高窟的彩塑，每一尊都是一件精美的艺术品。最大的有九层楼那么高，最小的还不如一个手掌大。这些彩塑个性鲜明，神态各异。有慈眉善目的菩萨，有威风凛凛的天王，还有强壮勇猛的力士……

莫高窟壁画的内容丰富多彩,有的是描绘古代劳动人民打猎、捕鱼、耕田、收割的情景,有的是描绘人们奏乐、舞蹈、演杂技的场面,还有的是描绘大自然的美丽风光。其中最引人注目的是飞天。壁画上的飞天,有的臂挎花篮,采摘鲜花;有的反弹琵琶,轻拨银弦;有的倒悬身子,自天而降;有的彩带飘拂,漫天遨游;有的舒展着双臂,翩翩起舞。看着这些精美动人的壁画,就像走进了//灿烂辉煌的艺术殿堂。

莫高窟里还有一个面积不大的洞窟——藏经洞。洞里曾藏有我国古代的各种经卷、文书、帛画、刺绣、铜像等共六万多件。由于清朝政府腐败无能,大量珍贵的文物被外国强盗掠走。仅存的部分经卷,现在陈列于北京故宫等处。

莫高窟是举世闻名的艺术宝库。这里的每一尊彩塑、每一幅壁画、每一件文物,都是中国古代人民智慧的结晶。

(节选自小学《语文》第六册中《莫高窟》)

作品 30 号

其实你在很久以前并不喜欢牡丹,因为它总被人作为富贵膜拜。后来你目睹了一次牡丹的落花,你相信所有的人都会为之感动:一阵清风徐来,妖艳鲜嫩的盛期牡丹忽然整朵整朵地坠落,铺撒一地绚丽的花瓣。那花瓣落地时依然鲜艳夺目,如同一只奉上祭坛的大鸟脱落的羽毛,低吟着壮烈的悲歌离去。

牡丹没有花谢花败之时,要么烁于枝头,要么归于泥土,它跨越委顿和衰老,由青春而死亡,由美丽而消遁。它虽美却不吝惜生命,即使告别也要展示给人最后一次的惊心动魄。

所以在这阴冷的四月里,奇迹不会发生。任凭游人扫兴和诅咒,牡丹依然安之若素。它不苟且、不俯就、不妥协、不媚俗,甘愿自己冷落自己。它遵循自己的花期自己的规律,它有权利为自己选择每年一度的盛大节日。它为什么不拒绝寒冷?

天南海北的看花人,依然络绎不绝地涌入洛阳城。人们不会因牡丹的拒绝而拒绝它的美。如果它再被贬谪十次,也许它就会繁衍出十个洛阳牡丹城。

于是你在无言的遗憾中感悟到,富贵与高贵只是一字之差。同人一样,花儿也是有灵性的,更有品位之高低。品位这东西为气为魂为//筋骨为神韵,只可意会。你叹服牡丹卓尔不群之姿,方知品位是多么容易被世俗忽略或是漠视的美。

(节选自张抗抗《牡丹的拒绝》)

作品 31 号

森林涵养水源,保持水土,防止水旱灾害的作用非常大。据专家测算,一片十万亩面积的森林,相当于一个两百万立方米的水库,这正如农谚所说的:"山上多栽树,等于修水库。雨多它能吞,雨少它能吐。"

说起森林的功劳,那还多得很。它除了为人类提供木材及许多种生产、生活的原料之外,在维护生态环境方面也是功劳卓著,它用另一种"能吞能吐"的特殊功能孕育了人类。因为地球在形成之初,大气中的二氧化碳含量很高,氧气很少,气温也高,生物是难以生存的。大约在四亿年之前,陆地才产生了森林。森林慢慢将大气中的二氧化碳吸收,同时吐出新鲜氧气,调节气温:这才具备了人类生存的条件,地球上才最终有了人类。

森林,是地球生态系统的主体,是大自然的总调度室,是地球的绿色之肺。森林维护地球生态环境的这种"能吞能吐"的特殊功能是其他任何物体都不能取代的。然而,由于地球上的燃烧物增多,二氧化碳的排放量急剧增加,使得地球生态环境急剧恶化,主要表现为全球气候变暖,水分蒸发加快,改变了气流的循环,使气候变化加剧,从而引发热浪、飓风、暴雨、洪涝及干旱。

为了//使地球的这个"能吞能吐"的绿色之肺能恢复健壮,以改善生态环境,抑制全球变暖,减少水旱等自然灾害,我们应该大力造林、护林,使每一座荒山都绿起来。

(节选自《中考语文课外阅读试题精选》中《"能吞能吐"的森林》)

作品32号

朋友即将远行。暮春时节,又邀了几位朋友在家小聚,虽然都是极熟的朋友,却是终年难得一见,偶尔电话里相遇,也无非是几句寻常话。一锅小米稀饭,一碟大头菜,一盘自家酿制的泡菜,一只巷口买回的烤鸭,简简单单,不像请客,倒像家人团聚。

其实,友情也好,爱情也好,久而久之都会转化为亲情。

说也奇怪,和新朋友会谈文学、谈哲学、谈人生道理,等等,和老朋友却只话家常,柴米油盐、细细碎碎,种种琐事。很多时候,心灵的契合已经不需要太多的言语来表达。

朋友新烫了个头,不敢回家见母亲,恐怕惊骇了老人家,却欢天喜地来见我们,老朋友颇能以一种趣味性的眼光欣赏这个改变。

年少的时候,我们差不多都在为别人而活,为苦口婆心的父母活,为循循善诱的师长活,为许多观念、许多传统的约束力而活。年岁逐增,渐渐挣脱外在的限制与束缚,开始懂得为自己活,照自己的方式做一些自己喜欢的事,不在乎别人的批评意见,不在乎别人的诋毁流言,只在乎那一份随心所欲的舒坦自然。偶尔,也能够纵容自己放浪一下,并且有一种恶作剧的窃喜。

就让生命顺其自然,水到渠成吧,犹如窗前的//乌桕,自生自落之间,自有一份圆融丰满的喜悦。春雨轻轻落着,没有诗,没有酒,有的只是一份相知相属的自在自得。

夜色在笑语中渐渐沉落,朋友起身告辞,没有挽留,没有送别,甚至也没有问归期。

已经过了大喜大悲的岁月,已经过了伤感流泪的年华,知道了聚散原来是这样的自然和顺理成章,懂得这点,便懂得珍惜每一次相聚的温馨,离别便也欢喜。

(节选自(台湾)杏林子《朋友和其他》)

作品33号

我们在田野散步:我,我的母亲,我的妻子和儿子。

母亲本不愿出来的。她老了,身体不好,走远一点儿就觉得很累。我说,正因为如此,才应该多走走。母亲信服地点点头,便去拿外套。她现在很听我的话,就像我小时候很听她的话一样。

这南方初春的田野,大块小块的新绿随意地铺着,有的浓,有的淡,树上的嫩芽也密了,田里的冬水也咕咕地起着水泡。这一切都使人想着一样东西——生命。

我和母亲走在前面,我的妻子和儿子走在后面。小家伙突然叫起来:"前面是妈妈和儿子,后面也是妈妈和儿子。"我们都笑了。

后来发生了分歧,母亲要走大路,大路平顺;我的儿子要走小路,小路有意思。不过,一切都取决于我。我的母亲老了,她早已习惯听从她强壮的儿子;我的儿子还小,他还习惯听从他高大的父亲;妻子呢,在外面,她总是听我的。一霎时我感到了责任的重大。我想找一个两全的办法,找不出;我想拆散一家人,分成两路,各得其所,终不愿意。我决定委屈儿子,因为我伴同他的时日还长。我说:"走大路。"

但是母亲摸摸孙儿的小脑瓜,变了主意:"还是走小路吧。"她的眼随小路望去:那里有金色的菜花,两行整齐的桑树,//尽头一口水波粼粼的鱼塘。"我走不过去的地方,你就背着我。"母亲对我说。

这样,我们在阳光下,向着那菜花、桑树和鱼塘走去。到了一处,我蹲下来,背起了母亲;妻子也蹲下来,背起了儿子。我和妻子都是慢慢地,稳稳地,走得很仔细,好像我背上的同她背上的加起来,就是整个世界。

(节选自莫怀戚《散步》)

作品 34 号

地球上是否真的存在"无底洞"?按说地球是圆的,由地壳、地幔和地核三层组成,真正的"无底洞"是不应存在的,我们所看到的各种山洞、残品、裂缝,甚至火山口也都只是地壳浅部的一种现象。然而中国一些古籍却多次提到海外有个深奥莫测的无底洞。事实上地球上确实有这样一个"无底洞"。

它位于希腊亚各斯古城的海滨。由于濒临大海,大涨潮时,汹涌的海水便会排山倒海般地涌入洞中,形成一股湍湍的急流。据测,每天注入洞内的海水量达三万多吨。奇怪的是,如此大量的海水灌入洞中,却从来没有把洞灌满。曾有人怀疑,这个"无底洞"会不会就像石灰岩地区的漏斗、竖井、落水洞一类的地形。然而从十二世纪三十年代以来,人们就做了多种努力企图寻找它的出口,却都是枉费心机。

为了揭开这个秘密,一九五八年美国地理学会派出一支考察队,他们把一种经久不变的带色染料溶解在海水中,观察染料是如何随着海水一起沉下去的。接着又察看了附近海面以及岛上的各条河、湖,满怀希望地寻找这种带颜色的水,结果令人失望。难道是海水量太大把有色水稀释得太淡,以致无法发现? //

至今谁也不知道为什么这里的海水会没完没了地"漏"下去,这个"无底洞"的出口又在哪里,每天大量的海水究竟都流到哪里去了?

(节选自罗伯特·罗威尔《神秘的"无底洞"》)

作品 35 号

我在俄国所见到的景物再没有比托尔斯泰墓更宏伟、更感人的了。

完全按照托尔斯泰的愿望;他的墓成了世间最美的、给人印象最深刻的、最感人的坟墓。它只是树林中的一个小小的长方形土丘,上面开满鲜花——没有十字架,没有墓碑,

157

没有墓志铭,连托尔斯泰这个名字也没有。

这个比谁都感到受自己的声名所累的伟人,却像偶尔被发现的流浪汉,不为人知的士兵,不留名姓地被人埋葬了。谁都可以踏进他最后的安息地,围在四周的稀疏的木栅栏是不关闭的——保护列夫·托尔斯泰得以安息的没有任何别的东西,唯有人们的敬意;而通常,人们却总是怀着好奇,去破坏伟人墓地的宁静。

这里,逼人的朴素禁锢住任何一种观赏的闲情,并且不容许你大声说话。风儿俯临,在这座无名者之墓的树木之间飒飒响着,和暖的阳光在坟头嬉戏;冬天,白雪温柔地覆盖这片幽暗的土地。无论你在夏天还是冬天经过这儿,你都想象不到,这个小小的、隆起的长方体里安放着一位当代最伟大的人物。

然而,恰恰是这座不留姓名的坟墓,比所有挖空心思用大理石和奢华装饰建造的坟墓更扣人心弦。在今天这个特殊的日子//里,到他的安息地来的成百上千人中间,没有一个有勇气,哪怕仅仅从这幽暗的土丘上摘下一朵花留作纪念。人们重新感到,世界上再没有比托尔斯泰最后留下的、这座纪念碑式的朴素坟墓,更打动人心的了。

(节选自[奥]茨威格《世间最美的坟墓》,张仁厚译)

作品36号

我国的建筑,从古代的宫殿到近代的一般住房,绝大部分是对称的,左边怎么样,右边怎么样。苏州园林可绝不讲究对称,好像故意避免似的。东边有了一个亭子或者一道回廊,西边决不会来一个同样的亭子或者一道同样的回廊。这是为什么?我想,用图画来比方,对称的建筑是图案画,不是美术画,而园林是美术画,美术画要求自然之趣,是不讲究对称的。

苏州园林里都有假山和池沼。

假山的堆叠,可以说是一项艺术而不仅是技术。或者是重峦叠嶂,或者是几座小山配合着竹子花木,全在乎设计者和匠师们生平多阅历,胸中有丘壑,才能使浏览者攀登的时候忘却苏州城市,只觉得身在山间。

至于池沼,大多引用活水。有些园林池沼宽敞,就把池沼作为全园的中心,其他景物配合着布置。水面假如成河道模样,往往安排桥梁。假如安排两座以上的桥梁,那就一座一个样,决不雷同。

池沼或河道的边沿很少砌齐整的石岸,总是高低屈曲任其自然。还在那儿布置几块玲珑的石头,或者种些花草。这也是为了取得从各个角度看都成一幅画的效果。池沼里养着金鱼或各色鲤鱼,夏秋季节荷花或睡莲开//放,浏览者看"鱼戏莲叶"间,又是入画的一景。

(节选自叶圣陶《苏州园林》)

作品37号

一位访美中国女作家,在纽约遇到一位卖花的老太太。老太太穿着破旧,身体虚弱,但脸上的神情却是那样祥和兴奋。女作家挑了一朵花说:"看起来,你很高兴。"老太太面带微笑地说:"是的,一切都这么美好,我为什么不高兴呢?""对烦恼,你倒真能看

得开。"女作家又说了一句。没料到,老太太的回答更令女作家大吃一惊:"耶稣在星期五被钉上十字架时,是全世界最糟糕的一天,可三天后就是复活节。所以,当我遇到不幸时,就会等待三天,这样一切就恢复正常了。"

"等待三天",多么富于哲理的话语,多么乐观的生活方式。它把烦恼和痛苦抛下,全力去收获快乐。

沈从文在"文革"期间,陷入了非人的境地。可他毫不在意,他在咸宁时给他的表侄、画家黄永玉写信说:"这里的荷花真好,你若来……"身陷苦难却仍为荷花的盛开欣喜赞叹不已,这是一种趋于澄明的境界,一种旷达洒脱的胸襟,一种面临磨难坦荡从容的气度。一种对生活童子般的热爱和对美好事物无限向往的生命情感。

由此可见,影响一个人快乐的,有时并不是困境及磨难,而是一个人的心态。如果把自己浸泡在积极、乐观、向上的心态中,快乐必然会//占据你的每一天。

(节选自《态度创造快乐》)

作品 38 号

泰山极顶看日出,历来被描绘成十分壮观的奇景。有人说:登泰山而看不到日出,就像一出大戏没有戏眼,味儿终究有点寡淡。

我去爬山那天,正赶上个难得的好天,万里长空,云彩丝儿都不见,素常,烟雾腾腾的山头,显得眉目分明。同伴们都欣喜地说:"明儿早晨准可以看见日出了。"我也是抱着这种想头,爬上山去。

一路上从山脚往上爬,细看山景,我觉得挂在眼前的不是五岳独尊的泰山,却像一幅规模惊人的青绿山水画,从下面倒展开来。在画卷中最先露出的是山根底那座明朝建筑岱宗坊,慢慢地便现出王母池、斗母宫、经石峪。……山是一层比一层深,一叠比一叠奇,层层叠叠,不知还会有多深多奇。万山丛中,时而点染着极其工细的人物。王母池旁边吕祖殿里有不少尊明塑,塑着吕洞宾等一些人,姿态神情是那样有生气,你看了,不禁会脱口赞叹说:"活啦。"

画卷继续展开,绿荫森森的柏洞露面不太久,便来到对松山。两面奇峰对峙着,满山峰都是奇形怪状的老松,年纪怕都上千岁了,颜色竟那么浓,浓得好像要流下来似的。来到这儿你不妨权当一次画里的写意人物,坐在路旁的对松亭里,看看山色,听听流//水和松涛。

一时间,我又觉得自己不仅是在看画卷,却又像是在零零乱乱翻动着一卷历史稿本。

(节选自杨朔《泰山极顶》)

作品 39 号

育才小学校长陶行知在校园看到学生王友用泥块砸自己班上的同学,陶行知当即喝止了他,并令他放学后到校长室去。无疑,陶行知是要好好教育这个"顽皮"的学生。那么他是如何教育的呢?

放学后,陶行知来到校长室,王友已经等在门口准备挨训了。可一见面,陶行知却掏出一块糖果送给王友,并说:"这是奖给你的,因为你按时来到这里,而我却迟到了。"

王友惊疑地接过糖果。

随后，陶行知又掏出一块糖果放到他手里，说："这第二块糖果也是奖给你的，因为当我不让你再打人时，你立即就住手了，这说明你很尊敬我，我应该奖你。"王友更惊疑了，他眼睛睁得大大的。

陶行知又掏出第三块糖果塞到王友手里，说："我调查过了，你用泥块砸那些男生，是因为他们不守游戏规则，欺负女生；你砸他们，说明你很正直善良，且有批评不良行为的勇气，应该奖励你啊！"王友感动极了，他流着泪后悔地喊道："陶……陶校长你打我两下吧！我砸的不是坏人，而是自己的同学啊……"

陶行知满意地笑了，他随即掏出第四块糖果递给王友，说："为你正确地认识错误，我再奖给你一块糖果，只可惜我只有这一块糖果了。我的糖果//没有了，我看我们的谈话也该结束了吧！"说完，就走出了校长室。

（节选自《教师博览·百期精华》中《陶行知的"四块糖果"》）

作品 40 号

享受幸福是需要学习的，当幸福即将来临的时刻需要提醒。人可以自然而然地学会感官的享乐，却无法天生地掌握幸福的韵律。灵魂的快意同器官的舒适像一对孪生兄弟，时而相傍相依，时而南辕北辙。

幸福是一种心灵的震颤。它像会倾听音乐的耳朵一样，需要不断地训练。

简言之，幸福就是没有痛苦的时刻。它出现的频率并不像我们想象的那样少。人们常常只是在幸福的金马车已经驶过去很远，捡起地上的金鬃毛说，原来我见过它。

人们喜爱回味幸福的标本，却忽略幸福披着露水散发清香的时刻。那时候我们往往步履匆匆，瞻前顾后不知在忙着什么。

世上有预报台风的，有预报蝗虫的，有预报瘟疫的，有预报地震的。没有人预报幸福。其实幸福和世界万物一样，有它的征兆。

幸福常常是朦胧的，很有节制地向我们喷洒甘霖。你不要总希望轰轰烈烈的幸福，它多半只是悄悄地扑面而来。你也不要企图把水龙头拧得更大，使幸福很快地流失。你需要静静地以平和之心，体验它的真谛。

幸福绝大多数是朴素的。它不会像信号弹似的，在很高的天际闪烁红色的光芒。它披着本色外衣，亲切//温暖地包裹起我们。

幸福不喜欢喧嚣浮华，它常常在暗淡中降临。贫困中相濡以沫的一块糕饼，患难中心心相印的一个眼神，父亲一次粗糙的抚摸，女友一张温馨的字条……这都是千金难买的幸福啊。像一粒粒缀在旧绸子上的红宝石，在凄凉中愈发熠熠夺目。

（节选自毕淑敏《提醒幸福》）

作品 41 号

在里约热内卢的一个贫民窟里，有一个男孩子，他非常喜欢足球，可是又买不起，于是就踢塑料盒，踢汽水瓶，踢从垃圾箱里拣来的椰子壳。他在胡同里踢，在能找到的任何一片空地上踢。

有一天，当他在一处干涸的水塘里猛踢一个猪膀胱时，被一位足球教练看见了。他发现这个男孩儿踢得很像是那么回事，就主动提出要送给他一个足球。小男孩儿得到足球后踢得更卖劲了。不久，他就能准确地把球踢进远处随意摆放的一个水桶里。

圣诞节到了，孩子的妈妈说："我们没有钱买圣诞礼物送给我们的恩人，就让我们为他祈祷吧。"

小男孩儿跟随妈妈祈祷完毕，向妈妈要了一把铲子便跑了出去。他来到一座别墅前的花园里，开始挖坑。

就在他快要挖好坑的时候，从别墅里走出一个人来，问小孩儿在干什么，孩子抬起满是汗珠的脸蛋儿，说："教练，圣诞节到了，我没有礼物送给您，我愿给您的圣诞树挖一个树坑。"

教练把小男孩儿从树坑里拉上来，说，我今天得到了世界上最好的礼物。明天你就到我的训练场去吧。

三年后，这位十七岁的男孩儿在第六届足球锦标赛上独进二十一球，为巴西第一次捧回了金杯。一个原来不//为世人所知的名字——贝利，随之传遍世界。

（节选自刘燕敏《天才的造就》）

作品 42 号

记得我十三岁时，和母亲住在法国东南部的耐斯城。母亲没有丈夫，也没有亲戚，够清苦的，但她经常能拿出令人吃惊的东西，摆在我面前。她从来不吃肉，一再说自己是素食者。然而有一天，我发现母亲正仔细地用一小块碎面包擦那给我煎牛排用的油锅。我明白了她称自己为素食者的真正原因。

我十六岁时，母亲成了耐斯市美蒙旅馆的女经理。这时，她更忙碌了。一天，她瘫在椅子上，脸色苍白，嘴唇发灰。马上找来医生，做出诊断：她摄取了过多的胰岛素。直到这时我才知道母亲多年一直对我隐瞒的疾痛——糖尿病。

她的头歪向枕头一边，痛苦地用手抓挠胸口。床架上方，则挂着一枚我一九三二年赢得耐斯市少年乒乓球冠军的银质奖章。

啊，是对我的美好前途的憧憬支撑着她活下去，为了给她那荒唐的梦至少加一点真实的色彩，我只能继续努力，与时间竞争，直至一九三八年我被征入空军。巴黎很快失陷，我辗转调到英国皇家空军。刚到英国就接到了母亲的来信。这些信是由在瑞士的一个朋友秘密地转到伦敦，送到我手中的。

现在我要回家了，胸前佩戴着醒目的绿黑两色的解放十字绶//带，上面挂着五六枚我终生难忘的勋章，肩上还佩戴着军官肩章。到达旅馆时，没有一个人跟我打招呼。原来，我母亲在三年半以前就已经离开人间了。

在她死前的几天中，她写了近二百五十封信，把这些信交给她在瑞士的朋友，请这个朋友定时寄给我。就这样，在母亲死后的三年半的时间里，我一直从她身上吸取着力量和勇气——这使我能够继续战斗到胜利那一天。

（节选自[法]罗曼·加里《我的母亲独一无二》）

作品43号

生活对于任何人都非易事，我们必须有坚韧不拔的精神。最要紧的，还是我们自己要有信心。我们必须相信，我们对每一件事情都具有天赋的才能，并且，无论付出任何代价，都要把这件事完成，当事情结束的时候，你要能问心无愧地说："我已经尽我所能了。"

有一年的春天，我因病被迫在家里休息数周。我注视着我的女儿们所养的蚕正在结茧，这使我很感兴趣。望着这些蚕执着地、勤奋地工作，我感到我和它们非常相似。像它们一样，我总是耐心地把自己的努力集中在一个目标上。我之所以如此，或许是因为有某种力量在鞭策着我——正如蚕被鞭策着去结茧一般。

近五十年来，我致力于科学研究，而研究，就是对真理的探讨。我有许多美好快乐的记忆。少女时期我在巴黎大学，孤独地过着求学的岁月；在后来献身科学的整个时期，我丈夫和我专心致志，像在梦幻中一般，坐在简陋的书房里艰辛地研究，后来我们就在那里发现了镭。

我永远追求安静的工作和简单的家庭生活。为了实现这个理想，我竭力保持宁静的环境，以免受人事的干扰和盛名的拖累。

我深信，在科学方面我们有对事业而不是//对财富的兴趣。我的唯一奢望是在一个自由国家中，以一个自由学者的身份从事研究工作。

我一直沉醉于世界的优美之中，我所热爱的科学也不断增加它崭新的远景。我认定科学本身就具有伟大的美。

(节选自[波兰]玛丽·居里《我的信念》，剑捷译)

作品44号

我为什么非要教书不可？是因为我喜欢当教师的时间安排表和生活节奏。七、八、九三个月给我提供了进行回顾、研究、写作的良机，并将三者有机融合，而善于回顾、研究和总结正是优秀教师素质中不可缺少的成分。

干这行给了我多种多样的"甘泉"去品尝，找优秀的书籍去研读，到"象牙塔"和实际世界里去发现。教学工作给我提供和继续学习的时间保证，以及多种途径、机遇和挑战。

然而，我爱这一行的真正原因，是爱我的学生。学生们在我的眼前成长变化。当教师意味着亲历"创造"过程的发生——恰似亲手赋予一团泥土以生命，没有什么比目睹它开始呼吸更激动人心的了。

权利我也有了：我有权利去启发诱导，去激发智慧的火花，去问费心思考的问题，去赞扬回答的尝试，去推荐书籍，去指点迷津。还有什么别的权利能与之相比呢？

而且，教书还给我金钱和权利之外的东西，那就是爱心。不仅有对学生的爱，对书籍的爱，对知识的爱，还有教师才能感受到的对"特别"学生的爱。这些学生，有如冥顽不灵的泥块，由于接受了教师的炽爱才勃发了生机。

所以，我爱教书，还因为，在那些勃发生机的"特//别"学生身上，我有时发现自己和他们呼吸相通，忧乐与共。

(节选自[美]彼得基·贝得勒《我为什么当教师》)

作品 45 号

中国西部我们通常是指黄河与秦岭相连一线以西,包括西北和西南的二十个省、市、自治区。这块广袤的土地面积为五百四十六万平方公里,占国土总面积的百分之五十七;人口二点八亿,占全国总人口的百分之二十三。

西部是华夏文明的源头。华夏祖先的脚步是顺着水边走的:长江上游出土过元谋人牙齿化石,距今约一百七十万年;黄河中游出土过蓝田人头盖骨,距今约七十万年。这两处古人类都比距今约五十万年的北京猿人资格更老。

西部地区是华夏文明的重要发源地。秦皇汉武以后,东西方文化在这里交汇融合,从而有了丝绸之路的驼铃声,佛院深寺的暮鼓晨钟。敦煌莫高窟是世界文化史上的一个奇迹,它在继承汉晋艺术传统的基础上,形成了自己兼收并蓄的恢宏气度,展现出精美绝伦的艺术形式和博大精深的文化内涵。秦始皇兵马俑、西夏王陵、楼兰古国、布达拉宫、三星堆、大足石刻等历史文化遗产,同样为世界所瞩目,成为中华文化重要的象征。

西部地区又是少数民族及其文化的集萃地,几乎包括了我国所有的少数民族。在一些偏远的少数民族地区,仍保留//了一些久远时代的艺术品种,成为珍贵的"活化石",如纳西古乐、戏曲、剪纸、刺绣、岩画等民间艺术和宗教艺术。特色鲜明、丰富多彩,犹如一个巨大的民族民间文化艺术宝库。

我们要充分重视和利用这些得天独厚的资源优势,建立良好的民族民间文化生态环境,为西部大开发做出贡献。

(节选自《中考语文课外阅读试题精选》中《西部文化和西部开发》)

作品 46 号

高兴,这是一种具体的被看得到摸得着的事物所唤起的情绪。它是心理的,更是生理的。它容易来也容易去,谁也不应该对它视而不见失之交臂,谁也不应该总是做那些使自己不高兴也使旁人不高兴的事,让我们说一件最容易做也最令人高兴的事吧,尊重你自己,也尊重别人,这是每一个人的权利,我还要说这是每一个人的义务。

快乐,它是一种富有概括性的生存状态、工作状态。它几乎是先验的,它来自生命本身的活力,来自宇宙、地球和人间的吸引,它是世界的丰富、绚丽、阔大、悠久的体现。快乐还是一种力量,是埋在地下的根脉。消灭一个人的快乐比挖掘掉一棵大树的根要难得多。

欢欣,这是一种青春的、诗意的情感。它来自面向着未来伸开双臂奔跑的冲力,它来自一种轻松而又神秘、朦胧而又隐秘的激动。它是激情即将到来的预兆,它又是大雨过后的比下雨还要美妙得多也久远得多的回味……

喜悦,它是一种带有形而上色彩的修养和境界。与其说它是一种情绪,不如说它是一种智慧、一种超拔、一种悲天悯人的宽容和理解,一种饱经沧桑的充实和自信,一种光明的理性,一种坚定的成熟,一种战胜了烦恼和庸俗的清明澄澈。它是一潭清水,它是一抹朝霞,它是无边的平原,它是沉默的地平线。多一点儿、再多一点儿喜悦吧,它是翅膀,也是归巢。它是一杯美酒,也是一朵永远开不败的莲花。

(节选自王蒙《喜悦》)

作品47号

在湾仔，香港最热闹的地方，有一棵榕树，它是最贵的一棵树，不光在香港，在全世界，都是最贵的。

树，活的树，又不卖，何言其贵？只因它老，它粗，是个香港百年沧桑的活见证，香港人不忍看着它被砍伐，或者被移走，便跟要占用这片山坡的建筑者谈条件：可以在这儿建大楼盖商厦，但一不准砍树，二不准挪树，必须把它原地精心养起来，成为香港闹市中的一景。太古大厦的建设者最后签了合同，占用这个大山坡建豪华商厦，先决条件是同意保留这棵老树。

树长在半山坡上，计划将树下面的成千上万方山石全部掏空取走，腾出地方来盖楼。把树架在大楼上面，仿佛它原本是长在楼顶似的。建设者就地造了一个直径十八米、深十米的大花盆，先固定好这棵老树，再在大花盆底下盖楼，光这一手就花了两千三百八十九万港币，这也堪称是最昂贵的保护措施了。

太古大厦落成之后，人们可以乘滚动扶梯一次到位，来到太古大厦的顶层。出后门，那儿是一片自然景色。一棵大树出现在人们面前，树干直径有一米半粗，树冠直径足有二十多米，独木成林，非常壮观，形成一座以它为中心的小公园，取名叫"榕圃"。树前面//插着铜牌，说明缘由。此情此景，如不看铜牌的说明，绝对想不到巨树根底下还有一座宏伟的现代大楼。

（节选自舒乙《香港：最贵的一棵树》）

作品48号

我们的船渐渐地逼近榕树了。我有机会看清它的真面目：是一棵大树，有数不清的丫枝，枝上又生根，有许多根一直垂到地上，伸进泥土里。一部分树枝垂到水面，从远处看，就像一棵大树斜躺在水面上一样。

现在正是枝繁叶茂的时节。这棵榕树好像在把它的全部生命力展示给我们看。那么多的绿呀，一簇堆在另一簇的上面，不留一点缝隙。翠绿的颜色明亮地在我们的眼前闪耀，似乎每一片树叶上都有一个新的生命在颤动，这美丽的南国的树！

船在树下泊了片刻，岸上很湿，我们没有上去。朋友说这里是"鸟的天堂"，有许多鸟在这棵树上做窝，农民不许人去捉它们。我仿佛听见几只鸟扑翅的声音，但是等到我的眼睛注意地看那里时，我却看不见一只鸟的影子。只有无数的树根立在地上，像许多根木桩。地是湿的，大概涨潮时河水常常冲上岸去。"鸟的天堂"里没有一只鸟，我这样想到。船开了，一个朋友拨着船，缓缓地流到河中间去。

第二天，我们划着船到一个朋友的家乡去，就是那个有山有塔的地方。从学校出发，我们又经过那"鸟的天堂"。

这一次是在早晨，阳光照在水面上，也照在树梢上。一切都//显得非常光明。我们的船也在树下泊了片刻。

起初四周围非常清静。后来忽然起了一声鸟叫。我们把手一拍，便看见一只大鸟飞了起来，接着又看见第二只，第三只。我们继续拍掌，很快地这个树林就变得很热闹了。到处都是鸟声，到处都是鸟影。大的，小的，花的，黑的，有的站在枝上叫，有的飞起来，在扑翅膀。

（节选自巴金《鸟的天堂》）

作品49号

有这样一个故事。

有人问：世界上什么东西的气力最大？回答纷纭得很，有的说"象"，有的说"狮"，有人开玩笑似的说：是"金刚"，金刚有多少气力，当然大家全不知道。

结果，这一切答案完全不对，世界上气力最大的，是植物的种子。一粒种子所可以显现出来的力，简直是超越一切。

人的头盖骨，结合得非常致密与坚固，生理学家和解剖学者用尽了一切的方法，要把它完整地分出来，都没有这种力气。后来忽然有人发明了一个方法，就是把一些植物的种子放在要剖析的头盖骨里，给它以温度与湿度，使它发芽，一发芽，这些种子便以可怕的力量，将一切机械力所不能分开的骨骼，完整地分开了。植物种子力量之大，如此如此。

这，也许特殊了一点儿，常人不容易理解，那么，你看见过笋的成长吗？你看见过被压在瓦砾和石块下面的一棵小草的生长吗？它为着向往阳光，为着达成它的生之意志，不管上面的石块如何重，石块与石块之间如何狭，它必定要曲曲折折地，但是顽强不屈地透到地面上来，它的根往土壤钻，它的芽往地面挺，这是一种不可抗拒的力，阻止它的石块，结果也被它掀翻。一粒种子的力量的大，如此如此。

没有一个人将小草叫作"大力士"，但是它的力量之大，的确是世界无比。这种力，是一般人看不见的生命力。只要生命存在，这种力就要显现。上面的石块，丝毫不足以阻挡。因为它是一种"长期抗战"的力；有弹性，能屈能伸的力；有韧性，不达目的不止的力。

（节选自夏衍《野草》）

作品50号

著名教育家班杰明曾经接到一个青年人的求教电话，并与那个向往成功、渴望指点的青年人约好了见面的时间和地点。

等到那位青年人如约而至时，班杰明的房门敞开着，眼前的景象令青年人颇感意外——班杰明的房间里乱七八糟、狼藉一片。

没等青年人开口，班杰明就招呼道："你看我这房间，太不整洁了，请你在门外等候一分钟，我收拾一下，你再进来吧。"一边说着，班杰明就轻轻关上了房门。

不到一分钟的时间，班杰明又打开了房门并热情地把青年人让进客厅。这时，青年人的眼前展现出另一番景象——房间里的一切已变得井然有序，而且有两杯刚刚倒好的红酒，在淡淡的香水气息里还漾着微波。

可是，没等青年人把满腹的有关人生和事业的疑难问题向班杰明讲出来，班杰明就非常客气地说道："干杯。你可以走了。"

青年人手持酒杯一下子愣住了，既尴尬又非常遗憾地说："可是，我……我还没向您请教呢……"

"这些……难道还不够吗?"班杰明一边微笑着一边扫视着自己的房间,轻言细语地说,"你进来又有一分钟了。"

"一分钟……一分钟……"青年人若有所思地说,"我懂了,您让我明白了一分钟的时间可以做许多事情,可以改变许多事情的深刻道理。"

班杰明舒心地笑了。青年人把杯里的红酒一饮而尽,向班杰明连连道谢之后,开心地走了。

其实,把握好了生命中的每一分钟,也就是把握了理想的人生。

(节选自纪广洋《一分钟》)

作品51号

有个塌鼻子的小男孩儿,因为两岁时得过脑炎,智力受损,学习起来很吃力。打个比方,别人写作文能写二三百字,他却只能写三五行。但即便这样的作文,他同样能写得很动人。

那是一次作文课,题目是《愿望》。他极其认真地想了半天,然后极认真地写,那次作文极短。只有三句话:我有两个愿望,第一个是,妈妈天天笑眯眯地看着我说:"你真聪明。"第二个是,老师天天笑眯眯地看着我说:"你一点也不笨。"

于是就是这篇作文,深深地打动了他的老师,那位妈妈式的老师不仅给了他最高分,在班上带感情地朗诵了这篇作文,还一笔一画地批道:你很聪明,你的作文写得非常感人,请放心,妈妈肯定会格外喜欢你的,老师肯定会格外喜欢你的,大家肯定会格外喜欢你的。

捧着作文本,他笑了,蹦蹦跳跳地回家了,像只喜鹊。但他并没有把作文本拿给妈妈看,他是在等待,等待着一个美好的时刻。

那个时刻终于到了,是妈妈的生日——一个阳光灿烂的星期天。那天,他起得特别早,把作文本装在一个他亲手做的美丽的大信封里,等着妈妈醒来。妈妈刚刚睁眼醒来,他就笑眯眯地走到妈妈跟前说:"妈妈,今天是您的生日,我要//送给您一件礼物。"

果然,看着这篇作文,妈妈甜甜地涌出了两行热泪,然后一把搂住小男孩儿,搂得很紧很紧。

是的,智力可以受损,但爱永远不会。

(节选自张玉庭《一个美丽的故事》)

作品52号

小学的时候,有一次我们去海边远足,妈妈没有做便饭,给了我十块钱买午餐。好像走了很久、很久,终于到海边了,大家坐下来便吃饭,荒凉的海边没有商店,我一个人跑到防风林外面去,级任老师要大家把吃剩的饭菜分给我一点儿。有两三个男生留下一点儿给我,还有一个女生,她的米饭拌了酱油,很香。我吃完的时候,她笑眯眯地看着我,短头发,脸圆圆的。

她的名字叫翁香玉。

每天放学的时候，她走的是经过我们家的一条小路，带着一位比她小的男孩儿，可能是弟弟。小路边是一条清澈见底的小溪，两旁竹阴覆盖，我总是远远地跟在后面。夏日的午后特别炎热，走到半路她会停下来，拿手帕在溪水里浸湿，为小男孩儿擦脸。我也在后面停下来，把肮脏的手帕弄湿了擦脸，再一路远远地跟着她回家。

后来我们家搬到镇上去了，过几年我也上了中学。有一天放学回家，在火车上，看见斜对面一位短头发、圆圆脸的女孩儿，一身素净的白衣黑裙。我想她一定不认识我了。火车很快到站了，我随着人群挤向门口，她也走近了，叫我的名字。这是她第一次和我说话。

她笑眯眯的，和我一起走过月台。以后就没有再见过//她了。

这篇文章收在我出版的《少年心事》这本书里。

书出版后半年，有一天我忽然收到出版社转来的一封信，信封上是陌生的字迹，但清楚地写着我的本名。

信里面说她看到了这篇文章心里非常激动，没想到在离开家乡，漂泊异地这么久之后，会看见自己仍然在一个人的记忆里，她自己也深深记得这其中的每一幕，只是没想到越过遥远的时空，竟然另一个人也深深记得。

(节选自苦伶《永远的记忆》)

作品 53 号

在繁华的巴黎大街的路旁，站着一个衣衫褴褛、头发斑白、双目失明的老人。他不像其他乞丐那样伸手向过路行人乞讨，而是在身旁立一块木牌，上面写着："我什么也看不见！"街上过往的行人很多，看了木牌上的字都无动于衷，有的还淡淡一笑，便姗姗而去了。

这天中午，法国著名诗人让·彼浩勒也经过这里。他看看木牌上的字，问盲老人："老人家，今天上午有人给你钱吗？"

盲老人叹息着回答："我，我什么也没有得到。"说着，脸上的神情非常悲伤。

让·彼浩勒听了，拿起笔悄悄地在那行字的前面添上了"春天到了，可是"几个字，就匆匆地离开了。

晚上，让·彼浩勒又经过这里，问那个盲老人下午的情况。盲老人笑着回答说："先生，不知为什么，下午给我钱的人多极了！"让·彼浩勒听了，摸着胡子满意地笑了。

"春天到了，可是我什么也看不见！"这富有诗意的语言，产生这么大的作用，就在于它有非常浑厚的感情色彩。是的，春天是美好的，那蓝天白云，那绿树红花，那莺歌燕舞，那流水人家，怎么不叫人陶醉呢？但这良辰美景，对于一个双目失明的人来说，只是一片漆黑。当人们想到这个盲老人，一生中竟连万紫千红的春天//都不曾看到，怎能不对他产生同情之心呢？

(节选自小学《语文》第六册中《语言的魅力》)

作品54号

有一次，苏东坡的朋友张鹗拿着一张宣纸来求他写一幅字，而且希望他写一点儿关于养生方面的内容。苏东坡思索了一会儿，点点头说："我得到了一个养生长寿古方，药只有四味，今天就赠给你吧。"于是，东坡的狼毫在纸上挥洒起来，上面写着："一曰无事以当贵，二曰早寝以当富，三曰安步以当车，四曰晚食以当肉。"

这哪里有药？张鹗一脸茫然地问。苏东坡笑着解释说，养生长寿的要诀，全在这四句里面。

所谓"无事以当贵"，是指人不要把功名利禄、荣辱过失考虑得太多，如能在情志上潇洒大度，随遇而安，无事以求，这比富贵更能使人终其天年。

"早寝以当富"，指吃好穿好、财货充足，并非就能使你长寿。对老年人来说，养成良好的起居习惯，尤其是早睡早起，比获得任何财富更加宝贵。

"安步以当车"，指人不要过于讲求安逸、肢体不劳，而应多以步行来替代骑马乘车，多运动才可以强健体魄，通畅气血。

"晚食以当肉"，意思是人应该用已饥方食、未饱先止代替对美味佳肴的贪吃无厌。他进一步解释，饿了以后才进食，虽然是粗茶淡饭，但其香甜可口会胜过山珍；如果饱了还要勉强吃，即使美味佳肴摆在眼前也难以//下咽。

苏东坡的四味"长寿药"，实际上是强调了情志、睡眠、运动、饮食四个方面对养生长寿的重要性，这种养生观点即使在今天仍然值得借鉴。

(节选自蒲昭和《赠你四味长寿药》)

作品55号

人活着，最要紧的是寻觅到那片代表着生命绿色和人类希望的丛林，然后选一高高的枝头站在那里观览人生，消化痛苦，孕育歌声，愉悦世界！

这可真是一种潇洒的人生态度，这可真是一种心境爽朗的情感风貌。

站在历史的枝头微笑，可以减免许多烦恼。在那里，你可以从众生相所包含的甜酸苦辣、百味人生中寻找你自己，你境遇中的那点苦痛，也许相比之下，再也难以占据一席之地，你会较容易地获得从不悦中解脱灵魂的力量，使之不致变得灰暗。

人站得高些，不但能有幸早些领略到希望的曙光，还能有幸发现生命的立体的诗篇。每一个人的人生，都是这诗篇中的一个词、一个句子或者一个标点。你可能没有成为一个美丽的词，一个引人注目的句子，一个惊叹号，但你依然是这生命的立体诗篇中的一个音节、一个停顿、一个必不可少的组成部分。这足以使你放弃前嫌，萌生为人类孕育新的歌声的兴致，为世界带来更多的诗意。

最可怕的人生见解，是把多维的生存图景看成平面。因为那平面上刻下的大多是凝固了的历史——过去的遗迹；但活着的人们，活得却是充满着新生智慧的，由不断逝去的"现在"组成的未来。人生不能像某些鱼类躺着游，人生也不能像某些兽类爬着走，而应该站着向前行，这才是人类应有的生存姿态。

(节选自[美]本杰明·拉什《站在历史的枝头微笑》)

作品 56 号

中国的第一大岛、台湾省的主岛台湾，位于中国大陆架的东南方，地处东海和南海之间，台湾海峡和大陆相望。天气晴朗的时候，站在福建沿海较高的地方，就可以隐隐约约地望见岛上的高山和云朵。

台湾岛形状狭长，从东到西，最宽处只有一百四十多公里；由南到北，最长的地方约有三百九十多公里。地形像一个纺织用的梭子。

台湾岛上的山脉纵贯南北，中间的中央山脉犹如全岛的脊梁。西部为海拔近四千米的玉山山脉，是中国东部的最高峰。全岛约有三分之一的地方是平地，其余为山地。岛内有缎带般的、蓝宝石似的湖泊，四季常青的森林和果园，十分优美。西南部的阿里山和日月潭，台北市郊的大屯山风景区，都是闻名世界的游览胜地。

台湾岛地处热带和温带之间，四面环海，雨水充足，气温受到海洋的调剂，冬暖夏凉，四季如春，这给水稻和果木生长提供了优越的条件。水稻、甘蔗、樟脑是台湾的"三宝"。

台湾岛还是一个闻名世界的"蝴蝶王国"。岛上的蝴蝶共有四百多个品种，其中有不少是世界稀有的珍贵品种。岛上还有不少鸟语花香的蝴//蝶谷，岛上居民利用蝴蝶制作的标本和艺术品，远销许多国家。

(节选自《中国的宝岛——台湾》)

作品 57 号

对于中国的牛，我有着一种特别尊敬的感情。

留给我印象最深的，要算一回在田垄上的"相遇"。

一群朋友郊游，我领头在狭窄的阡陌上走，怎料迎面来了几头耕牛，狭道容不下人和牛，终有一方要让路。它们还没有走近，我们已经预计斗不过畜牲，恐怕难免踩到稻田泥水里，弄得鞋袜又泥又湿了。正踟蹰的时候，带头的一只牛，在离我们不远的地方停下来，抬起头看看，稍迟疑一下，就自动走下田去，一队耕牛，全跟着它离开阡陌，从我们身边经过。

我们都呆了，回过头来，看着深褐色的牛队，在路的尽头消失，忽然觉得自己受了很大的恩惠。

中国的牛，永远沉默地为人类做着沉重的工作。在大地上，在晨光或烈日下，它拖着沉重的犁，低头一步又一步，拖出了身后一列又一列松土，好让人们下种。等到满地金黄或农闲时候，它可能还得担当搬运负重的工作，或终日绕着石磨，朝同一方向，走不计程的路。

在它沉默的劳动中，人便得到应得的收成。

那时候，也许，它可以松一肩重担，站在树下，吃几口嫩草。偶尔摇摇尾巴，摆摆耳朵，赶走飞附在它身上的苍蝇，已经算是它最闲适的生活了。

中国的牛，没有成群奔跑的习//惯，永远沉沉实实的。默默地工作，平心静气，这就是中国的牛。

(节选自小思《中国的牛》)

作品58号

不管我的梦想能否成为事实，说出来总是好玩儿的：

春天，我将要住在杭州。二十年前，旧历的二月初，在西湖上我看见了嫩柳与菜花，碧浪与翠竹。由我看到的那点儿春光，已经可以断定，杭州的春天必定会教人整天生活在诗与图画之中。所以，春天我的家应当是在杭州。

夏天，我想青城山应当算作最理想的地方。在那里，我虽然只住过十天，可是它的幽静已拴住了我的心灵。在我所看见过的山水中，只有这里没有使我失望。到处都是绿，目之所及，那片淡而光润的绿色都在轻轻地颤动，仿佛要流入空中与心中去似的。这个绿色会像音乐似的，涤清了心中的万虑。

秋天一定要住北平。天堂是什么样子，我不晓得，但是从我的生活经验去判断，北平之秋便是天堂。论天气，不冷不热。论吃的，苹果、梨、柿子、枣儿、葡萄，每样都有若干种。论花草，菊花种类之多，花式之奇，可以甲天下。西山有红叶可见，北海可以划船——虽然荷花已残，荷叶可还有一片清香。衣食住行，在北平的秋天，是没有一项不使人满意的。

冬天，我还没有打好主意，成都或者相当的合适，虽然并不怎样和缓，可是为了水仙、素心蜡梅，各色的茶花，仿佛就受一点儿寒//冷，也颇值得去了。昆明的花也多，而且天气比成都好，可是旧书铺与精美而便宜的小吃远不及成都的那么多。好吧，就暂这么规定：冬天不住成都便住昆明吧。

在抗战中，我没能发了国难财。我想，抗战结束以后，我必能阔起来。那时候，假若飞机减价，一二百元就能买一架的话，我就自备一架，择黄道吉日慢慢地飞行。

（节选自老舍《住的梦》）

作品59号

我不由停住了脚步。

从未见过开得这样盛的藤萝，只见一片辉煌的淡紫色，像一条瀑布，从空中垂下，不见其发端，也不见其终极，只是深深浅浅的紫，仿佛在流动，在欢笑，在不停地生长。紫色的大条幅上，泛着点点银光，就像迸溅的水花。仔细看时，才知那是每一朵紫花中的最浅淡的部分，在和阳光互相挑逗。

这里除了光彩，还有淡淡的芳香。香气似乎也是浅紫色的，梦幻一般轻轻地笼罩着我。忽然记起十多年前，家门外也曾有过一大株紫藤萝，它依傍一株枯槐爬得很高，但花朵从来都稀落，东一穗西一串伶仃地挂在树梢，好像在察言观色，试探什么。后来索性连那稀零的花串也没有了。园中别的紫藤花架也都拆掉，改种了果树。那时的说法是，花和生活腐化有着必然关系。我曾遗憾地想：这里再看不见藤萝花了。

过了这么多年，藤萝又开花了，而且开得这样盛，这样密，紫色的瀑布遮住了粗壮的盘虬卧龙般的枝干，不断地流着，流着，流向人的心底。

花和人都会遇到各种各样的不幸，但是生命的长河是无止境的。我抚摸了一下那小小的紫色的花舱，那里满装生命的酒酿，它张满了帆，在这//闪光的花的河流上航行。它是万花中的一朵,也正是由每一个一朵,组成了万花灿烂的流动的瀑布。

在这浅紫色的光辉和浅紫色的芳香中,我不觉加快了脚步。

(节选自宗璞《紫藤萝瀑布》)

作品60号

在一次名人访问中,被问及20世纪最重要的发明是什么时,有人说是电脑,有人说是汽车,等等。但新加坡的一位知名人士却说是冷气机。他解释,如果没有冷气,热带地区如东南亚国家,就不可能有高的生产力,就不可能达到今天的生活水准。他的回答实事求是,有理有据。

看了有关报道,我突发奇想:为什么没有记者问:"20世纪最糟糕的发明是什么?"其实二〇〇二年十月中旬,英国的一家报纸就评出了"人类最糟糕的发明"。获此"殊荣"的,就是人们每天大量使用的塑料袋。

诞生于20世纪三十年代的塑料袋,其家族包括用塑料制成的快餐饭盒、包装纸、餐用杯盘、饮料瓶、酸奶杯、雪糕杯,等等。这些废弃物形成的垃圾,数量多、体积大、重量轻、不降解,给治理工作带来很多技术难题和社会问题。比如,散落在田间、路边及草丛中的塑料餐盒,一旦被牲畜吞食,就会危及健康甚至导致死亡。填埋废弃塑料袋、塑料餐盒的土地,不能生长庄稼和树木,造成土地板结。而焚烧处理这些塑胶垃圾,则会释放出多种化学有毒气体,其中一种称为二噁英的化合物,毒性极大。

此外,在生产塑料袋、塑料餐盒的//过程中使用的氟利昂,对人体免疫系统和生态环境造成的破坏也极为严重。

(节选自林光如《最糟糕的发明》)

附2:普通话水平测试用30个说话题目

1. 我的学习生活
2. 我的业余生活
3. 我的假日生活
4. 我的朋友
5. 我尊敬的人
6. 我的成长之路
7. 我的愿望(或理想)
8. 我的家乡(或熟悉的地方)
9. 我喜爱的动物(或植物)
10. 我喜爱的职业
11. 我喜爱的文学(或其他)艺术形式
12. 我喜欢的季节(或天气)
13. 我喜欢的节目
14. 我喜欢的明星(或其他知名人士)
15. 我喜爱的书刊

16. 我知道的风俗
17. 我所在的集体(学校、机关、公司等)
18. 我向往的地方
19. 我和体育
20. 谈谈服饰
21. 谈谈科技发展与社会生活
22. 谈谈美食
23. 谈谈社会公德(或职业道德)
24. 谈谈个人修养
25. 谈谈对环境保护的认识
26. 谈谈卫生与健康
27. 童年的记忆
28. 难忘的旅行
29. 学习普通话的体会
30. 购物(消费)的感受

思考与练习

下面是两份普通话水平测试样卷，请进行自我检测或请老师、同学帮助进行模拟测试。

训练卷一

1. 读单音节字词(100个音节，共10分，限时3.5分钟)

固 浓 钾 酸 莫 捧 队 耍 踹 儿 哲 洽 许 滕 缓 昂 翻 容 选 闻 械 搞 进 堤 捡 魂 躺 瘸 蛀 淬 蠢 字 披 翁 辆 申 按 捐 旗 黑 咬 悦 围 波 信 铭 欧 测 闺 巢 瞥 贺 失 广 晒 兵 卦 拔 君 仍 胸 撞 非 眸 葬 昭 览 脱 嫩 所 德 柳 砚 甩 豹 壤 凑 坑 绞 崖 我 初 蔽 匀 铝 枪 柴 搭 穷 董 池 款 杂 此 艘 粉 阔 您 镁

2. 读多音节词语(100个音节，共20分，限时2.5分钟)

国王 今日 虐待 花瓶儿 难怪 产品 掉头 遭受 露馅儿 人群 压力 材料 窘迫 亏损 翱翔 永远 一辈子 佛典 沙尘 存在 请求 累赘 发愣 外面 酒盅儿 似乎 怎么 赔偿 勘察 妨碍 辨别 调整 少女 做活儿 完全 霓虹灯 疯狂 从而 入学 夸奖 回去 篡夺 秧歌 夏季 钢铁 通讯 敏感 不速之客

3. 朗读短文(400个音节，30分，限时4分钟)

作品5号

4. 命题说话(任选1题，40分，限时3分钟)

(1) 购物(消费)的感受
(2) 我喜爱的动物(或植物)

训练卷二

1. 读单音节字词(100个音节,共10分,限时3.5分钟)

趋 穴 彼 孵 砍 蹄 整 锈 窘 漾 凝 温 囤 键 书 筒 摸 垮 录 厌 腊 彩 吨 遣 徐 尺 迸 堵 挥 远 笨 霉 册 偏 芽 谎 代 锁 沟 尝 扰 硫 追 棚 蛙 扣 桩 蛋 纺 运 条 怪 您 矫 瑞 楼 安 示 层 岁 虹 攥 买 穷 超 民 选 巴 蜜 亡 响 爬 锭 筐 委 波 磁 黑 群 害 勺 掌 极 遵 洽 葛 踹 捏 壤 拴 澳 戳 耷 皱 酸 儿 郭 自 酚 酉

2. 读多音节词语(100个音节,共20分,限时2.5分钟)

军队 融合 根据地 挫折 汹涌 成名 意思 疲倦 清爽 仍旧 棉球儿 虽说 病人 天下 佛典 被窝儿 权利 终身 扭转 破坏 宾主 价值 怎么 刷新 大娘 爱好 小瓮儿 感慨 临床 猫头鹰 拱桥 循环 钢铁 咳嗽 舞蹈 缺乏 昂贵 快板儿 频率 花鸟 内外 贩子 节日 粗略 早春 善良 存在 不言而喻

3. 朗读短文(400个音节,30分,限时4分钟)

作品45号

4. 命题说话(任选1题,40分,限时3分钟)

(1) 谈谈卫生与健康

(2) 童年的记忆

学　　生：我看你有危机感，看起来冷冷的，这是为什么？

白岩松：我喜欢把每一天当作地球的末日来过。

学　　生：你什么时候才会笑？

白岩松：会不会笑不重要，重要的是懂幽默。

学　　生：有一天你的缺点多于优点，怎么办？

白岩松：没有缺点也没有优点的主持人，连评论的机会都没有，有缺点我觉得幸福，它可能是优点的一部分。

学　　生：我是学历史的，能当新闻节目的主持人吗？

白岩松：今天的新闻就是明天的历史。

下篇
普通话实用口语训练

第八章 演讲与辩论

本章学习与训练的基本要求：

- 了解演讲的特征。
- 掌握演讲的基本要求。
- 熟悉辩论的特点。
- 学习辩论的技巧。

从古至今，有很多能言善辩的口才大师借助演讲与辩论表达观点，澄清是非：他们或大声疾呼，力陈改革良策；或纵横畅谈，议论美好前程；或热血沸腾，讴歌伟大祖国；或慷慨陈词，痛斥不正之风；或精细剖析，阐明人生哲理……的确，演讲和辩论，在我们的生活及工作中发挥着重要作用。

第一节 演　　讲

演讲就是说话者在特定的时境中，借助有声语言(主要手段)和态势语言(辅助手段)，针对社会的现实和未来，面对广大听众发表意见、抒发情感，从而达到感召听众并促使其行动的一种现实的信息交流活动。

演讲从形式上分，有命题演讲、即兴演讲；从内容上分，有政治演讲、学术演讲、司法演讲、管理演讲、礼仪演讲等；从风格上分，有激昂型、活泼型、严谨型、深沉型等。演讲类型的划分是相对的，其风格相互渗透和包含，但每次演讲应有一种基本风格。

一、演讲的特征

作为一种蕴含艺术性的语言交流活动，演讲主要有以下几方面的特征。

1. 综合性

演讲又称演说，"讲"是讲明道理，表达对某一问题的看法。"演"是借助声音、表情、动作来加强演讲的生动性。演讲以讲为主，以演为辅，运用有声语言，加上"无声"的动作、体态、表情，两者相辅相成，巧妙结合，融为一体。要"讲"得好，就要有一定的逻辑、修辞、音韵、朗读等方面的知识和修养，要字正腔圆、抑扬顿挫、悦耳动听；要"演"得好，就要有动人的表情、得体的动作、大方的外表等；同时，还需要大量的组织工作与之配合。

2. 独白性

演讲者是演讲活动的主体，在整个演讲过程中，一人讲，众人听，听众始终处于接受地位。因此真正意义上的演讲，是高度个性化的活动，是一个人的性格、气质、形态、口才、魅力的综合反映。有的演讲者，自己站在讲台上虽然也能侃侃而谈，旁征博引，有时还能插入一些令人捧腹的俏皮话，说理似乎也很透彻，但却不能激起听众热烈的反响。听众既不动心，也不动情，原因何在？就是因为他们的演讲只有客观的叙述，而没有自己的喜怒哀乐，缺乏自己独特的观点与感受，没有鲜明的个性，也就是缺少感染力和号召力。

3. 时间性

演讲直接诉诸听众的听觉视觉感官，有很强的时间性。古今中外的著名演讲，都能在有限的演讲时间内，切中时代脉搏，发出属于那个时代的声音。演讲，以短居多，以短为贵，太长容易使听众产生接受疲倦，如果既长又没有新鲜的内容和观点，就更没有人愿意听，也就产生不了演讲效果。

4. 鼓动性

演讲不宜表现悲观、压抑、沉闷的感情，更不宜表现渺小、狭隘、猥琐的个人私情，而应着力表现对祖国、对人民、对社会、对时代的深切热爱和真实感受，对真善美的执着追求。真正的演讲，要着力表现阳刚之气，使人振奋，使人鼓舞。

5. 艺术性

演讲是优于一切现实的口语表现形式，成功的演讲，除了演讲手段和技巧本身要吸收多种艺术表现方式外，其强烈的感染力、严谨绵密的结构安排、演讲者的风度仪表，无不体现出浓郁的艺术性。

6. 社会性

演讲活动发生在社会成员之间，它是一个社会成员对其他社会成员进行宣传鼓动活动的口语表达形式。因此，演讲不只是个体行为，还具有很强的社会性。演讲是一种独白，是一种以单向交流为主的语言活动，它以演讲者演讲为主，以听众互动为辅，但演讲的根本目的在于通过演讲感染听众，使听众产生情感互动，最终演讲者以自己的演讲对一个社会群体甚至整个社会产生影响。

除此之外，演讲还具有现实性、逻辑性、针对性、感染性等方面的特征。

二、演讲的基本要求

成功的演讲应该做到以下几点。

1. 观点鲜明，平易近人

演讲必须有充实的内容。单纯追求技巧而内容空泛的演讲，只会给人留下无病呻吟或哗众取宠的印象。演讲的内容必须是正确的，一要实事求是，二要具有科学性、真实性，同时不能出现知识性错误,更不允许宣传迷信、错误或反动的东西。演讲所阐发的各种思想,必须旗帜鲜明,便于听众做出明确的选择。同时,演讲最忌讳"老生常谈",演讲者所阐发的思想观点,要在人们现有的知识和认识水平的基础上有所突破,有所创新,能给人以启发教益。无论传达多么重要、多么正确、多么先进的思想,演讲者都要平易近人,切忌拿真理吓人,或板着面孔说教,或打着名人的幌子压人。

2. 材料充实,论证严密

演讲要靠事实说话。演讲者所运用的材料,一是要充分,既要有逻辑缜密的理论论证,也可以引用名人名言、格言警句,还可以有情节生动、感人的故事讲述,甚至可以适当展示图表、数字、图画或实物说明问题;二是要确凿,各种用以说明问题、论证观点的材料,不能总是"大概""估计",而是要确实、肯定。各种材料,既应该是新鲜有用的,又应该是典型有力最能说明问题的。除此之外,演讲时运用的材料能否发挥其应有的作用,在很大程度上取决于材料与观点的结合。所以,演讲要论证严密、说理透彻,要让整个材料与观点的组合产生一种不可辩驳的逻辑力量。

3. 语言通俗,声音洪亮

演讲的语言应该是典型的大众化口语。除了一些礼仪性、惯例式的演讲讲究措辞或使用一些固定词汇、固定表达方式外,一般演讲都要做到通俗易懂、深入浅出、生动活泼。一是要句式简短,句型灵活,节奏感强;二是要多用那些音节流畅、直接性和渗透性好,而又表述庄重、简洁明确的口语词汇,尽量少用专门术语。演讲语言的使用,最忌讳堆砌辞藻、文白夹杂,或行文不畅、生涩难懂。同时,演讲者的声音,必须清晰洪亮,以适应"大庭广众"特定场合的需要。

4. 感情真挚,态势得体

演讲必须"动之以情",才能"晓之以理"。演讲中的感情流露,一要真挚,最忌讳装腔作势;二要朴素自然,要随着演讲的节奏、内容与进程的需要,自然而然地流露,切忌不合时宜地铺陈张扬、虚张声势,以免弄巧成拙、画蛇添足。有些演讲,通篇慷慨激昂,一味地追求所谓高亢、铿锵,以为这就是"有情",其实这只是另一种形式的平淡。演讲中的态势语是比较丰富的,但演讲中的态势语,要服从内容表达的需要,切忌过多过滥,以免矫揉造作、喧宾夺主或因举止不雅而造成失态,降低演讲的效果。

三、演讲的准备

命题演讲有足够的时间准备材料和训练,即兴演讲的准备在于平时的知识积累和基本功训练。在演讲的准备过程中要达到以下几个方面的要求。

1. 明确目的,确定主题

不管是应邀演讲还是自己拟定的演讲,首先都要搞清一些具体情况,比如:听众是谁、想解决什么问题、达到什么目的、演讲要求的时间长短、听众的人数等,这样不仅可

以帮助演讲者了解听众，明确演讲目的，做好心理准备，还可以为进一步确定主题奠定基础。

了解具体情况后，要认真确定主题。主题是演讲的灵魂。确定主题时，要充分考虑演讲的时代性和针对性，选择与时俱进、听众普遍关注或感兴趣的话题会具有更强的吸引力。选择的主题还必须集中、正确、新颖、深刻。集中，指一篇演讲一般只能有一个主题，并且要围绕主题阐述，不能出现距离模糊、思想枝蔓的现象。正确，是指观点见解要有积极意义，能使听众受到教益，取得良好的社会效应。新颖，指见解要独特醒目，对听众具有诱惑力和吸引力，能激起听众的兴趣。深刻，指提出的主张和见解要能揭示事物的本质，能使听众受到启迪，从感性认识提高到理性认识。要做到这些，必须在选定角度和发掘深度上下功夫。

2. 了解观众，熟悉环境

成功的演讲取决于与听众水乳交融的沟通，因此，"知己知彼"显得尤为重要。演讲前，要充分掌握听众的自然状况(包括年龄、性别、职业、文化程度、爱好特点等)，以便有针对性地确定内容，选择语言；了解听众目前的需要(如要求、希冀、困惑、苦恼、关心的热点等)，储备一些心理学常识，能使演讲有的放矢，随机应变，最大限度地发挥演讲的感染力和说服力。

为了保证演讲的顺利进行，演讲前最好充分熟悉演讲场地和周边环境，了解空间大小、音响设备、灯光配置、会场布置等，从而协调自己的声音、姿态，排除不利于演讲的外界因素的干扰，防患于未然。

3. 厘清思路，拟定提纲

确定好主题以后，演讲者要梳理思路，统筹规划，拟定提纲，对演讲内容和主题有充分的总体的把握。提纲要简洁、明朗、连贯，层次清晰，其形式常见的有标题式、完整句子式、关键词语式等。

4. 搜集材料，起草讲稿

演讲前要搜集尽可能多的材料，起草讲稿，以指导和规范演讲活动。材料不仅要切题，更要充分确凿、典型、新颖，可根据讲稿主题的需要对材料进行适当取舍，合理安排，精心裁剪，充分发挥其应有的作用。

若是命题演讲，一般还需撰写讲稿。讲稿的结构一般分为开头、主体、结尾三部分，撰写演讲稿要充分考虑其谋篇布局。

(1) 开头：演讲稿的开头，也叫开场白，它犹如戏剧开头的"镇场"，在全篇中占据重要的地位。演讲稿的开头并无固定的格式，它取决于演讲的内容、环境和听众的情况。常用的方式有开门见山式、交代背景式、叙述故事式、提问设问式、引用警句式、幽默调侃式、渲染抒情式等。

(2) 主体：演讲稿的主体，是分析和论证问题的关键部分。在讲稿主体中，要运用各种方法，调动各种手段，把中心观点阐述清楚，以说服感染听众。主体部分展开的方式有

以下三种：并列式、递进式、并列递进结合式。并列式，就是围绕演讲稿的中心论点，从不同角度、不同侧面进行表现，其结构形态呈放射状四面展开，宛若车轮之轴与其辐条，而每一侧面都直接面向中心论点，证明中心论点。递进式，即从表面、浅层入手，采取步步深入、层层推进的方法，最终揭示深刻的主题，犹如层层剥笋，用这种方法来安排演讲稿的结构层次，能使事物得到由表及里的深入阐述和证明。并列递进结合式，或是在并列中包含递进，或是在递进中包含并列，一些纵横捭阖、气势雄伟的演讲稿通常采用这种方式。除此之外，常见的还有因果式、总分式、问题式等，可根据内容的需要结合使用。在撰稿行文的过程中，还要处理好层次、节奏和衔接等问题，精心安排，层层深入，环环相扣，这样，演讲时才能一步步地说服听众，吸引听众，感染听众，水到渠成地把演讲推向高潮。

（3）结尾：演讲稿的结尾，是主体内容发展的必然结果。结尾或归纳，或升华，或希望，或号召，或抒情，方式很多。总之，应收拢全篇，卒章显志，干脆利落，简洁有力，余音绕梁，切忌画蛇添足，节外生枝。

5. 反复推敲，精心修改

讲稿写成后，还要仔细琢磨，深入思考，反复品味，通过修订题目、增删材料、深化主题、调整结构、润色语言来不断完善，以提高讲稿质量。

修改的最好办法是读，我们既可以从读的声音中听出是否适合口语，又能觉察出语言文字是否顺畅，还能从语气、语调、言辞中听出讲稿实施后的效果。一次次地读过后，再根据情况给予及时的增、删、调、改，以期增强演讲的感染力。

6. 反复试讲，灵活用稿

除即兴演讲外，一般的演讲，在定稿后要认真练习，多次彩排，从语言、态势、感情上有针对性地加强训练，这样既可以提升演讲效果，又可以增强演讲者的自信，有利于更好地发挥。经过试讲练习，内容烂熟于心，演讲者便可轻松登台了。

那么，如何处理演讲稿呢？

演讲时，可以持稿，但不能背稿、读稿、朗诵稿，要让稿子上的话发自于心地自然吐露。把演讲稿的地位放在"没它不行，全照它不可"的位置上，对它采取"若即若离，不即不离"的态度。演讲过程中对讲稿"似用非用"，讲稿的内容、情感、语言，通过试讲已烂熟于心，但在一定限度内，在不改变原稿总体设计和要求的情况下，可根据临场的情况和氛围，相机改变一部分，以便自己更自由地发挥，从而使演讲更符合听众的要求。

案 例 分 析

尊敬的各位评委、朋友们：

我们都读过书，看过报，当您读书看报的时候，可曾想过，能看到这样印刷精良的书

第八章 演讲与辩论

报,我们得感谢哪些人?有人说:"只要你读过书,看过报,你就要感谢王选。就像你用电灯要感谢爱迪生一样。"王选是谁?我们要感谢他什么呢?

(傅灿荣 《一座顶天立地的创新丰碑》)

点评:这是一篇歌颂"当代毕昇"王选创新精神的演讲稿的开头,作者开篇用一连串的设问吸引住听众的注意力,自然而然地推出要歌颂的主人公,让听众步入自己的思维轨迹,引起思考,水到渠成地展开主体部分。

站在明净的长天之下,从这片经过人们终年耕耘而今已安静憩息的辽阔田野放眼望去,那雄伟的阿勒格尼山隐隐约约地耸立在我们的前方,兄弟们的坟墓就在我们脚下,我真不敢用我这微不足道的声音打破上帝和大自然所安排的这意味无穷的平静。但是我必须完成你们交给我的责任,我祈求你们,祈求你们的宽容和同情……

点评:这是 1863 年,美国葛底斯堡国家烈士公墓竣工,国务卿埃弗雷特在落成典礼那天演讲的开头。这段开场白即景生情,语言优美,节奏舒缓,感情深沉,人、景、物、情是那么完美而又自然地融合在一起。据记载,当埃弗雷特刚刚讲完这段话时,不少听众已泪水盈眶。

需要注意的是,即景生题不是故意绕圈子,不能离题万里、漫无边际地东拉西扯。否则会冲淡主题,也会使听众感到倦怠和不耐烦。演讲者必须胸中有数,应注意点染的内容必须与主题互相辉映,浑然一体。

在我演讲前想先给大家讲个小故事,那是发生在纽约街头的一幕:一位中国留学生与其美国女友正想横穿马路,这时红灯亮了,但我们的这位留学生不由分说拉起女友就往前冲。事后,女友同他"拜拜"了,理由就是连交通规则都不遵守的男人,修养太差!4 年后,这位先生回国了,与其中国女友在过马路时又遇到了红灯,这次,虽然 50 米内无任何机动车辆,他还是等绿灯亮了之后才走。事后,这位女友也提出要分手,理由竟是:连红灯都不敢闯的男人算什么男子汉!在座的各位朋友们,这令人遗憾的反差,足以反映国人交通安全意识淡薄的程度。

(《岂能让车轮带走幸福》)

点评:通过讲一个亲切感人的故事,以感人情节来吸引听众,构成故事式开头。选择故事要遵循几个原则:要短小,不然就成了故事会;要有意味,促人深思;要与演讲内容有关。

181

案例 4

同学们，大家好！今天，我走上演讲台的唯一目的就是竞选"班级元首"——班长。我坚信，凭着我新锐不俗的"官念"，凭着我的勇气和才干，凭着我与大家同舟共济的深厚友情，这次竞选演讲给我带来的必定是下次的就职演说。

(《大学生竞选班长演讲稿》)

点评：演讲者开门见山，直奔主题，干脆、自信，为后文的展开起到引领作用。

案例 5

本人姓王名昭然，叫我"若揭"也行！(众笑)我这人好认，眼睛小，嘴巴大，扁鼻梁，扇风耳，可以说集丑男特征于一身。(众笑)长相上最可取的地方是有一口洁白的牙齿，但我却只能笑不露齿，因为一笑嘴巴会更大，眼睛会更小了。(众大笑) 因为丑，我年方三八尚未娶妻。(众笑) 不过，我这人心眼儿好，办事认真，一路走来，朋友不少！我相信，天生我丑也有用，希望大家都能成为我的朋友！

(赵光平《让即兴演讲"兴味"更浓》)

点评：这一番风趣的调侃，妙趣横生，令观众捧腹大笑。幽默调侃的自嘲用在演讲开场白里，既能诙谐巧妙地介绍自己，彰显个性，又无形中缩短了与听众间的距离，使其倍感亲切。

案例 6

面对中国的地图，我想到了隔海相望、一衣带水的台湾与大陆，我想到了骨肉相连、血浓于水的炎黄子孙，我想到了归心似箭的游子和望穿秋水的母亲，还有那三万六千平方公里未统一的土地，还有那两千一百万双盼归的眼睛，还有那一颗颗随祖国命运一起跳动的爱国之心。

面对台湾的地图，我想起了日月潭边的凉亭，我想起了鹅銮鼻上的灯塔，我想起了赤嵌楼上的鲜血，还有那"走在乡间的小路上"，还有那"外婆的澎湖湾"，还有那"冬季到台北来看雨"……多少次梦里神游，然而醒来后，一湾海峡仍横在我的面前。

面对台湾的地图，我想起了宝岛沧桑的岁月，我想起了台湾屈辱的历史，我想起了它那多灾多难、不堪回首的往事。历史不会忘记，1624 年荷兰殖民者肮脏的脚印；历史不会忘记，1895 年后日本强盗的血腥统治；历史也不会忘记，1949 年以来跳梁小丑荒唐的闹剧……往事不堪回首，一道无形的鸿沟挡住了两岸的脚步。

面对台湾的地图，我想起了狐死首丘的典故，我想起了叶落归根的自然规律，我想起了两地相悬的骨肉亲情。读陆游的"王师北定中原日，家祭无忘告乃翁"我想起了台湾；读黄遵宪的"我高我曾我祖父，艾杀蓬蒿来此土"，我更想起了台湾。

面对台湾的地图，我想起了1997年7月1日香港升起的紫荆花区旗，我想起了1999年12月20日澳门升起的莲花区旗，我也想起了1997年春节联欢晚会那难忘的一瞬——取自长江、香江、日月潭的水合而为一。世界潮流，浩浩荡荡，顺之者昌，逆之者亡，两岸统一，大势所趋，人心所向。

台湾自古以来是中国的领土。三国时期吴国大将卫温在这里播下了友谊的种子，明朝末年的郑成功在这里洒下了英勇的鲜血，汪、辜会谈在这里留下了佳话美名。世上只有一个中国，中国台湾问题白皮书的发表可以说明，全世界正义的人们的良心可以证明。

面对台湾的地图，我看到了历史在前进，民魂在壮大，中华在崛起！邓小平提出的"一国两制"的构想是何等的英明！江泽民提出的"八条主张"是何等的英明！请听听人民的呼声吧！台湾诗人李一羽说："水是故乡甜，月是故乡明，都是中国人，谁无思乡情，归去来兮！"这一点是自欺欺人的台独分子们无法体味的。听吧！国民党元老于右任临终前写的诗："葬我于高山之上兮，望我大陆。大陆不可见兮，只有痛哭！葬我于高山之上兮，望我故乡。故乡不可见兮，永不能忘！"面对台湾的地图，我想起了郭沫若的《天上的街市》——"那浅浅的天河定然是不甚宽广/那隔着河的牛郎织女定能够骑着牛儿来往……"我也敢大胆地预言："那浅浅的海峡定然是不甚宽广，那隔海相望的同胞定能骨肉团聚。"

(汪洋《面对台湾的地图》)

点评：《面对台湾的地图》这篇演讲稿在简短的开场白后，就直接展开主体，放飞想象。这是演讲稿的主体部分，采用并列递进相结合的方式，以岁月的轮转为经，抚今追昔；以跳跃的思绪为纬，纵横捭阖，抒发了两岸人民血浓于水的骨肉亲情，各段内容之间似平行独立，情感上却层层深入，步步推进，使呼唤渴盼两岸统一的主旨呼之欲出。

案例 7

我从没有担任过班干部，缺少经验，这是劣势。但正因为从未在"官场"混过，一身干净，没有"官相官态""官腔官气"，少的是畏首畏尾的私虑，多的是敢作敢为的闯劲。正因为我一向生活在最底层，从未有过"高高在上"的体验，对摆"官架子"看不惯，弄不来，就特别具有民主作风。因此，我的口号是"做一个彻底的平民班长"。班长应该是架在老师与同学之间的一座桥梁，能向老师提出同学们的合理建议，向同学们传达老师的苦衷。我保证做到在任何时候，任何情况下，都首先是"想同学们之所想，急同学们之所急"。当师生之间发生矛盾时，我一定明辨是非，敢于坚持原则。特别是当教师的说法或做法不尽正确时，我将敢于积极为同学们谋求正当的权益。

班长作为一个班级的核心人物，应该具有统御全局的大德大能，我相信自己是够条件的。首先，我有能力处理好班级的各种事务。因为本人具有较高的组织能力和协调能力，

凭借这一优势,我保证做到将班委一班人的积极性都调动起来,使每个班委成员扬长避短,互促互补,形成拳头优势。其次,我还具有较强的应变能力,所谓"处变不惊,临乱不慌",能够处理好各种偶发事件,将损失减少到最低限度。再次,我相信自己能够为班级的总体利益牺牲一己之私,必要时,我还能"忍辱负重"。最后,因为本人平时与大家相处融洽,人际关系较好,这样在客观上就减少了工作的阻力。

我的治班总纲领是:在以情联谊的同时以"法"治班,最广泛地征求全体同学的意见,在此基础上制订出班委工作的整体规划,然后严格按计划行事,推选代表对每个实施过程进行全程监督,责任到人,奖罚分明。我准备在任期内与全体班委一道为大家办十件好事:

1. 借助科学的编排方法,减轻个人劳动卫生值日的总长度和强度,提高效率;
2. 联系有关商家定期送纯净水,彻底解决饮水难的问题;
3. 建立班级互助图书室,并强化管理,提高其利用率,初步解决读书难问题;
4. 组织双休日里同学间的"互访",沟通情感,加深相互了解;
5. 在得到学校和班主任同意的前提下,组织旨在了解社会,体会周边人们生存状况的参观访问活动;
6. 利用勤工俭学的收入买三台处理电脑,建立电脑学习小组;
7. 在班级报廊中开辟"新视野"栏目,及时追踪国内改革动态;
8. 和通勤生结成互帮互促的对子;
9. 建立班级"代理小组",做好力所能及的代理工作,为有困难的同学代购物件,代寄邮件,代传讯息,等等;
10. 设一个班长意见箱,定时开箱,加速信息反馈,有问必答。

(《大学生竞选班长演讲稿》主体部分)

点评:在这个演讲的主体部分中,演讲者首先坦诚地陈述了自己的劣势和优势,逻辑严谨,层次分明;接着又公布了自己的治班纲领,列举了十项具体措施,一目了然,条理清晰,语言简练,具有较强的说服力。

同学们,人生的道路固然坎坷,但绝不能因为它的坎坷,就使我们健美的身体变得弯曲;生活的道路固然漫长,但绝不能因为它的漫长,就使我们求索的脚步变得迟缓。叹息的杯盏里只有消沉的苦酒,而自信的乐谱中才有奋发的音符。自卑,只能使你成为生活的奴隶;而自信,却能使你成为生活的主人!

自信吧,年轻的朋友;自信吧,亲爱的同学。在人生的海洋里,驾着你的事业的航船,摇动你奋斗的双桨,扬起你自信的风帆,就一定能到达理想的彼岸。

(李宁《自信吧,年轻的朋友》)

点评:这个结尾是颇具匠心的,演讲者运用排比、对比、比喻等多种修辞手法,把语

言组织得精美流畅,把自信对人生的意义和自卑的恶果表述得很充分,也很深刻。这个结语高度概括了全篇的论点,用哲理式的推导深化了主旨,犹如进军的号角,催人奋进,给人以巨大的鼓舞。

因此,与其频繁向经典名著"借光",不如多花点心思,让今天的原创成为明日的经典!我们期待制片方不要一味地追风炒作,别再盲目投资,而是要把金钱和精力真正用在剧本研究和拍摄细节上,创造出咱老百姓真正喜闻乐见的文艺精品。同时,我也呼吁广大文艺工作者准确把握时代脉搏,远离金钱纷扰,平心静气创作,拿出精益求精的态度和"十年磨一剑"的精神,真正创作出具有深厚思想和艺术底蕴的当代经典!

(龙之心《名著重拍之风不可刮》)

点评:作者在结尾处紧承主体部分的剖析,归纳名著重拍之风不可刮的观点,使主题更加突出,结构更加严谨,再辅以真诚的呼吁,犹如当头棒喝,振聋发聩,给人以深刻的印象。

我国著名作家老舍先生在某市的一次演讲中,开头即说"我今天给大家谈六个问题",接着,他第一、第二、第三、第四、第五,井井有条地谈下去。谈完第五个问题,他发现离散会的时间不多了,于是他提高嗓门,一本正经地说:"第六,散会。"听众起初一愣,不久就欢快地鼓起掌来。

点评:老舍先生在这里运用的就是一种"平地起波澜"的造势艺术,打破了正常的演讲内容,从而出乎听众的意料,既幽默风趣,又干脆利落。

革命先烈李大钊说:"无限的'过去'都以'现在'为归宿,无限的'未来'都以'现在'为渊源。'过去''未来'的中间全仗有现在,以承其连续,以承其永远,以承其无始无终的大实在。"这话说得多好啊!革命先烈和我们的父辈英勇奋斗,苦而无怨,为的是我们年轻一代。实现四化,振兴中华,靠的是我们年轻一代。我们是承前启后的一代,我们是继往开来的一代。革命先烈和我们父辈用筋骨和鲜血凝成的精神财富,要在我们这一代人身上,化作永不枯竭的前进力量。

好好学习吧,同学们!

为了祖国,

为了人民,

为了我们的父亲。

(沈萍《为了我们的父亲》)

点评：这篇演讲从一幅油画《父亲》谈起，由点到面、由近及远，纵横联系，层层深入，最后引用李大钊富有哲理的名言，揭示出继往开来的年轻一代，为了父亲、为了祖国和人民必须努力学习，决不辜负时代所赋予的光荣使命这一极为深刻的主题。演讲者语言凝练、情词恳切、富有节奏、呼唤有力、令人激动、催人奋发。用名人名言、警句格言、诗词作结尾，不仅能极大地增强演讲的说服力和感召力，也可以把演讲推向最后一次高潮，取得最终的胜利。

第二节 辩 论

辩论，又叫论辩，它是指参与谈话的双方就同一问题持不同的立场、观点而进行的各抒己见、针锋相对的口头争论。辩论口才是一种高层次的口语表达能力。辩论有助于人活跃思想，增长见识，发现真理，有助于增强思辨能力和口语即兴表达能力。当今社会，辩论正越来越受到人们的重视。

一、辩论的分类

辩论按其目的来分，通常有两大类，即应用辩论和赛场辩论。

(一)应用辩论

应用辩论即针对现实生活中某种特定需要而进行的辩论，多以分清现实生活中某一特定问题的是非、曲直、真伪、优劣为目的。它分为日常辩论和专题辩论。日常辩论是日常工作学习生活中随时随地遇到的一种即兴的无准备的辩论。专题辩论可分为法庭辩论、外文辩论、学术辩论、决策辩论等。

(二)赛场辩论

赛场辩论也叫辩论比赛，以培养人才、培养善辩能力为目的。这种比赛是就某一特定的辩题，参赛双方展开激烈的辩论，以决胜负，其实际上是演讲比赛的一种特殊形式。它是在辩论比赛主持者的组织下，围绕一个事先拟定的辩题，由扮演观点截然相反的双方，即正题方(正方)和反题方(反方)，各寻论据，各施技法，进行辩论，以决胜负。

这种辩论，由于正方、反方的立场是由抽签决定的，是着意扮演的，因此它具有一定的表演性。双方通过辩论，可以加深人们对辩题的理解和认识。观众通过观看辩论比赛，既可以学到辩论的技法，也可以启迪思想，陶冶情操，获得愉悦。

二、辩论的特点

辩论不同于演讲，有以下几个特点。

(一)针锋相对

辩论双方的观点是截然对立的，存在明显的分歧，具有鲜明的对立性。辩论双方语言锋利、明快，采用各种办法批驳对方观点，证明自己观点的正确，迫使对方放弃自己的观点。

(二)策略灵活

战略战术说的是赛场辩论，犹如战场布阵，非常讲究用兵之道，即运用策略，这也是辩论活动的明显特点。在辩论中可正面攻击、长驱直入，可侧面迂回、步步紧逼，可巧布疑阵、投石问路。除日常辩论更多地需要临场发挥外，一般的辩论都需要讲究策略性。这种策略性首先表现在辩论的准备阶段，要求在摸清敌我双方各方面条件的情况下，制定好防御策略、攻击策略、配合策略、攻心策略等方略，在辩论开始后逐步实行，并根据需要随时灵活地调整这些策略。

(三)机敏幽默

在辩论中，尽管各有准备，但辩场风云变幻莫测。因此，首先要求辩论双方反应机敏，对对方的提问和反驳应迅速做出反应。否则，会处于被动和劣势的地位。其次反应要正确。对方发言时，要记住要点，捕捉漏洞，反驳时要击中要害，出奇制胜。再次要巧妙幽默。作家老舍说过："文章要生动有趣，必须利用幽默。"写作如此，辩论言谈亦如此。幽默对答，不仅含有笑料，使人轻松，而且表情达意更为含蓄、深沉、犀利，能取得特殊的论证和反驳效果。

(四)语言简洁

辩论双方的立场观点相对立，辩论的得失成败往往在很大程度上取决于语言。要击中对方的要害，最好是一针见血，使对方猝不及防。要字斟句酌，谨防在语言上给对方留下把柄。语言要简洁犀利，表达时，要游刃有余，切忌啰里啰唆，言不达意。否则，会削弱自己的辩驳力，暴露自己的破绽。

三、辩论技巧

辩论是语言的较量，更是智慧的较量。要使辩论获得胜利，必须掌握一些行之有效的辩论技巧。辩论就其结构来说首先是论证，即表明自己的观点，用论据证明自己的观点的正确；其次是反驳，即对于对方所提出的观点的驳斥。

(一)论证的技巧

论证过程就是摆出论据、证明论点的过程,常用的方法有以下几种。

1. 事实论证

事实论证是指通过生动具体的事例,通俗易懂地说明自己的观点。这种方法既能有效地支持理论观点,又能给对方留下较深的印象,从而较好地说服对方,达到事半功倍的效果。

2. 公理论证

科学定义、科学原理、公理等是为实践所证实了的真理,在论证中恰当地加以引用,能牢不可破地树立自己的观点。

3. 引用数据

用数据论证自己的观点,直观而准确,形象而生动。

(二)反驳的技巧

反驳是对对方错误的言论进行驳斥。一般情况下可以通过摆事实、讲道理的方法,从正面指出对方论点的谬误之所在,但有时效果不佳,此时另辟蹊径,运用一些恰当的逻辑方法,能够出奇制胜。

1. 归谬反驳

在辩论中,对对方荒谬的论题,不予正面的直接揭露、反驳,而是以它为真命题,遵循"有此必有彼"的必然联系,引申出一个更为荒谬的论题,对方观点就会不攻自破,达到"以子之矛,攻子之盾"的效果。一位加拿大外交官竞选省议员,遭到反对派攻击,理由是他出生在中国(其父母均为美籍传教士),吃过中国奶妈的奶,因此"身上有中国血统"。对此,这位外交官反驳道:"诸位是喝牛奶长大的,我不得不遗憾地指出,你们都有牛的血统!"他的朋友也补充道:"各位有喝羊奶的,吃猪排,啃鸡脯,这样你们的血统实在是很难断定了!"放大谬误,使对方不能自圆其说,这就是归谬反驳法。

2. 类比反驳

在辩论中,举出一个与本论题相似的例子,由此及彼,达到反驳的目的。最后的效果是"以其人之道,还治其人之身"。类比反驳往往机智巧妙,出人意料,具有较好的反驳效果。

3. 引君入彀

先避开论题,而去谈论双方有共同认识的话题,诱使对方钻入其中,进而将其制服。美国第一位总统华盛顿年轻时,一匹马被邻人偷走了,华盛顿同一位警官到邻人农场里索讨,那个人拒绝归还,声称那是自己的马。华盛顿使用双手蒙住马的双眼,对邻人说:

"如果这马是你的,那么请你告诉我,马的哪只眼睛是瞎的?""右眼。"华盛顿移开右手,马的右眼光彩照人。"哦,我弄错了,是左眼。"华盛顿移开左手,马的左眼也是光亮亮的。"糟糕,我又弄错了。"邻居为自己辩护。华盛顿避开马的归属,设置马眼问题诱使对方"入彀",使其就范。

4. 反唇相讥

在辩论中,常出现恶意的人身攻击和挑衅,针对这种情况,可承接对方的讲话内容,借用其中的某些词语反戈一击。这种反驳方法能言简意赅地击中对方要害,收到良好的效果。德国诗人海涅是犹太人,一次,一个旅行家讲述他旅行中发现的一个小岛,最后他说:"你猜猜,这个小岛有什么现象使我惊奇?那就是这个岛上竟没有犹太人和驴子。"这个旅行家故意把犹太人与驴子相提并论,意在侮辱海涅。海涅听了冷冷地接道:"只要你和我一块儿去一趟,就可以弥补这个缺陷了。"海涅巧妙地利用对方的话语,把"旅行家是驴子"的意思潜藏在话语底层,表面不动声色,实则是针锋相对,且委婉含蓄、语胜一筹。这种反驳达到了以守为攻,后发制人的效果。

(三)诡辩

什么叫"诡辩"?下面一段对话形象地回答了这个问题。

有两个学生带着"什么是诡辩"的问题去请教他们的老师。

老师默思了一会儿,说:"有两个人到我这里作客,一个很爱干净,一个很脏。我请这两个人洗澡,你们想想他们两人谁会去洗呢?"

"那还用说,当然是那个脏的。"学生脱口而出。

"不对,是干净的去洗,因为他养成了爱清洁的习惯;脏人却不当一回事,根本不想洗。再想想看,是谁洗了澡呢?"

"爱干净的!"学生改口说。

"不对,是脏人,因为他需要洗澡。"老师又再次问学生:"这么看来,谁洗澡了呢?"

"脏人!"学生只好又改回开始的答案。

"又错了,当然是两个都洗了。"老师说,"干净人有洗澡的习惯,脏人有洗澡的必要,怎么样,到底谁先洗澡了呢?"

"那看来就是两人都洗了。"学生犹豫不决地回答。

"也错了。两人都没有洗,因为脏人不爱洗澡,而干净人不需要洗澡。"

"那……老师,你好像每次都说得有道理,可每次的答案都不一样,我们该怎么理解呢?"

"这很简单。你们看,这就是诡辩。诡辩是什么?诡,就是欺诈;诡辩,就是外表上、形式上好像是运用正确的辩论手段,实际上是用违反逻辑规律的欺诈方式,做出似是而非的推论。老师对'谁去洗?'的解答有两条标准,一条是'需要洗',另一条是'洗的习惯'。由于两个客人中,那脏的需要洗,而没有洗的习惯。那个干净的有洗的习惯却

不需要洗；所以对同一个人用上不同的标准，就会得出各种截然不同的结论，这就是诡辩术。"

诡辩，歪曲真理，颠倒是非，在论辩中或偷换命题，或捏造证据，或循环论证，或以偏概全，强词夺理。对诡辩必须及时识破，予以戳穿。

1. 偷换概念

一位乘坐公交车的青年，在抢着上车时，把车门的玻璃给撞碎了。售票员和颜悦色地要他赔偿，青年人反问道："为什么要我赔？"售票员理直气壮地说："公交车是人民的财产，谁损坏就要赔偿！"青年人说："我是人民中的一分子，人民财产有我一份，我那份不要了，就算做赔偿吧。"这里青年人把"人民的财产"这一概念偷换成"每个人都有一份的财产"的概念。"人民的财产"是"人民大众共有的财产"而不是"每个人都享有一份的财产。"只要明白了这点，诡辩便被揭穿。

2. 无中生有

"摆事实，讲道理"是常用的辩论方法。以确凿的事实、充分的道理证明论点，能使论证雄辩有力。论据充实是论证有说服力的主要条件。充当论据的事实材料必须客观、真实、不虚假。玩弄诡辩术的人，常常捏造事实，以虚假的论据冒充真实的论据。这便是诡辩术中的"无中生有"。

对这种诡辩，不应对其论点多作批驳，而要以确凿的事实和透彻的分析，揭穿其论据的虚假性。如掌握有关材料，还可揭露论敌虚假论据的内幕，这样，其诡辩伎俩便会彻底暴露于光天化日之下。

3. 二难推理

二难推理就是一方提出具有两种可能性的判断，迫使对方不论肯定还是否定其中哪种可能性，结果都会陷入为难的境地。它是辩论中十分常见的诡辩术之一。例如，有位干部抱怨说："要是会议多了，整天泡在会里，影响其他工作；要是会议少了，上级精神无法传达，基层情况也无法了解。唉，现在的领导真难当啊！"这里就包含了一个二难推理，不过这是个为自己"泡会海"作辩护的错误的二难推理。其一，"会议少"与"上级指示无法传达，基层情况也无法了解"，并无必然联系；其二，"或者会议多，或者会议少"，没有穷尽一切可能，因为还有"会议不多不少"这种选择。论辩中遇到这种情况，要予以拆穿，一般采用"反二难推理法"(即另外构造一个与原来的二难推理相反的二难推理，"以其人之道，还治其人之身")或"直接拆穿法"(即直接指出其推理中的逻辑错误，如上例中列举未穷尽等)。

此外，还有强词夺理、断章取义、机械类比、以偏概全，甚至以人为据、人身攻击等诡辩伎俩，在辩论中都需要我们仔细辨别，认真加以分析并揭露。

4. 诉诸权威

在辩论中有时会听到这样的答复：

小孩说:"这绝对不会错的,因为爸爸也这样讲。"
学生说:"你是不对的,因为老师已经批评你了。"
教徒说:"这是正确的,因为这和《圣经》上的讲法完全相同。"
某领导说:"这是上级的精神,你的意见违背这一精神,是完全错误的。"

上述这些人为证明一个观点,都要搬出自己心目中的"权威"——爸爸、老师、《圣经》、上级,这就是"诉诸权威"。当然,反对"诉诸权威",并不是说辩论中不能引用权威之言,只要符合下列三条,仍可作为正确的论据:一是所引权威的言论经过实践检验是正确的;二是不以权威的只言片语充任具体论据,应当全面、准确地理解并引用其言论;三是以权威的话作论据时,应进行分析论证,从而显示出这一论据与论点之间有必然的合理的逻辑关系,表明这一论据确实能支撑论点。

5. 循环论证

莫里哀喜剧《无病呻吟》中,有位不学无术的阿尔贡是这样通过医学学士口试的:鸦片为什么能催眠呢?因为它能催眠。阿尔贡这样回答问题,就等于什么都没有论证。因为在论证过程中,论题的真实性是依靠论据来证实的。如果出现论据反过来依赖论题来证实,这就是循环论证。辩论中遇到这种情况,就要指出对方不要原地兜圈子。

案 例 分 析

"西安事变"后,张学良、杨虎城手下的军官情绪激动,坚决要求杀掉蒋介石。周恩来受中共中央委托,亲赴西安,争取和平解决。周恩来面对愤怒异常、言辞激烈的军官,力排众议道:"杀他还不容易?一句话就行了!可是杀他以后怎么办呢?局势会怎么样呢?日本人会怎么样?国家和民族的前途会怎么样?各位想过吗?这次抓了蒋介石不同于十月革命逮住了克伦斯基,不同于滑铁卢擒获了拿破仑。前者是革命胜利的结果,后者是拿破仑军事失败的悲剧。现在呢?虽然捉了蒋介石,可并没有消灭他的实力,在全国人民抗日高潮的推动下,加上英美也主张和平解决西安事变,所以逼蒋抗日是可能的。我们要爱国,就要从国家的民族利益考虑,不计较个人的私仇。"

点评:周恩来的这番话说得主张杀蒋的人心悦诚服。究其原因,就在于他对当时国内外形势做了客观的、实事求是的分析,入情入理。

1949年1月,毛泽东在《评战犯求和》中说:"蒋介石说,'要知道政府今天的军事、政治、经济无论哪一方面的力量,都要超过共产党几倍乃至几十倍。'哎呀呀,这么

大的力量怎么会不叫人们吓得要死呢?姑且把政治、经济两方面的力量放在一边不说,单就'军事力量'一方面来说,人民解放军现在有 300 多万人,十倍就是 3000 多万人,'几十倍'是多少呢?姑且算做二十倍吧,就有 6000 多万人,无怪蒋总统要说'有决胜的把握'了。"

　　点评:这里毛泽东同志亮出了人民解放军"300 多万"的确切数字,导出蒋介石拥有"6000 多万"军队的荒唐结论。

　　在《阿凡提的故事》中有这样一个故事:

　　有个巴依(财主)听见老乡们都夸阿凡提染布染得很好,心里很不高兴,于是他就挟了一匹布前来习难阿凡提。他对阿凡提说:"我要染的颜色普通极了,它不是红的,不是蓝的,不是黑的,又不是白的,不是绿的,也不是青的(实际上是不要染成任何颜色),你明白了吗?"阿凡提胸有成竹地一口答应下来:"没有问题,我一定照您的意思染就是了。"巴依非常惊讶:"什么,你能染?你说话可得算数!我哪天可以来取呢?"阿凡提说:"就到'那一天'来取吧!"财主追问道:"'那一天'是哪一天呢?"阿凡提说"那一天不是星期一,也不是星期二,不是星期三和星期四,也不是星期五和星期六,连星期天也不是的。亲爱的巴依老爷,您就到'那一天'来取吧!"

　　点评:对巴依这种寻衅找碴儿的人,阿凡提若是正面表示无能为力,可能招致被奚落的境地。"以其人之道,还治其人之身"是最好的应对办法。

　　在"知难行易"的论辩中正反方有下面一段辩论:

　　反方:古人说"蜀道难,难于上青天",是说蜀道难走,"走"就是"行"嘛!要是行不难,孙行者为什么不叫孙知者?

　　正方:孙大圣的小名是叫孙行者,可对方辩友知不知道,他的法名叫孙悟空,"悟"是不是"知"?

　　点评:剔除对方论据中存在缺陷的部分,换上于我方有利的观点或材料,往往可以收到"四两拨千斤"的奇效。我们把这一技法喻为"移花接木"。反方的例证看似有板有眼,实际上有些牵强附会:以"孙行者为什么不叫孙知者"为驳难,虽然是一种近乎强词夺理的主动,但毕竟在气势上占了上风。正方敏锐地发现了对方论据的片面性,果断地从"孙悟空"这一面着手,以"悟"反诘对方,使对方提出的关于"孙大圣"的引证成为抱薪救火,惹火烧身。

案例5

在"跳槽是否有利于人才发挥作用"的论辩中,有这样一节辩词:

正方:张勇,全国乒乓球锦标赛的冠军,就是从江苏跳槽到陕西,对方辩友还说他没有为陕西人民做出贡献,真叫人心寒啊!(掌声)

反方:请问到体工队可能是跳槽去的吗?这恰恰是我们这里提倡的合理流动啊!(掌声)对方辩友戴着跳槽眼镜看问题,当然天下乌鸦一般黑,所有的流动都是跳槽了。(掌声)

点评:这是"正本清源法"在辩论中的运用。"正本清源法",就是指出对方论据与论题的关联不紧或者背道而驰,从根本上矫正对方论据的立足点,把它拉入我方"势力范围",使其恰好为我方观点服务。较之正向推理的"顺水推舟"法,这种技法恰是反其思路而行之。正方以张勇为例,他从江苏到陕西后,有了更好的发展自己的空间,这是事实。反方马上指出对方具体例证引用失误:张勇到体工队,不可能是通过"跳槽"这种不规范的人才流动方式去的,而恰恰是在"公平、平等、竞争、择优"的原则下合理流动去的,可信度高、说服力强、震撼力大,取得了反客为主的效果。

一、情景训练。

1. 在兄弟班级联谊会上,你如何介绍自己,展露个性?
2. 假如你是团支书,请写一篇国旗下讲话稿,进行演讲训练。

二、演讲主体部分训练。

1. 根据下面的题目与开头,完成演讲的主体部分。

1)《中国,我们的根》

朋友们,俗话说:一方水土养一方人,是中国这方热土养育了我们这群龙的传人、炎黄子孙。中国,就是我们的根,我们就是祖国大树上的绿叶。根深才能叶茂,正是汲取中国上下五千年沃土的营养,才造就了我们中华儿女的智慧、勇敢、善良;反之,也只有我们每片绿叶都充分制造养料,作为对根的回报,祖国之树才会愈加壮大,才会繁花似锦。

2)《珍爱生命之水》

大家一定都看过这样一则公益广告,电视画面上有一个水龙头,正在艰难地往外滴着水,滴水的速度越来越慢,最后水就枯竭了,然后画面上出现了一双眼睛,从眼中流出了一滴泪水。随之出现的是这样一句话:"如果人类不珍惜水,那么我们能看到的最后一滴水将是自己的眼泪。"

3)《伟大的女性》

谁能告诉我在银河一粟的地球上,从古到今有多少伟大的女性?谁能告诉我,在我们960万平方公里的国土上,在冰封雪盖的西北高原,在一望无际的绿色平地,在繁华热闹的城市，在风雨飘摇的海岛，哪里没有女性的足迹和笑音？谁再能告诉我，祖国日益繁荣和强大，各条战线欣欣向荣的景象，哪里没有女性洒下的汗水和心血？高尔基说："我们该赞美她们——妇女，也就是母亲，整个世界都是她们的乳汁所养育起来的……没有母亲，既没有诗人，也就没有爱。"我，要赞美她们——女性，伟大的女性。

2. 反复阅读俞敏洪在北大开学典礼上的演讲，完成文后的训练。

各位领导、各位同学：

大家上午好！（掌声）

非常高兴许校长给我这么崇高的荣誉，让我在这里谈一谈我在北大的体会。（掌声）

可以说，北大是改变了我一生的地方，是提升了我自己的地方，是使我从一个农村孩子最后走向了世界的地方。毫不夸张地说，没有北大，肯定就没有我的今天。北大给我留下了一连串美好的回忆，大概也留下了一连串的痛苦。我正是在美好和痛苦中间，在挫折、挣扎和进步中间，最后找到了自我，开始为自己、为家庭、为社会能做一点事情。

学生生活是非常美好的，有很多美好的回忆。我还记得我们班有一个男生，每天都在女生的宿舍楼下拉小提琴，（笑声）希望能够引起女生的注意，结果后来被女生扔了水瓶子。我还记得我自己为了吸引女生的注意，每到寒假和暑假都帮着女生扛包。（笑声、掌声）后来我发现那个女生有男朋友，（笑声）我就问她为什么还要让我扛包，她说为了让男朋友休息一下（笑声、掌声）。我也记得刚进北大的时候我不会讲普通话，全班同学第一次开班会的时候互相介绍，我站起来自我介绍了一番，结果我们的班长站起来跟我说："俞敏洪你能不能不讲日语？"（笑声）我后来用了整整一年时间，拿着收音机在北大的树林中模仿广播台的播音，但是到今天普通话还依然讲得不好。

人的进步可能是一辈子的事情。在北大是我们生活的一个开始，而不是结束。有很多事情特别让人感动。比如说，我们很有幸见过朱光潜教授。在他最后的日子里，是我们班的同学每天轮流推着轮椅在北大里陪他一起散步。（掌声）每当我推着轮椅的时候，我心中就充满了对朱光潜教授的崇拜，一种神圣感油然而生。所以，我在大学看书最多的领域是美学。因为他写了一本《西方美学史》，是我进大学以后读的第二本书。

为什么是第二本呢？因为第一本是这样来的，我进北大以后走进宿舍，我有个同学已经在宿舍。那个同学躺在床上看一本书，叫作《第三帝国的兴亡》。当时我就问了他一句话，我说："在大学还要读这种书吗？"他把书从眼睛上拿开，看了我一眼，没理我，继续读他的书。这一眼一直留在我心中。我知道进了北大不仅仅是来学专业的，要读大量大量的书，你才能够有资格把自己叫作北大的学生。（掌声）所以我在北大读的第一本书就是《第三帝国的兴亡》，而且读了三遍。后来我就去找这个同学，我说："咱们聊聊《第三帝国的兴亡》"。他说："我已经忘了。"（笑声）

我也记得我的导师李赋宁教授，他原来是北大英语系的主任。他给我们上《新概念英语》第四册的时候，每次都把板书写得非常的完整，非常的美丽。永远都是从黑板的左上角写起，等到下课铃响起的时候，刚好写到右下角结束。（掌声）我还记得我的英国文学史老师罗经国教授，我在北大最后一年由于心情不好，导致考试不及格。我找到罗教授说："这门课如果我不及格就毕不了业。"罗教授说："我可以给你一个及格的分数，但是请

第八章 演讲与辩论

你记住了,未来你一定要做出值得我给你分数的事业。"(掌声)所以,北大老师的宽容、学识、奔放、自由,让我们真正能够成为北大的学生,真正能够得到北大的精神。当我听说许智宏校长对学生唱《隐形的翅膀》的时候,我打开视频,感动得热泪盈眶。因为我觉得北大的校长就应该是这样的。(掌声)

我记得自己在北大的时候有很多的苦闷。一是普通话不好,第二英语水平一塌糊涂。尽管我高考经过三年的努力考到了北大——因为我落榜了两次,最后一次很意外地考进了北大。我从来没有想过北大是我能够上学的地方,她是我心中一块圣地,觉得永远够不着。但是那一年,第三年考试时我的高考分数超过了北大录取分数线七分,我终于下定决心咬牙切齿填了"北京大学"四个字。我知道一定会有很多人比我分数高,我认为自己是不会被录取的。没想到北大的招生老师非常富有眼光,料到了三十年后我的今天。(掌声)但是实际上我的英语水平很差,在农村既不会听也不会说,只会背语法和单词。我们班分班的时候,五十个同学分成三个班,因为我的英语考试分数不错,就被分到了A班,但是一个月以后,我就被调到了C班。C班叫作"语音语调及听力障碍班"。(笑声)

我也记得自己进北大以前连《红楼梦》都没有读过,所以看到同学们一本一本书在读,我拼命地追赶。结果我在大学差不多读了八百多本书,用了五年时间,(掌声)但是依然没有赶超我那些同学。我记得我的班长王强是一个书虫,现在他也在新东方,是新东方教育研究院的院长。他每次买书我就跟着他去,当时北大给我们每个月发二十多块钱生活费,王强有个癖好就是把生活费一分为二,一半用来买书,一半用来买饭菜票。买书的钱绝不动用来买饭票。如果他没有饭菜票了就到处借,借不到就到处偷。(笑声)后来我发现他这个习惯很好,我也把我的生活费一分为二,一半用来买书,一半用来买饭菜票,饭票吃完了我就偷他的。(笑声掌声)

毫不夸张地说,我们班的同学当时在北大,真是属于读书最多的班之一。而且我们班当时非常活跃,光诗人就出了好几个。后来挺有名的一个诗人叫西川,真名叫刘军,就是我们班的。(掌声)我还记得我们班开风气之先,当时是北大的优秀集体,但是有一个晚上大家玩得高兴了,结果跳起了贴面舞,第二个礼拜被教育部通报批评了。那个时候跳舞是必须跳得很正规的,男女生稍微靠近一点就认为违反风纪。所以你们现在比我们当初要更加幸福一点。不光可以跳舞,而且可以手拉手地在校园里面走,我们如果当时男女生手拉手在校园里面走,一定会被扔到未名湖里,所以一般都是晚上十二点以后再在校园里面走。(笑声掌声)

我也记得我们班五十个同学,刚好是二十五个男生二十五个女生,我听到这个比例以后当时就非常的兴奋(笑声),我觉得大家就应该是一个配一个。没想到女生们都看上了那些外表英俊潇洒、风流倜傥的男生。像我这样外表不怎么样、内心充满丰富感情、未来有巨大发展潜力的,女生一般都看不上。(笑声掌声)

我记得我奋斗了整整两年希望能在成绩上赶上我的同学,但是就像刚才吕植老师说的,你尽管在中学高考可能考得很好,是第一名,但是北大精英人才太多了,你的前后左右可能都是智商极高的同学,也是各个省的状元或者说第二名。所以,在北大追赶同学是一个非常艰苦的过程,尽管我每天几乎都要比别的同学多学一两个小时,但是到了大学二年级结束的时候，我的成绩依然排在班内最后几名。非常勤奋又非常郁闷，也没有女生来爱我安慰我。(笑声)这导致的结果是，我在大学三年级的时候得了一场重病，这个病叫作传染性浸润肺结核。当时我就晕了，因为当时我正在读《红楼梦》，正好读到林黛玉因为肺结核吐血而亡的那一章，(笑声)我还以为我的生命从此结束，后来北大医院的医生告诉我现在这种病能够治好，但是需要在医院里住一年。我在医院里住了一年，苦闷了一年，读了很多书，也写了六百多首诗歌，可惜一首诗歌都没有出版过。从此以后我就跟写诗结上了缘。但是我这个人有丰富的情感，但是没有优美的文笔，所以终于没有成为诗人。后来我感到非常的庆幸，因为我发现真正成为诗人的人后来都出事了。我们跟当时还不太出名的诗人海子在一起写过诗。后来他写过一首优美的诗歌，叫作《面朝大海，春暖花开》，我们每一个同学大概都能背。后来当我听说他卧轨自杀的时候，号啕大哭了整整一天。从此以后，我放下笔，再也不写诗了。(掌声)记得我在北大的时候，到大学四年级毕业时，我的成绩依然排在全班最后几名。但是，当时我已经有了一个良好的心态。我知道我在聪明上比不过我的同学，但是我有一种能力，就是持续不断地努力。所以在我们班的毕业典礼上我说了这么一段话，到现在我的同学还能记得，我说："大家都获得了优异的成绩，我是我们班的落后同学。但是我想让同学们放心，我决不放弃。你们五年干成的事情我干十年，你们十年干成的我干二十年，你们二十年干成的我干四十年"。(掌声)我对他们说："如果实在不行，我会保持心情愉快、身体健康，到八十岁以后把你们送走了我再走。"(笑声掌声)

有一个故事说，能够到达金字塔顶端的只有两种动物，一是雄鹰，靠自己的天赋和翅膀飞了上去。我们这儿有很多雄鹰式的人物，很多同学学习不需要太努力就能达到高峰。很多同学后来可能很轻松地就能在北大毕业以后进入哈佛、耶鲁、牛津、剑桥这样的名牌大学继续深造。有很多同学身上充满了天赋，不需要学习就有这样的才能，比如说我刚才提到的我的班长王强，他的模仿能力就是超群的，到任何一个地方，听任何一句话，听一遍模仿出来的绝对不会两样。所以他在北大广播站当播音员当了整整四年。我每天听着他的声音，心头咬牙切齿充满仇恨。(笑声)所以，有天赋的人就像雄鹰。但是，大家也都知道，有另外一种动物，也到了金字塔的顶端。那就是蜗牛。蜗牛肯定只能是爬上去。从底下爬到上面可能要一个月、两个月，甚至一年、两年。在金字塔顶端，人们确实找到了蜗牛的痕迹。我相信蜗牛绝对不会一帆风顺地爬上去，一定会掉下来、再爬、掉下来、再爬。但是，同学们所要知道的是，蜗牛只要爬到金字塔顶端，它眼中所看到的世界，它收获的成就，跟雄鹰是一模一样的。(掌声)所以，也许我们在座的同学有的是雄鹰，有的是蜗牛。我在北大的时候，包括到今天为止，我一直认为我是一只蜗牛。但是我一直在爬，也许还没有爬到金字塔的顶端。但是只要你在爬，就足以给自己留下令生命感动的日子。(掌声)

我常常跟同学们说，如果我们的生命不为自己留下一些让自己热泪盈眶的日子，你的生命就是白过的。我们很多同学凭着优异的成绩进入了北大，但是北大绝不是你们学习的终点，而是你们生命的起点。在一岁到十八岁的岁月中间，你听老师的话、听父母的话，现在你真正开始了自己的独立生活。我们必须为自己创造一些让自己感动的日子，你才能够感动别人。我们这儿有富裕家庭来的,也有贫困家庭来的,我们生命的起点由不得你选择出生在富裕家庭还是贫困家庭,如果你生在贫困家庭,你不能说老爸给我收回去,我不想在这里待着。但是我们生命的终点是由我们自己选择的。我们所有在座的同学过去都走得很好,已经在十八岁的年龄走到了很多中国孩子的前面去,因为北大是中国的骄傲,也可以说是世界的骄傲。但是,到北大并不意味着你从此大功告成,并不意味着你未来的路也能走好,后面的五十年、六十年,甚至一百年你该怎么走,成为每一个同学都要思考的问题。就本人而言,我觉得只要有两样东西在心中,我们就能成就自己的人生。

第一样叫作理想。我从小就有一种感觉,希望穿越地平线走向远方,我把它叫作"穿越地平线的渴望"。也正是因为这种强烈的渴望,使我有勇气不断地高考。当然,我生命中也有榜样。比如我有一个邻居,非常的有名,是我终生的榜样,他的名字叫徐霞客。当然,是五百年前的邻居。但是他确实是我的邻居,江苏江阴的,我也是江苏江阴的。因为崇拜徐霞客,直接导致我在高考的时候地理成绩考了九十七分。(掌声)也是徐霞客给我带来了穿越地平线的这种感觉,所以我也下定决心,如果徐霞客走遍了中国,我就要走遍世界。而我现在正在实现自己这一梦想。所以,只要你心中有理想,有志向,同学们,你终将走向成功。你所要做到的就是在这个过程中要有艰苦奋斗、忍受挫折和失败的能力,要不断地把自己的心胸扩大,才能够把事情做得更好。

第二样东西叫良心。什么叫良心呢?就是要做好事,要做对得起自己对得起别人的事情,要有和别人分享的姿态,要有愿意为别人服务的精神。有良心的人会从你具体的生活中间做的事情体现出来,而且你所做的事情一定对你未来的生命产生影响。我来讲两个小故事,讲完我就结束我的讲话,已经占用了很长的时间。

第一个小故事。有一个企业家和我讲起他大学时候的一个故事,他们班有一个同学,家庭比较富有,每个礼拜都会带六个苹果到学校来。宿舍里的同学以为是一人一个,结果他是自己一天吃一个。尽管苹果是他的,不给你也不能抢,但是从此同学留下一个印象,就是这个孩子太自私。后来这个企业家做成功了事情,而那个吃苹果的同学还没有取得成功,就希望加入到这个企业家的队伍里来。但后来大家一商量,说不能让他加盟,原因很简单,因为在大学的时候他从来没有体现过分享精神。所以,对同学们来说在大学时代的第一个要点,你得跟同学们分享你所拥有的东西,感情、思想、财富,哪怕是一个苹果也可以分成六瓣大家一起吃。(掌声)因为你要知道,这样做你将来能得到更多,你的付出永远不会是白白付出的。

我再来讲一下我自己的故事。在北大当学生的时候,我一直比较具备为同学服务的精神。我这个人成绩一直不怎么样,但我从小就热爱劳动,我希望通过勤奋的劳动来引起老师和同学的注意,所以我从小学一年级就一直打扫教室卫生。到了北大以后我养成了一个良好的习惯,每天为宿舍打扫卫生,这一打扫就打扫了四年。所以我们宿舍从来没排过卫生值日表。另外,我每天都拎着宿舍的水壶去给同学打水,把它当作一种体育锻炼。大家看我打水习惯了,最后还产生这样一种情况,有的时候我忘了打水,同学就说"俞敏洪怎么还不去打水"。(笑声)。但是我并不觉得打水是一件多么吃亏的事情。因为大家都是一班的同学,互相帮助是理所当然的。同学们一定认为我这件事情白做了。又过了十年,到了九五年年底的时候新东方做到了一定规模，我希望找合作者，结果就跑到了美国和加拿大去寻找我的那些同学，他们在大学的时候都是我生命的榜样，包括刚才讲到的王强老师等。我为了诱惑他们回来还带了一大把美元，每天在美国非常大方地花钱，想让他们知道在中国也能赚钱。我想大概这样就能让他们回来。后来他们回来了，但是给了我一个十分意外的理由。他们说："俞敏洪，我们回去是冲着你过去为我们打了四年水。"（掌声）他们说："我们知道，你有这样的一种精神，所以你有饭吃肯定不会给我们粥喝，所以让我们一起回中国，共同干新东方吧。"才有了新东方的今天。（掌声）

人的一生是奋斗的一生，但是有的人一生过得很伟大，有的人一生过得很琐碎。如果我们有一个伟大的理想，有一颗善良的心，我们一定能把很多琐碎的日子堆砌起来，变成一个伟大的生命。但是如果你每天庸庸碌碌，没有理想，从此停止进步，那未来你一辈子的日子堆积起来将永远是一堆琐碎。所以，我希望所有的同学能把自己每天平凡的日子堆砌成伟大的人生。（掌声）

（俞敏洪，江苏省江阴市人，现任新东方学校校长、北京新东方迅程网络科技有限公司董事长等职，被媒体评为最具升值潜力的十大企业新星之一，20世纪影响中国的25位企业家之一。其人博闻强识，娴于辞令，幽默儒雅，是年轻人的偶像，是大学生的楷模，也是大多数家长十分熟悉的人物。）

这篇演讲词朴实精炼，深沉幽默，颇具可读性。特别是它提示年轻人和家长们：成功绝不仅仅来自知识和能力，更来自爱心和悟性、勤奋和执着、团队精神和利他主义人生观。

请完成以下训练。
(1) 演讲者为什么要大段地回忆自己在北大的校园生活？
(2) 演讲者引用的几个故事有何用意和妙处？
(3) 找出你喜欢的经典段落，把握基调，设计手势，试登台表现出来。

三、演讲结尾技巧训练。

根据下面所选的演讲内容，请你续出恰当的结尾。

1. 震后，暴雨夹杂着泥石流，致使山体滑坡，道路阻断。复杂的地势加上恶劣的天气为救援带来极大的阻碍。蜀道难，难于上青天！但任何艰难也难不倒中华儿女！紧要关头，一场惊心动魄的生死搏击迅速展开：十几万官兵、20余个兵种紧急出动；8.6万医务工作者、88支医疗防疫队伍从四面八方驰援灾区，党中央国务院及全国各族人民同心协力，各种救灾物资多路调运，十几天的奋战感天动地、气壮山河！一次又一次生命的极限被超越，救生的记录不断被刷新，一个又一个同胞劫后重生：被困124小时后生还！164小时后生还！216小时后生还！生命的奇迹见证了"决不放弃"！救援人员在废墟中与钢筋水泥、砖石滚木搏斗，与死神抗争，哪怕双手鲜血淋漓，哪怕肩头皮开肉绽，更不畏惧一次次余震带来塌方的危险！他们在一座座孤城中筑起了一条条生命的道路，给灾区人民带来了生的希望！凤凰涅槃，浴火重生！在烈火中新生的凤凰，其羽更丰、其音更清、其精神更抖擞！经过这场地震劫难考验的四川人民，在全国以及世界人民的援助下，凭自己艰苦卓绝的努力，必将把一个更加美丽富饶的四川展现在世人面前！而我们的国家——一

个能够出动十余万救援队伍的国家，一个企业和私人捐款达到 246 亿的国家，一个因人民争相献血令血库饱和的国家永远不会被灾难打垮！

2. 有人会说：我的确平凡得很，无一技之长，不会唱不会跳，更不会吟诗作画，注定大学这四年就这么平淡了。世上不过只有一个天才贝多芬，也不过只有一个神童莫扎特，更多的人是通过尝试，通过毅力化平淡为辉煌的。毅力在效果上有时能同天才相比。有一句俗语说，能登上金字塔的生物只有两种：鹰和蜗牛。虽然我们不能人人都像雄鹰一样一飞冲天，但我们至少可以像蜗牛那样凭着自己的耐力默默前行。

3. 是谁，用遒劲的臂膀，为我们撑起一片灿烂的天空？是谁，用勤劳的双手，为我们构建一个幸福的家园？是您，父亲，一个平凡而又伟大的名字！父亲一座山，胸怀宽广，容纳百川；父亲一把伞，为我们遮风挡雨，使我们远离灾难；父亲一艘船，载着我们，乘风破浪，驶向爱的港湾！在女儿的眼里，父亲您更像是一棵树，春天能倚着幻想，您的爱像滴滴甘露，滋润着我的心房；夏天能靠着乘凉，您的爱像阵阵凉风，轻轻地拂过身旁；秋天教我变得成熟，您的爱是累累硕果，让我看到成功的希望；冬天教我变得坚强，您的爱是缕缕阳光，赋予我自信和力量！春夏秋冬，日月轮转，时光的痕迹，悄悄爬上您的脸庞；风雨的磨砺，使您饱经沧桑。忘不了，您谆谆教导的情景；忘不了，您骑车载送女儿上学的背影；忘不了，女儿迟归时您目光中的忧虑；忘不了，女儿生病时您脸庞上的担心；忘不了的一幕幕，忘不了的父女情……

四、辩论情景训练。

1. 以"大学期间，修德重于修业"为辩题，在课堂中进行一场群体的辩论。

2. 请就下列情境展开反驳。

(1) 某同学洗手后，没关水龙头，受到管理员的批评，他不仅不转身关水龙头，反而说："'流水不腐'嘛，难道连这个道理都不懂吗？"

(2) 在某大学，一位清洁工人刚把教学大楼走廊打扫干净，便有个大学生将一包果皮纸屑丢了出来。于是工友和这位学生发生了争论："请不要乱扔果皮纸屑。"清洁工人批评说。"我们如果不把这地方弄脏，还要你们干什么？"大学生顶了过来。

五、辩论评析。

1. 俄国著名文学批评家赫尔岑年轻时，在一次宴会上被轻佻的音乐弄得非常厌烦，便用手使劲捂住自己的耳朵，主人连忙说："演奏的是流行歌曲。"赫尔岑反问道："流行的东西就一定高尚吗？"主人听了很吃惊："不高尚的东西怎么能够流行呢？"赫尔岑笑了："那么，流行性感冒也是高尚的了？"主人哑口无言。

2. 在关于"治贫比治愚更重要"的辩论中，正方有这样一段陈词："…对方辩友以迫切性来衡量重要性，那我倒要告诉您，我现在肚子饿得很，十万火急地需要食物来充饥，但我还是要辩下去，因为我意识到辩论比充饥更重要。"话音一落，掌声四起。这时反方从容辩道："对方辩友，我认为'有饭不吃'和'无饭可吃'是两码事……"反方的答辩激起了更热烈的掌声。

3. 在某商店里，一位顾客气势汹汹找上门来，喋喋不休地说："这双鞋鞋跟太高了，样式也不好……"商店营业员一声不吭，耐心地听他把话说完，一直没打断他。等这位顾

客不再说了,营业员才冷静地说:"您的意见很直爽,我很欣赏您的个性。这样吧,我到里面去,再另行挑选一双,好让您称心。""如果您不满意的话,我愿再为您服务。"这位顾客的不满情绪发泄完了,也觉得自己有些太过分了,又见营业员是如此耐心地回答自己的问题,也很不好意思。结果他来了个180°的大转弯,称赞营业员给他新换的实际上并无太大差别的鞋,说:"嘿,这双鞋好,就像是为我定做的一样。"

4. 据说,哥伦布发现新大陆后,有些人很不服气,在庆功宴上,有人说:"发现新大陆有什么了不起?任何人通过航海都能到达大西洋彼岸。这是世界上最简单的事情。"哥伦布只是从桌子上拿起一个鸡蛋说:"先生们,这是一个普通的鸡蛋,谁能让它立起来呢?"鸡蛋在与会者之间传了一圈,没有人能把它立起来。当鸡蛋又转回到哥伦布的手里时,他把鸡蛋的一端往桌子上轻轻一敲,很容易地把鸡蛋立了起来,顿时,不服气的人们吵嚷起来。哥伦布说:"你们都看到了,这难道不是世界上最容易做到的事情吗?然而,你们却做不到。是的,这很容易,当人们知道世界上某种事情该怎么做以后,也许一切都很轻而易举了。但是,当你不知道该怎么去做的时候,都不那么容易。"

第九章 拜访与接待

本章学习与训练的基本要求：
- 掌握拜访与接待的注意事项。
- 了解拜访与接待的语言。
- 进行拜访与接待的模拟训练。

拜访与接待，是社交活动中两种常见的形式。日常生活中亲朋好友要相互探望，离不开拜访与接待；工作中要迎来送往，也离不开拜访和接待。借助这两种交际活动，人们可以达到相互了解、沟通信息、加深感情、增进友谊的目的。

第一节 拜 访

一、拜访的注意事项

做客拜访是日常生活和工作中最常见的交际形式，也是联络感情、增进友谊、促进学习与交流的一种有效方法。但拜访中的一些问题要注意，否则处理不当，不但达不到拜访的目的，反而可能会伤了感情。

(一)掌握拜访三要素

拜访前，一般要事先预约，或打个电话，或发个信息，具体时间地点应尊重对方的意见，选择一个对方方便的时间和地点。在这个过程中，还要尽可能地了解对方的心情如何。因此，时间、地点和心情，就是拜访前必须考虑的三要素。

就时间和地点来说，拜访一般要去别人的工作地点或家庭住处。去单位，应当选在别人的上班时间，不要在快下班时再去；尽量不要在星期一上午拜访，因为星期一上午要开会，要安排一周的工作，要处理上周未完成的事务等。若是去别人家中拜访，一般说来，要避免在吃饭和休息的时间登门造访。约定时间后，不能轻易失约或迟到。如因特殊情况不能前去，一定要尽可能提前设法通知对方，并表示歉意。拜访别人时，不得已作了不速之客，一见面就要说："真抱歉，没打招呼就来打扰您。""贸然来访，没打扰您吧？"等。现代生活节奏较快，拜访他人要多为别人着想，做到既达到自己拜访的目的，又不影响别人正常的生活。拜访时要充分考虑对方的心情，应在对方心情愉快的状态下进行。当别人家中有事或心绪不佳时，最好取消拜访另择时日，或尽快结束拜访早点离开。同时也要考虑自己的心情，刚刚得到不好的消息或争吵或生气，带着这种心境去拜访别人，会出现心不在焉的现象，有时还会自觉不自觉地带出所发生的事，这样都会影响拜访效果。

(二)拜访要谨言慎行

拜访时，谨言慎行要做到四个"不可"。

一是寒暄不可少。拜访他人，特别是有求于人的拜访，先别直奔主题，而应有些融洽气氛的寒暄作铺垫。先不谈实质问题，不妨先谈谈天气，社会上的趣闻、热点问题，小孩的学习，老人的健康等。待交谈氛围好了，再慢慢说明来意。这样你才有可能乘兴而来，满意而去。

二是忌语不可讲。寒暄和交谈要注意不可乱说话，一是用词要恰当，二是不该说的不说。否则不仅影响拜访目的的实现，甚至还可能影响双方的感情。社交场合有很多不该问的问题不要去问。如，可以问候身体但不问疾病，女性24岁以后不愿如实说年龄。另外，外国人认为婚姻、经历、收入、住址等都属于隐私，最好不要成为拜访寒暄的话题。

三是时间不可长。谈话不节制是一忌。主客寒暄后，客人应以言简易明的话说明来意。交谈以半个小时为宜，以免耽误主人过多时间(非常熟悉的朋友之间的随意性拜访另当别论)。忌没完没了地东扯西拉，更不要高谈阔论、大声喧哗，要适当控制讲话音量。

四是体态语不可多。拜访别人，言谈举止要得体，不可指手画脚。切不可得意时手舞足蹈，不安时来回走动，痛苦时捶胸顿足，或随地吐痰、乱扔烟头、果皮等。人们常说，听其言还须观其行，主人对客人的印象，来自听觉和视觉两方面。举止不文明，体态语过多都可能引起主人不悦，成为实现拜访目的的障碍。

另外，拜访时要衣着得体，自身形象要给人以美感，绝不能衣着不整，更不能蓬头垢面。进门时切记要敲门、按门铃或打招呼，当有人应声允许进入或出来迎接时方可入内。敲门不宜太重或太急，一般轻敲两三下即可。切不可不打招呼擅自闯入，即使门开着，也要敲门或以其他方式告知主人有客来访。即使拜访朋友也不例外。进门后，拜访者随身带来的外套、雨具等物品应放到主人指定的地方，不可任意乱放。结束拜访临出门时，要将喝过水的纸杯或吃过水果的果皮放入垃圾篓里。

如果是商务性拜访，应该提前做好以下准备工作：一是阅读拜访对象的个人和公司资料，准备拜访时可能用到的资料；二是检查各项携带物是否齐备(名片、笔和记录本、电话本、磁卡或现金、计算器、公司和产品介绍、合同)；三是事先明确谈话主题、思路和话语等。

(三)特殊的拜访要慎重

有些拜访，如看望长辈、看望病人、探望服刑人员、拜访对象的父母等较为特殊，也就有一些特殊的要求。

1. 看望长辈

首先，要多陪老人聊天。有许多人看望老人时更多地考虑给老人买些什么，这当然也是必要的。但事实上老年人最需要的不一定是物质的东西，主要还是精神方面的安慰；即使是物质礼品，代表的仍然是精神慰藉。如果能在看望时多与老人聊聊天儿，使他们的精

神感到宽释和快慰，那将会使他们觉得十分快乐，这是任何物质都换不来的。其次，要宽容老人唠叨。有些老年人说话啰唆，爱唠叨，这是老人的说话特点，年轻人对此要理解，要宽容。再者，拜访老人，顺者为敬。人到老年，思想可能比较僵化一些，性格也变得固执，喜欢怀旧，年轻人要耐心地听，多顺从、少争辩，更不要反感和讥讽。有的年轻人不了解老人的心理特点，总是与老人争论是非，结果闹得很不愉快。

2. 看望病人

人生了病，身体和精神会有双重损伤，有人去看望，对病人是一种精神安慰。但看望病人时说话要得体，否则会适得其反。探望病人有这样两个原则：一是不要说让病人忌讳的话。看望病人之前，应先了解一下病情，以确定哪些话该说，哪些话不该说。比如，对病人不要说："你的气色很不好！""看你，针眼打得像蜂窝，这啥时才能好啊！"这些话无疑会增加病人的心理负担。不如说："你的气色比前几天好多了。""病来如山倒，病去如抽丝。别急，慢慢调养会好得快些。"这些鼓励会增强病人战胜疾病的信心。二是少谈病情多谈闲事，也不可老是追问病情。较好的方式是简要地问一问病情，然后转开话题谈社会上、单位、家中的事。病人消息闭塞，希望知道外面的事，多谈谈，病人会感兴趣。不过谈的应是让病人高兴的事，不可讲让他们扫兴的内容。愉快的交谈有益于病人的情绪好转和早日康复。

3. 探望服刑人员

有时候我们身边的亲戚、朋友、同事等可能因为一念之差做错了事，触犯了法律，成为服刑人员。当你去探望他们的时候可能会给他们带些生活用品，但最重要的是，一定要怀着一颗真诚的心前去探望。你真诚的态度，会让他们觉得没有被家人、朋友、社会抛弃，有利于他们的改造。在交谈的时候，多说鼓励的话，多聊日常生活中能让他们高兴的事，不要说些伤人自尊的话或让他们挂心的坏消息。因为他们可能本性并不坏，只是一时糊涂而误入歧途，本来思想包袱就比较重，比较在乎他人的看法，探望者言语稍有不慎，就有可能加深他们的思想负担，不利于他们在监狱的改造。

4. 拜访对象的家长

首次拜访对象的父母，第一印象非常重要。而第一印象来自于你的外表、言行、举止等各个方面。在拜访之前，要了解其家庭成员，父母的职业、文化、兴趣、经历、性格等，知道得越详细越好。情况熟悉，才能准备合适的礼物，交谈时也能有的放矢。着装一定要干净、整洁，注意整体搭配的和谐感，不穿奇装异服。拜访时态度要自信、真诚、恳切，在回答对象父母提问时要会叙述说明，态度要恭敬，声音略低一些，柔和一些，把话一句句、一层层说清楚，言行举止要有礼。初次见面，以下几种表现会给长辈留下不好的印象：一是油嘴滑舌，二是自我吹嘘，三是胆小羞怯，四是粗言劣语。一旦留下不好的第一印象，以后需要花更大的力气来挽回，所以一定要注意避免以上四点。

二、拜访语言

拜访语言就拜访过程而言，依次为进门语、寒暄语、晤谈语和辞别语。

(一)进门语

到门口，要短促地按一下门铃或先轻轻地敲门，很有礼貌地问一句："请问某某在(家)吗？"或者问："请问，屋里有人吗？"即使门开着，在得到回应前也不要贸然闯入。

见面后，应立即打招呼。至于怎样打招呼应根据拜访的对象、形式、内容而定。初访往往需要慎重，一般可以用这样的话打招呼："一直想来拜访您，今天终于如愿以偿了！""初次登门，就让您久等，真不好意思。""真对不起，给您添麻烦来了"，等等。重访是关系趋向密切的表现，一般只需简单地说一句"好久没有来看您了"，或者说"我们又见面了，真高兴"等。关系密切的，不妨以玩笑的口吻说："我又来了，不招您讨厌吧！"回访时打招呼，可以这样说："上次劳驾您跑了一趟，我今天登门拜谢来了"，或者说："上次托您办事，给您添了不少麻烦，今天特地登门拜谢"，等等。若带孩子上门拜访，一定要教孩子有礼貌地称呼对方。

礼仪性拜访大多与唁慰、祝贺、酬谢等有关。进门语要与有关的内容联系起来。如说："听说您生病了，今天特地来看望您"，"听说你升迁，特给老朋友贺喜来了"，"听说您的儿子已被某某大学录取，特地赶来祝贺"，等等。

(二)寒暄语

寒暄，即问寒问暖之意。在社交活动中，它带给人们的是关心、亲切的温暖之情，是人们为了正式的交谈所进行的一种感情铺垫。好的寒暄可以为后面的交谈创造一个好的氛围，是交谈双方为了沟通感情所必不可少的桥梁。那么如何说好寒暄语呢？

1. 说什么

寒暄的内容很广，诸如天气、孩子的学习情况、老人的健康状况以及最近发生的新闻趣事等，都可以作为寒暄的话题。中国人见面习惯问"你吃过了吗""你还没有歇着呀"；英国人习惯聊天气；阿拉伯人习惯问"牲口好吗"。寒暄时谈什么，应视具体情况而定。一是要符合当时的情景，例如，小孩儿和老人在场，可以从询问小孩儿的学习情况，或者从询问老人的健康状况谈起；二是要尽量寻找双方的共同点，也就是双方都感兴趣的话题，尤其是对方感兴趣的话题。也可以从家乡、职业、家庭、阅历等方面找出有特殊联系的共同点，以引出共同感兴趣的话题；从性格、爱好、烦恼等谈起，使双方心灵产生"共聚"的变化，如对方喜欢音乐，你不妨与他谈谈贝多芬、莫扎特、流行歌曲、歌唱家、红歌星等，如果你对音乐不在行，也不要紧，你可趁机向对方求教，这样既显示出你的谦逊有礼，又学到了音乐知识。还可以从交谈时的节令、气候、环境乃至时事、新闻等大家比较了解的客观情况谈起。

第九章　拜访与接待

2. 怎么说

可用以下几种方式：

一是问候式。这种寒暄多由问候语组成，根据不同的对象、场合、时间进行不同的问候。中国人见面习惯问"你吃过了吗""你还没有歇着呀""最近忙不忙""家人都好吧"等。

二是夸赞式。就是给人以赞美，如"你的新衣服真漂亮！""你的发型真棒！""这房间布置得很漂亮！"夸赞式的寒暄极易创造一种愉快和谐的气氛。

三是言他式。是指在交谈进入正题之前，先谈其他事物的寒暄方式，不直接讲明来意。这种寒暄方式是引入交谈正题的润滑剂。比如可以与对方正在进行的活动有关："你正看书啊"，或者与想要了解对方的内容有关："上班去吗？"如果没有具体的内容，常以天气等作为话题，比如"今天的风真大"。

寒暄的方式很多，如果是人多的场合，往往单靠某一种方式是不够的，这就要针对具体的人采用多种不同的寒暄语言和方式。

寒暄要有针对性，有特色。做个有心人，就可以从你与每个人的特殊点中发掘出有特色的寒暄语。

(三)晤谈语

晤谈时，一方面注意话题要集中，主客寒暄之后，客人要适时进入正题，以免耽误主人过多时间，话题要集中，不能太散；另一方面尽量说些幽默话语，幽默的谈吐可以活跃气氛，使拜访充溢着欢快轻松的情调。

(四)辞别语

辞别语的使用有以下几种。

第一，同进门语相呼应。譬如礼仪性拜访，如进门语："初次登门，就劳驾您久等，真不好意思。"辞别语可说："今天初次拜访，十分感谢您为我花了这么多时间。"

第二，表示感谢，请主人留步。如："十分感谢您的盛情款待，再见！""就送到这里，请回吧。这件事就拜托您了。"

第三，邀请对方来自己家做客。如："老同学，告辞了。您什么时候也到我家坐坐。""有空来我家玩儿。"

这里附带谈谈拜访中常使用的客套话与敬辞：初次见面，要说"久仰"；许久不见，要说"久违"；客人到来，要说"光临"；等待客人，要说"恭候"；祝贺别人，要说"恭贺"；探望别人，要说"拜访""拜望"；起身作别，要说"告辞"；途中先走，要说"失陪"；请人别送，要说"留步"；请人批评，要说"指教"；请人指点，要说"请教""赐教"；请人帮助，要说"劳驾"；托人办事，要说"拜托"；央人帮助，要说"劳驾""请费心"；麻烦别人，要说"打扰""有劳""烦请"；求人给予方便，要说"借光"；求人谅解，要说"包涵""海涵""谅解"；求人解答用"请问"；赞人见解

高明用"高见";归还原物用"奉还";自己的作品请人看用"斧正";询问别人年龄用"贵庚""高寿""高龄";询问别人姓名时用"贵姓""大名",等等,不一而足。

案例分析

在结婚喜宴上,新郎新娘会按照习俗,挨个给前来道喜的客人敬酒。有些人或因不胜酒力,或身体不适,在新人的盛情相劝中,会随口说道:"今天就免了吧,下次一定喝。"

点评:这话在平时说,很正常,但如果在婚宴上说,就不合适,也容易被人误解。因新郎新娘不希望再结一次婚。在社交场合要注意避免说忌讳的语言。

央视热播剧《我的青春谁做主》中,钱小样为了不被母亲带回银川,离家出走,无处可去,只能投奔在北京除姥姥之外唯一的社会关系方宇,期望方宇能收留她。可在方宇工作的汽车修理行没找到方宇,手机也联系不上,只好去从未去过的方宇奶奶家拜访。最终钱小样实现了拜访的目的。其中的拜访过程是这样的:

小样拎着三十块钱投资——一塑料袋水果,穿街钻巷,摸到方奶奶住的大杂院外,敲开门后就热情洋溢地自我介绍:"方奶奶,您好!我叫钱小样,是方宇朋友,前几天您给他打电话,我就在边上。"

方奶奶顺着她的误导性暗示:"他说有女朋友了,就是你吧?好,好,奶奶就盼着你来呢!方宇呢?"

小样按事先打好的腹稿说:"他没来吗?我俩说好今天一起来看您,我联系不上他,还以为他先过来了。"

方奶奶满心专注在考察未来孙媳妇上,顾不上搭理孙子的踪迹,小样顺利地被请进门,登堂入室。

"奶奶,您气色真好,也就六十出头吧?"睁眼说瞎话,使劲儿往小说。

"七十三了我都,真会说话,一看就知道家教好。你做什么工作呀?"

"我学医的。"

"哟,学医可好,甭管到什么时候,医生都吃香。"

"以后您有什么小毛病不用上医院,我就给您治了。"

"那敢情好,以后奶可就跟着方宇享你福喽。你俩认识多久了?"

"时间不长。"可不嘛,就两天,"不过他可没少念叨您,看得出来,他跟您感情特好。"避实就虚,成功转移话题。

"唉,我们一老一小相依为命,方宇从小没少遭罪,经的事比别人多,嘴上冷心里热。"

小样听出门道，方宇没爹妈？"我知道，别看他表面装得挺酷，其实心挺软的。"

"可不，你了解他就好，难为你年纪不大，这么懂人心思。"

"奶奶，家有一老如有一宝，方宇再怎么着，还有您替他操心，这是他福气。"

生把方奶奶说动情了："真是个明白孩子，我以前也见过几个他接触的女孩子……"忌讳收嘴。

"没关系奶奶，我都知道，谁年轻时没谈过几次恋爱？关键看以后俩人能不能互相真心对待，这才是最重要的。"

方奶奶惊奇这回孙子眼光怎么突然提升了，打心眼儿里往外赞叹："方宇这回眼光真好，像你这样心大又懂事的女孩子，现在不好找啦。见着你我算踏实了，奶奶岁数大了，就怕哪天一蹬腿儿，扔下方宇，连个疼他的人也没有，以后有你在他身边，我就放心了。"

"瞧您说的，看身板您肯定长寿，再活个二三十年没问题。"

方奶奶给甜乎得合不拢嘴，找对正主，把一肚子攒给孙媳妇的话倒给小样："趁方宇不在，我跟你说说，回头你替我劝劝方宇，让他回家来住吧，这孩子身在福中不知福，放着好好的家不住，要什么自由、隐私，非上外头租房住，一礼拜才回来一次，还总得电话催他。"

"这就不对了，家里明明有地方住，奶奶身体又这么硬朗，不用他伺候，反过来还能照顾他，住家里是他享福呀。我理解您，平时也没个人说说话，怪闷的，老人就得有人陪，回头我跟他说说。"演着演着，小样有点假戏真做，恍惚自己就是方宇媳妇，没办法，她一向很感性。

"小样，你可说到奶心眼儿里了，咱俩虽然头回见，奶奶怎么好像老早就认识你？觉得怪亲的。"

"奶，咱俩有缘分，我也觉得您就像我亲奶奶。"

"那以后就常来，奶奶这儿就是你北京第二个家，啊。"

至此，感情铺垫完成，一会儿就解决"出路"。

天色更晚，认完亲的一老一小给方宇打手机，结果像小样预料的那样，没开，没有被人拆穿的后顾之忧，今晚是她的独角戏，尽情发挥。

"奶，还是打不通他电话。"

"这孩子，知道咱们联系不上他，也不说来个电话。"

"他可能临时给派了活儿，顾不上通知咱。"

"都十点了，方宇不在没人送你回家，天太晚奶奶不放心，要不你别等他了，早点回去吧。"

"奶，现在我还真回不去。"

"怎么呢？"

"我姥外出开会，今晚不在家，上次见方宇，我不小心把家钥匙落他那了，本想今天拿回来，可又没见着他人，现在没钥匙，我回不了家。"

"那今晚干脆住奶这儿吧，有你做伴，我求都求不来呢。"

搞定！住宿问题解决，小样绽放笑容。她真聪明！为自己喝彩！

点评：钱小样的拜访可以说是很成功的，不仅拜访目的实现了，而且深得老人家欢心，为以后和方宇的感情发展铺垫了良好的基础。进门礼貌而又热情洋溢的自我介绍，给人留下好的第一印象，再加上适宜的寒暄，"奶奶，您气色真好，也就六十出头吧？"迎合了老年人的心理，拉近了和老人家的心理距离，营造出一种亲切、温暖、和谐的交谈氛围。

被美国人誉为"销售权威"的霍伊拉先生，一次要去梅依百货公司拉广告，事先了解到这个公司的总经理会驾驶飞机。于是，在和总经理见面互做介绍后，便随意地说了一句："您在哪里学会开飞机的？"一句话，引发了总经理的谈兴。他滔滔不绝地讲了起来，气氛显得轻松愉快，不但广告有了着落，霍伊拉还被请去乘了总经理的自用飞机，和他交上了朋友。

点评：霍伊拉先生在见广告公司总经理前就了解到总经理的爱好和特殊之处，驾驶飞机是件值得夸耀的事，霍伊拉在寒暄时能找到让对方感到自豪的话题，自然就容易被对方所接受。寒暄的关键就是善于选择话题，很多人只会干巴巴地说"您好"之类的客套话，也就不能引起对方的谈兴。

台湾首富郭台铭，是一位事业辉煌的爱国企业家。他继承了晋商厚道务实的优良传统，虽然常来大陆经商，但他"超级低调"，不喜欢张扬，记者要采访他，一般都会被婉言拒绝。

2006年4月，人民日报女记者徐蕾打电话跟他预约采访，她说明身份后亲切地说："郭先生，你是山西人……我是个'山西媳妇'，想找你这位老乡聊一聊啊！"郭台铭思虑片刻，爽快地说："好啊，老乡见老乡，两眼泪汪汪嘛，你的采访我接受啦！"

女记者同郭台铭在饭店边吃边聊。她从山西的风土人情切入话题，郭台铭的话匣子一下子就打开了："我最爱说的话是'我是山西人'，我最爱做的事是帮助山西发展，我最爱吃的面是山西刀削面，我最爱喝的酒是山西汾酒——'汾酒必喝，喝酒必汾'啊，哈哈！"郭台铭兴致勃勃地畅谈了记者提出的所有问题，访谈十分成功。

点评：女记者抓住了郭台铭"爱国爱乡"的情结，顺利地赢得了访谈的机会，并打开了访谈的局面，"山西媳妇"要采访他，勾起了游子的思乡之情，而后来在交谈中，女记者又从山西的风土人情切入话题，打开了思乡游子的话匣子。

第九章 拜访与接待

第二节 接 待

我国素有"礼仪之邦"的美誉，热情待客历来是中华民族的传统美德之一。如今，人们的日常交往日益频繁，对外交往不断扩大，热情、周到、得体的接待工作，已经成为促成合作、活跃往来的重要手段。

接待工作的种类繁多、形式多样，我们主要讨论一般性接待的注意事项和接待技巧。

一、接待的注意事项

在接待工作中，有一些问题需要注意，这些问题处理好了，能使接待工作顺利进行，能加深双方感情、促进合作。

(一)热情迎客

上级、长者、客户来访，要起身上前迎候，主动握手，对下级、晚辈要真挚、关爱。

在一般性的交往应酬中，握手时标准的伸手顺序，应该是位高者居前，也就是地位高的人先伸手。男人和女人握手，一般是女人先伸手；晚辈和长辈握手，一般是长辈先伸手；上级和下级握手，一般是上级先伸手；老师和学生握手，一般是老师先伸手。当一人与多人握手时，可由尊而卑，也可由近而远。握手时稍微用力，时间在三到五秒最为合适。

握手也很有讲究，一般要伸出右手。很多国家，像新马泰一带，或印度等国，人们的左右两只手往往有各自的分工。左手一般干一件事，右手一般则干另一件事。右手一般是干所谓的清洁友善之事，如递东西、抓饭吃或行使礼节。而左手则是干所谓的不洁之事，如沐浴更衣，去卫生间方便。握手要摘掉手套，手要干净，以表示尊重对方，不方便握手时要表示歉意。

(二)服务周到

客人要找的人不在时，要明确告诉对方所找的人去何处了以及何时回来。若需等待，要向客人说明等待理由与等待时间，并热情上茶。

为来访者上茶时，应将茶碟和茶杯分开放在托盘上端出去。端给客人之前，要先用左手端住托盘，用右手将茶具配成套，然后再端给客人。上茶时要特别小心，不要将茶具放在文件等重要的物品之上。要先上茶给来访者，然后再给自己人。上的茶，并不是茶水越满越好，大约七八分满即可。

(三)气氛友好

微笑是最好的接待语言，要面带微笑，保持友好的交谈气氛，避免以下令人不悦的接待表现：当来访者进来时，继续忙于自己的事务；未停止与同事聊天或嬉闹的动作；看报纸杂志，无精打采、打呵欠；继续电话聊天儿；双手抱胸迎宾；长时间打量对方等。

(四)保持距离

交谈双方的距离，依关系、性别而定。人都需要私人空间，而且对入侵这个空间的人都会采取不同的方式表示拒绝。当你友好地将手搭在与你刚认识的人的肩上谈话时，即使对方不推开你的手，心里也会对你产生不良印象。当一位异性客人紧挨着你坐下时，你一定会下意识地挪一下身体。这些都说明，在社交场合，人和人应保持一定的距离。不同的距离包含不同的语义：15～46厘米为密切区域，或亲密区域，近亲和密友多在这个区域。16～120厘米为个人区域，或亲切、友好区域，一般来客适合在这个区域交谈。至于生疏的不速之客，则宜相距120～210厘米交谈，这是个严肃、庄重的区域，同时异性之间的距离要大于同性之间。

(五)委婉暗示

要结束接待，可以婉言提出借口，也可用起身等体态语言暗示对方，不到万不得已最好不要直接下逐客令。

二、接待语言

社交中，就接待过程来讲，一般包括迎客、交谈、送客三个环节，三个环节都要用适时的语言来接待。

(一)迎客语

迎客要热情。古人云："有朋自远方来，不亦乐乎。"迎接客人要有热情欢迎的态度。对于宾客、顾客的到来，最常用的欢迎语是"欢迎光临"。有时视对象和场合不同，也可用其他表达方式，如领导、专家到会或视察，可用"欢迎莅临指导"表示敬意；对于顾客购物，可用"欢迎惠顾"以表谢意；对于外宾来访，可以用"您的到来，使我们深感荣幸"来表示欢迎。在私人接待中，主客见面时，如是熟悉的客人，可先说："欢迎，请进！""稀客，稀客，哪阵风把您给吹来了？""您真准时"之类。然后，主动与客人握手(如对方是女性，应让对方先伸手)。进屋后，应让客人先落座，然后主人再坐下，以示尊敬。如果来的是陌生人，见面可用提示性的语言"您是……"表示询问，让客人自我介绍，然后表示欢迎。请客人落座后，不要急于询问客人来访的目的，等客人主动开口，对走错了门的客人应予以热情指点。

在待客礼仪中，恰当地使用称呼语是尊重对方的表现。私人接待中，称"老王""小李"显得亲热；公务接待中，称"赵局长""曹经理"表示尊敬。一般情况下，对成年男女，无论婚否均可称先生、女士，但对未婚女子应称小姐(如无法判断婚否，对年轻女子都可称小姐。在我国南方一些地区，称"阿妹"比称"小姐"更受欢迎)。对医生、教授、法官、律师、博士等应该将姓(姓名)与职(职称)合称，如"刘教授""赵律师"等，对军人一

般将姓(姓名)与军衔合称。长辈对晚辈，领导对下属，同辈之间可以直呼其名。而晚辈对长辈，下属对领导，应采用"姓加辈分"或"姓加职位"的称呼，如章叔叔、赵局长等。

接待过程中，如果主人能一见面就主动叫出每一位来访者的姓名，可以塑造出热情好客的形象，迅速缩短主客之间的距离、建立友好关系。因为一个人的名字对本人来说，往往是最重要的字眼，一般人对自己名字的兴趣，远远超过对地球上所有人的名字的兴趣。

（二）交谈语

交谈时，要知人善谈、善于应变。

1. 知人善谈

接待客人时，交谈要因人而异，因人而谈，也就是我们平常说的"见什么人说什么话"。

说话语气要依来访者的目的而异。前来拜访的客人，往往带有各自不同的目的，主人要善于采用不同的语气与他们交谈。比如对于前来求助的人，主人应以体谅对方的心情，站在对方的立场说话，语气要平和，给对方一种亲切感、信任感。即使你认为无能为力，也要给客人留一线希望，你可以说："这个问题我可以去了解一下，只要有可能，我会尽力帮忙的""你先别着急，有什么情况我就给你打电话"。对于前来提供某种信息的客人，主人要说："您费心了，谢谢""非常感谢，您提供的信息太有价值了""您可真帮了大忙！谢谢"。对前来研究问题、商量工作的客人，要用商量、征询的语气交谈，"你看这样行不行""是不是还有不妥的地方呢""对这个问题你的看法是……"等。

语速、音量要因来访者的年龄而异。不同年龄的人有不同的生理、心理特征，主人与其交谈应采用不同的语速和音量。对老年人，用较慢的语速、较大的音量与他交谈，能使对方产生被人尊敬的喜悦感；而与小客人交谈则宜轻言慢语，语调柔和，这样能使小朋友产生亲切感。问别人岁数，对不同年龄段的人就要使用不同的问法：问小孩儿"你几岁了"，问同龄人"你没我大吧"，问稍年长者"您多大年纪了"，问七八十岁老人"您老高寿"，或"您高龄"等。恰当地使用不同的问语，就能取得满意的效果。提醒同学们注意，对小孩儿或同龄人，说话要坦诚、亲切；对老年人或自己的师长，则要尊重他们，让人感觉到你是有教养、懂礼貌的晚辈。

另外，遣词用句也要依来访者的文化水平、身份、年龄而异。

2. 善于应变

接待的场合多种多样、客人形形色色，要善于应变。

对于客人或宾客的要求，不是所有要求都应该(可以)满足，当不能满足客人、宾客的要求时，拒绝是难免的，但忌用否定式，"不、不行""做不到""不知道""没有"等冷冰冰、硬邦邦的简单回答必将增加对方的不快。因此，要学会用婉转、含蓄的语言，用巧妙的方法表示拒绝，如诱导对方自我否定法、推托拖延法、先表同情后拒绝法、避实就虚法等。

(三)送客语

当接待活动圆满结束，欢送客人离去时，常用富有浓厚感情色彩的送别语："您的到来，给我们留下了美好的回忆，欢迎您再来""希望不久还能再见到您"等。送别语中常含有祝愿的意味，如"祝你们旅途愉快，一路平安""祝您一路顺风"等。通过运用这些礼貌语，让美好的祝愿伴随着宾客的归途，让他们更深刻地感受到接待者的情谊，对这次旅行(参观等)留下美好的印象。

在私人接待的送客时，要做出留客的表示、希望客人以后再来的表示、依依不舍的表示。客人如要离去，先要诚恳挽留；如客人执意要走，则不必强留。送客人要送到门外并说些告别语。如："您慢走""欢迎再来""经常来玩"等。送别客人不要急于回转，客人请主人"留步"后，主人要目送客人走远，招手"再见"再回转。送别客人回屋时，关门的声音要轻，否则客人听到会产生误会。

案 例 分 析

几位顾客在一家饭店用餐，当服务员把一碗雪菜黄鱼汤送上来时，问题出现了：

顾客：我们点的是雪菜黄鱼，怎么把鱼汤端上来了？

服务员：对不起！也不知哪个环节出了差错，我们查查。

顾客：你们的服务态度也真成问题！重做？哎，时间又来不及了。

服务员(风趣地)：看来，这鱼呀，它活着时喜欢水，就是离不开水。各位要是喝了这雪菜黄鱼汤，保你们做事、交友一定会如鱼得水……

顾客(高兴地)：小姑娘真会说话，就冲你这句大吉大利的话，这碗鱼汤我喝定了！

点评：接待语固然应以"敬语"为本，但有时面对个别宾客不太友好的讥诮或无理责难，在不能保持沉默时，也要学会巧妙地反诘(反击)，以维护国格与人格。中国有句古话叫作"以其人之道，还治其人之身"，反诘语既要针锋相对，又要柔中有刚、不失风度。

下面是某宾馆前台接待员与一位外国客人的对话：

接待员：欢迎光临，史密斯先生，您的到来，使我们深感荣幸，我能为您做什么吗？

史密斯：我想要一间单人房。

接待员：您有没有预订房间？

史密斯：没有，我接到公司派我出差的命令，就匆匆赶来了。

接待员：很抱歉，单人房已经订满了，我想为您安排一间标准客房，您不介意吧？

第九章 拜访与接待

史密斯：不。不过，我希望有个安静舒适的环境。

接待员：请您放心，这间客房在12楼，客房的设施是本宾馆一流的，窗户朝南，阳光明媚，窗外就是本市著名的风景区——某某花园，那里草木葱茏、绿水潺潺，有亭台楼阁、鸟语花香，您可以欣赏到最美丽的景色。还有，12楼的客房服务员是本市旅游业十大服务明星之一，您可以享受到优质的服务。

史密斯：太好了，我就住这间客房吧。

接待员：谢谢，史密斯先生，这是1201号客房的钥匙。有什么需要，请吩咐服务台。

点评：这位接待员的接待用语规范、得体，首先对客人的到来表示欢迎，得体地称呼对方"史密斯先生"，委婉地询问对方"我能为您做什么"使人备感亲切，在交谈的过程中，礼貌、得体、到位，体现了良好的业务素质。

有一个生产系列美容品的工厂，一天，一位不速之客怒气冲冲地跑进工厂，指手画脚地对客服部经理说："你们的美容霜干脆叫毁容霜算了！我18岁的女儿用了你们厂的'美容霜'后，面容受到严重的破坏，现在她连门都不敢出。我要控告你们，你们要负起经济责任，要赔偿我们所受的损失！"

客服部经理听完，稍加思索，心里明白了几分，但他仍诚恳地道歉："是吗？竟发生了这样严重的事，实在对不起您，对不起令爱。不过，当务之急是马上送令爱到医院治疗，其他的事我们以后慢慢再说。"

那位不速之客本想臭骂一顿出口窝囊气，万万没想到经理不但认真道歉，而且还挺负责的。想到这里，他的气消了一些，于是在经理的亲自陪同下，他的女儿去医院皮肤科检查。检查的结果是：小姐的皮肤有一种遗传性的过敏症，并非由于美容霜有毒所致。医生开了处方，并安慰她，说不久便会痊愈，不会有可怕的后遗症。这时，父女的心才放下来，他们对客服部经理既感激又敬佩。

客服部经理又说："虽然我们的护肤霜并没有任何有毒成分，但小姐的不幸，我们是有一定责任的。因为虽然我们产品的说明书上写着'有皮肤过敏症的人不适合用本产品'，但小姐来购买时，促销员肯定忘记问她是否有皮肤过敏症。也没有向顾客叮嘱注意事项，致使小姐遭此麻烦。"

小姐听到此语，再拿起美容霜仔细一看，果然包装盒上有明确说明哪几种人不能使用，只怪自己没详细问清、看清就买来用了，心中不禁有些懊丧。客服部经理见此情景便安慰她："小姐，请放心，我们曾请皮肤科专家认真研究过关于患有过敏症的顾客的护肤问题，并且还开发设计了好几种新产品，效果都很好。等您治愈后，我再派人给你送两瓶试用一下，保证以后不再出现过敏反应，也算我们对今天这件事的补偿。先生、小姐，你们意见如何？"

点评：针对顾客的投诉，厂商可以不负任何责任，完全是顾客粗心所致。但是经理在接待顾客时，完全没有发脾气，或说些"不，先生，那是您误会了，绝不会有这种事！"或者"先生，您搞错了，我们公司怎么能生产出这样劣质的产品？"这样加深双方误会和不满的话，反而耐心地听取了顾客的投诉，弄清了症结之所在，明白了真相后，丝毫没有责怪顾客，还向顾客继续赔礼道歉，赢得顾客好感，最终事情得以向着最好的方向发展。

一、情景语言设计。

1. 你去拜访一位名人。进屋之后发现主人家养了一只小狗。请以此为话题，设计一场4分钟左右的谈话。

2. 一天你逛商场时发现一名营业员好像是当年的校友，在学校时没机会交谈，她好像也觉得你面熟，你主动和她打招呼。请设计一次谈话。

3. 放暑假了，你坐车回家，周围坐着几位年龄、身份、性别不同的陌生人，为消除路途寂寞，你先和他们寒暄几句，使大家都有谈兴。请设计打招呼的思路。

4. 同学小张入学一个月后，对学校的社团活动有了一些想法和建议，经班主任介绍，找到学生会主席沟通思想，学生会主席接待了他。请分别以两人的身份模拟一次接待活动。

二、情景训练。

1. 每3~5人为一组，轮流扮演主人和客人，练习拜访与接待的礼节。

要求：双方关系和身份要有变更，如老朋友、上下级、长辈晚辈、贵宾等。然后相互评议。

2. 模拟家庭拜访训练。

训练说明：首先双方的话题要具体(如家庭访问是因为学生近阶段学习成绩突然下降，教师家访的目的，一是了解情况，二是要求家长配合，等等)。其次双方的立场也不得发生转变(如"教师"认为学生的退步与家庭有关，"家长"有责任也有义务配合学校工作，并且，学校已经尽了责任；而"家长"则认为，自己也已尽了最大的努力，是学校没有管好。同时还可辅以多种原因的解释。交谈时，可以表示对对方的理解，但不可以接受对方的要求)。双方不得有使交谈"卡住"的语言(如"教师"不可以用"开除"之类的有压力的语言；"家长"则不可以说"我们正想退学"之类的对抗性语言)。

三、请看下面几组对话，对话双方交谈时的表现是否恰当？言语交际是否准确有效？

1. 优秀服务员李淑珍接待顾客的片段：

对知识分子：同志，你要用餐，请这边坐。来个拌鸡丝或溜里脊，清淡利口，好不好？

对工人同志：师傅，想吃油肉，还是丸子？

对乡下老大娘：大娘，你进城来了，趁身子骨还硬朗，隔一段就来转转，改善改善，您想尝点啥？

2. 某同学到小学老师家拜访的片段：

对老师：老师，好久没来看您了，真想您啊，您工作还是挺忙的吧？

对老师的母亲：婆婆，您精神挺好的，身体还好吧？您今年高寿？

对老师的儿子：小虎，都到处跑了，快叫哥哥。告诉哥哥，你几岁了？

3. 某同学与上门推销的广告业务员交谈的片段：

同学：请问您找谁？

推销员：我是保健品厂的推销员，我们生产的顺牌按摩器，轻便适用，20元一个买一送一。给你爸你妈买一个吧？

同学：谢谢！我家不需要，你到楼上去看看吧。再见。

4. 下面是一位旅店经理在接待一个旅游团领队时两人的谈话片段(注意双方身份)

领队：对不起，这么晚还把您从家里请来。但大家满身是汗，没有热水洗澡怎么行呢？我们预订时说好要供应热水的，这事只有请您来解决了。

经理：这事我也没有办法。锅炉工回家了，不过，集体浴室还开着，大家到那里洗吧。

领队：好，我可以让大家到集体浴室去洗。但话要讲清楚：包房两个铺位120元一晚的标准是有单独浴室的，到集体浴室洗是通铺标准，10元一晚上，那我们就照这个标准计费了。

经理：那不行，不行！

领队：那么就请给单独浴室供应热水。

经理：我没有办法！

领队：你是经理，总会有办法的。

经理：你说有什么办法？

领队：您可以把失职的锅炉工找来，也可以临时安排一个人来烧……

四、假如你遇到下面情况，将如何应变？

老王的同学到家里来聊天，两人在客厅里天南地北地聊着，不知不觉到了用晚餐的时间。老王五岁的小儿子跑了进来，趴在老王的肩膀上咬耳朵。老王聊得正高兴，很不耐烦地训斥儿子："没礼貌！当着客人的面咬什么耳朵？有话快说！"

小儿子顺从地大声说："妈妈叫我告诉你，家里没有菜，不要留客人吃饭。"一时之间两个大人都愣住了，多尴尬！怎么解释啊！

老王脑筋一转，伸出手来，在儿子的小脑袋上轻轻打了一下，然后说："＿＿＿＿＿＿＿＿＿＿"

第十章　介绍与解说

本章学习与训练的基本要求：

- 了解人物介绍的方法。
- 掌握事物介绍的技巧。
- 熟悉解说的基本要求。
- 把握解说的不同形式。

介绍是一种涉及范围广、实用性很强的口头表达方式，通过"口说"，使人对陌生的人、事、物、环境等有所了解，获得相关知识。介绍的对象，一般包括人、事、物三种，所以，介绍从内容方面分，有人物介绍、产品(物品)介绍、生活常识介绍、情况介绍、环境介绍、经验介绍等；而介绍的方式主要有概括性介绍、形象性介绍等。

解说是一种解释说明事物、事理的表述法，也是说明事理的一种口语表达方式。它往往用言简意赅的文字，把事物的形状、性质、特征、成因、关系、功能等解释说明清楚，解说在人际交往中使用广泛、实用性强。

第一节　介　　绍

人际交往中，要了解人物介绍和事物介绍的基本要求和基本技巧。

一、人物介绍

人与人之间的介绍，是社交中人们相互认识、建立联系必不可少的手段。一般来讲，介绍主要分为自我介绍、居间介绍两种形式。自我介绍是进入社交的一把钥匙，人与人之间的相识交往往往是从自我介绍开始的。居间介绍是介绍者以第三者的身份为被介绍双方引见，使被介绍双方相互认识并建立关系的一种口头交际活动。

在社交活动中，我们随时随地都会碰到老朋友，结识新伙伴，当陌生人见面时就需要有人为你介绍，或者你为他人介绍。得体的介绍不仅立即能使社交场中的人们彼此沟通了解，而且还能让陌生的双方一见如故；如果介绍不妥，也可能会使双方或一方感到尴尬，造成不快，影响人们之间的进一步交往。因此，我们有必要掌握一些有关介绍的知识。

(一)自我介绍

自我介绍，即将自己介绍给他人，是陌生人了解你的第一步。与不相识的人打交道或来到一个新的学习、工作环境，少不了要作自我介绍，以便让别人了解你、熟悉你、喜欢

第十章　介绍与解说

你。自我介绍恰当与否,关系到能否给人一个良好的第一印象,好的自我介绍能营造出迷人的气氛,使别人想进一步了解你。在人际交往中如能正确地利用自我介绍,不仅可以扩大自己的交际范围,广交朋友,而且有助于自我展示、自我宣传。

1. 基本要求

好的自我介绍要求做到以下几点。一是镇定自信,介绍时应镇定自若,落落大方。二是音量适中,口齿清晰,语速恰当。三是态度要不卑不亢,眼睛看着对方,并用眼神、脸部表情表示自己的友善和热诚。四是繁简适当,介绍内容繁简要适宜。自我介绍包括以下基本内容:姓名、年龄、籍贯、职务、工作单位或地址、文化程度、主要经历、特长或兴趣等。在自我介绍时,要根据具体情况,决定介绍内容的繁简。一般偶尔碰面、联系工作、宴会、发言前的自我介绍宜简明扼要;而在应聘、交友等场合应详尽一些。"繁"到什么程度,"简"到什么样子,完全要视对象和目的而定。五是把握分寸,自我评价褒贬有度。自我介绍时一般都涉及自我评价,自我评价一般不宜用"很""最"等表示极端的词;不要过分夸耀自己,当然,也不必有意贬低自己,关键是把握好一个"度"。

2. 介绍形式

自我介绍的形式有以下几种。

应酬式:适用于某些公共场合和一般性的社交场合,这种自我介绍最为简洁,往往只包括姓名一项即可。比如:"你好,我叫某某"等。

工作式:适用于工作场合,它包括本人姓名、供职单位及部门、职务或从事的具体工作等。如"你好,我叫某某,是某某公司的销售经理""我叫某某,在某某学校读书"等。

交流式:适用于社交活动中,希望与交往对象进一步交流与沟通。它大体应包括介绍者的姓名、工作、籍贯、学历、兴趣及与交往对象的某些熟人的关系。如"你好,我叫某某,在某某工作""我是某某的同学,都是某某地方的人"等。

礼仪式:适用于讲座、报告、演出、庆典、仪式等一些正规而隆重的场合。包括姓名、单位、职务等,同时还应加入一些适当的谦辞、敬辞。如"各位来宾,大家好!我叫某某,是某某学校的学生""我是某某,代表学校全体学生欢迎大家光临我校,希望大家……"等。

问答式:适用于应试、应聘和公务交往。问答式的自我介绍,应该是有问必答,问什么就答什么。

3. 介绍技巧

自我介绍的技巧有以下几点需要注意。

(1) 注意时机:要抓住时机,在适当的场合进行自我介绍,在对方有空闲,而且情绪较好又有兴趣时自我介绍,就不会打扰对方,还能吸引对方注意。

(2) 注意时间:自我介绍时还要简洁,言简意赅尽可能地节省时间,以半分钟左右为佳，不宜超过一分钟，而且越短越好。话说得多了，不仅显得啰唆，而且交往对象也未必记得住。为了节省时间，作自我介绍时，还可利用名片、介绍信加以辅助。递送名片时要双手递给对方以示尊敬，并附带说一句"请多关照"或"多多联系"。接到对方名片时，要认真看一下，再郑重地放进口袋。切不可接过名片看也不看就随意扔在桌上，那会伤害对方的自尊。如自己没带名片，要向对方说明情况，并借此作自我介绍。

(3) 注意方法：进行自我介绍时，应先向对方点头致意，得到回应后再向对方介绍自己。如果有介绍人在场，自我介绍则被视为是不礼貌的。应善于用眼神表达自己的友善，表达关心以及沟通的愿望。如果你想认识某人，最好预先获得一些有关他的资料或情况，诸如性格、特长及兴趣爱好。这样在自我介绍后，便很容易融洽交谈。在获得对方的姓名之后，不妨口头加重语气重复一次，因为每个人最乐意听到自己的名字。

(4) 注意"我"字：自我介绍少不了说"我"，但"我"字太多，听众满耳塞的都是"我"字，容易反感。还有的人"我"字说得特别重，而且有意拖长，还有的人说"我"时神态得意扬扬。这种炫耀式的自我介绍只能给人留下自大的印象。要给人良好的印象，就应在关键的地方以谦和的语气说出"我"字，才能使人从这个"我"字里，感受到一个自信又自谦的美好形象。最后，要尽可能用"我们"代替"我"，这样可以缩短双方的心理距离，促进感情交流。

(5) 巧报名号：自我介绍首先要自报姓名，为了加深你在别人心目中的印象，应尽量巧妙地解释自己的姓名，解释得越有新意，给人的印象就越深刻。从这个角度还可以反映一个人的文化水平、性格、修养等。

(6) 介绍出个性：自我介绍要注意突出自己的个性，语言风趣幽默更好。许多人在自我介绍时有一种通病，即先报姓名，然后说工作单位、职业、文化程度、特长和爱好等。这种千篇一律的介绍，很难给别人留下深刻的印象。相反，如果能独辟蹊径，选择既顺口自然又使对方感到意外的内容，采用幽默风趣的语言介绍自己，一定会给人们留下良好又深刻的印象。

(二)居间介绍

在社交活动中，我们随时随地都会碰到老朋友，结识新朋友，当陌生人见面时就需要有人居间介绍。得体的介绍能使社交场中陌生的人们互相沟通了解，甚至还能让陌生的双方一见如故。

1. 基本要求

居间介绍顺序要合"礼"。社交礼仪中介绍有这样的惯例：先把男士介绍给女士，先把职位低的人介绍给职位高的人，先把未婚者介绍给已婚者，先把年轻人介绍给年长者，先把宾客介绍给主人。需要把某个人介绍给很多人，应该先向全体介绍这个人，然后再依照坐或站的次序一一向这个人作介绍。如果在座谈会或正式宴会上，主持者可按座位顺序依次介绍。但是，有时也会遇到交叉两难的情况，需要灵活掌握。

居间介绍称谓要恰当。恰当地称呼被介绍者，有利于双方彼此了解，会使人获得心理

方面的满足。一般来说，公务员、企业家重视职衔，学者、艺术家重视职称，老百姓重视辈分，介绍时不可忽视这些。

举止态势要得体。规范的态势应是：身体上部略倾斜向被介绍者，伸出靠近被介绍者一侧的手臂，手掌自然向上，切忌用手指去指点；略带微笑，两眼平视被介绍者，然后眼光转向另一方。当有人将你介绍给别人时，你作为被介绍人，应站在另一被介绍人的对面。等介绍完后，应和对方握手，并说："您好""认识您很高兴""久仰久仰"等。也可借此递上自己的名片，说声"请多关照""请多指教"之类的话。

2．介绍技巧

居间介绍的技巧包括以下几项。

(1) 选择恰当内容。

选择双方感兴趣的内容。只有选择双方都感兴趣的内容进行介绍，才能引起重视，才能促使双方相识。比如，把一位教师这样介绍给一位生意人："她叫某某某，是位教学经验丰富的教师。"倒不如这样说："某某某是位教师，她丈夫是某某公司的经理。"这样介绍就使对方有了感兴趣的内容。当然，若生意人家里刚好有适龄孩子正在上学，又是另一种情况了。

介绍特长，促进了解。介绍的内容除姓名、工作单位等以外，还应根据被介绍人的情况有所侧重，可别忘了介绍别人的特长。如："某某是象棋高手，曾经打败全校无敌手，有机会的话你俩可以切磋切磋。"这种介绍对促进双方了解、建立友谊是非常有效的。

(2) 采用恰当的介绍方式。

直言陈述。介绍他人往往只用三言两语就能画出一个人的轮廓，因此宜用简明的语言直接陈述。如："这位是我的朋友某某，学舞蹈的。"

征询引见。除了直接陈述外，有时须采用询问句。如："某某先生，我介绍某某给你认识可以吗？""某某同志，你想了解某某产品吗？这是某某公司技术研发部的某某，他会给你详细解说的。"采用先征询意见再引见的介绍方法，不仅能显示出你对他人的尊重，而且征询的语调会给人一种亲切感，易于让对方接受。

评价推荐。给被介绍的人作一个简短中肯的赞美性评价，也是比较好的介绍方法。如："你俩都是搞计算机的。据我所知，某某在硬件方面是个行家。你们一定会谈得来的。"

(3) 介绍语要热情、文雅，信息量要适中。

热情文雅的介绍语言能带动被介绍双方的积极情绪，有利于双方的进一步沟通。为他人作介绍时，应简洁清楚，不能含糊其辞。介绍时，还可简要地提供一些情况。按介绍的顺序要求，连同双方的单位、职称一起简单作介绍。

二、事物介绍

事物介绍包括产品(商品)介绍和环境介绍。

(一)产品(商品)介绍

随着经济、科技的发展，新产品不断涌现，层出不穷，消费者在选购商品时，尤其是选购新上市的商品时，需要营业员作详细介绍，做好导购。

产品(商品)介绍的基本要求如下。

1. 内容真实可信

内容真实可信就是介绍内容客观、科学，不摆噱头。"顾客是上帝"，营业员的介绍要对"上帝"负责。商品的材料、加工、性能、质量、售后服务等情况，都要介绍得实在、真实，重要数据必须可靠，不含糊其辞。我们经常在电视广告中听到类似的话："使用第一天，皮肤就变白了；第三天，皮肤变得又白又嫩，细纹也不见了；一周后，斑点全不见了。""××牌增高鞋，通过穴道刺激，能刺激骨骼增长，只要穿上半年，就能实现长高的梦想，再也不用为'矮人一等'发愁了。"显然，这些话很有感染鼓动性，但细细一思考，就能发现其虚假性。

2. 语言灵活有趣

介绍语言灵活有趣就是抓住商品特征，选准介绍重点，有针对性；还要了解顾客需求，掌握顾客心理，切合特定情境，使你的介绍激起顾客的兴趣。

出色的产品(商品)介绍词往往是真实性和艺术性兼长，知识性与趣味性交融。语言不仅要通俗、易懂，还要求生动、幽默，富于表现力，充分发挥描述功能，产生微妙的"煽情"作用，使顾客愉快地接受你的产品。

(二)环境介绍

环境，在这里主要是指自然环境和人文环境，比如市政设施、文化设施、居住环境、购物环境、休闲娱乐环境以及风景名胜、旅游景点等。如果你是导游员或其他接待人员，陪同来宾、游客参观城市、小区、商场、展览馆以及名胜古迹、风光景点，少不了要做些环境介绍。

环境介绍的方法要根据对象、需求及环境本身的特点而变化。或以空间为序作横向介绍(按方位、内外、主次的顺序)；或用移步换景、转变视角的方式，多侧面、多角度介绍环境的特点；或以时间为序作纵向介绍(介绍环境的历史沿革与今昔变迁)；或纵横结合，从各个角度对环境作全面的介绍。要抓住环境的特征，突出其主体，给人深刻的印象。语言要清晰、通俗、生动。

介绍旅游景点不仅要抓住特征，绘声绘色，穷形尽相，而且要突出它的文化价值和历史价值，注重鉴赏性和趣味性，结合景物、环境的介绍，饶有情趣地讲解有关的人文掌故、逸事传说、碑碣题诗等，不失时机地插入风趣的言辞、高雅的调侃，有叙述，有说明，有虚拟，有实描。叙述宜用短句，选词应通俗化，做到知、情、理、趣的统一。

案例分析

《连城诀》中丁典有这样一个自我介绍:"我姓丁,目不识丁的丁,三坟五典的典。"

点评:丁典的自我介绍将"目不识丁"与"三坟五典"两个截然相反的词,用在自己的身上,这样一说,他的名字便深深印在了读者的脑海里。

有位姓周的年轻导游,接了一个团队,他表示欢迎后,这样介绍自己:"我姓周,请叫我小周,不用叫周导,因为刚给大家服务,就叫周到(周导),我不好意思,但是,我会用我的真诚细致的服务,真正做到'周到'。如果有的地方做得不周到,请大家指出来,我马上改正。让我们一起共同度过这美好的假日之旅。"

点评:这个自我介绍巧用谐音介绍自己和自己的工作性质,幽默形象。

单口相声自述式——看著名相声艺术大师马三立的"自我介绍":

我叫马三立。三立,立起来,被人打倒;再立起来,又被人打倒;最后,又立起来,但愿别再被打倒。

我很瘦,但没有病。从小到大,从大到老,体重没超过100斤。

现在,我还能做几个下蹲。向前弯腰,还能够着自己的脚。头发黑白各一半。牙好,还能吃黄瓜、生胡萝卜,别的老头儿、老太太很羡慕我。

我们终于赶上了好年头,托共产党的福。我不说了,事情在那儿明摆着,会说的不如会看的。没有共产党,我现在肯定还在北闸口农村劳动。

其实,种田并非坏事,只是我肩不能担,手不能提。生产队长说:"马三立,拉车不行,割麦不行,挖沟更不行。要不,你到场上去,帮帮妇女们干点活,轰轰鸡什么的……"惨啦,连个妇女也不如。

也别说,有时候也有点用。生产队开个大会,人总到不齐。可队长要是在喇叭上宣布:今晚开大会,会前,马三立说段单口相声。立马,人就齐了。

点评:这个自我介绍通过直述的自我调侃,营造出诙谐、幽默的氛围,给人留下深刻的印象,尤其用朴实的语言调侃自我,让人会心一笑!

案例 4

　　我是××号选手某某。我来自陕西安康：西北的山城，北方的江南。我喜欢旅行、喜欢运动、更喜欢阅读。喜欢英国作家罗素，罗素用诗的语言讲述了支撑他人生意义的三种东西：知识、爱和悲悯。我没有罗素一样深沉的阅历，但我发现能够支撑我人生幸福的东西也有三种。这三种东西其实是三重不同的身份：一重是学生，做学生不断体验求知的乐趣，所以我现在还是学生；第二重是教师，做教师可以不断体验启迪他人的乐趣。我目前执教于北京新东方学校；第三重是尚未成就的梦想，一个有个性的电视节目主持人。在我看来做主持人与做教师无异，因为电视媒体能为我提供一个更大的讲台，因而一个好的主持人能够启迪更多的人！

　　点评：这是"挑战主持人"节目一位参赛选手的自我介绍，这个自我介绍与特定的语境(场合)十分吻合，巧妙地借助支撑罗素人生意义的三种东西，带出自己的三种身份，让观众了解了自己，同时也展示了自己的信心，既合常规，又不落俗套，条理清晰、内容丰富，又简洁明快，语言率直。

案例 5

　　小张送一位经营书店的朋友到门口，恰好碰到老朋友小王，小王做事风风火火，见了面就嚷嚷："你不是认识个书贩子吗？帮我到他那里弄本书！"碰巧，小王所说的"书贩子"就是小张正在送别的这位朋友。这时小张好为难，直接介绍吧大家都会尴尬，"书贩子"这个称呼毕竟不够尊重，可不接这个话茬吧也说不过去。小张灵机一动说："小王，你所说的那个书贩子我们早就不来往了，不过我这位朋友正巧是晓风书店的经理。来来来，我介绍你们认识一下……"

　　点评：小张恰当得体、策略巧妙的措辞，避免了可能发生的不愉快，机智的应对、巧妙的介绍语，让双方认识后有一个和谐的交谈氛围。

案例 6

　　在我国所有的颁奖晚会中无一例外地全部使用专题小片的形式介绍入围嘉宾，但"汇源果汁"《快乐乡约　新春盛典》暨第三届乡约魅力人物颁奖晚会创新地采用了亦庄亦谐的手法介绍嘉宾。

　　田连元：百步穿杨李志洪，练就神奇筷子功，射下黄桃开金奖，三言两语数英雄。诸位！不用我说，今天乡约汇源杯拓路担当奖就在神筷子李志洪打下的桃子里边。我坐这儿一看哪！心里可就犯嘀咕了。为啥呀？候选的嘉宾各个如雷贯耳，都是当今中国赫赫有名

第十章 介绍与解说

的顶级人物，在他们身上你可以看到中国农村改革30年的巨大成功。广州扬基村的张建好当了32年村党支部书记，是广东农村联产承包第一人，中国农村实行股份制第一人，全国劳动模范，中国十大女杰。江苏蒋巷村党委书记常德盛，44个春秋硬把一个血吸虫病重灾区的贫困村变成了全国文明村，全国生态村，全国民主法治示范村，全国农业旅游示范村等，温家宝总理高度评价说：你们这个村称得上是全面发展！獐子岛的领军人物吴厚刚更是了不起的人物，他带领全岛渔民创造出海底银行、中国第一支农业百元股等神话，要把曾经的海上大寨打造成亚洲最大的海洋牧场。今天啊，他还专门给咱们现场嘉宾带来了獐子岛的海鲜产品，待会别走，一起尝尝啊。还有天下第一村江苏华西村现任当家人吴协恩，父亲是中国改革大潮中的风云人物吴仁宝。如今是少帅领军，政绩卓越，名声显赫。中原首富村河南刘庄党委书记史世领，老爹是和焦裕禄、王铁人齐名的史来贺。如今的这两个村可谓是：富甲一方天下晓，胜过世外美桃源。这位！曾经给全村家家盖上大别墅的地产大亨山东乐陵农民梁希森，现如今变成土豆大王了。他在家乡德州投巨资建立全国最大的脱毒马铃薯快育繁殖中心。目标是让全国种土豆的农民都用上良种，每年可增收八百个亿。那么这个奖到底颁给谁？只有打开桃子方能揭晓。

点评：在这段介绍词中，著名评书表演艺术家田连元以评书形式介绍各位嘉宾，每位嘉宾的介绍词概括了该嘉宾的主要事迹，让观众短时间内对嘉宾有了简单的了解，形式新颖、语言幽默。

2009年"感动中国"颁奖典礼上，这样介绍感动中国人物"唐山十三位农民"：

2008年初，特大雪灾袭击了华南地区，湖南郴州成了一座冰雪中的孤城。没有上级号召，也没有组织要求，河北唐山13个农民除夕那天租了辆中巴车出发，顶风冒雪来到那里参与救灾。这13个来自唐山市玉田县东八里铺村二组的农民，自己准备了工具，初二上午赶到郴州电力抢险指挥部，成了湖南电力安装工程公司一支编外"搬运队"，每天起早贪黑、踏雪履冰为抢修工地扛器材、搬材料、抬电杆。2月23日，在工作了16天之后，这13位农民兄弟离郴返乡，许多郴州市民在得知这一消息后，自发赶来为他们送行。他们还被郴州市授予"荣誉市民"的称号。5月12日下午，在得知四川汶川发生特大地震后，宋志永和12位兄弟商量后，几经辗转来到灾情最重的北川县城，成为最早进入北川的志愿者之一。他们用最原始的方法——铁锤砸、钢钎撬、徒手刨，不断寻找幸存者。他们与解放军、武警战士一起，抢救出25名幸存者，刨出近60名遇难者遗体。

点评：这段介绍词，很符合当时特定的语境，对于不太了解"唐山十三位农民"事迹的听众，听了这段介绍，对他们的事迹有了简单的了解，同时，质朴的话语说出了感人的事迹，深深打动了听众的心。

案例 8

一位导食先生这样介绍一道名叫"荷香脆笋腊味"的菜:"烟熏笋和腊味是典型的刺激风味,以口味重著称。其中烟熏笋的质量要求很高,要保证正宗的口味。所以烟熏笋和腊肉、腊鸭、腊鸡都是从产地空运来宁的。而荷叶则是典型的江南特色,将其糅合在一起,既能尝到偏重的口味风味,又能品出江南的清新。"一席话说得客人不断点头,大长见识。

点评:产品的介绍也应抓住产品的特征,用生动形象又真实可信的语言描述,促使顾客乐意购买和使用。

案例 9

大家好!现在我们是在驶往少林寺的途中,在到达目的地之前,我先向大家介绍一下少林寺的概况。

想必大家都看过《少林寺》这部影片吧?片中少林弟子精湛的武艺及少林寺庙古朴的风味一定给您留下了深刻的印象。自从这部影片一炮走红,少林寺名声大振,海内外游客络绎不绝,近年来我们河南以武为媒,大力发展旅游,每两年还举办一次"少林国际武术节",不仅吸引海外众多武术团体前来参加,还带动了地区经济的发展。

少林寺位于登封市西北约 13 公里处的嵩山西麓,公元 495 年,北魏孝文帝为安顿印度僧人跋陀传播佛教而建此寺,因为它坐落在少室山的密林丛中,所以得名"少林寺"。32 年之后(527 年),另一位印度高僧达摩到少林寺,他信奉大乘佛教,主张普度众生,他在少林寺广集信徒,首传禅宗,后来,禅宗波及全国,少林寺被称为禅宗的祖庭。隋末唐初,少林寺因 13 棍僧救助唐王李世民有功,受到朝廷推崇,少林武术从此名扬天下,寺院也发展很快,号称"天下第一名刹",这些就是少林寺出名的原因。如果用两个字来概括,就是"禅"和"武"。

禅宗是佛教中一个重要的派别,它是融合了中国本土的宗教和儒家思想而形成的,对中国文化影响很大。"禅"就是平常心,情不附物,排除一切杂念,不执着的意思。有一个故事很能说明这个道理,赵州禅师一生去游天下,传播禅法,他自己说:"小孩子如果能胜过我,我便拜他为师,老人如果不如我,我便教诲他。"一天,一批僧人前来礼拜,赵州问其中一位:"你到这儿来过吗?""来过"。赵州说:"吃茶去。"又问第二位,回答说:"我还没来过。"赵州也说:"吃茶去。"院主就不明白了,问师父,来过的没来过的,你为什么都叫他们吃茶去?赵州禅师仍说:"吃茶去!"这就是说,禅在日常生活之中,禅不是学来的,是悟出来的。挑水砍柴,吃饭喝茶,无不有禅机。日常生活中的平常心,淡泊宁静的情怀,才是人生的真谛,这时所有的人都是一样的。好,刚才我们所讲的是禅的意思,那么禅宗的修行方法是什么呢?对,是静坐修心,就是面壁静坐来排除

第十章 介绍与解说

杂念,传说禅宗初祖达摩面壁9年,以至于他的影子深印在对面一块石壁上。可是一个人坐得久了自然会很疲乏,精神不振,于是达摩就创造了一套体操,教给徒弟们锻炼身体。当时少林寺地处深山老林,野兽出没,所以又加进了一些实战招数来防身,经过千百年的演变,又融进了中国各大武术门派的精华,就形成了独一无二名震天下的少林武术了。咱们今天到少林寺,一是领悟"禅",二是欣赏"武",相信在游览之后大家不但能了解佛教禅宗,也会来个三招两式的。

好,少林寺的概况就为大家介绍到这儿,关于少林寺禅院的情况,待会到了之后,少林寺的导游将为大家作详细的讲解。好,游客们,少林寺马上就要到了,请大家携带好自己的物品,准备下车。

点评: 导游的介绍,由大家耳熟能详的电影《少林寺》开始,引起大家的听兴;接着交代少林寺的地理位置、名字的由来,又通过一个小故事让听众形象地感知少林的"禅""武",语言条理清晰,表达形象、幽默,让人乐于聆听。

某品牌豆浆机促销员与顾客的对话如下。

顾客:你们的豆浆机款式挺好看的,不知道质量怎么样?

促销员:这您请放心,我们是专业生产豆浆机的厂家,每一台豆浆机都严格按照国际标准制作,返修率非常非常低,顾客满意度在同类产品中是最高的。

顾客:不知道好不好操作?

促销员:很容易学的,夏天快到了,很多家庭都喜欢制作绿豆豆浆消暑,就拿制作绿豆豆浆为例,我可以给您示范一下。首先,盛出适量绿豆,豆子洗净后浸泡入清水中,浸泡5~6小时,这是我们事先泡好的豆子;然后,将泡好的绿豆冲洗干净后放入杯体内,加入适量清水,最后按一下这个自动按钮,就可以等着喝绿豆豆浆了!

顾客:听着挺简单的,就怕买回家弄不好!

促销员:我们产品随机赠送制作各种豆浆的方法和操作步骤,可以让您在家轻松享受新鲜豆浆的营养美味!

顾客:听说,豆浆机不好清洗!

促销员:这个问题在老产品中确实存在,随着技术的不断创新,这个问题已经被研究人员找到了解决方法,您刚看的这款豆浆机,在保证细磨质量的基础上,采用无网技术,更易于清洗。不过这款豆浆机容量仅够五六个人的分量,不知符合您的要求吗?

顾客:差不多,我们家日常就四口人,够用了。

促销员:豆浆打好了,我们的产品打出来的豆浆,浓度高,香味浓,口感奸,您先尝一尝,等会儿可以和别的牌子做个比较。

顾客:嗯,确实不错,我要一台!

点评: 这位促销员从厂家、产品质量、客户满意度等方面加强了顾客对豆浆机质量的信心，通过详细介绍、示范解决了顾客操作不方便的顾虑，体现了"真实、真诚"，赢得了顾客的充分信任，显示了良好的职业道德。

第二节 解　　说

解说是一种使用广泛、实用性很强的口头表达方式。简单理解，即口头上的解释说明。具体地说，就是用简单明了、通俗易懂、生动形象的语言说明事物、解释事理，使人们了解事物的形状、性质、特征、功能、使用等知识，并且懂得事物的结构原理、成因变化、发展规律，从而使人们不仅知其然，更知其所以然。

在现代社会中，解说越来越显示出它的社会功效。传播知识、介绍产品、布置展览、报告情况、阐述计划等都要运用解说。人们日常生活中，旅游购物、休闲娱乐、饮食看病等，也离不开解说。可见，解说已成为各行各业的工作者必须掌握的一种职业技能，尤其是从事第三产业的工作人员，更应该具备较强的口头解说能力。

一、解说与介绍

解说作为一种说明的方式，常与介绍结合运用，但它与介绍又有区别。介绍的作用是让人们了解或熟悉事物的特点，说明"这是什么"；而解说要比介绍更进一步，重在说明事物的成因，解释事物的原理，回答"为什么""怎么样"的问题，使人们由表及里地认识事物的本质和规律。

二、解说的基本要求

只有让解说的内容被人们接受并且乐于接受时，才能使它在日常生活与职业活动中发挥积极的作用。因此在解说时应努力做到以下几点。

(一)简明扼要、条理清晰

解说时首先要明确说明事物的中心与要点，抓住事物所具有的最本质、最主要的属性，用简洁的语言，把道理说清楚就行，切忌枝枝蔓蔓，不得要领。尤其是营业员、服务员，一天要接待几十甚至几百个顾客，工作环境也很嘈杂，不大可能从容、详尽地进行解说，因而，言简意赅、突出重点是一项重要的基本功。

(二)语言通俗、浅显易懂

由于解说的对象多是非专业人员，为了让人一听就懂，解说的语言必须通俗、浅近、易懂，用大众化、口头化的语言将深奥的道理通俗化，抽象的事理生动化，繁杂的程序简明化，静止的事物动态化，生硬的表现形象化，枯燥的东西趣味化。如，语言大师叶圣陶先生在《景泰蓝的制作》一文中解说"制胎"：景泰蓝拿红铜做胎，为的红铜富于延展性，容易把它打成预先设计的形式，要接合的地方又容易接合。一个圆盘子是一张红铜片打成的，把红铜片放在铁石砧上尽打尽打，盘底就洼了下去。

此外，在解说的过程中，要恰当运用停顿、重音、吐字、语速等语言表达技能，这样才能使语言形象生动。

三、解说的不同形式

根据不同的内容和需要，解说有以下四种基本形式。

1. 诠释性解说

诠释性解说主要用于解释名称、概念的含义，概括地说明事物的某些特点，常用下定义的方法与判断的句式。如："唐三彩"始创于唐代，是一种施以多种彩釉的陶器制品，常以黄、褐、绿、蓝、黑、紫、白等色组合使用，而以黄、绿、白为主，故名"唐三彩"。

2. 阐明性解说

阐明性解说主要用于解说事物的起因、来历，对事物发生、发展的过程、原理做出具体的阐释、分析。常用举例子、列数字、作比较等方法。如：最耐寒的鸟并不是企鹅。南极的企鹅常年在-70～-40℃的温度下生活。但它并不是最耐寒的鸟。科学家曾对鸟类的耐寒情况做了一次实验：在一个透明、密封、便于观察的箱子里，放进几种特别耐寒的鸟。一开始就把温度调到-80℃，这时南极的企鹅几分钟就经受不住了；接着又把温度下调 20℃，企鹅立刻趴下不动了。但是鸭子却仍然嘎嘎地叫着，并蹒跚着行走，还用扁嘴去拱不能动弹的其他鸟类。由此看来，最耐寒的应该是鸭子。

3. 形象性解说

形象性解说主要通过摹状、拟声等手段，把陌生的事物与抽象的道理解说得具体、生动、真切、感人，常常在议论、说明和叙述时运用描述，而在描述中运用比喻、描摹、拟人、借代等修辞方法。如：石拱桥的桥洞呈弧形，就像虹。古代神话里说，雨后彩虹是"人间天上的桥"，通过彩虹就能上天。我国的诗人爱把拱桥比作虹，说拱桥是"卧虹""飞虹"，把水上拱桥形容为"长虹卧波"。

4. 谐趣性解说

谐趣性解说，可以使解说蒙上一层诙谐或幽默的色彩，它会使解说更具吸引力。解说者可以在解说中适当用些民谚俗语，或来个欲褒虚贬、欲贬虚褒、大词小用、移用双关等；也可以点染成趣的方式出现，让人在联想中品味其理；也可以妙语迭出，让人忍俊不禁。

案 例 分 析

"身体长又圆，体表滑又黏。生在潮湿处，时时在耕田。"你知道这个谜语的谜底是什么吗？它就是人们常见的小动物——蚯蚓。蚯蚓属于环节动物。它的身体由许多体节构成。能伸能缩，好像是条弹簧似的。

蚯蚓生活在潮湿的地方，是杂食性动物。它白天在土壤中穴居，以土壤中的有机物为食，夜间爬出地面，取落叶为食。

蚯蚓为什么只能生活在潮湿的地方，并且只在夜间才出来活动呢？原来，它没有专门的呼吸器官，它的呼吸通过体表来完成。它的身体外面有黏液，黏液有辅助呼吸的作用。如在较强的阳光照射下出来活动，那么它的身体就会变得干燥，气体交换会发生阻碍，它就会死亡。蚯蚓没有足，但它能行走，主要是靠它的环肌和纵肌的交替伸缩及刚毛的配合来进行的。

点评：这段解说，从"是什么""为什么"两个方面对蚯蚓进行了知识性、通俗性的剖析，用了谜语、比喻等手法，让喜欢和不喜欢的人都很乐意接受这个"小动物"。

为了保护汉白玉石雕，防止和减轻腐蚀，有位导游这样解说：首先应合理布局工业，现有的工业废气要加强治理；其次是植树种草以净化空气，特别是在石雕附近种植密叶树，以遮挡雨水对石雕的浇淋；对重要的石雕要加顶棚保护；此外，要开展化学防护剂的研究，用涂抹防护剂来保护石雕。

点评：这位导游围绕怎样防止、减轻汉白玉腐蚀这个中心，简单明了地说了四种方法。解说是让别人听的，达到要求别人做到什么的目的，因此要抓住事物所具有的最本质、最主要的属性，用简洁的语言，把道理说清楚。

世界三大轻音乐乐团之首的"曼托瓦尼"，在武汉剧院上演了"5·1Party"。多首传世名曲舒缓轻柔，让人浑然忘忧；英国指挥的谐趣解说，让整场演出成为一场真正的减压Party。

指挥在每两首曲子之间，都会用掺进几个中文单词的英文来段解说。介绍《西区故事》主题曲《夜晚》时，他告诉大家，这是一个类似于罗密欧与朱丽叶的故事，只是男孩

第十章 介绍与解说

到了最后"喀"了——配以他同时做出的"抹脖子"表情,观众会心地笑出声来。而解说《007》主题音乐"You Only Live Twice"时,他一边用中文来句"007",一边侧过身做出举枪状,学足邦德模样。演奏《超人》主题曲前,他还比画着拿出一件蓝色有"S"符号的"超人"上衣,问女士们是否愿意和这位强壮男士约会。通过他的现场解说,观众知道了节目单之外的许多内容。

点评:英国指挥为了让中国观众了解"传世名曲",采取了谐趣性解说,即在解说中夹杂中文单词,辅之以滑稽的动作和表情,诙谐幽默,让人忍俊不禁。

石家大院有三绝:牌坊,戏楼,文昌阁。现在我们看到的就是三绝之一的戏楼。戏楼顶子外面是一层铁皮,上面有铜铆钉铆成的一个大寿字。著名的京剧表演艺术家余舒岩、孙菊仙、龚云甫都在此唱过堂会。整个戏楼的特点是冬暖、夏凉、音质好。戏楼的墙壁是磨砖对缝建成,严密无缝隙,设有穿墙烟道,由花厅外地炉口入炭200斤燃烧一昼夜,冬日虽寒风凛冽,楼内却温暖如春。到了夏天,戏楼内地炉空气流通,方砖青石坚硬清凉,东西两侧开有侧门使空气形成对流,空间又高,窗户设计得让阳光不直射却分外透亮,使人感到十分凉爽。戏楼建筑用砖均是三座马蹄窑指定专人特殊烧制。经专用工具打磨以后干摆叠砌,用元宵面打了糨糊白灰膏黏合,墙成一体,加上北高南低回声不撞,北面隔扇门能放音,拢音效果极佳,偌大戏楼不用扩音器,不仅在角落听得清楚,即使在院内也听得明白无误。因此,石府戏楼堪称"民间一绝"。

点评:这段解说,用简明的语言,阐释清楚为什么戏楼冬暖、夏凉、音质好,最终得出结论堪称"民间一绝"。条理清晰,用语通俗易懂,让人一听就明白。

在我国洛阳传统的水席中,头道菜总是"牡丹燕菜",原称为"假燕菜",是洛阳独具风格的风味菜。所谓"假燕菜",就是以他物假充燕窝而制成的菜肴。这个作假的源头也发生在武则天身上。

传说武则天称帝以后,天下倒也太平,民间发现了不少的"祥瑞",如什么麦生三头、谷长三穗之类,武则天对这些太平盛事当然是满心高兴,十分感兴趣。一年秋天,洛阳东关外地里长出了一个大白萝卜,长有三尺,上青下白,这个异常庞大的白萝卜,理所当然被当成吉祥之物敬献给了女皇。武则天很是欢喜,遂命皇宫御厨将之做菜,来一尝异味。萝卜能做什么好菜呢,但女皇之命又不敢不遵,御厨没有办法,只好硬着头皮,对萝卜进行了多道加工,并掺入山珍海味,烹制成羹。武则天品尝之后,感觉香美爽口,很有燕窝汤的味道,就赐名为"假燕菜"。从此,武则天的菜单上就加了"假燕菜",成为武则天经常品尝的一道菜肴。

女皇的喜好，影响了一大批贵族、官僚，大家在设宴时都要赶这个时髦，把"假燕菜"作为宴席头道菜，即使在没有萝卜的季节，也想法用其他蔬菜来做成"假燕菜"，以免掉身价。上有所好，下必甚焉。宫廷和官场的喜好，极大地影响了民间的食欲，人们不论婚丧嫁娶，还是待客娱友，都把"假燕菜"作为桌上首菜，来开始整个宴席。后来，随着时代的推移，武则天的赐名逐渐湮没，后传入民间，日久天长，大家都叫作"洛阳燕菜"，流传至今。

后来到了 1950 年的时候，周恩来总理下榻洛阳友谊宾馆，为了表示对总理的爱戴，宾馆一位姓马的厨师，用水萝卜在汤上雕刻了一朵牡丹花。总理一见十分高兴，说："洛阳牡丹甲天下，汤中生出了牡丹花。"从此，洛阳燕菜改名为牡丹燕菜。要是外地游客到洛阳不品尝洛阳水席就不算真正来过洛阳，要是吃水席没吃牡丹燕菜就不算吃过水席！

点评：这段话，用口语化的语言向大家介绍了洛阳名菜——牡丹燕菜，借助传说中的故事，详细讲述了其名字的由来，形象幽默的语言，让人听后会心一笑。

一、下面列出了一些人的自画像，总结一下，各有哪些特点。

1. 一名网名"猪九戒是也"的网友在他的QQ签名中这样介绍自己：

"嗨，我乃养猪户也，如有同行可探讨一二，据传，俺和猪八戒有亲，如有高老庄的可与俺联系，叙叙旧吧。"幽默风趣，吸引不少养殖业网友和其攀谈。

2. 著名"童话大王"郑渊洁的"自我画像"：

1955 年出生于河北石家庄一个下级军官家庭。读过小学四年级，曾被学校开除。服过 5 年兵役。在工厂看过 5 年水泵。最高学历证书为汽车驾驶执照(大货)。无党派。1977 年选择母语写作作为谋生手段。1985 年创刊至今的《童话大王》半月刊是全部刊载郑渊洁一个人作品的杂志，创刊 24 年总印数逾亿册。皮皮鲁、鲁西西、罗克、舒克和贝塔是他笔下的人物。不轻视名利。性格自闭，心胸不开阔，易怒。爱听鼓励话，闻过不喜，宠辱都惊。喜走独木桥，患有强迫症，临床表现为像对待父母和领导那样对待孩子。成功秘诀：只听鼓励话，远离其他话。近期做法：删除博客上一切不喜欢听的话，只保留鼓励话。他顽固地认为鼓励能将白痴变成天才。生活禁忌：吸二手烟时过敏。

3. 台湾著名女作家琼瑶的"自我画像"：

籍贯湖南，体重49公斤，1938 年 4 月 6 日出生，属虎，O 型血。不抽烟，不喝酒。不爱运动。最爱紫色，最爱冬天，最爱深夜，最爱吃柳丁。怪癖是不爱被陌生人拍照。基本个性好胜，不服输，别人认为我做不到的事，我一定要试试。

二、情景训练。

1. 新学期开始了，你踏入了大学校园，请向新同学介绍自己，要求风趣、诙谐幽默，让同学能记住你。

2. 你的母亲突然到学校宿舍来看你，你怎么介绍母亲和宿舍同学认识？

第十章 介绍与解说

3. 假如你是某单位的新员工，在该单位举行的小型欢迎会上向大家做一次自我介绍。注意内容和语言要适合特定情境，体现出自己的个性。

4. 某公司培训部经理张某到某职业学校与校长李某洽谈合作办学事宜。假如你是校办公室主任，你怎样为双方介绍？

5. 你们学校邀请到一位名人(假如说这个名人恰好是你的偶像)给大家做演讲，你是主持人，你怎样把这位名人介绍给大家？

三、认真阅读下面的故事，从中得到了哪些启发？

杰克是一个平凡的业务员，干了十几年的推销工作后，突然对长期以来的强颜欢笑、编造假话、吹嘘商品等招揽顾客的做法感到十分厌恶。他觉得这是生活上的一种压力，为了摆脱这种压力，他决定要对人无所欺。因此，他下定决心要向顾客"讲真话"，即使被解雇也在所不惜。

有了这个念头之后，杰克觉得心情轻松多了。

这天，有一个顾客光顾，顾客对杰克说："我想买一种可自由折叠、调节高度的桌子。"

于是，杰克搬来了桌子，如实地向顾客介绍道："老实说，这种桌子不怎么好，我们常常接受退货。"

"啊！是吗？可是到处都看得到这种桌子，我看它挺实用的。"

"也许是。不过据我看，这种桌子不见得能升降自如。没错，它款式新，但结构有毛病，如我向您隐瞒它的缺点，就等于是在欺骗您。"

"结构有毛病？"客人追问了一句。

"是的。它的结构过于复杂，过于精巧，结果反倒不够简便。"

"很好。不过，我还得仔细看看。"

"没关系，买东西不精心挑选是会吃亏的。您看看这桌子用的木料，它的品质并非上乘，贴面胶合很差，坦白说，它登不上大雅之堂，只能作为小客厅里的一张饭桌或摆上一只花瓶、一个金鱼缸做客厅装饰桌。我劝您还是别买这种桌子，您到其他家具店看看，或许有更合适的。"

"好极了！"

客人听完解说十分开心，也出乎意料地表示他想要买下这张桌子，并且要马上取货，原来他正是要为小客厅找张桌子。

顾客一走，杰克受到了主管的严厉训斥，并被告知他被"炒鱿鱼"了。

正当杰克办理辞退手续准备回家时，突然来了一群人，走进这家商店，争着、喊着要看多用桌，一下就要走了几十张桌子，说他们是刚才那位买桌子的客人介绍来的。

就这样，店里成交了一笔很大的买卖。

这件事惊动了经理。结果，杰克不仅没有被辞退，还被提升为主管。

四、进行一次市场调查，熟悉一至两种同学们不是很了解的新产品，回来向"顾客"(让你的同学扮演)介绍。

五、向你的新同学介绍你的家乡或学校。要求语言通俗，用词准确，善用修辞，有幽默感。

六、阅读下面《清明上河图》的解说词，请分析他用了哪些解说方法，符合不符合解说的基本要求。

中国十大传世名画之一。北宋风俗画作品，宽24.8厘米，长528.7厘米，绢本墨色，是北宋画家张择端存世的仅见的一幅精品，属一级国宝。清明上河图生动地记录了中国十二世纪城市生活的面貌，这在中国乃至世界绘画史上都是独一无二的。

作品以长卷形式，采用散点透视的构图法，将繁杂的景物纳入统一而富于变化的画卷中，画中主要分开两部分，一部分是农村，另一部分是市集。画中有814人，牲畜83匹，船只29艘，房屋楼宇30多栋，车13辆，轿8顶，桥17座，树木约180棵，往来衣着不同，神情各异，栩栩如生，其间还穿插各种活动，注重情节，构图疏密有致，富有节奏感和韵律的变化，笔墨章法都很巧妙，颇见功底。

这幅画描绘的是汴京清明时节的繁荣景象，是汴京当年繁荣的见证，也是北宋城市经济情况的写照。通过这幅画，我们了解了北宋的城市面貌和当时各阶层人民的生活。总之，《清明上河图》具有极高的史料价值。

《清明上河图》的中心由一座虹形大桥和桥头大街的街面组成。粗粗一看，人头攒动，杂乱无章；细细一瞧，这些人是不同行业的人，从事着各种活动。大桥西侧有一些摊贩和许多游客。货摊上摆有刀、剪、杂货。有卖茶水的，有看相算命的。许多游客凭着桥侧的栏杆，或指指点点，或在观看河中往来的船只。大桥中间的人行道上，是一条熙熙攘攘的人流；有坐轿的，有骑马的，有挑担的，有赶毛驴运货的，有推独轮车的……大桥南面和大街相连。街道两边是茶楼、酒馆、当铺、作坊。街道两旁的空地上还有不少张着大伞的小商贩。街道向东西两边延伸，一直延伸到城外较宁静的郊区，可是街上还是行人不断：有挑担赶路的，有驾牛车送货的，有赶着毛驴拉货车的，有驻足观赏汴河景色的。

汴河上来往船只很多，可谓千帆竞发，百舸争流。有的停泊在码头附近，有的正在河中行驶。有的大船由于负载过重，船主雇了很多纤夫在拉。有只载货的大船已驶进大桥下面，很快就要穿过桥洞了。这时，这只大船上的船夫显得十分忙乱。有的站在船篷顶上，落下风帆；有的在船舷上使劲撑篙；有的用长篙顶住桥洞的洞顶，使船顺水势安全通过。这一紧张场面，引起了桥上游客和邻近船夫的关注，他们站在一旁呐喊助威。《清明上河图》将汴河上繁忙、紧张的运输场面，描绘得栩栩如生，更增添了画作的生活气息。

张择端具有高度的艺术概括力，使《清明上河图》达到了很高的艺术水准。《清明上河图》丰富的内容，众多的人物，规模的宏大，都是空前的。《清明上河图》的画面疏密相间，有条不紊，从宁静的郊区一直画到热闹的城内街市，处处引人入胜。

《清明上河图》自问世以来，历朝历代都有仿本和临摹本，版本大小繁简不同。据统计，国内外现存的各种版本多达60余种。那哪个版本才是真迹？学术界曾经展开过一场争论。

学术界对《清明上河图》有过不同的看法，中心问题是哪个版本是真迹。最终认定北京故宫博物院珍藏的《清明上河图》才是真迹。为妥善保存《清明上河图》这件国宝，同时又能让世人观赏到它的秀美雄姿，著名女画家冯忠莲临摹了《清明上河图》。我们现在经常看到的《清明上河图》，便是冯忠莲女士按照真迹临摹的。而真迹《清明上河图》被珍藏在北京故宫博物院。

七、采用适当方法，就下列几种情况进行解说。

1. 怎样清除电视机屏幕上的灰尘？
2. 怎样把白球鞋刷得像新的一样？
3. 沏茶的学问。
4. 向同学解说你的拿手菜的做法。

第十一章 求职与应聘

本章学习与训练的基本要求：
- 了解求职和应聘前要做的准备工作。
- 学习求职与应聘时的语言技巧。
- 求职与应聘的模拟训练。

大学生就业难有很多因素，其中大学生自身素质是关键之关键。如何在激烈的竞争中脱颖而出，如何把握面试机会，迈进理想的职业大门，除了加强做人修养，加强专业学习，提高专业技能水平外，还有一点，就是通过施展自己的口才，在求职应聘中赢得机会，赢得竞争，赢得岗位。

第一节 求职应聘的准备

求职与应聘，会有许多竞争对手。要想在竞争中战胜对手，事前要做好多种准备工作，不打无准备之仗，其中以下几点是我们要做好充分准备的。

一、知己知彼，胸中有数

每一个人都有自己的奋斗目标，在谋求职业时，都希望自己能找到一份称心如意的工作。当然，在现实生活中，有的人如愿以偿，有的人却到处碰壁。究其原因，重要的一点是能否知己知彼。求职应聘前首先应该考虑的，就是所求职的单位是个什么样的单位，用人单位需要什么样的人；然后再考虑自己是不是该单位所需要的那种人，能否求到自己所希望的那份工作。孙子兵法云："知己知彼，百战不殆。"这句话对于求职来说，同样适用。要想在求职尤其是面试时应对自如，在竞争中胜人一筹，就需要在求职前深入细致地做到知己知彼。"知彼"了，才能根据用人单位的要求，做好积极的准备，材料准备，面试问答准备等，尽量多设计一些问题和解决问题的方案。"知己"了，才能主动选择适合自己的单位，轻松地做好各方面的准备。

很多大学生刚毕业，满腔热情地想干一番"大"事业，进繁华大都市、大企业，而且最好能担任"大"职位。好高骛远，是求职应聘时不应该有的心理。客观地说，大学生虽有学历，但缺乏经验，这就需要我们转变一下"大"的观念，从"小"处着眼。

二、心理准备，沉着自信

心理素质是大学生在学习生活中应该着力加强培养的重要素质之一。在求职应聘中心

理素质的好与差，直接影响应聘面试成绩。做好心理准备，就是调整好自己的心态，以沉着自信的良好形象，适应求职过程中可能面对的各种情况。每个求职者都有一个良好的愿望，即能够拥有一份属于自己的理想的工作。但真的走向人才市场后，面对招聘人员时，有的人心慌意乱、语无伦次，让机遇从身边悄悄地溜走；有的人求职有望便沾沾自喜，得意忘形；有的人求职不成便气急败坏，懊恼沮丧。这些都是心理状态不好的表现。

自信是心理素质好的重要体现。求职成功固然可喜可贺，但应聘失败也不必心灰意冷。成功了就要认真做上岗准备，失败了大不了从头再来。大学生求职应聘中的沉着自信，不仅表现在举止上，彬彬有礼，落落大方，而且还表现在口头语言的展示上，要侃侃而谈、幽默智答。这些都是招聘单位在第一时间、较短时间认识你、接受你的直接参考。

三、资料准备，翔实得当

我们求职应聘前，一般都要准备一份翔实的求职材料，如求职信、求职自荐材料、个人情况简介、毕业生推荐表等。求职材料要求客观准确、充分恰当、翔实可靠。一般应包括：个人简历、学历证明材料、身份证、成果及证明材料、爱好特长、社会活动阅历、通讯地址和联系电话、反映自己愿望的求职信函等。在准备求职材料的时候并不是印刷得越精美越好，也不是内容越多越好，而是要朴素简洁，做到言简意赅，当然也不妨别出心裁。

第二节 求职面试的应对技巧

求职应聘的时候，我们可能要面对招聘者的各种测试，回答他们的各种问题。他们的问题，有的是老生常谈，有的是出乎意料，甚至有的会刁钻古怪。但他们提的更多的还是常见问题。所以，在决定去求职应聘前，除了要准备充分的文字材料外，还要做好应对招聘者提问的准备，对他们可能提出的问题在心里设计好答案。一旦面对招聘者提到这些常见问题时，我们应该怎么回答呢？

一、常见问题的回答

求职者应聘面试前必须经过精心准备，准备越充分越好，最好的办法是写下并记住你要说的重点，以便到时能用简练的语言，把自己的意图有条理地传达给对方。如果你会怯场，充分的准备可以帮助自己提升自信。我们可以从三个方面入手：整理一遍个人的情况，重点是个人的经历、专长、特点、优势；准备一些面试官可能提出的问题的答案；准备自己想要问的问题。当然，面试时尽量避免想到哪说到哪，在开口之前一定要斟酌一下，这句话能不能说，该怎么说。

面试官喜欢问的问题如下。

1. 能介绍一下你自己吗？

自我介绍是面试的首要环节，是求职者的首次亮相。我们短短的几句话，可能会影响

他们对我们的评价。这里潜伏着把握一生之舵的契机。这句话是每次面试必须问的问题。有时，回答得好，会给我们带来意想不到的收获。其实，通过应聘资料，招聘方已经大致了解了你的简历。询问这类问题，一是为了考查你的口语表达能力、综合归纳能力；二是为了让应聘者放松心情。因此，回答时应突出重点，尤其应该针对应聘单位的情况有所选择，有所侧重，从而证明你是该职位最适合的人选。面对这种开放性的题目，滔滔不绝讲个不停不是对方所希望的，显然，对方想让你把你的背景和应聘职位联系起来。因此，回答时需要牢记以下要点：

(1) 重点放在工作业绩、专业水准、特殊技能以及潜在能力和发展方向上。
(2) 尽量围绕谋求该职位所需要的资格，最好用一些实例来说明问题。

2. 你为什么选择到本公司应聘？

此问题重在了解你进入公司后想做什么。因此，要围绕公司提供的机会最适合自己的兴趣和优势这一点展开。要让考官知道，你愿意效力于该公司有充分的理由，而不是随便找一份工作。如果能够罗列出公司的资料，例如，公司涉及的专业、生产线、经营地点、最新成果等更好，以表示出对该公司的关注程度。能够聪明地讨论公司的情况，会使你从众多不知道公司及工作内情的求职者中脱颖而出。

3. 请你描述一番你心目中的理想工作。

此类问题，要用概括的语言对你梦想得到的工作加以描述。介绍一下你想应聘的公司、工作种类和你的愿望及要求。绝不能只描述自己的兴趣和愿望，而应该从招聘职位着手，给人的感觉应该是你心目中的理想工作与你正在应聘的工作相差无几。

如果你的理想工作与应聘的工作相差甚远，招聘方会认为你对该工作缺乏热情和愿望，或者认为你自视甚高而自动放弃你。

4. 你有什么特长？

面对这个问题，你可以借此机会告诉考官你所具备的与众不同的特殊本领。如外语、计算机、普通话的等级考核情况，还有职业证书、汽车驾驶证，等等，当然也包括音乐、美术、体育等方面的业余爱好。最好举几件显示你的特长的具体事例，既显得轻松自然些，又表现出你的自信。

5. 你认为你在哪些方面还有待提高？

对方是想通过此问题变相了解你的缺点，回答时注意一般从大方面着手，笼统地回答，如：我刚毕业，实践(工作)经验不足，因此要在实践中磨炼自己等。不要回避，也不要为显示自己的诚实而夸大自己的不足。

6. 如果应聘成功，在工作上你打算(准备)怎么办？

对方试图通过此问题看你对未来工作的了解和打算，考察你是否有志向，有上进心，并由此判断你的追求目标与他们的期望是否相符合。我们可以通过自己对该单位的了解，简要介绍一下自己的打算，怎样发挥出自己的专业知识，怎样做好工作。这些计划和打算不用讲得太细，充分表达做好工作的决心就行。

7. 你受过挫折吗？若有，请谈谈你是如何渡过难关的？

面对此类问题，最好不说"我至今还没有失败过"。至今没有挫折经验的人会让用人

单位觉得你没有经过磨砺，欠成熟。其实，每个人的生活道路不可能都是一帆风顺的。竞争激烈的时代，优胜劣汰是市场法则。每个人要面对的不是会不会失败、有没有挫折的问题，而是如何对待失败、战胜挫折的问题。这是考官提问的意图所在，他们渴望了解你是否具有战胜挫折和失败的勇气和方法。

8. 公司准备聘用你，有什么困难？可以尽管提。

考官提这个问题，是想了解求职者是否是一位潜在的麻烦制造者。虽然对方让你有困难尽管提，但是你千万不要找出一大堆困难来。你应该让对方明白，你是一个不怕困难、勇于克服困难的人。比如你可以这样回答：我没有困难，即使有困难，我也会尽最大努力自己克服。贵公司长期以来一直都替员工考虑得很周到，相信今后也会如此。

9. 你希望得到多少薪水？

求职面试，终究会谈到这个问题，所以事先最好先有心理准备，以免突然被对方问及而措手不及，尴尬万分。一般来说，对方没提到这个问题时，求职者不宜主动提薪水问题。回答时，千万不要把自己绑死在某一个数字上，更不能说出让对方不寒而栗的数字，使自己没有回旋的余地。给出一个大概范围就可以，从自己能接受的最低薪水，到希望获得的最高薪金，如："我希望在 1000 元到 1500 元之间"。

10. 你的性格怎样？请简单说一说。

回答时可以借题发挥，阐明自己为人处世的原则、工作态度和进取精神。比如我们可以这样回答：我认为自己是个热情的人，处世态度也积极，我会拿出干劲儿来对待工作，尤其在遇到困难时，更能激发出我的工作热情。

二、回答问题时的礼貌要求

面试时，说话要态度和蔼，语气平和。要平等地对待每一位主考官，不顾此失彼；措辞文雅，对答从容得体，表现得彬彬有礼，落落大方；尊重对方，说话不自以为是，不狂妄自大；态度诚恳，语言朴实，虚心谦恭。这些都会给面试官留下美好的印象，增加成功的砝码。不少不谙世事的求职者参加面试时张口闭口"你们公司"，听多了肯定会引起别人的反感，如果十分礼貌客气地说"贵公司"，效果肯定好得多。

面试时，无论主考官提出什么样的问题，自始至终都要十分有礼貌地回答，切不可认为主考官提问不当，"冒犯"了自己而大动肝火，随意发怒。

如果主考官对你特别挑剔或不满，甚至还令你难堪，不要紧张，更不能出言不逊，应头脑冷静，不必匆忙回答。一般来讲，主考人员不会与应试人员为难作对，如果出现这种情况，也可能是预先设计好的一种"战术"，意在测试应试人员的应变能力和心理承受能力。若应试人员听完提问后火冒三丈，反唇相讥，那就是中了主试者设计的"圈套"。同样，与面试官争论某个问题也是不明智之举，即使你理由充足，也应心平气和地表明自己的立场。如果争论太激烈，反而会弄巧成拙。

面试结束，要适时告辞。如果你是用人单位约请参加面试的，那么何时告辞应视对方的要求而定，不能在对方未告知的情况下单方面提出。一般情况下，面试的所有提问回答完毕后，面试就算结束，如果对方对你说"今天就谈到这里吧，请等候消息(通知)"，这时你方可告辞离开。

如果你是直接上门联系工作，那么何时告辞你就应主动些。因为你是主动拜访者，从礼节上看，对方不好主动打发你走，只能从行为举止上表现出来。如果对方心不在焉，焦躁不安，或不时地看表，这就是下逐客令的信号，你应有自知之明，主动提出告辞。

告辞的时候不要忘记道谢。要记住，无论面试(谈)的结果如何，有无录用的希望，在告辞时都应向对方衷心道谢。这最能体现你的真诚和修养，何况有时希望就存在于你的再坚持一下的努力之中。告辞时应该有礼貌地说："真不好意思，打搅了您好多次，今天又花费了您不少时间，我走了，您也该休息休息啦。"若是对方决定不录用你，就说："没关系，我再到别的地方去看看。我告辞了。"若是人家送你到门口，你一定要很有礼貌地请人家留步，握手告别。

三、回答问题时的说话技巧

求职面试时的回答提问是求职应聘的关键，语言的技巧和智慧都应该在这个关键的时候表现出来。

(一)简明扼要

"简洁是天才的姐妹"，说话简明扼要，才能给人留下思路清晰、精明能干的印象。在面试时，尽量用最简短的语言，传达尽可能多的信息。无论是自我介绍还是回答问题，都要做到言简意赅，切忌絮絮叨叨，反复冗长，或口若悬河，却答非所问、离题万里。

(二)真诚朴实

求职时要扬长避短，尽量展示自己的优势，但这一切的前提是——诚实。诚实是中华民族最推崇的一种美德，任何时候都不要说谎，面试时也是如此。一个坦率诚实的应聘者，成功的机会就多。一些求职者为争取好工作，不惜涂改专业成绩，隐瞒实际情况，这首先在人格品行上就没有过关，当用人单位了解真实情况后，也肯定不会录用。也常常有些人求职太过频繁，而自己的求职履历又是经过精心"包装"含有大量"水分"的，轮到面试时，有时连自己都记不清究竟"工作经验"是怎样"排列组合"的，一上阵便"露出马脚"，不战自败。因此，诚实很重要。

有时巧妙地坦诚亮底，反而会转劣为优。

(三)随机应变

求职应聘，机会稍纵即逝。如何提问，怎样回答，没有一定的模式，关键在于灵活应变、机智对答。

1. 避实就虚法

面试中，常有主考官向应聘者故意泼冷水的情况，比如说"公司没有适合你的位置"

"我们需要的是有工作经验的人""请谈一下你的失败经历"等,当遇到这种情况时,我们首先要冷静,回答时避实就虚,变被动为主动。

2. 自由发挥法

面试中如果考官提出一些近乎游戏或玩笑式的、过于简单的问题,我们大可不必局限于所问问题的限制,可发散性地灵活发挥。有位考官问一应聘者:"请问一加一是几?"答:"请问你是说哪一种场合下的一加一?如果是团队精神,那么一加一大于二;如果是没有团队精神,窝里斗,那么一加一小于二。所以一加一是多少,这就要看你想要多少。"应聘者的回答就是自由发挥的结果。

3. 怪问怪答法

有时候,面试官会问一些近乎怪异的问题,对此,我们可以打破常规思维,创造性地去思考答案。美国某公司主考官问前去面试的中国应聘者:"在没有天平的情况下,你该如何称出一架飞机的重量?"答:"这要看你用中国式还是美国式的方法了。假如是中国人,他会从中国古老的'曹冲称象'中得到启迪;假如是美国人,他会现实一些,拆下零件来分别过磅;也可以浪漫一些,发明一种特大型的吊秤也并非不可能。"

除此之外,应聘时谈话的速度、音量、声调及语气等对于交谈的效果都有微妙的影响。答问时不宜讲得太快,也不宜讲得太慢,口齿要清楚,吐字应清晰,要根据主考官的反应不断调整你的语调。回答内容也应随机应变,主考官感兴趣的地方详细一点,不感兴趣的地方简略一点。充分体现你对该单位的兴趣,以及你的冷静、诚恳与谦虚。同时要注意不该说的不要说,不要过分咨询工作时间的长短,或工资奖金的多少,不要诉苦,不要提毫无意义的问题,不要提太有挑战性的问题,不要说他人私事,不要过度与面试官套近乎。

案 例 分 析

曾有一位大学毕业、刚工作了一年的女孩,去应征一个秘书的职位。当面试已近尾声,彼此都谈得很愉快,这时主考官又多问了一个问题:"你认为对你来说现在找一份工作是不是不太容易,或者说你很需要这份工作?"按常理如果她当时回答"是的",一切便大功告成。然而这位女孩可能为了体现她的不卑不亢,便回答说"我看不见得",这一下使用人单位的人事经理顿时打消了录用她的念头,理由是"此人比较傲"。一句话失去了一次较好的就业机会,事后后悔却也无济于事了。

点评:应聘时需要表现自己的个性和独特见解,但应该是大胆沉稳。语言上还是谦虚一些为好,把握自己,掌握分寸。

案例2

南方某公司到学校招聘一批员工。她即将毕业，正好想到南方去闯一闯。但这家公司招聘的条件中，要求女生身高必须在一米六以上，而她只有一米五九。填报名表时，同学们都劝她填一米六。只差一厘米，加上她身材苗条，再穿上一双高跟鞋，面试时很容易蒙混过关的。她却摇摇头，只填了一米五九。

面试时，主考官问她："你知道我们的招聘条件吗？""我知道，除了我身高差一厘米外，其他条件我都符合。"她说。"只差一厘米，你为什么不填一米六呢？"主考官问。"我本来只有一米五九，我不想为了一份工作去说假话。更何况我只有十八岁，正处在长身体阶段，我完全有信心在两个月的培训期内长到一米六！"她说。"你被录取了。"主考官微笑着说。

面试结束后，有人问她被录取的原因，主考官说："如果是其他人，一米五九我肯定不会录取。但我们需要的正是像她这样诚实而又充满自信的员工，尽管在两个月的培训期内她不一定能长到一米六。"

点评：应聘不仅仅是看你的专业怎样，主要还是看你为人如何，从简历表中看表现，有时设置情景考查人品，有时就像上面的案例一样，直接对话。诚实是做人的原则，任何时候都要坚持这一原则。

案例3

小夏辞去了雅兰设计公司的工作，再次加入了浩浩荡荡的求职大军。多次碰壁后，终于得到心怡设计公司的面试机会。

主持面试的是公司人力资源部秦部长。他边埋头查看小夏的证件和设计作品，边提出问题。突然，他抬起头问小夏："你为什么辞去雅兰公司的工作呢？"

小夏愣住了，这是他最怕问到的一个问题，他是因为和客户吵架了才辞职的，该怎么说呢？最终小夏选择实话实说："我辞职源于一时的冲动。那天，我和女朋友吵架了，情绪不大好。一位客户对我的家居设计图提了几条意见，我就和他吵了起来。我们部门的王经理批评了我，我当时愤愤不平，就提出了辞职，现在想起来挺后悔的。第一，我不应该把生活中的恶劣情绪带到工作中来；第二，我应该尊重客户，耐心地跟他解释我的设计意图；第三，我对不住王经理，他人蛮好的，批评我也是为了帮助我。"

"你说的王经理就是王为嘉吧？我认识他。你很诚实，说明确实在认真反省自己的过错，很难得。"

接下来的谈话很顺利，一周后，小夏就到心怡设计公司上班了。

点评：当被问及辞职原因时，小夏既没有胡编乱造，也没有唱"为了事业发展"的高调，而是坦承了自己的过失，并表示了深刻的反省。这样诚实且敢于承担责任的人，自然能赢得招聘方的信任，获得工作。

第十一章 求职与应聘

案例 4

小许是一所普通大学信息工程专业的毕业生，接到了康达公司的面试通知。康达在电子行业内堪称赫赫有名，加盟这家公司一直是小许的梦想。

面试时，其他考官提出的问题颇有难度，还好，小许回答得比较顺利。终于，主考官发话了："如果能够应聘成功，你有何职业规划？"

"我的性格沉稳、细心，电子学科是我的最爱，我一直渴望成为一名优秀的电子工程师。如果能够加盟康达，我计划用三个月的时间熟悉业务，力争在两年内成为合格的测试工程师，四年后能够参与产品设计，相信七年之后，我将成为一名优秀的电子工程师，可以独当一面了。"

"七年？前面几位同学都说只要两三年就可以成为一名优秀的电子工程师。"主考官脸上似笑非笑地说。

"抱歉，我的基础没有他们好，要达到同样的目标，需要付出更多的努力。贵公司聚集了大量优秀的专业人才，刚才几位考官的提问就让我受益匪浅。我相信，有各位前辈的引导，有公司的职业培训，我一定会加快追赶的脚步。"

"虽然你的条件不是最好的，但从你的职业规划看，你是一个很务实的人，"主考官微笑着和小许握了握手，"你回去等候消息吧！"

三天后，小许得到了康达公司的录用通知。

点评：强手如林，小许能够脱颖而出，离不开他在面试答问中表现出来的务实态度。他根据自己的专业、个性和兴趣确立了"成为一名优秀的电子工程师"的职业目标，又将这一目标分解为三个月、两年、四年、七年的阶段性目标，并且说明了实现目标的途径是个人努力加上前辈引导和公司培训。小许现实、合理的职业规划帮助他赢得了工作。

案例 5

某外贸公司招聘 6 名业务人员，通过笔试和面试后，还剩下 20 人，公司领导决定请这些人到酒店举行宴会。这 20 人心里当然非常清楚，这次赴宴实际上是最后的应试。

宴会上，不少人主动向总经理和主试人敬酒。有的出言不凡："×经理，您只要录用我，两年之间，我保证给您赚几十万。"这种轻言取信、戏言赚钱的话语，容易给人言过其实、不可重用的感觉。

有的苦苦哀求："搞外贸是我多年的愿望，这次我是志在必得，就请×经理您多多关照了。"

有的甚至说："×经理，我这次是横下心来应聘的，我已经向原单位辞职了……"

这时，总经理站起来说话了："这次招聘，感谢大家前来应聘，但名额有限，招聘方式也难免有些不够周全，你们中的许多才俊我恐怕就只好割爱了，不如你们意的地方还要请各位多多包涵啰！不知在座的哪位愿意以落聘者的身份与我干这杯酒？"

这时,一个小伙子端着酒杯大大方方地走到这位总经理面前彬彬有礼地说道:"×经理,承蒙您的厚爱,使我们有缘相见。有道是不以成败论英雄,不管结果如何,我们通过这次相识,今后就是朋友。我能结识您这样的朋友,感到非常荣幸。我是立志搞外贸的,十分愿意为贵公司效力,但如果因为名额有限不能效力帐下,我也不会气馁,我相信总有做外贸工作的机会。如果成不了助手,也有可能争取成为您的对手。不管助手还是对手,我们都会是未来外贸战线上的朋友。因此,我要敬您这一杯!"

第二天,这位敬酒的小伙子得到通知,他被录用了,并担任6位新聘业务人员的主管。

点评:小伙子在大家主动向总经理敬酒,或夸下海口,或苦苦哀求工作机会时按兵不动、谋求机会,当总经理询问"哪位愿意以落聘者的身份与我干这杯酒"时,抓住机会,彬彬有礼、落落大方地来到总经理面前,回避"落聘者"这个身份,巧妙地强调自己干外贸的决心,引出"助手""对手"及未来外贸战线上的"朋友",最后成功地敬了这杯酒并赢得管理层的工作。

下面是面试官讲述的故事:

"去年,我和公司几位同事到南方某高校举行招聘。面试中,一个名叫马涛的男生给我留下了深刻的印象。他虽然穿上了深色的西装和黑色的皮鞋,却不合时宜地以一双与前者反差过大的白色袜子搭配,而且他穿的西装上衣的左侧衣兜上,本当先行拆掉的商标,依旧赫然在目。看到他这身打扮的一刹那,我对他的印象分一下子就下来了。结果我没有给他太多的时间,只是简单地问了他几个问题,便礼貌地告诉他回去等通知。"

(中国人寿某省分公司人力资源部副总经理讲述)

"去年,我所在的公司进行了一场招聘,其间我遇到了这样一件事:几位考官在里面房间挨个面试,候选者在外面等候,一个男生始终在吸烟。当考官叫到他的名字时,这名学生叼着烟卷就过来了,走到房门口,才把烟掐掉,随手把烟头扔在地上。结果你可能猜到了,我们当然没有录用他,原因有二:一是他需要靠吸烟来稳定情绪,表现出其心理素质比较脆弱;二是他不尊重考官,不顾及其他考生的利益,不爱护公共卫生。我们对求职者素质的考查,就在不经意的细节间。"

(某省联通公司人力资源部副经理讲述)

点评:以上的故事,启示其他求职者,在参加面试时,一定要注意一些细节问题,比如皮肤要洁净,指甲要及时修剪,头发要整洁,口腔要卫生,要有正确的站、坐、走相,服装要和谐,鞋要擦干净,等等,同时还要注意自己的一言一行、一举一动。

小张南下广州,去一家广告公司参加应聘面试时迟到了。到达该公司时,已有 30 个

第十一章 求职与应聘

求职者排在他面前,他是第 31 位。怎样才能引起主试者的特别注意而赢得职位呢?小张很快就拿出了一张纸,在上面写了一些东西,然后折得整整齐齐,走向秘书小姐,恭敬地对她说:"小姐,请你马上把这张纸交给你老板,这非常重要!"

那小姐很礼貌,点点头把那张纸条取走,并很快送到老板桌上。老板看了大笑起来,因为纸条上写着:"先生,我排在队伍的第 31 位,在你看到我之前,请不要做决定。"

最终小张得到了工作。这是他善于动脑的结果。一个会动脑筋的人,一定是个富有创意的人。而这家广告公司所要的人才,就是要求其想象力丰富,有创意。

点评:在未面试之前小张的举动已经给考官留下了深刻的印象,他别具一格的竞职方式,表现出了他的灵活、机敏与大胆,让主考官发现了他。在面试时,这种具有独创精神的语言和行为,能够帮助我们在强手如云的求职者中脱颖而出。

一、下面是一位人力资源管理专业人士自述挑选简历的方法,你从中受到什么启发?

我见过很多学生拿着哈佛商学院的英文简历当模板,依葫芦画瓢地改写自己的简历,可还是改得走了样,不是上下对不齐就是行距不统一,而且自己还看不出来。关键就是因为他们缺乏专业素养,而这在求职中非常不利。很多在正规公司工作多年的资深人士甚至连一个混在10.5 号字队伍当中的10 号字都能一眼"侦察"出来,功力了得。

我在学校讲简历写作技巧时曾经强调过:你写简历的目的就是让简历带你脱颖而出,可学生们断章取义地理解为,为了让招聘经理把他的简历挑出来可以不惜在形式上哗众取宠。一些学生为此挖空心思,无所不用其极,有的竟然寄希望于红色纸张能一下子吸引招聘经理的目光。我知道,这样的简历一定能够如其所料被拿出来,不过不是作为面试通行证,而是作为"红牌"把他罚下。还有的同学借用自传形式,先自我陶醉地写一首抒情诗意图博得好感,然后才开始干瘪的正文,这样越发显出不够专业。正规商业公司在简历格式上要求符合专业、规范的原则,即使标新立异也应该在这一前提下进行。有经验的求职者通常都是在具体的专业用词上下功夫,而不会脱离简历格式的规范。

资深的专业人士有能力鉴别简历是否专业,他们不会在格式上别出心裁,而是在描述自己多年专业背景和经验的文字上大做文章。规范的简历中,每一项信息都有约定俗成的位置,招聘经理筛选时通常会到这些特定的位置去寻找需要的信息,如果应聘的简历过于标新立异,反而有可能把位置打乱,当招聘经理找不到他关心的信息时就会毫不手软地把简历扔进再也不会有人问津的"人才库"。

(微软(中国)公司人力资源经理王瑾女士谈如何挑选简历)

二、马上放暑假了,你想去找一份暑期工作,请写一封个人求职信:对你自己的知识水平、能力和价值做出恰当的评估,陈述你的兴趣和动机;调查职业、工种和用人方情况并做出评价;确定自己的求职目的和事业目标;写一份专业的简历;设计并逐步实施你的求职活动。

三、请仔细阅读下面求职者的面试经历，你从中吸取了哪些经验教训？

几轮考试后，我从300多名应聘者中脱颖而出，进入安徽奇瑞公司最后面试的10人名单，不由得长吁了一口气。我学的是机械制造专业，一直担任校学生会干部，还多次参加过学校的辩论比赛，论口才，在工科学生中也算是出类拔萃的了，何况在面试前，我又向号称"面霸"的师兄请教了一番，可谓得其"真传"，因此走向考场时，我信心十足。

"你为什么选择奇瑞公司？"主考官开始发问。

这样简单的问题，太小儿科了！对方话音刚落，我立即侃侃而谈："奇瑞，是我国汽车行业民族品牌的一面旗帜。从1997年成立以来，奇瑞公司通过自主创新实现了跨越式发展，今天的奇瑞，正以第100万辆汽车下线为新的起点，朝着现代化国际型企业的方向迈进！"

这是师兄教的第一招：送高帽。这招果然奏效，几位考官的脸上浮现了一丝笑容。

"我来自安徽池州，和许多奇瑞人一样，是喝着长江水长大的。能够加盟家乡的品牌企业，为家乡建设尽一份绵薄之力，是我的骄傲。"

师兄教的第二招"套近乎"效果也不错，我看见考官的眼里闪过一道亮光。

师兄传授的三十六计才用了两招而已，我接着滔滔不绝地发挥下去："我喜欢汽车行业！那一年高考填报志愿的时候，我填的全是机械制造专业！你们也许不知道，以我的高考成绩，完全可以读更热门的国际贸易或者计算机……"

得意难免忘形，说到高兴处，我不由得有些手舞足蹈。直到主考官不耐烦地连连挥手，叫我"打住"的时候，我才想起了一句古训：言多必失。最终，我被淘汰了。

四、以下问题分别有三种回答，你认为哪种回答最好？试分析这些不同的回答。

1. 你毕业于哪所大学？你为什么要选择这个学校？

(1) 不好意思，我们学校没名气，是个一般院校。

(2) 我毕业于××大学，当初是父母给选择的学校。

(3) 我毕业于××工业大学计算机工程系。我上高中时就喜欢计算机，虽然，父母希望我从政，但我这是最终征得了父母的同意的。

2. 你上学时打过工吗？

(1) 从大一起我一直利用星期天、假期打工，我促销过"娃哈哈"，当过摩托罗拉的营业员，从中我积累了如何与同事配合，相互协作工作，如何处理同事关系等方面的经验，这些都为我以后正式工作奠定了基础。

(2) 没有，我家里不缺钱，父母不让打工。

(3) 我打过几次工，从大一起从没有花过家里一分钱。

3. 谈谈你对你暑假打工时老板的一些看法。

(1) 我对我的老板相当敬佩，而且从他身上学到了很多东西。

(2) 那个老板很差劲，他欠了我的工钱，我们闹过几次，也没有结果。

(3) 公司虽然是个大公司，但内部管理很乱，我对他的看法一般。

4. 你在学校是一个优秀的毕业生，你是否愿意到最基层工作？

(1) 我非常愿意。虽然我是一个优秀毕业生，但毕竟经验不足，业务不熟，我非常理解从事基层工作对我发展的重要性。我知道在接受更有挑战性的任务之前，完成一定数量的日常工作是必要的，可以从中学习到公司内外部的业务，并给我发展机会，当我证实了自己的实力以后，可以沿着专业方向或管理方向发展。

（2）不愿意，因为应聘的职位是"经理助理"，我在学校是学生会干部，有丰富的管理经验。

（3）不愿意。

5．谈谈你对薪水的要求。

（1）毕业了，就不能再向家里要钱，吃、穿、住、用、交友都要靠工资，我想应付这些开支每月至少要1000元。

（2）据我个人了解，助理编辑这个职位的主要工作内容包括向总编汇报工作进展，协助总编选题，并且要与作者保持良好的沟通和联络等工作。我总结得对吗？如果是这样，我想知道单位这一职位的薪水大致如何？

（3）您说了算，公司给多少就要多少，当然是多多益善。

6．如果你被录用，你会在这个公司待多久？

（1）只要工作富有挑战性，而我又有机会学习和升职，我看没有理由要离开。

（2）工作不到一年我是不会考虑离开的，适应一个新的职位是需要那么长时间的。

（3）我想尽可能长时间地待在公司，近期内我是不会考虑离开的。

五、如果你是主考官，你会给谁工作机会？为什么？

1．下面是一次某广告公司在招聘广告部主任时，主考官向两位求职者提出了三个问题，他们二人做出的不同回答。

问题一：

主考官：你做得最为出色的事情是什么？

求职甲：我擅长写广告词，又参与摄影，还亲自校对广告的设计。

求职乙：我擅长吸引广告客户和广告创意，并善于估算我们将获取什么样的效益。

问题二：

主考官：你的缺点是什么？

求职甲：我有点急躁，有时候有些沉不住气，少不了与人发生摩擦。另外，我用于工作的时间过长，连家庭生活都失去了平衡。

求职乙：为了把事情做好点，有时候我不能按时完成工作。然而，我已做了努力，在过去的一年中，我只出过一次这样的情况。

问题三：

主考官：你是否有失败的时候？

求职甲：我想我很幸运，我从未失败过，成功还将永远陪伴着我。

求职乙：干工作犹如赛马，我从马上摔下来过，但我知道问题出在哪里。于是，我爬起来又骑了上去，终于我成了一名不错的骑手。

2．某公司举行招聘营销人员的面试，主考官有意想试试参加面试的人的想象力，先后对几个应试人提出了同一个问题："请你顺着窗口往外看，你看到了什么？"

第一个回答:"我看到了马路、汽车、房子、田野。"
第二个回答:"我看到了田野那边的山、河流、海滩。"
第三个回答:"我好像看到了我的朋友、亲人在那里为我祝福,希望我应试成功。"
第四个通过仔细考虑,做了这样的回答:我除了看到前面几个看到的这些东西外,我似乎还看到了窗外有好多人、好多车,在排队等购我们公司的产品。我想,我如果被聘用的话,我会和你们一道,把这种预想变成事实的。

第十二章 表扬与批评

本章学习与训练的基本要求：

- 通过本章的学习，正确理解表扬和批评的概念及其在社会生活中的作用和意义。
- 通过对表扬和批评类型技巧的学习，熟练掌握表扬和批评的基础方法。
- 能够在实际生活中熟练运用表扬和批评，结合思考和练习进行训练，培养自己运用表扬和批评的能力。

在工作、学习及生活中，每个人都需要真诚的表扬，也需要善意的批评。表扬是鼓励，而批评是督促，它们是两种形式上对立、目的上统一的交际方法和工作方法，二者缺一不可。但通常情况下，人是喜欢被表扬或者说听到表扬会很愉快的；每个人都有希望得到赞美和表扬的心理需要。对批评就不大喜欢甚至于讨厌，虽然"忠言逆耳利于行"，但人们听到批评往往心里不太舒服。因此，在人际交往中，应学会把握表扬艺术，注意批评技巧。

第一节 表 扬

马克·吐温幽默地说过："我能为一句赞美之词而不吃东西。"爱迪生的童年是在母亲的表扬与老师的批评中度过的。他天生爱问问题的"毛病"屡遭老师的批评，而他母亲总是不断鼓励他、表扬他，爱迪生喜欢发明创造的个性得到了保护，后来有了几千项发明的辉煌业绩。试想如果他母亲也和老师的态度一样，一个伟大发明家的天性也许就被扼杀，人类也许要晚一些跨入电气时代。可见表扬的力量有多大。

表扬说起来容易做起来难，何时表扬，表扬什么，什么方式，都要求做到恰如其分。

表扬是指自己做的事或说的话，或者与自己相关的活动得到别人或组织的认可，别人用言语、手势或表情肯定了你，会对你的情绪或行为，甚至人生都要产生影响。表扬是认同别人、尊重别人、赞赏别人的一种重要方式，表扬是增强信心、鼓舞士气、激发情趣、激励前进的强大动力。

一、表扬的原则

表扬既是一门学问，也是一门艺术，在进行表扬时要注意几个基本原则。

(一)表扬要真实

表扬的真实性体现在两个方面。一是表扬时表扬者的感情要真诚，不能勉强做作，对

表扬语言的要求就是朴实、真挚。一个真正表扬别人的人会用欣赏的眼光去看待每一个被表扬者,会为被表扬者的每一点进步而欣喜,会发自内心地看待每一个被表扬者。切忌为表扬而表扬的形式主义。二是表扬的实施要准确,不能夸大其词。表扬的激励作用是建立在真实的基础上的,如果表扬的事实有出入,就会适得其反。不仅不能激励被表扬者,还可能使被表扬者受到他人的讥笑、孤立,也会影响表扬者的威信。

(二)表扬要公正

公正是民主精神的一种体现。对表扬者而言,是对被表扬者进行评价时应有的基本立场;是对表扬者进行评价的合理要求。表扬者运用表扬语的公正性,就是面向全体被表扬人群,对他们的进步和优点一视同仁地给予肯定和鼓励,不能只看到优秀者的优点,却看不到后进者的"亮点";更切忌想当然、凭主观印象看人,对后进者的优点、进步持怀疑态度,甚至讽刺挖苦。

(三)表扬要及时

表扬是一种激励,因此及时表扬能发挥其最大的功效。被表扬者取得了成绩之后要对他的行为结果予以及时的表扬,有助于及时强化被表扬者的积极进步。这里的及时还有另一层意思,就是能敏锐发现那些平时没有突出成绩而此时有了哪怕一丁点儿突出表现的人,甚至是一直比较落后而现在有了进步的人,及时给予大张旗鼓的表扬。

(四)表扬要适度

表扬不足会使人自卑,但正如糖吃得太多就不甜了一样,一味表扬就会失去激励作用,所以,表扬忌"滥"。因为人人都受表扬就等于谁都未受表扬,某个人事事处处受表扬也就无所谓表扬。"非常了不起""棒极了"这类毫无内涵的低层次的"戴高帽"式表扬,并不能起多大的激励作用。实践告诉我们,过多的表扬非但不能激发人的积极性,反而会将心理不成熟的人诱入自恃过高的幻想,忽视自身的不足,导致听不得批评,心理承受力差等问题的产生。

(五)表扬要促人发展

在社会活动中,我们会看到很多人运用表扬使后进者迎头赶上,成为先进的动人事迹。这些人之所以能够从后进者身上看到他们的进步和闪光之处,就是因为他们是用发展的眼光来看待后进者,看到他们身上的长处,通过表扬消除了他们的对立情绪,激发他们的上进心,并对他们提出进一步的要求。

只有我们看到别人身上的长处,看到他们的闪光点,对他们加以鼓励,这样我们才能相互学习、相互进步。发展性评价通过强调被表扬者的进步和成就而非失败和缺点来提高他们的自信心,激励他们进步。如果表扬只停留在笼统的"好""还可以"这个层面,他们努力的方向是模糊的。因而表扬也要体现发展性,既对被表扬者进行肯定,又能具体、准确地指出他们努力的方向,这样会使被表扬者体会到表扬者的良苦用心,会以勤奋努力

等积极的行为来回报。表扬能增强动机是显而易见的。经常性表扬与被表扬者积极能力的自我知觉呈正相关,被表扬者对自我能力的积极看法又能增强自豪感和对未来成功的期望,激发内驱力,增强他们参与活动的愿望。

二、表扬的技巧

表扬从内容上看,一般有表示你的满意,描述被表扬者的正确行为,解释表扬的原因等。在进行表扬时,有以下三种技巧。

(一)当众表扬

当众表扬是指在公开的场合当着众人的面进行的表扬。这是表扬者运用表扬手段时最常用的形式。一般来说,当众表扬因为受众多、影响大,更能使受表扬者产生一种荣誉感;特别当受表扬的人是后进者时,更能帮助他们找回自尊,树立自信心。当众表扬也能为他人树立榜样,激励作用能得到充分发挥。

(二)个别表扬

个别表扬就是在非正式场合,或与被表扬者个别交流的时候进行的表扬。

(三)随时表扬

在表扬者与个体频繁的接触中,会随时看到个体言行中的闪光之处,这时表扬者及时表扬他们的点滴进步,能够强化被表扬者的意识,巩固这些好行为。

案 例 分 析

高洁在公司里是一个文静、内向、勤奋的推销员。季度考核时,高洁取得了非常大的进步,因此在总结会上主管把她好好地表扬了一番,并希望全部门的同事都能向她学习。听到这些话,高洁心里别提多高兴了,因为她觉得自己的努力得到了上司和同事的肯定。可没过多久,高洁就高兴不起来了。因为她发现,每次主管在办公室讲到工作的时候,几乎都会提到她,夸她工作是如何之努力,进步是如何之大。甚至在批评某个同事业绩不好时,也总是会加上一句:"工作都搞不好,你有什么用?为什么就不向高洁学习呢?看人家工作多努力!"或者说:"如果把高洁三分之一的心思花在工作上的话,我保证你的业绩能再提高一倍!"听到这些话,高洁越来越觉得刺耳,心里也沉甸甸的。不久,她发现同事们对自己的议论也多起来了。"主管真偏心,只知道表扬高洁。""听说高洁做工作都是靠私人关系,还不知道怎么巴结主管呢。"从此,高洁的性格更加内向了,在办公室不是看材料就是一个人坐在座位上发呆。她越来越怕听到主管的表扬，同时又担心自己工作业绩下降，怕主管失望、同事耻笑。

点评： 在这个事例中，首先，主管对高洁的频繁表扬给高洁的身体和心理都带来了额外的负担和压力。其次，主管的这种表扬方式也影响了良好上下级关系的建立。最后，主管的表扬方式也影响了高洁与其他同事的正常交往。

可见，表扬要适度，如果运用不当，表扬就不会达到预期的目的，甚至可能产生负效应。

案例2

某公司最近召开了一年一度的夏季商品交易会，会前公司办公室为会议召开作了充分的准备：接待各地代表，布置宣传广告，商品样品摆布，开货单，介绍商品，有的加班到深夜。各职能科室和行政管理人员主动自觉到各科帮忙。三天的会议，接待了上千人次，成交额几百万元，大大超出了会前预计数。在总结大会上，公司领导充分肯定了这次会议取得的成功，当提到员工们为大会做出的努力时说："大家表现得都很不错，人人都动了起来，为大会做出了贡献。在接待过程中，人事经理和财务经理提着茶壶，在楼上楼下跑来跑去，这种精神值得赞扬。"

对于领导的表扬，职工们议论纷纷："交易会的成功，销售额的增加，首先归功于第一线的业务人员的辛勤劳动，为什么不表扬最累的业务人员？"

也有的赞成领导的这种表扬："业务人员贡献是大，但这是分内的工作，并且领导也是肯定了的。而政工干部去送水，事虽小，但这是工作职责以外的。如果正常工作都点名表扬，怎么能表扬过来呢？"

还有人提出反对意见："如果分内工作做得好不表扬，领导只表扬做分外工作的，那么谁还重视分内工作呢？如果谁都轻视分内工作，那么整个工作不就落后了吗？就分内与分外工作比较而言，领导者最需要、最基本的则是鼓励职工首先做好分内的事。"

点评： 表扬是激励的一种手段，可以提高士气，发挥人的积极性。但是表扬要有根据，要真实、合理，要公平。案例中领导的做法，忽视了重点，只是一带而过，没有发挥出真正的作用，力度不够，不能使职工得到满足，而使职工有抱怨、不满。因此，这次表扬没有达到效果。

案例3

在对设计部所有新员工进行培训时，负责培训的王助理留了一个课外作业，要求学员们回家后设计一套春秋新款的运动装作为今年公司的主打产品，不能抄袭。这次设计对于这些未来的设计师们来说难度较高，一方面可以检测学员们的功底和创新的能力，另一方面可以体验设计师工作的程序。王助理总以为这是对新进员工能力的一个测验，他们都是

第十二章 表扬与批评

公司选拔出的佼佼者，肯定会交出一批高质量的作品来。然而，第二天学员们交上来的作业却令他大失所望，一批优秀学员的作业也如同幼儿涂鸦。

正当王助理气愤之时，一张清秀的设计图映入眼帘。作者是一个文静的女孩，叫李泉。李泉在培训开始以来一直沉默寡言，平淡得让人感觉不到她的存在。这张设计图并不是李泉自己设计出来的，而是抄袭了某个著名品牌，但相对于其他设计，李泉做得认认真真，一丝不苟。这个设计作业虽不符合要求，但这种学习态度比优秀学员们好上百倍，王助理想，他倒要破例好好表扬她一番，好触动那些失望的"宠儿们"。

带着这种想法，王助理步入设计室。在小结了上次设计的不足之后，他大声对学员们说："未来的设计师们，有一张设计图我在这里要重点表扬，那就是李泉的设计图，她的设计图比每一个学员都认真！"学员们把目光都移向李泉，李泉满脸通红，眼神里流露出不可思议的神色。说着，王助理把这张设计图放在显示台上。"抄袭的！"有学员马上发现了并不满地说，"这样的设计图我们也设计得出来！"设计室里顿时议论开了！王助理立即发话："李泉的设计虽然是参考了某些品牌的服装，但态度比我们几个优秀的学员都好！你们虽然设计灵感和功底不错，但态度太不认真了，连李泉都比不过！"说着王助理朝几个"宠儿"瞪了瞪眼，他们都有惭色。忽然，只听见"叭"的一声，循声望去，李泉把笔盒重重地摔在地上，竟趴在桌上抽泣起来！面对李泉这突如其来反常的一幕，学员们都被惊得目瞪口呆，而王助理在一旁一阵茫然：真想不到，平时一个连说话都有点害羞的小姑娘，竟发这么大的脾气……难道我错了？难道表扬也有错？……

点评：这是一次失败的表扬，王助理对李泉的表扬不但没能激发李泉的积极性，反而增加了她的心理压力，加剧了他们之间的心理冲突，酿成了李泉强烈的排斥心理和逆反心理。

让我们对表扬实施的全过程进行分析。首先，看看表扬的初衷：王助理布置了一个有难度的作业，但优秀学员们画得如同涂鸦，这与王助理的意愿相违背。李泉的作业虽是抄袭别人的设计，但很认真，这加剧了王助理对那些"宠儿们"的不满，于是萌发了有意拔高李泉作品的质量来达到鞭策其他学员的目的。王助理设计表扬的根本意图"不在于激励，而在于批评"。

其次，从表扬的实施过程来看：王助理把"抄袭"的设计图展示出来，学员们一眼就看出来了，当然不能认同，他们马上意识到这是王助理有意拔高，而非这张设计图有多少可取之处。王助理在使用激励性语言时，用"态度比我们的几个优秀学员都好"作横向比较，王助理把"态度"这个可控的、不稳定的因素作为评价的杠杆，对优秀学员"态度"的批评，其实是对他们"设计能力"的肯定，"批评"非批评。"态度不认真，连李泉也比不上！"表面上是对李泉学习态度的肯定，其实则在不断地暴露"李泉能力不如别人"这个缺陷，"表扬"也非表扬。

最后，从李泉方面看：她一向沉默少言，是一个不喜欢抛头露面的人。这次作业难度大，由于能力不足，她没有按王助理的要求自己设计出来，所以就偷了一个懒，抄袭了别人的设计来搪塞王助理，只希望不受到批评就是大幸。而王助理的反应却完全出乎她的意料，反而极力表扬了她认为不应该被表扬的设计，因此，李泉觉得王助理的表扬很虚假，再加上学员们反对的压力，使一个不善于表露情绪的女孩所积蓄的愤怒超出临界点，于是采取"极端"的手段来发泄情绪。

从"表扬是为了批评"，到"表扬反而暴露了学员的不足"，再到"学员为表扬的虚假而发怒"，其中最关键的问题在于王助理。王助理表扬的不真诚是造成本次消极后果的根源。

王晶是厂里三车间的一个组长，不仅人缘好，工作也很出色，深得主任和同事的信任，并时常在车间里受到李主任的表扬。可是不知道从什么时候开始，王晶的工作开始变得平平了，人也失去了以往的开朗和干练。李主任想，是不是需要给予王晶鼓励和鞭策了，于是表扬得更加频繁了，规格也更高了。直到有一天，王晶跟李主任说："李主任，请您不要再当众表扬我了。"李主任感到奇怪："不表扬你，难道你愿意听我批评你不成？"王晶为难地说："您总是表扬我，别的同事都不理我，渐渐地疏远我了。"原来，李主任对王晶过度赏识，而忽视了其他干部和工人的作用。有的同事就对王晶说，我们干得再好李主任也看不见，以后有什么事情你就自己干吧！也有的同事说王晶就会自己逞能。李主任听到后愣住了，万万没有想到自己对王晶的表扬把她孤立了起来，也挫伤了更多人的积极性。

点评：这个例子提醒我们，表扬是把双刃剑，运用表扬时切忌因为表扬一个或几个人，而挫伤了那些未被表扬者的积极性。

过去有个王爷，手下有个著名的厨师，他的拿手好菜是烤鸭，深受王府里的人喜爱。不过这个王爷从来没有给予过厨师任何鼓励，使得厨师整天闷闷不乐。有一天，王爷有客从远方来，在家设宴招待贵宾，点了数道菜，其中一道是王爷最喜爱吃的烤鸭。厨师奉命行事，然而，当王爷夹了一条鸭腿给客人时，却找不到另一条鸭腿，他便问身后的厨师说："另一条腿到哪里去了？"厨师说："禀王爷，我们府里养的鸭子都只有一条腿！"王爷感到诧异，但碍于客人在场，不便问个究竟。饭后，王爷便跟着厨师到鸭笼去查个究竟。时值夜晚，鸭子正在睡觉。每只鸭子都只露出一条腿。厨师指着鸭子说："王爷你看，我们府里的鸭子不全都是只有一条腿吗？"王爷听后，便大声拍掌，吵醒鸭子，鸭子当场被惊醒，都站了起来。王爷说："鸭子不全是两条腿吗？"厨师说："对！对！不过，只有鼓掌拍手，鸭子才会有两条腿呀！"

点评：表扬和鼓励是最宝贵、最重要，也是最廉价的。说它宝贵和重要，是激发人的潜能和主观能动性的发挥，最有效的方法，就是表扬和奖励。没有比受到批评更能扼杀人们积极性的了。在人的情绪低落时，激励奖赏是非常重要的。说它廉价，就是只需要一句

话或者一些礼物。人与人之间，上司与下属之间，表扬与鼓励是不能缺少的，适时行之，时时收获。

第二节 批 评

宋朝戴复古《寄兴》："黄金无足色，白璧有微瑕。求人不求备，妾愿老君家。"这就是成语"金无足赤，人无完人"的出处，既然"人无完人"，人生在世，孰能无过？对于"过"和"错"，是孩子的，父母不批评，是溺爱；是学生的，老师不批评，是不负责任；是员工的，领导不批评，是失职；是朋友的，作为朋友不批评，是放纵。批评是戒尺，批评是警钟，批评更是一种责任。但批评要根据问题情节，选择不同的方法。美国著名管理学家雅柯卡说过："表扬可以印成文件，而批评打个电话就行了。"著名教育家马卡连柯说过："批评不仅仅是一种手段，更应是一种艺术，一种智慧。"

一、批评的原则

批评是在社会活动中，对群体或个体所表现出来的言行问题的否定，以使被批评者改正，也使全部个体受到教育，避免再次出现类似问题。批评作为一种语言艺术，它的效果不仅取决于批评者批评的内容，而且取决于批评者批评的方式和对批评语言的选择，所以要慎用批评语，运用时应注意两条原则。

(一)尊重性原则

中国传统文化宣扬"打是亲骂是爱，不管不问要变坏"，所以父母对子女、老师对学生的教育存在不太尊重受教育者的现象。在社会交往中，对于严厉的批评，往往用"良药苦口利于病，忠言逆耳利于行"来为不讲究批评方式开脱。实际上，现在的良药未必苦口，现代医学将苦口的药包上糖衣，苦涩的口服液含有糖浆。那么，忠言也未必逆耳，只要以人文本，学会尊重，多么严厉的批评，都会被接受，也都能发挥应有的效果。贯彻尊重性原则，批评者在批评别人时，要注意创设良好的心理环境，融洽的氛围，让被批评者消除戒备、逆反心理，放下挨训的心理包袱；批评时态度要诚恳，要始终尊重被批评者的人格，信任他们；批评要有明确的针对性，不要株连，不要累积，不要由此涉及被批评者的人格、品行；还要给被批评者解释的机会，避免发生错误批评，了解被批评者的真实想法。只有这样，批评才能起到应有的效果。

尊重性原则还表现为注意对批评场合的选择，尽量不要在公共场所进行批评，最好不要当着多数的人面进行批评，一般不要点名批评。

(二)引导性原则

批评是语言的艺术、教育的手段。批评并非目的，运用批评手段是为了让被批评者改正缺点和错误，更快地进步，更好地成长。因此，在批评时应当具体分析被批评者错在哪里，为什么会错，明确指出什么是对的，使被批评者明辨是非，心悦诚服，同时还需要尽量留有改正缺点和错误的机会。这样在经过批评教育后，被批评者才能认识错误，并在行为上加以纠正。否则，批评就失去了意义。

二、批评的技巧

批评作为一种教育手段，运用时的效果如何在很大程度上取决于批评者批评的方式和对批评语言的选择。

(一)直接批评

直接批评，就是直截了当地指出被批评者所出现的问题，促其改正。这是上级单位组织和领导对下级单位常用的方法。人际交往中一定要使用直接批评的话，需要注意语气和态度。

(二)间接批评

间接批评要视对象和情节而定。间接批评的语言要婉转、真诚，还可以幽默一点儿。具体来说，有以下两种常见的方法。

1. 欲抑先扬

美国著名学者戴尔·卡耐基说："矫正对方错误的第一个方法——批评前先赞美对方。"如果在批评前，先抓住对方的长处给以由衷的赞扬，化解被批评者的对立情绪，然后在融洽的气氛中进行批评，就能达到理想的效果。这种方法尤其适用于个性倔强的人。例如，美国前总统柯立芝，有一天对女打字员说："你今天这一套漂亮的衣服，更能显出你的美丽！"女打字员突然听见总统对自己的赞美，受宠若惊，脸都红了起来。总统继续说："我希望你以后打字的时候，跟你挑选衣服一样，用好标点符号。"先扬后抑，女打字员心情愉快地接受了批评，效果自然很好。

2. 榜样批评

这是一种正面引导的方法，它包括两个方面的内容：一是通过表扬好的，或者批评者自己用行动来示范，提供榜样，从而间接地批评错误的言行，促进被批评者自我纠正。二是批评者主动承担责任，这样也有利于被批评者认识自己的缺点和错误，及时改正。如学生作业出现了错误，老师可以说："你要吸取教训，当然我也有责任，如果我及时提醒了的话，你就不会出错了。"

(三)暗示批评

暗示批评，是指不直截了当地批评，而是借用其他委婉的语言形式，巧妙地表达批评之意。

1. 以故事暗示

故事老少皆宜，通俗易懂。用故事来暗示一个道理，既生动形象，又有感染力，能较好地达到批评教育的目的。

2. 以笑话暗示

笑话诙谐幽默，恰当的有关的笑话暗示，能让被批评者笑后悟出自己的不当之处，在谈笑中心与心交融，情与情沟通，容易被人接受。

(四)用赞扬、鼓励代替批评

英国著名评论家约瑟·亚迪森曾说过："真正懂得批评的人着重的是'正'，而不是'误'。"所谓"正"，实际上就是从正面来加以鼓励，也是一种含蓄的批评，使批评对象不自觉地改正了自己的错误和缺点，向良好的方面趋近。

我国老一辈教育家陶行知先生当年任育才小学校长时，有一天，他看到学生王友正在用泥块砸同学，遂将其制止，并责令他放学后到校长室等候。陶先生回到办公室见王友已经在门口等待。陶先生立即掏出了一块糖送给他："这是奖励你的，因为你比我按时到了。"接着又掏出一块糖给他："这也是奖励你的。我不让你打同学，你立即住了手，说明你很尊重我。"王友将信将疑地接过糖果。陶先生又说："据了解，你打同学，是因为他们欺负女生，说明你有正义感。"陶先生遂又掏出第三块糖给他。这时，王友哭了："校长，我错了。同学再不对，我也不能采取这种方式。"陶先生满意地笑了，他随即掏出第四块糖说："你已认错，再奖你一块，我们的谈话也该结束了。"

(五)幽默式批评

一般说来，被批评者的心理常处于紧张、压抑的状态，特别是在上级批评下级、长辈批评晚辈时更为突出。被批评者或表现为焦虑、恐惧，或表现为对立、抗拒，或表现为沮丧、泄气。这些不正常的心理状态会成为双方交流思想感情的心理障碍，大大降低批评的实际效果。

幽默式批评能缓解批评的紧张、压抑气氛，它以不太刺激的方式点到被批评者的要害之处，启发被批评者思考，增进相互间的感情交流，能使批评不但达到教育对方的目的，同时也能创造一个轻松愉快的气氛。

(六)自责式批评

自责式批评是指批评别人时，指出自己对批评对象的错误也负有责任，而不是把责任全都推到批评对象身上。比如说"这件事也怪我，我没有……"，这样既显示了自己的诚意，又消除了抵触情绪。

(七)现身说法

在批评对方的错误和缺点时，表明自己也曾犯过类似的错误，也有过这样的缺点，这样可以缓解对方的心理压力,不至于使他与你相抵触。

(八)借别人之口

借别人之口批评即转达别人(最好不要讲这个人具体是谁)对批评对象的意见,当然也要表明自己的看法。这种方法可以让对方感到舆论的压力,促使他认真地认识、反省自己的问题。

(九)模糊批评

模糊批评即用模糊语言进行批评。比如在会上,不指名道姓地批评,且说话具有弹性。被批评的人一听就能听出来,既照顾了被批评者的面子,又警示了其他人。

案 例 分 析

无锡毛纺厂有一位青年工人,被公认为不可救药的落后典型,很多人都对他失去了信心。厂党委书记刘吉主动找他谈了一次话,却使这位青年工人的生活出现了转机。请看他是如何谈的。

刘吉一见他,就说:"你好啊!"

青年冷冷地回答:"不敢说好——众所周知我不好。"

"为什么抽水烟?"

"有劲,过瘾,没钞票。"

刘吉又问:"你每月收入多少?"

青年答:"进厂十年,每月386角,奖金年年无。"

"为什么?"刘吉又问。

"因为我是全厂有名的坏蛋!"

"你一不偷,二不抢,三不搞腐化,怎么会是坏蛋呢?"

青年答:"因为有人说我是不可救药嘛!"

刘吉坚定地说:"这种说法是错误的,你不是坏人,说不可救药,不仅是否定了你,同时也否定了教育者自己。"

听到这里,这位青年也笑了:"哈哈,我与你见解略同。"

刘吉有意紧逼一句:"我听说你曾救过人?"

青年说:"那是过去,好汉不提当年勇。"

刘吉接过话茬儿说:"对,有志气!过去你曾经是一条好汉。可如今呢?你骂人、打架、恐吓人、逞英雄,干的是蠢事。孔子说'三十而立',你今年整整三十了,好花迟开也该开了。"

第十二章 表扬与批评

这位青年当场激动地站起来，照刘吉肩上捅了一下说："刘吉，你够朋友！"

后来，这位青年果然发生了很大的变化。

点评：刘吉用正面鼓励的方法，指出和批评青年工人的错误。他首先肯定对方，使他树立起自信心，正确地评价自己，接着用他自身以前的事迹来刺激他，最后正面提出批评。这样循循善诱、语重心长的亲切关怀，在青年心中产生了强烈的认同效应，促使他下决心改正错误。

火车上，一位年轻的母亲抱着孩子挤进了车厢。在几乎身无立锥之地的情况下，她身旁一张长椅上却躺着一个假装睡觉的年轻人。孩子不停地吵着："妈妈，我要坐！我要坐！"可是那位青年人却像没听见似的。这位年轻的妈妈略微沉思了一会儿，大声对孩子说："好孩子，别吵了。叔叔累了，等叔叔休息一会儿，他会给你让座的。"果然，年轻妈妈话音刚落，青年人马上坐起来，主动给这母子俩让了座。

点评：年轻母亲先对躺在长椅上的青年人表示理解和尊重，"叔叔累了，需要休息"；其次，肯定和赞扬对方不仅会遵守社会公德，而且是一个自觉地乐于助人的好青年，"他会给你让座的"。没有用一句批评的话，给了对方一个下台的台阶，让青年人认识到自己做得不对，并能及时改正。

在师范上学的时候，我任班级的学习委员。在学完《岳阳楼记》这篇课文后，教《文选》的王俭老师对我们说这篇古文语句优美，要求大家把课文背下来。第二天上《文选》课时，王老师说："昨天要求同学们把《岳阳楼记》背下来，下面我进行检查，能背下来的同学请举手。"同学们你看看我，我看看你，都低下了头，谁也没有勇气举手，因为我们都没有完成这个作业。我心想：这次批评肯定躲不过去了，完全没想到——王老师稍停了一会儿说："请大家打开书本听我背一遍。"于是王老师一字不差地把这篇课文背诵了一遍，那抑扬顿挫的声音深深地印在了我们的心里。我惭愧至极，深为自己作为学习委员没有带头完成作业而懊悔。课后，同学们议论纷纷：王老师这种没有责骂的批评太让人服气了，以后我们一定按时完成作业。

(节选自韩慧萍《批评的艺术》，载《教育艺术》1999 年 8 月刊)

点评：在这个事件中，教师在学生未按照要求完成背诵时，自己做了示范背诵。虽然对学生未说一句批评的话，但这琅琅的书声就是最好的批评语言。

案例4

南唐时，苛税繁重，民不聊生。恰逢京师大旱，列祖问群臣说："外地都下了大雨，为什么京城不下？"大臣申渐高说："因为雨怕抽税，所以不敢入京。"列祖听后大笑，并决定减免赋税。

点评：申渐高巧借话题，把"雨"拟作有知觉且聪慧的人，惧怕进京城后要纳税，从而委婉地道出了"税收繁重，令人生畏"的意思，机智地讽谏列祖减税，并取得了预期的效果。

案例5

美国有一位著名的试飞员，空中飞行的表演技术令人叹为观止。有一次，他飞行表演完毕，准备飞回机场时，飞机在离地面90多米的空中出现了两个引擎同时失灵的险情。凭着他高超的飞行技术，飞机避免了一次可怕的事故。下机后，他检查了飞机的用油，不出所料，他驾驶的是螺旋桨飞机，而油箱里装的却是喷气飞机用的油。他立即找到那位负责保养的机械维修工。年轻的机械维修工知道出了事故，险些送了三条人命，一见到驾驶员来找他，吓得直哭。这时，驾驶员并没有大发雷霆地训斥，反而伸出双臂拥抱他，然后又拍着小伙的肩膀说："别难过，好好吸取教训就是了。为了证明你能够把这事干好，我想请你明天帮我的F-51飞机做维修工作。"从此以后，这位青年机械维修工工作一丝不苟，兢兢业业，保养维修的F-51飞机再也没有出现过差错。

点评：这位飞行员对机械维修工的过失，不是采用指责埋怨的方式，而是用鼓励的方法，先说些宽慰性的话，使他减轻心理压力，然后又用期望性的鼓励，激起年轻的机械维修工的自信心，从而使他更努力地工作。

案例6

19世纪意大利著名歌剧作曲家罗西尼，对自己的创作非常严肃认真，非常注意独创性。对那些模仿、抄袭的行为深恶痛绝。有一次，一位作曲家演奏自己的新作，特意请罗西尼去听他的演奏。罗西尼坐在前排，兴致勃勃地听着，开始听得很入神，继而有点不安，再而脸上出现不快的神色。作曲家按其乐章继续演奏下去，罗西尼边听边不时把帽子脱下又戴上，戴上又脱下，接连好几次……那位作曲家也注意到了罗西尼的这个奇怪的动作，就问他，这里演出条件不太好，是不是太热了？"不！"罗西尼回答说，"我有一见熟人就脱帽的习惯，在阁下的曲子里，我碰到了那么多熟人，不得不频频脱帽。"

点评：罗西尼如果直接指责对方模仿、抄袭，恐怕会使对方难堪，而用体态语及说明来委婉地表示言外之意，虽然没有明说，那位作曲家也一定会感到羞愧的。

第十二章　表扬与批评

一、表扬有哪些原则？讲一讲生活经历中你得到的最愉悦的一次表扬。

二、假如你是班长，请为参加运动会凯旋的同学们致欢迎词。

三、请结合下面的事例，谈谈表扬的作用。

1. 某报社的一位职员，有一次和同事在一起聊天，同事说："咱们总编真不错，他教给我们不少东西，我打心眼儿里佩服他。"后来总编找这位职员谈话，无意中这位职员把他同事的话说出来了，总编当时就问他什么时候、在什么地方说的，问得很详细。

在后来的几天里，这位职员发现，总编对那位同事有点另眼相看，经常和他谈话。那位同事觉得很奇怪，跑过来问他为什么。这位职员告诉他，就是因为你在背后说了总编的好话。他才恍然大悟，原来就是因为那么一句话呀。

2. 一个囚犯被关押了许多年，他想到了死，但又不甘心，就想如果在他的有生之年有人表扬过他，他就不死了；如果没有，那他就自杀。他想了很久很久，终于想到在他上小学时，美术老师曾评价过他的一幅画"色彩还不赖"，于是他选择活了下来，后来还成了一位画家。

3. 台湾作家林清玄在做记者时，曾如此报道过一个小偷：他的手法异常细腻，作案上千起，才被警方第一次抓到。末了，这位资深记者情不自禁地感慨道："像心思如此细密，手法如此巧妙，风格这样独特的小偷，又是那么斯文且有气质，如果不做小偷，他做任何一行都会有所成就的！"20年后，当年的小偷早已是台湾几家著名羊肉店的老板，并跻身台湾上流社会。原来，小偷偶然读到了那篇报道，从此，他脱胎换骨，重新做人，终于画出了一道亮丽的生命轨迹。

四、情景训练。

1. 公园假山旁边有一片精心修整过的草地，草地旁边树立着一块招牌："严禁践踏草地"。可是有几个十七八岁的男孩子却在草地上踢足球，怎样才能提醒他们不要在草地上踢足球呢？

2. 假如你们宿舍有个室友，非常喜欢音乐，经常晚上在宿舍弹吉他，这样时间长了就影响了其他同学的学习和休息。你应该如何委婉地向他指出来呢？

3. 你在商场里买东西，付款时不小心把手机忘在柜台上了，那是你过生日时朋友们根据你的喜好送你的新手机，你非常喜欢并有纪念意义。当你回去找时，服务员不承认落在他那了，你应该怎么说，才能把你的手机要回来？

4. 有一次儿童教育家孙敬修老人在校园里看到一个小朋友来回摇晃一棵小树，孙爷爷没有直接制止和批评，而是弯下腰，耳朵贴着树苗，嘴里自言自语说着什么。这时小朋友非常好奇地问道："老爷爷，你在听什么呀？你在跟谁说话呀？"假如你是孙敬修，怎样说能够起到批评的作用？

五、日本礼仪讲师西出博子提出了"三明治式"对话法，其实也可作为批评的有效方法。即当你要向对方传达一个不好的消息时，不要直截了当地说出，先说一些令人愉快的

259

事，让对方有个放松的情绪，能够安心地听你的下文，然后再说出坏消息，不过最后还是需要你用积极的语言来结束这场谈话。用公式表示即：加法、减法、加法。如：

一般批评：请不要用公司的电话打私人电话！

"三明治式"批评：每天都这么早来上班真是勤快！不过以后不要在公司打私人电话好吗？哦，对了，谢谢你每天打开复印机，真是细心呀！

这种方法与课文中讲的哪种批评方法基本相同？针对下面的现象，按"三明治式"对话法的要求，设计出批评语言。

1. 上班时间用公司电脑炒股。
2. 在宿舍打扑克影响他人休息。
3. 公交车上一个坐在座位上的敦实小伙子对站在身边抱着婴儿的妇女没有丝毫让出座位的意思。

第十三章 说服与拒绝

本章学习与训练的基本要求：

- 通过对本章的学习，认识到说服和拒绝在社会生活中的重要意义，从而正确地进行学习。
- 认真学习说服和拒绝的技巧，了解和掌握运用这两种口语交际中的基本方法。
- 通过学习并结合思考和练习的训练，在实践中熟练掌握并运用说服和拒绝的技巧和方法，培养自己的口语交际能力。

第一节 说　　服

说服是说服者通过摆事实讲道理，借助言语、事实和示范，把外在的社会角色规范内化为说服改变对象的道德认知，从而改变其态度或使其行为趋于预期目标的活动。

说服可分为直接说服和间接说服。直接说服就是说服时正面摆事实讲道理，不绕弯子。间接说服是在说服时，不正面摆事实讲道理，而是言彼意此，将道理寓于其中，让说服对象自己感悟，或者说服者在最后点明。

一、说服的原则

说服之"服"，不是压服、口服心不服，而是信服、折服、心悦诚服。要达到这种要求，就要坚持以下几个原则。

(一)人格信赖原则

现代说服学有一种"寻因理论"，认为被说服者总是寻找说服者的动机，总是首先从动机上理解说服行为，据此判断说服的真实用意，是善意的还是恶意的，从而决定是服从还是拒绝。因此人际交往中的说服者必须加强自身修养，增强人格魅力，因为说服者良好的人格是"最有效的说服手段"，说服对象对说服者的品格、素质和动机是否信赖，决定着说服能否成功。

(二)投其所好原则

从社会活动中说服者和被说服者双方平等的对话关系看，说服不应当是说服者的"独白"，而应当是双方相互影响的过程，所以有人认为说服就是协商，目的是要双方达成共识。要使被说服者被说服者的"说"所"服"，在"说"前、"说"中，说服者必须了解说服对象的情况和心理，对症下药；也必须设身处地地理解说服对象，了解说服对象的需要和接受理解的方式，主动采取满足其需要、适应其接受理解特点的说服方式，"投其所好"。

(三)晓之以理原则

晓之以理是说服的重要原则。说服的主要方法就是摆事实讲道理，通过就事论理，以理服人。这个"理"可以是道理、事理、思想，也可以是见解、认识。说服中的"说"不是说教、指责，而是劝说、感化，以此使被说服者明理、达理，最终"服""理"。摆事实：多用发生在身边活生生的事实，以及被说服者了解的真实事情。讲道理：阐述深入浅出，清楚明白；讲究说服技巧：语气要诚恳委婉，语言要生动活泼、形象有趣，多用打比方、比喻、对比的形式。总之，晓之以理，动之以情，才能实现以理服人。

二、说服的技巧和方法

在别人不情愿的时候，让别人接受自己的意见或做什么事情，这种说服语言不是一种简单的语言，应该有一定的技巧。具体来说，说服语有以下几种常用技巧和方法。

(一)限制选择法

鲁迅先生说："如果有人提议在房子墙壁上开个窗口，势必会遭到众人的反对，窗口肯定开不成。可是如果提议把房顶扒掉，众人则会相应退让，同意开个窗口。"当提议"把房顶扒掉"时，对方心中的"秤砣"就变小了，对于"墙壁上开个窗口"这个劝说目标，就会顺利答应了。这就是限制选择法，又称其为冷热水效应，是常用的说服方法。其原理为：如果你想让对方接受"一盆温水"，为了不使他拒绝，不妨先让他试试"冷水"的滋味，再将"温水"端上，如此他就会欣然接受了。

(二)激将劝导法

激将法是军事之法，也常用来作为一种说服的方法。实施中通过语言和行为刺激被说服者，激发被说服者的某种情感变化和行为观念的动摇，并及时引导被说服者朝着说服者所预期的方向发展。

(三)循序渐进法

说服的循序渐进，主要是对较为"顽固"的、有点儿"死脑筋"的被说服者使用的。这种情况下的被说服者的观点和行为一般都是根深蒂固、由来已久的，不是轻而易举就能解决问题的。因此，就要分阶段进行，起初进行小小要求的说服，一旦获得承诺，即使做出更大要求的说服，也容易被接受。要一步一步走，循序渐进地设计说服的过程。因此，不宜直接对说服对象施加压力，分步骤进行说服将更为有效。

(四)借人之口法

说服者通过他人或周围的人进行说服的方法也相当有效。使处于同等环境中的同事好好理解说服者说服的意图和旨意，并积极配合做好工作，比说服者直接去说服更有效。这叫"借人之口"，俗话叫"打圆场"。

(五)营造氛围法

在说服时,你首先应该想方设法调节谈话的气氛,营造一个融洽的氛围。如果你和颜悦色地用提问的方式代替命令,并给人以维护自尊和荣誉的机会,气氛就是友好而和谐的,说服也就容易成功;反之,在说服时不尊重他人,拿出一副盛气凌人的架势,那么说服多半是要失败的。毕竟人都是有自尊心的,就连三岁孩童也有自尊心,谁都不希望自己被他人不费力地说服而受其支配。

(六)以情感化法

一般来说,在你和要说服的对象较量时,彼此都会产生一种防范心理,尤其是在危急关头。这时候,要想使说服成功,你就要注意消除对方的防范心理。如何消除防范心理呢?真情感化,就是最好的解决办法。不断传递自己是朋友而不是敌人的信息,具体实施时应嘘寒问暖,多给予关心和帮助等。

除以上六种说服的技巧和方法外,还有请君入瓮法、视线转移法、反差法、让步法等。

案 例 分 析

在美国,有一天因为一个交通事故,两拨妇女对吵起来,警察来解决,双方都围拢过来,你一句我一言,叽叽喳喳,警察根本插不进去话。这时来个年纪大的警察把她们都带到警局,仍是争吵不断,后来老警察高声宣布,请年纪大的妇女先说。这时鸦雀无声。

点评:老警察用的就是在说服中的激将劝导法。在西方,女性的年龄是保密的,即使到了五六十岁,也自命年轻貌美,越是年龄大的,越是有这种心态。在公众场所,谁也不愿意主动站出来说自己年长。

某化妆品销售公司严经理,因工作上的需要,打算让家居市区的推销员小王去近郊区的分公司工作。在找小王谈话时,严经理说:"公司研究决定,派你去担任新的重要工作。有两个地方,你任选一个。一个是在远郊区的分公司,一个是在近郊区的分公司。"小王虽然不愿离开已经十分熟悉的市区,但也只好在远郊区和近郊区当中选择一个稍好点的近郊区。

点评:小王的选择,恰恰与公司的安排不谋而合。而且严经理并没有费多少唇舌,小王也认为选择了一个比较理想的工作岗位,双方满意,问题解决。在这个事例中,"远郊区"的出现,缩小了小王心中的"秤砣",从而使小王顺利地接受去近郊区工作。严经理的这种做法，虽然给人一种玩弄权术的感觉，但如果是从大局考虑，并且对小王本人负责，这种做法也是应该提倡的。这在说服学中称之为"限制选择法"。这种技巧在规劝作案拒捕的犯人时经常用到："放下武器，投案自首，最多能判几年；顽抗到底，将会判处死刑！"

有位养鸡场的主人向来讨厌传教士，说传教士讲一套，做一套，有些还满口仁义道德背地里却干些见不得人的勾当。为了发泄不满，经常信口散布传教士的坏话。一天，有两位传教士来买鸡，专挑了一个几乎没毛的秃头跛脚的公鸡。养鸡场主很奇怪，问他们为什么挑一个丑陋难看的病鸡，其中一位传教士说："主要是想放到修道院的院子里，路过的人问起的话，就说是你养出来的鸡。"养鸡场主一听，生气道："你们为什么这样做，我养的鸡，哪一只不是肥肥壮壮漂漂亮亮的，就这一只不好，你们拿去代表我所有的鸡，太不公平了吧！"这时另外一位传教士笑着回答："对呀！少数传教士行为不检点，你却喜欢拿他们来代表我们，对我们来说，不是也太不公平了？"养鸡场主一听，顿时明白了怎么回事，连忙向他们赔礼道歉。

点评：对于养鸡场主的言论和观点，传教士没有正面去批驳和说服，而采用了在说服学中的仿拟式幽默法，或者是请君入瓮法，来教育说服养鸡场主。传教士巧妙设置一个买鸡的情景，引导对方存疑而问，然后用养鸡场主的逻辑，推导出"太不公平"的观点。这种方法，表达形象，辩驳有力，令被说服者心服口服。

第二节 拒 绝

喜剧大师卓别林曾说："学会说'不'吧！那你的生活将会美好得多。""不"这个否定副词在生活中是一切人拒绝别人、拒绝一切的挡箭牌，但要学会使用。掌握了"不"的使用，也就是懂得了社交礼仪中的拒绝之术。

拒绝就是对对方的语言、行为持否定的观点并合理地表达出来。拒绝是日常生活中使用频率相当高的言语行为。拒绝是一道难题，也是一门艺术。在生活中，学会了拒绝，就能化难为易，化险为夷，有时还可能化敌为友、友谊永存、效益倍增。

一、拒绝的原则

拒绝总的原则是：礼貌尊重，诚心诚意，不能伤对方的自尊心，不能使对方难堪，尽可能地避免误会，避免对方遭拒绝后的抗拒感，具体来说有两大原则。

(一)留给面子

生活中遇到拒绝或被拒绝的事情，难以回避，也令人遗憾。但从方法礼节上来说，态

度上应诚心诚意,语言上应直率而不尖刻,还需设身处地为对方着想。尤其是在不同的时间和场合,使用不同的拒绝语,尊重他人,留给面子,不要使对方难堪。你最近手头有点紧,可来了一个找你借钱的朋友:"对不起,我最近也没钱。"这样说,势必丢了朋友的面子。留给面子,该怎么做呢?"我最近手头也有点紧,你先坐,我找同事给借一点。"或者说:"真不凑巧,今天就带得不多,不够你的。"这样表达,借钱的朋友有可能不好意思再借了,但也不至于感到尴尬。

(二)留给希望

在拒绝后要进行"善后",帮被拒绝者另想办法,以便更好地愈合对方心理上的不适。因为拒绝别人,在社交中是一种逆势状态,必然在对方心理上造成失望或不愉快。还拿借钱为例,如果当时拒绝了,说"没有钱,请另外再想办法吧",就会让借钱的人很失望,如果说:"我现在也没有,如果不急,过些时再来看看怎么样?"这样说就留给了希望。

二、拒绝的技巧

不同的拒绝方式给人的感受是不同的,有的拒绝能让人接受和理解,而有的拒绝则使人仇视和反感。拒绝应讲究艺术和技巧。

(一)直接拒绝法

对那些不能接受的要求,应该直截了当予以拒绝,不能犹豫,不可含糊,切忌模棱两可,以免对方产生误解,仍抱有幻想。但语气要诚恳,要向对方耐心地解释你拒绝的理由,表示歉意,请求对方谅解。当然,对那些无理的、过分的要求,应予以严词拒绝或予以彻底否定。可以用上"反正""可是""还是"这样的词句,还可以用上 "因为讨厌所以讨厌""因为不知道所以不知道""由于拒绝所以拒绝"这类毫无因果关系的循环语言,有人称之为"蛮不讲理"的语言。

(二)婉言拒绝法

婉言拒绝法具体又包括以下几种。

1. 模糊多解法

模糊多解的拒绝指利用某些语言材料或表达的模糊性、多义性巧妙地遮掩拒绝的锋芒。比如,一个旅行团正按预定的日程观光游览,有几个客人途中要求导游员增加几个观光点,但时间不够,要求不能给予满足。导游员就说:"这个建议非常好,也非常重要。如果有时间,我们将尽量予以安排。"这种说法比较模糊,怎么理解都可以,并且也巧妙地暗示了拒绝之意。

2. 借故推脱法

借故推脱常常是借他人之口或拖延时间来加以拒绝。显然这种方式的拒绝就比简单地说"不"要让人好接受得多。对方提出请求后，你可以说："让我再考虑一下，明天答复你。"这样，既能赢得考虑如何答复的时间，也会使对方认为你是很认真对待这个请求的。如有人想约你，问你："今天晚上八点钟去跳舞，好吗？"你可以回答："今天不巧，回头再说吧，到时候我跟你联系。"

3. 先扬后抑法

先扬后抑是在拒绝之前先表示同情、理解甚至同意，而后再巧妙拒绝，使拒绝之词委婉而含蓄。如，在故宫博物院，一批美国客人纷纷向导游提出摄像拍照的请求，跟随的陪同人员诚恳地说："从感情上讲，我非常愿意帮助大家；但在严格的规章制度面前，我又实在无能为力。"虽然是拒绝，但游客在心理上还是容易接受的。对对方的请求不是一开口就说"不行"，而是先表示理解、同情，然后再陈述无法答应的缘由，讲清自己的困难，获得对方的理解，自动放弃请求。

4. 婉辞推托法

对于并非完全无理的要求，不应全盘否定，断然拒绝。特别是当自己无权做最后决定时，更应措辞审慎，留有余地。用这种拒绝方式，应注意具体分析，否定什么、保留什么、同情什么都要有分寸，合情合理，让对方心悦诚服。如，你是一次辩论会的组织者，有一方因为准备不够充分，请求活动延期举办。你可以这么说："这得对方同意，我个人决定不了。我先征求一下他们的意见，再给你们答复。好吗？"这种方法也被称为"缓兵之计法"。

5. 转移话题法

转移话题是一种转移别人注意力的技巧。对那些碍于情面的要求，不便马上拒绝，可以采取转移话题暂时把对方说话的焦点转移开，达到间接拒绝的目的，一般会收到意想不到的效果。

(三) 暗示拒绝法

对那些难以言明的拒绝，不用有声语言，可用一些体态语来暗示自己拒绝的意思。如：用身体欠佳、疲劳、倦怠、打呵欠的举止使对方感到不安；或中断微笑，目光总向别处看等，暗示对他人的要求不感兴趣。

案 例 分 析

罗斯福在当选美国总统之前，曾在美国海军部任部长。

一天，一位老朋友向他打听海军在加勒比海的一个小岛上建立潜艇基地的计划。罗斯

福想了想，然后向四周看了看，压低声音问他的朋友：

"你能保密吗？"

对方信誓旦旦地回答："能，我一定能。"

"那么，"罗斯福诡秘地微笑着说："我也能！"

听到这里，两个人不约而同地大笑起来。

点评：罗斯福不好正面回绝老朋友，就绕过问题，引诱朋友说出能保密的话，来拒绝说出秘密，而且不露痕迹地表达了拒绝的理由。

三国时刘备十分器重徐庶的才能，希望他能留下来长期任职，徐庶因为母亲的缘故，谢绝了刘备的好意，但临走的时候他给刘备推荐了足智多谋的诸葛亮。这样，徐庶的拒绝非但没有让刘备有丝毫的不快，反而充满了感激。

点评：有时，在阐述自己无法帮助对方的苦衷时，不失时机地顺势给对方提出一些合理的建议，帮助对方想出其他的点子，不失为一个好方法。它让对方真切感受到了你的一片诚意，当然也就弥补了因拒绝而造成的不快。

启功先生是我国著名的书法家，在19世纪70年代末向他求学、求教的人就已经很多了，以致先生住的小巷终日脚步声和敲门声不断，惹得先生自嘲曰："我真成了动物园里供人参观的大熊猫了！"有一次先生患了重感冒起不了床，又怕有人敲门，就在一张白纸上写了四句："熊猫病了，谢绝参观；如敲门窗，罚款一元。"先生虽然病了，但仍不失幽默。此事被著名漫画家华君武先生知道后，华老专门画了一幅漫画，并题云："启功先生，书法大家。人称国宝，都来找他。请出索画，累得躺下。大门外面，免战高挂。上写四字，熊猫病了。"这件事后来又被启功先生的挚友黄苗子知道了，为了保护自己的老朋友，遂以"黄公忘"的笔名写了《保护稀有活人歌》，刊登在《人民日报》上，歌的末段是："大熊猫，白鳍豚，稀有动物严护珍。但愿稀有活人亦如此，不动之物不活之人从何保护起，作此长歌献君子。"呼吁人们应该真正关爱老年知识分子的健康。

点评：启功先生的拒绝是不得已而为之，因为他的身体实在支撑不起。可直截了当地拒绝人们的所求又不符合先生做人处事的原则，所以最后才采用了幽默式的拒绝，亦可以称之为无奈的拒绝。

一、说服与拒绝有哪些原则，请举例说明你经历过的最有效的说服或拒绝。

二、下面是两则寓言故事,请问体现了哪种说服的技巧和方法?

1. 螳螂捕蝉:吴王要进攻楚国,向左右大臣警告道:"如有人敢于进谏,就叫他死!"有一位舍人名叫少孺子,想谏又不敢,他就怀揣弹弓到后花园去,露水洒湿了衣裳,这样过了三个清晨。吴王知道后说:"你来,何苦把衣裳淋湿成这个样子?"少孺子回答道:"园子里有树,树上有蝉,蝉在高高的树枝上悲鸣饮露,不知螳螂就在它的身后。螳螂俯着身子向前爬去要捉蝉,而不知黄雀在它身旁。黄雀伸着头颈要啄螳螂,而不知在它的下面有我手中张开的弹丸。这三者都想得到自己的好处,而不顾身后隐藏着祸患啊!"吴王说:"您说得好啊!"于是停止用兵。

2. 伊索寓言:风与太阳为了谁的威力大而争论不休。他们终于协商进行一次比赛:看看谁能令游客脱掉斗篷,谁的威力就比较大。

"我会把他的斗篷吹掉而赢得比赛。"风夸口说。于是,它就使劲地吹。但是每当风一吹过,游客就拼命地抓住斗篷。显然,风夸下的海口不能兑现。

太阳走出云层,开始照耀那位游客,只有几分钟的时间,游客就脱掉了斗篷并去树荫底下纳凉。

伊索的结论是:说服的威力远大于强迫的威力。

三、情景训练

1. 遇到下边这种情况,你该怎么说?

正在上课,有位同学要借你的连环画看……

A. 你小声说:你看吧,小心老师看到。

B. 你不耐烦地说:讨厌!老师缴了咋办!

C. 你厉声说:不借,现在是上课时间!

D. 你轻声说:下课再看,请遵守课堂纪律。

2. 小明爸爸的同事来了,并提出要打麻将,在一旁的小明想劝阻。如果你是小明,该向爸爸说些什么呢?

3. 王欣的父亲是市教委的人事科长,最近正在负责教师的职称评定工作。镇中学的刘老师各方面条件都符合职称要求,但因过去曾与王欣的父亲有过工作上的不同意见,这次担心通不过。这些情况王欣也知道。一天晚上,刘老师特意带着礼品登王欣家门拜访,可巧王欣的父母都不在家,王欣接待了刘老师。假如你是王欣,怎样说话才能做到既不收礼,又使刘老师放心而归?请写出这段话,130个字以内。

4. 假如你第一次回乡探亲,先拜访了大舅家,大舅和大舅妈很热情地接待你,并且非要留你吃晚饭不可,而你确实有急事必须立即去二舅家。此时,你怎样说才能让他们高高兴兴地把你送出门呢?请将你说的话写在下面,80个字以内。

5. 做妈妈的说话也要讲究方式方法。请将下面这个妈妈说的话换一种说法,让孩子容易接受。

晚上十点了,四岁的孩子睡在床上对妈妈说:"我要吃一个苹果。"妈妈回答孩子:"睡在床上不能吃东西,时间不早了,快睡吧!"

四、下面故事中"的姐"用了哪种说服技巧,既保护了自己,又教育了歹徒?

有个"的姐"(出租车女司机)把一男青年送到指定地点时，对方掏出尖刀逼她把钱都交出来，她装作害怕样交给歹徒 300 元钱说："今天就挣这么点儿，要嫌少就把零钱也给你吧。"说完又拿出 20 元找零用的钱。见"的姐"如此爽快，歹徒有些发愣。"的姐"趁机说："你家在哪儿住？我送你回家吧。这么晚了，家人该等着急了。"见"的姐"是个女子又不反抗，歹徒便把刀收了起来，让"的姐"把他送到火车站去。见气氛缓和，"的姐"不失时机地启发歹徒："我家里原来也非常困难，咱又没啥技术，后来就跟人家学开车，干起这一行来。虽然挣钱不算多，可日子过得也不错。何况自食其力，穷点儿谁还能笑话我呢！"见歹徒沉默不语，"的姐"继续说："唉，男子汉四肢健全，干点儿啥都差不了，走上这条路一辈子就毁了。"火车站到了，见歹徒要下车，"的姐"又说："我的钱就算帮助你的，用它干点正事，以后别再干这种见不得人的事了。"一直不说话的歹徒听罢突然哭了，把 300 多元钱往"的姐"手里一塞说："大姐，我以后饿死也不干这事了。"说完，低着头走了。

五、下列故事中运用了哪些拒绝的技巧和方法？

1. 有些外国游客十分关心导游员的工资收入，对这一类问题导游员肯定是不便直接回答的，但是断然拒绝又不符合当时融洽的交际气氛。有的导游员就巧妙地回答说："我的收入能够维持生活。"

2. 在 1966 年中外记者招待会上，有记者问道："请陈外长介绍一下中国发展核武器的情况。"陈毅答道："中国已经爆炸了两颗原子弹，我知道，你也知道。第三颗原子弹可能也要爆炸，何时爆炸，你们等着看公报好了。" 陈毅的妙语赢得了满场掌声。

3. 有一次马克·吐温向邻居借阅一本书，邻居说："可以，可以。但我定了一条规则：从我的图书室借的书必须当场阅读。"一个星期后，这位邻居向马克·吐温借割草机用，马克·吐温笑着说："当然可以，毫无问题。不过我定了一条规则：从我家借的割草机只能在我的草地上使用。"

第十四章　主持与致辞

本章学习与训练的基本要求：

- 了解主持和致辞在实际社会生活中的运用，正确地进行把握。
- 了解主持和致辞的运用方法和技巧，掌握主持和致辞使用的基本方法。
- 结合思考练习进行情景训练，针对训练中主持和致辞的使用方法进行分析，熟练地掌握，培养正确使用的能力。

第一节　主　持

在《现代汉语词典》里"主持"是"负责掌握或处理某事"的意思。在英语里"主持人"写作"host"，即"主人"的意思，我们可以这样来理解主持人：主持人即负责节目或活动的编排、组织、解说以及对节目或活动实施过程加以积极协调和有效推进的人。需要主持的活动主要是指在社会生活中的聚会、联欢、演出、比赛等带有庆贺、娱乐、宣传性质的集体活动。

一、主持的分类

社会生活中需要开展各种形式的活动，根据活动的不同，主持也可分为多种类型。

根据主持的内容分类，有社会活动主持，如主持会议、演讲、辩论、评比、典礼、面试等；有文化活动主持，如主持文艺演出、晚会、联欢会等；有广播电视主持，如主持各种综合性、专题性、专业性的板块节目等。

根据主持者在活动中所承担的职责，有报幕式主持和角色主持。报幕式主持如主持报告会，主持人的职责是把注意事项和报告人介绍给与会人员，宣布会议的开始与结束，作用贯穿始终。角色主持如主持文艺晚会，主持担负着协调晚会的角色，在晚会的开始、中间、结尾都起到重要的作用。一些广播电视节目的主持，也属于角色主持。

按照主持的口语表达方式，有报道性主持、议论性主持和夹叙夹议性主持。例如主持大型会议，多用报道性主持，一般只介绍发言人的姓名和发言题目等简单情况。主持演讲和竞赛，多用议论性主持，主持者总要评议一下，说说自己的现场感受。主持文艺活动多用夹叙夹议性主持，边叙边议、叙中有议、议中有叙。

按主持人的多少，有一人主持、双人主持和多人主持。政治性活动、短小的活动、严肃的场合，多用一人主持。一般的文化活动，多用双人主持。双人主持一般是一男一女，男女声音交叉，富有变化，具有艺术气氛。大型文艺晚会、大型联欢晚会、大型游艺会等，用多人主持，气势宏大，热烈欢快。

通过上面的介绍我们可以看到，主持的对象、内容不同，职责、要求不同，就要有不

同的主持。广播和电视的主持要十分专业，因为其本来就是一种职业，对于主持人的外表、嗓音、气质、专业背景、普通话水平等要求都很严格，一般人不经过专业学习难以实现。会议主持、婚宴主持、庆典主持等是我们在社会生活中常见的主持，因其要求的宽泛和民间活动的随意性，距离我们不是很远。"社会犹如一条船，每个人都要有掌舵的准备"。只要我们对自己的说话能力加以训练，学习一些相关的主持知识和技巧，便可以轻松自如地去主持了。

二、主持的技巧

主持是一个特殊的行当，需要主持人的睿智，主持语是其睿智的具体体现。但无论什么样的主持，都应掌握一些技巧。

(一)紧扣主题

从口语表达的内容来看，主持人对整场活动的主题和中心内容起着核心作用，主持词要和主题相符。虽然允许为活跃气氛而"插科打诨"，但不要离题万里、不着边际，以避哗众取宠之嫌。从对象来看，出色的主持既要善于调动主角、演员的情绪，使其临场表现能达到最佳状态，又要善于充分调动所有参与者的情绪，要了解并针对活动参与者的大体情况，努力做到老少皆宜、雅俗共赏，营造令人愉快的和谐氛围。

(二)工于开场

俗话说："好的开头是成功的一半。"万事开头难，良好的开场白，是主持一场节目的关键。从主持人的语言来看，首先要精心设计"开场白"，一开场就吸引大家的注意力，并尽快切入主题，宣明目的，使全场情绪高涨，注意力集中，造成一种全场和鸣共振的态势，从而保证活动的顺利开展。开场时可针对现场的景、物、人、事借题发挥，或朗诵诗文导入主题，或以幽默的话语引人开怀，或以众人关注的问题制造悬念，从而营造全场共鸣的开场效果。

(三)巧于连接

主持一场晚会或活动，在进行过程中，主持人的语言要起穿针引线、搭桥接榫的作用，肯定前面的，画龙点睛；呼出后面的，渲染气势。连接语可以顺带，也可以反推，可以借言，也可以问答。要将节目的内容和特色、节目之间的内在联系以及与主题的联系、对表演者的介绍等内容用生动、简洁、明快的语言巧妙地连接起来，使整个活动形成一个有机体。

(四)灵于应变

成功的主持最大的特点就是遇乱不惊，随机应变，左右逢源，快捷思考，准确判断，巧妙地调整表达方式。对于活动中出现的预料之外的突发情况，主持人要沉着应变，要善于"将错就错"，变不利为有利，用灵活、机智、得体的语言来调节气氛，化解僵局。有三个技巧需要注意。

第一，打圆场。如在会议或座谈会上，与会者之间彼此意见不一，甚至争论不休，互不相让。这时主持人就需要出来打圆场：或转移争论双方的注意力，把话题转移到别的地方；或联络感情，帮助双方寻找共同点，缩小感情、心理上的距离；或公正评价，将双方的意见进行整理和归纳，进行合理评价，阐述双方都能接受的意见；或引导自省，使双方从事实中反省自己的观点错误，消除误会，认同真理。

第二，破僵局。在主持中，僵局也是经常碰到的难题。如在会议讨论中，主持人讲过之后，没有人开头发言，或者一人发言完，无人继续发言，形成僵局。在遇到这种情况时，主持者或者自己做表率先发言，或者启示引发话题，或者巧妙地点名发言。比如："小杨最近经常和我聊起类似问题，我们先听听他的意见。"

第三，摆脱难堪。在主持发言过程中，难免会碰到尴尬的场面。这就需要主持人有敏锐的思维和高超的应变能力。如有人在开会时由于内容和切身的相关利益发起了牢骚，对此情况主持者应分析：发难者的动机是什么？起因又是什么？问题出在哪里？然后采取对策。善意的发难应以诚相待，可以直接说明或解释，也可因势利导，引入正题，有时还可以拿来调侃。对于恶意的发难，应采取外柔内刚的方法针锋相对。可以顺贬，即先默认并接过对方的难题，然后顺理成章地使对方陷入比自己更难堪的境地；可以回敬，套用对方的说法，以其人之道，还治其人之身；也可以釜底抽薪，直接揭示对方的目的。

(五)亲切自然

主持人是活动的指挥者和组织者，是联系说话者、表演者与听众、观众的纽带，和受众的关系是知心朋友的关系。因此，主持人要以民主、平等的态度来主持活动，不但要口语化、大众化，而且要生活化，要像"拉家常"一样与受众亲切交谈。

(六)富有个性

不同的活动和内容，必须采用不同的主持语言形式和语言风格，这是活动内容本身决定的。如主持庆典、仪式、新闻等内容较严肃的内容，语言要平稳、庄重；主持体育方面的内容，语言要激越铿锵、有力度，速度要快一些，尤其是现场解说要更快；主持少儿活动和节目，语言要亲切感人，声音可以带有几分稚嫩；主持日常生活方面的内容，要像聊家常一样，语言轻松自然、亲切热情。

除了节目本身的内容限制主持人的语言风格外，主持人由于个人的气质、性格、文化素养、兴趣爱好等各不相同，风格和语言表述也有很大差异。主持人要发挥自己的个性优势，用特有的语言风格吸引和打动观众或听众，塑造与众不同、个性鲜明的主持形象。

(七)把握分寸

主持人虽是一场活动中起串联作用的重要角色，但并不是主角，因此要注意把握分寸。在口语表达中，忌喧宾夺主、喋喋不休；在态势语表达上要适度，动作不可过于夸张、繁杂；表情要真诚、自然、亲切、朴实。

第十四章 主持与致辞

(八)收放自如

俗话说"编筐织篓,最难收口"。内容进入尾声,但仍要讲究主持技巧,切忌草率急躁,匆匆收场。要收放自如,再展高潮。结尾没有固定的形式,不同的活动可以有不同的结束方式,主要有:总结式、号召式、赞扬式、祝贺式、抒情式等不同形式。

案 例 分 析

杨澜与姜昆在主持《正大综艺》时有这样一次开场白:

杨澜:各位来宾,电视机前的热心观众朋友们,你们好!

姜昆:也许你刚刚脱去一天的疲惫,泡一杯浓茶坐到电视机前;也许你正觉得无聊,想不出家门就看到外面的世界;也许你刚刚做完老师布置的作业,希望在休息之前从我们这里得到一点儿精神享受。

杨澜:那好吧,就让我们带着您跨越时空的障碍,到世界各地去领略一番异域的风情,聆听美妙的音乐,因为——不看不知道,世界真奇妙!

点评:主持人的开场白要立足主动,注意开启受众的思路,将他们自然地引入节目的预定环境中去。这里主持人真诚的问候,关切的话语,制造了明白的气氛,自然地引入节目的正题。

这是一场欢迎晚会,主持人说道:

嘉陵欢歌迎远客,相如盛妆待嘉宾。

正值清秋时节,金风送爽,丹桂飘香。蓬安山水有幸,人民有幸,迎来尊贵的客人再次光临!

"我有嘉宾,鼓瑟吹笙。"佳山佳水,饱含蓬安殷殷迎客情;丽日丽景,充盈蓬安款款待客意。今天,百姓奔走相告,人人击节志庆。秋水凝眸,真情萦怀,绿满山川,情溢嘉陵。

点评:这位主持人即景生情,描绘自然风光,欢迎远方客人,言辞恳切,营造了欢乐友好的气氛,使在场的观众情绪高涨起来。演出与活动现场包括主持人、表演者或参与者、听众或观众、演出时间与地点等因素。主持人如果能直接从这些因素入手,形成一种"场景效应",就能给观众或听众一种亲切真实感。这里,主持人的开场白情景交融,把观众带进了诗情画意的情境里。

案例 3

赵忠祥、杨澜主持的《正大综艺》开启了"老少搭档"的模式,他们的组合亦庄亦谐、相得益彰,保证了最大限度的观众群。让人记忆犹新的是,他们在现场表现出来的前后照应、巧妙连接的功力,使观众过目难忘,也使《正大综艺》因为有他们的主持而名扬四方。下面是他们为节目精心准备的一段串场词:

杨澜:我们每次开头的话,都要讲一件亲身经历的事。我自己经历不多,机会很少,您到过不少地方,讲一个有点儿惊险的故事吧。

赵忠祥:我觉得惊险不如有趣,有趣不如有点道理。我说件小事儿,在1965年。

杨澜:太遥远了!

赵忠祥:那一年,我与朋友们到昌平县城。因为有点事,我先回我住的一个村子,打算第二天回去。可第二天一早起来,漫天鹅毛大雪,公共汽车不通了,只能走回来,走着走着,雪停了。周围银装素裹,一片洁白,空气清新,心旷神怡。我唱着曲子,雄赳赳大步向前。

杨澜:还挺浪漫。

赵忠祥:先经过一个村子,老乡都在家中,可一条小路扫得干干净净。

杨澜:农民们勤劳。

赵忠祥:你说,我该往哪走?

杨澜:人家把路都扫干净了,现成的。

赵忠祥:可是出现了一个问题。

杨澜:怎么了?

赵忠祥:那条路上蹲着三条狗,隔一段一条,正冲我看呢。(众笑)我想,好狗不挡道,我给你让路绕着走,但根本没这个可能,跟它们商量商量吧。

杨澜:那怎么商量呀?

赵忠祥:我走到第一条狗跟前,做了一个手势,嘴上说:"靠边儿。"它还真乖,站起来踩着雪窝绕到我身后,夹着尾巴又蹲下了。

杨澜:多友好啊!

赵忠祥:是友好。第二条、第三条照样给我闪道。也可能在与第三条狗打招呼时我态度生硬了一点,我刚没走几步,就听见身后汪汪叫着,三条狗一块儿向我扑来。

杨澜:赶紧蹲下,你赶紧蹲下!

赵忠祥:对,人往下一蹲,狗就退几步,以为你抓石头打它。但我一起来,它们叫得更凶,又扑上来。我又一蹲,它们一退,我跳起来就跑。它们一扑,我又蹲下来,再跑。它们气势汹汹,我气急败坏,连蹲五次,这才脱离险境。我觉得我那颗心咚咚地跳,浑身汗也下来了。

杨澜:谁遇到这事儿不害怕呀。不过要是我……

赵忠祥:你怎么办?

杨澜：我惹不起还躲不起？我绕道踩雪过去就算了！

赵忠祥：好，朋友们，下一站去科伦坡，不是看狗，而是看满树的乌鸦。

点评：这段串场词最终落点是到科伦坡去看乌鸦。但为了活跃场上气氛，引起观众对可爱的小生灵——乌鸦的浓厚兴趣，就穿插了这一小段故事，起到了承上启下、渲染蓄势的连接作用。

台湾艺人凌峰曾在北京展览馆主持"海峡情"大型文艺晚会，舞蹈演员刘敏在表演独舞《祥林嫂》时，不慎坠入两米多深的乐池里。对此突发事故，台上台下一时都愣住了，不知所措，这时凌峰不慌不忙地走到台上，摘下翘边儿礼帽，露出光秃秃的大脑袋，然后弯腰向观众深鞠一躬，全场静了下来，凌峰说道："我知道，大家此时此刻正牵挂刘敏摔伤了没有，那么请放心，假如刘敏真的跌坏了，我愿意后半辈子嫁给她！"一直揪着心的观众听罢轻松地笑了。

"观众朋友们，刘敏说，艺术家追求的是尽善尽美，奉献的是完整无缺，现在——她要把刚才没跳完的三分钟舞蹈奉献给大家，奉献给海峡两岸的父老兄弟姐妹！"

点评：凌峰临"危"不慌，显得激动而又深情，又不失滑稽幽默，点石成金的几句话，居然天衣无缝地将一个不算小的失误变成了晚会最激动人心的一幕！显示出出色的灵活应变的艺术。但刘敏此时到底怎样，观众还是牵挂。凌峰当然清楚大家的心情。凌峰的话音刚落，刘敏又翩然出现在舞台上，观众中爆发出经久不息的掌声，掌声中包含着对刘敏的赞美，也包含着对凌峰的谢意。

第二节　致　　辞

古今中外很多卓越的口才大师，往往是胸藏百川，舌绽春雷。他们的从容，他们的风度，他们的口才很多时候是在致辞中表现出来的。

致辞是指在正式场合，作为个人或集体的代表，向对方表示欢迎、感谢、祝贺、勉励、慰问等意思的一种讲话。致辞可分为：祝贺词(祝婚词、祝酒词、祝寿词等)、迎送词、答谢词、开(闭)幕词、告别词、悼词等。致辞虽然是礼节性的，但并非一定是繁文缛节，它不是一种单纯的形式；真诚得体的致辞，能表明心迹、联络感情、鼓舞士气、振奋人心。致辞者也可在致辞中传递信息、拓宽听众的视野、活跃气氛。

一、致辞的特点

致辞不同于演讲，也不同于交谈，有以下几个特点。

(一)即兴性

致辞有两种情况，一是提前告知，有备而来；二是参加活动和仪式受邀作即兴发言。而我们所说的致辞主要还是即兴致辞。在生活中常常看到这样的情景：开口致辞，第一句就是，我没准备，也没什么可说的，或者自言自语道：主持人让我说几句，怎么说呢？说什么呢？然后说一两句祝贺、感谢一类的话，敷衍一下。致辞本身就是传递感情的，因此遇到需要即兴致辞时，一定要快速思考致辞的对象、致辞目的，由此决定致辞内容：或叙友情，或加赞美，或表谢意，或作鼓励，或寄希望。即兴致辞应尽量做到言之有物、言之有理、言之有序。

(二)简洁性

念稿致辞，一般是在比较大型和庄重的场合作书面发言，其成功与否主要看稿子写得如何。而临时受邀或有感而发作即兴致辞，就不能像书面发言那样，语句逻辑、内容层次都有严格要求，而是要简洁明了、形象生动。方式上，可以讲一个故事，引出发言的主题，也可以从一句名言警句谈起，最后或抒发感情，或重申观点，或寄托希望。

(三)就近性

致辞者由于不了解致辞的对象，不了解他们在想什么，他们最关心什么，因此，致辞往往扯得很远，显得拉拉杂杂，还容易离题跑题。所以致辞之前一定要问清楚活动的主题、意义、参加人员，这都是致辞的内容材料，甚至季节、气候、时间、地点也有文章可做。

二、致辞的基本要求

致辞的使用范围非常广泛，而不同的致辞有不同的要求和技巧。如人们的生老寿诞、婚丧嫁娶，致辞非常讲究语言的套式；亲朋好友间的迎来送往，同窗同事的毕业晋升，节假日的聚会庆祝，致辞灵活性很强，不乏风趣幽默的语言；祝捷庆功、工程奠基、大厦落成、公司开业等庆典，致辞中"官话"比较多，但致辞还有些基本要求。

(一)态度热情真诚

致辞要有一定的感染力，首先必须态度诚恳、感情真挚。讲话者必须情动于衷，形之于声，充分表达自己的美好祝愿或深切之情，真情实感溢于言表，才能打动听众。

(二)言辞得体生动

在不同的集会活动中，可以根据活动的不同性质(喜庆、告别、悼念等)，针对不同的听众(包括年龄、职业、知识水平、接受程度等)来选词用语，形成或庄重，或活泼，或典雅，或通俗的不同语言风格，如在各种喜庆活动中要多说好话，言辞风趣幽默典雅，以增强欢快热烈的气氛，起到鼓舞人心的作用；而在追悼会等场所和作带有悲伤情感的致辞(悼

词)时，要鼓励与会者学习死者的某种精神，化悲痛为力量，以实际行动来纪念已故之人。在致辞中，切忌谈及人们的过失和不幸，也要避开引发人们联想死者缺点、遗憾的话语，这样才能与气氛相协调，与交际目的和交际情境相一致。

(三)弘扬美的情操

向往美好充实的人生，追求幸福光明的未来是人们的共同愿望。不管是在充满欢乐气氛的礼仪活动中，还是在丧殡悼唁的礼仪形式上，都要突出表达这种感情。

(四)内容精练典雅

在社交场合，最忌侃侃而谈，更忌板脸说教。致辞中还必须运用典雅的礼貌语言，运用幽默的手法，从而更能使言语生辉，取得好的效果。

(五)角度新颖巧妙

致辞要注意选择表达角度，要善于就地取材，从人们司空见惯的话题中挖掘出不同凡响的新意。

案 例 分 析

周恩来总理在欢迎尼克松总统宴会上的欢迎词

(1972年2月21日)

总统先生、尼克松夫人，

女士们、先生们，

同志们、朋友们：

首先，我高兴地代表毛泽东主席和中国政府向尼克松总统和夫人，以及其他的客人们表示欢迎。

同时，我也想利用这个机会代表中国人民向远在太平洋彼岸的美国人民致以亲切的问候。

尼克松总统应中国政府的邀请，前来我国访问，使两国领导人有机会直接会晤，谋求两国关系正常化，并对共同关心的问题交换意见，这是符合中美两国人民愿望的积极行动，这在中美两国关系史上是一个创举。

美国人民是伟大的人民。中国人民是伟大的人民。我们两国人民一向是友好的……

中美两国的社会制度根本不同，在中美两国政府之间存在着巨大分歧。但是……我们希望，通过双方坦率地交换意见，弄清楚彼此之间的分歧，努力寻找共同点，使我们两国的关系能够有一个好的开始。

最后我建议

为尼克松总统和夫人的健康，

为其他美国客人们的健康，

为在座的所有朋友和同志们的健康，

为中美两国之间的友谊，

干杯！

点评：在这篇欢迎词中，开头交代欢迎的对象，流露出致辞者的友好心情。正文根据致辞对象与致辞方共同关心的话题进行意义阐述，结尾表示美好祝愿。

这是一个大学生在毕业典礼上的答谢词，他即将告别熟悉的校园，熟悉的老师，熟悉的同学。此时，他用文字表达出内心的感激之情。

尊敬的老师、亲爱的同学们：

大家好！

非常荣幸今天能在这里发言。大学时光匆匆而过，学校的学习和生活已成为我们生命中的一道印迹，明天我们就要离开曾经憧憬向往的大学生活，走向我们的最终归宿——社会。服务社会才是我们的最终目标，我们会投身在社会的大课堂中不断进步，在社会的大舞台上大展宏图。在此，我代表全体毕业生，感谢母校对我们的培养和教育，感谢各位老师对我们的关爱和教诲，感谢家人对我们的付出和鼓励，感谢身边朋友带给我们的快乐和帮助。

毕业，就像一个大大的句号。从此，我们告别了一段纯真的青春，一段年少轻狂的岁月，一个充满幻想的时代……毕业前的这些日子，时间过得好像流沙，想挽留，一伸手，有限的时光却在指间悄然溜走，毕业答辩，散伙筵席，举手话别，各奔东西……一切似乎都预想得到，一切又走得太过无奈。

还记得入学第一天我们的自我介绍吗？还记得为次日的专题研讨挑灯做准备吗？还记得我们一起逛街，一起喝酒，一起聊天，一起唱歌吗？教室、郊游、考试、获奖……一幕幕的场景就像一张张绚烂的剪贴画，串联成一部即将谢幕的电影，播放着我们的快乐和忧伤，记录着我们的青春和过往，也见证着我们的情深义重。从大一开始第一次上讲台的激动，第一次加入社团的好奇，第一次考试的紧张……到此时在为工作的各种选择里彷徨，每一个人都忙忙碌碌，一切仿佛一首没写完的诗，匆匆开始就要匆匆告别。这些岁月里，大学是我们的资本，也是我们的慰藉。

班级聚餐的时候，所有的同学都在那里举杯，为过去的日子和情感，为将来的分别和感伤。昔日笑声不断的整个宿舍楼就这样在几天之内变回空楼，变成一个无限伤感的符号。想起四年以前，我们拎着简单的行李来到这里，而明天，我们重新拎起新的行李，将

第十四章 主持与致辞

要开始下一站的生活。

再见了，我的宿舍；再见了，我的兄弟；再见了，我的青春；再见了，我的大学。

毕业，又像一个长长的省略号。青春散场，我们等待下一场开幕。等待我们在前面的旅途里，迎着阳光，勇敢地飞向心里的梦想；等待我们在前面的故事里，就着星光，回忆这生命中最美好的四年，盛开过的花……道一声离别，送一声祝福，无论再过多少年，无论我们走到哪里，我们也不会忘记，曾经孕育过我们的这一片深情的土地。

大学时光只是人生路途中的一个小小的驿站，毕业并不代表结束，而是欢呼开始；不是庆祝完成，而是宣布进步。生活总会有压力，现实总要去面对，我们要到生活的星图上去寻找自己的新位置。不管走到哪里，不管在什么岗位工作，都会继续填好人生的履历表，为母校争辉添彩。

无论我们曾经是怎么走过来的，此时我们都不必埋怨和懊悔，明天开始，我们一切都将清零，又在一个起点，走向社会的大舞台。

最后，祝愿我们的老师们工作顺利，身体安康，合家幸福，记得我们还会回来看你们的。也祝福我们的同学们，一起相伴的兄弟姐妹们，一路走好，前程似锦，记得我们还和学院有个约会。

谢谢大家。

点评： 致答谢词最重要的是要有诚心诚意、真情实感，令人听后感到愉快、亲切。构思答谢词最好的方法是根据过去或正在进行的具体事件，找出它的具体细节并从中把自己的感受和认识讲出来，作为诚挚谢意的依据，从而避免虚浮、空泛。这篇答谢词作者通过真挚的语言把内心的情感表述出来，虽然人未到现场，却仍旧让人感到作者的真情流露。

英国生物学家赫胥黎在一次演讲中，用比拟法幽默地抨击了当时社会上对科学的极不公正的态度。他说："科学这位'灰姑娘'天天升起火来，打扫房间，准备餐食；而到头来，人们给她的报酬，则是把她叫作贱货，说她只配关心低级的物质的利益。"

他 60 岁那年，怀着既沉重又难舍的心情辞去了英国皇家学会会长的职务，他在一次讲话中说："我的理智和良心向我指出，我已经无法完成这个会长职位的各项重大任务，所以我一分钟也不能干下去了。"这位德高望重的老人痛心地讲完上述话语后，又不无谐趣地对朋友们说："我刚刚宣读完了我去世的官方讣告。"

点评： 赫胥黎拟人化的幽默，将教会和习惯势力摧残扼杀科学的狰狞面目揭示得淋漓尽致，因而具有震撼人心的力量。他又风趣幽默地将辞职演说比喻成"官方讣告"，这正是他自己复杂、痛苦内心的写照。这个即兴辞职演说，语言犹如一把锋利的匕首，简洁犀利、锋芒毕露。

一、主持有哪些常用的方法和技巧？请谈谈你最欣赏的主持人的主持风格。

二、请简要点评诗歌朗诵比赛中主持人的串词。

1. 新春伊始，万象更新，一场白雪，一串脚印，一鞭新柳，一苞花蕾，一声燕啼，一缕清风，一片白云，大千世界，芸芸众生，每每触动了我们敏感的神经，我们都命之为诗。于是你写，我写，他写，在座的各位都想写。可是，我们为什么要写诗呢？问你，问他，问自己？不！我们还是问一问李荣同学："你为什么要写诗？"——

第一个节目，李荣同学朗诵《我为什么要写诗》

2. 哦，要写诗，写人生的美，写人生的丑，写男儿伤口里渗出的血，写少女笑窝里溢出的酒，给弱小者以脊梁，给虚伪者以刀枪，给黑暗以光明，给痛苦以欢畅。我歌，我哭，我癫，我狂，这也是生活呀！不信，你问她——

请欣赏王丽同学朗诵《这也是生活》

3. 生活，没有固定的轨道，自然，也没有永恒的春光；万物处处给人以启迪，雪原也蕴含着精湛的诗行——

程芳芳同学朗诵《雪盼》

4. 雪，覆盖了山，覆盖了地；淹没了河流，淹没了道路。它以严酷的寒冷冻结了显赫，却以温柔的心湖，孕育着希望。看，沃野上微微蠕动的新笋，不正是白雪创作的诗行？——

张凯同学朗诵《春笋》

5. 春笋给我们以启迪，春笋给我们以希望。尽管现在还是严冬，但我们似乎已经看到了春光；尽管现在还是黄昏，但我们似乎已经看到了东方冉冉升起的朝阳——

杨志同学朗诵《日出》

三、假设你是这次活动后半场的主持人，请就下面的节目设计主持词：

1. 朗诵《彩色的歌》

2. 朗诵《男人的沉默》

3. 朗诵《给跌倒者》

4. 朗诵《秋雨淅淅沥沥》

5. 朗诵《乡村里溢出来的泪》

6. 朗诵《开天辟地》

四、情景训练。

1. 新学期开学不久，中文系组织一次个人才华展示表演晚会，你作为主持人，应该讲些什么？

2. 米勒是中国大众汽车公司总顾问，日前他偕夫人来到中国考察一个月，受到中方的热情招待，请以米勒的名义写封答谢词并以米勒的身份表达出来。

3. 你受兄弟院校文学社团的邀请参加新春联欢会，作为被邀请者，你将怎样致辞？

4. 节目主持人袁鸣随中央电视台《东西南北中》节目组一行到达海口机场，走下飞机，袁鸣心急火燎，因为今晚8时，她要在海口狮子楼侬食城主持海南省狮子楼京剧团建团庆典。狮子楼是个什么样子，新建的京剧团情况如何，今晚将要面对哪些来宾，等等，袁鸣一无所知。还好，到达狮子楼后，主人立即送来了有关材料。袁鸣一边吃着饭，一边阅读：呀，原来海南历史上没有京剧团，狮子楼京剧团的建立填补了海南京剧的空白。自己能主持建团庆典，真是幸运！

庆典开始，身着黄色上衣、黑色长裤的袁鸣走上舞台，衣着、气质注意了既庄重又潇洒，面对几百来宾，袁鸣用激情的言语介绍京剧，介绍剧团，介绍来宾。

"光临庆典的，有中共海南省委宣传部长刘学斌先生！"

袁鸣语毕，刘学斌起立，大家鼓掌。

"有海南师范学院党委书记南新燕小姐！"随着袁鸣的介绍，座席中慢腾腾地站起来一位花白头发的老汉——南新燕！

全场哗然。袁鸣不自然地笑了。

如果你是主持人袁鸣该如何临机解决自己的失误？

（提示：袁鸣真诚地致歉："对不起，我是望文生义了。不过……"稍一转折，袁鸣施展了自己的口才："您的名字实在是太有诗意了，我一见这三个字，立即想起了两句古诗，'旧时王谢堂前燕，飞入寻常百姓家'。这是一幅多么美的图画。今天，这里出现了类似的情景：京剧一度是流行在北方的戏曲，而现在，京剧从北到南，跨过琼州海峡，飞到了海南，而且在这里安家落户，这又是一幅多么美妙的图画呀！"袁鸣对自己的失误在一句真诚的致歉后，一句赞美，两句古诗，又勾画出一幅美丽的图画。她的从容镇定的表达，既紧扣了主题，又巧解了尴尬，让我们领略了一位优秀主持人的文学、思维、表达上的功夫。）

5. 在上海市体育馆举行的第四届上海国际电视节开幕式上，主持人叶惠贤在介绍了中国著名电影演员巩俐后，由于从后台走到前台有几十米远，观众的掌声稀稀落落地停了下来。叶惠贤见状……

请为叶慧贤设计出填补空白的语言。

（提示：利用巩俐衣着外貌仪表的特点，用串联法作了如下精彩的即兴发挥：巩俐小姐是：新潮的时装，领先一步；时髦的短发，恰到好处；微微的笑容，含而不露；举手投足，都是明星风度！叶惠贤的话音刚落，台下又是一阵暴风骤雨般热烈的掌声，那绝不仅仅是在欢迎巩俐，观众同时也在用热烈的掌声赞美叶惠贤高超的连场技巧。）

五、请欣赏下面两篇书面致辞，并分析各有什么特点。

在学院春季田径运动会开幕式上的讲话

老师们、同学们：

大家好！

春风里，我们呼唤热情；竞赛中，我们超越梦想，追寻健康，追求快乐，我们一起在梦想的蓝天飞翔！师范学院 2009 年春季田径运动会开幕了！首先，我代表全体师生，对精心筹备本届运动会的工作人员表示诚挚的谢意，向全体运动员、裁判员致以亲切的问候和良好的祝愿。

本届运动会是以"我运动、我健康、我文明、我阳光"为主题。我们要力争把它开成一个"团结、健康、文明"的运动盛会。学校运动会在注重"更快、更高、更强"的体育竞赛观念的同时，更突出了"以人为本、面向全体学生、为了每一个学生发展"的教育理念，设置了较多的集体比赛项目，这是为了给同学们提供尽可能多的参与机会，让同学们都有兴趣和热情参与到运动会中来。时代在进步，社会在发展。体育运动，是学校培养德、智、体、美全面发展一代新人不可缺少的重要内容。现代体育运动，它的意义已超出了强身健体的范畴。它不但可以增强人民体质，而且可以培养强烈的爱国主义情感、集体主义精神和自强不息、坚韧不拔的意志，可以增强民族自信心和自豪感，振奋民族精神。

那么，今天，就让我们一起再次走上田径场，让我们的身影跳跃为活泼的音符，让我们的脚步奏响出运动的旋律，让我们的呐喊演绎成生命的强悍乐章，迸发出健康的青春活力，从而展示出也许我们自己都不曾认识过的巨大潜能！希望全体运动员能以高昂的斗志和顽强的精神，积极参赛，赛出风格、赛出成绩，为班级争光；比赛时严守纪律，遵守规则和赛程规定，同时注意过程安全。希望全体裁判员和工作人员，严格按规程操作，做到公平、公正，以我们细致的工作为运动会做好服务；维护赛场纪律，保证赛场安全，让赛场成为师生情感互通的一个场所，让赛场成为别样的和谐的教室。

最后，预祝本届运动会圆满成功！祝运动员们取得优异的成绩！

谢谢大家！

在流行音乐之王迈克尔·杰克逊追悼会上的悼词（译文）

奎恩·拉提法

我在这里代表着数百万计的杰克逊的粉丝，我们非常热爱杰克逊，你们所有的人包括在内。杰克逊曾说过，当他跳舞的时候，我们感觉不到任何距离。你们相信杰克逊，他也相信你们，你们也相信自己。我一直相信我的人生，当我在跳舞毯上跳舞的时候，我感觉非常好。我很想模仿杰克逊的舞步。谢谢！杰克逊是我这个时代非常伟大的明星。

世界各地的人，在你们的国家之外，还有很多人，我感觉到你们中的每个人首先都是一个人。今天早上，我非常荣幸能够应邀来到这里，这是为了迈克，因为他是我们的天使，我们热爱他。现在我们知道我们将失去一切。他是一个闪耀的明星，他就像一阵风这样飘去，但是我们知道在我们内心深处，我们在那些璀璨的明星中，依然唱起杰克逊的歌。瞬间我们知道，杰克逊离去了，我们失去了很多，我们没有了宝贵的财富，我们每个人都会感到内心的疼痛。只有我们内心能够明白，我们真正的还会拥有他，他就会仍然在我们心里。尽管他离世了，但是他对于家庭的爱仍然是很深厚的。他的同情心，他的幽默感都是让我们记忆深刻的。不管我们是否知道，他都是我们的，我们也是他的，我们拥有

他。那种非常美好、非常帅气的动作,他在表演的时候经典的动作,让我们真的对他记忆深刻。他拥有激情,他一无所有,他已经倾其所有,把他的一切都给了我们。今天不管从埃菲尔铁塔,还是在任何一个角落,还是在伯明翰宫,我们都在缅怀迈克尔·杰克逊。但是我们的确知道,我们还拥有他,我们是同一个世界。

谢谢!

2009 年 7 月 7 日

第十五章 谈判与推销

本章学习与训练的基本要求:

- 了解谈判语言的特征,学会切合语境的表达。
- 掌握谈判的五种常见技巧,掌握谈判中的听、问、答、辩语言技巧,学会在生活中运用。
- 了解推销语言的特征,掌握推销语言的技巧,加强在生活实践中运用训练。

第一节 谈 判

美国谈判学会会长尼伦伯格曾说过:"只要人们为取得一致而磋商协议,他们就在进行谈判。"实际上,只要有人的地方,就难免产生各种各样的矛盾,大到国际争端,小到家庭纠纷。解决这些矛盾的办法有很多,协商谈判解决是常用的办法。所谓谈判,是指在社会生活中,人们为满足各自需要和维护各自利益,就某一问题而互相磋商,寻求解决途径和达成协议的过程。在生活中,谈判无处不在,是人们日常生活中不可或缺的组成部分。曾有人说:"生活本身就是一系列无休止的谈判。"

谈判从不同角度有多种分类法,但无外乎两种:合作性谈判和竞争性谈判。无论什么谈判,解决矛盾和问题、达成协议、取得双赢都是最终目的。

谈判的成功取决于多种因素,其中谈判者的语言表达能力是谈判成功与否的重要因素。谈判归根结底还是一场语言心理战。谈判语言能力主要表现在口头语言上。谈判语言是谈判人员综合素质的体现。从智力因素来说,有知识广博、深谙专业、能言善辩等几方面的表现;从非智力因素来说,有坚强果断、充满自信、机智豁达等表现。这些大多是通过"能言善辩"的口才体现出来的。

一、谈判语言的特征

无论是外交谈判、营销谈判还是民事谈判,谈判语言的要求根据谈判内容的不同而不同,但谈判语言也有其基本的特征。

(一)指向性

谈判的目的是满足自己的利益需要,公平的谈判是以双赢为目的的。谈判每一方都是带着自己的功利需要,坐在一起,双方都是紧紧指向和朝着自己的既定利益目标,你来我往、唇枪舌剑,进行着言语交锋。进入谈判的实质阶段,三心二意、心猿意马,是没有诚意的表现。专心致志、心无旁骛、步步为营指向目标,才能成功。其语言表现,或直截了

当，或曲径通幽，但始终指向心中的目标和底线。

(二)随机性

谈判一般选派有一定口才的优秀专业人才作为谈判人员。谈判桌上，你一招儿，我一招儿，互不相让，势均力敌，这样常会出现谈判僵局。有经验的谈判高手，在坚持利益的前提下，能把握好各种谈判气氛，正确灵活运用谈判语言，以争取谈判过程中的主动性，在语言表达上能随机应变，选择不同的词语、不同的句式、不同的语气；语言或幽默，或威胁劝诱，或用礼节性的交际语言等；随时观察、分析谈判气氛，适时调节，给谈判带来积极的影响。

(三)准确性

谈判桌上如果出现语言破绽，必将处于被动地位。无论是政论性的语言，或调侃幽默的语言，或寒暄语言，都要注意恰当的用词、合适的语气、严密的逻辑，不能让对方抓住把柄、钻空子。说话要瞻前顾后，不能顾此失彼，更不可前后矛盾。对说出的关键词、关键数字和关键性问题要牢记不忘。在整个谈判过程中甚至闲聊时，要避免说出和这些关键问题相矛盾的语言，甚至包括语言表达中的错字，都最好不要出现，否则将会引起对方的猜疑和指责而导致被动。

(四)语言的艺术性

谈判是智慧的较量，其外在表现就是谈判语言，或侃侃而谈，或娓娓道来，或微言大义，或一语中的，或旁敲侧击，或言必有中，或慷慨激昂，或春风化雨。成功的谈判就是语言艺术的较量。同时，谈判就跟打仗一样，非常讲究战略战术。体现在语言上，要千方百计把对方的思维方式引导到你的思维方式上来；在讨论重难点问题时，可以用轻松的语言去交流，这样就不至于把谈判双方的神经搞得过于紧张，甚至引发谈判的僵局；在讨论一些无关紧要的小事时，倒可以用严肃认真的神态去洽谈，作为一种缓解和调和。这些是谈判的技巧，更是艺术性的体现。

二、谈判的基本要求

谈判是一种礼节性、规范性、政策性很强的活动，无论何种类型的谈判，都要注意以下基本要求。

(一)营造良好氛围

战争谈判，倚强凌弱，以胜击败，逼其就范，营造的是刀光剑影和火药味的氛围。现代商务和民事谈判是为了各自的利益以双赢为目的，应体现文明礼貌和以人为本、以和为贵的原则，努力营造相互信任、相互沟通、和谐融洽的气氛和宽松的谈判环境。一般情况下，谈判前有一个寒暄的环节，寒暄的角度很多：问候祝福、自然环境、旅行经历、风土人情、新闻时事、社会时尚、相互褒扬等。

谈判之前的寒暄，可以拉近双方的距离，架起情感沟通的桥梁。切入正题之后还容易找到共同语言，化解双方的分歧或矛盾。现代文明谈判的这些要求，还是通过"谈"来实现，离开了言谈，就不能称其为谈判。如何通过"谈"来营造良好的谈判氛围呢？

1. 用语文明礼貌

我们常说，要想使别人尊重自己，自己首先要尊重别人。谈判桌上最忌讳的是不敬的语言，甚至是恶语伤人，这样最容易使谈判出现僵局，甚至破裂。现代文明谈判必须使用文明用语、礼貌用语。首先，在称呼上，应该用尊称，注意对方的年龄，多用"您"，善用职衔，注意使用国际通用的称呼，如"女士""小姐"要称呼准确。其次，多使用文明用语，如"请""对不起""您好"等；多用表示谦虚、尊重的语言，如"……您看行吗？""……您看可以吗？"再次，注意国际礼仪，如女士年龄、个人收入、婚姻状况等不要当面谈论和询问。最后，改变人称，改"我"为"您"或"你"；巧用语气词，改"我认为"为"您认为对吗？"

2. 态度和颜悦色

谈判桌上，要集中精力、耐心倾听对方的陈述，在听的过程中，示以点头和微笑；有不清楚的问题，用谦虚的口吻向对方询问；谈判桌上难免有争执，即使这样，也要注意表达的语气，最忌讳的是面红耳赤的大声争吵，甚至辱骂、恐吓和吼叫。"有理不在声高"。在表达上，句式不同，效果也不同。如对方情绪激动时，可以改"你怎么发火呢？"为"我完全可以理解你的感情"。风趣幽默的语言是建设良好谈判环境的润滑剂。

（二）主动掌控局面

谈判成功的关键，就是要掌握谈判桌上的主动权。战场上，被动就要挨打；谈判桌上，被动就要失利。要主动掌控局面，应尽量做到以下几点。

（1）要尽可能地掌握对方的情况，站在对方的立场上，真诚地帮助对方分析利弊得失，从而取信于对方，让对方感到和你交易或合作是一次难得的机会。这样更容易说服对方，打动对方，掌握谈判的主动权。

（2）要发挥团结协作的精神。重要谈判，往往是组团参加，谈判桌上分工要明确、主次要分明、口径要一致、配合要默契，以形成一个坚不可摧的团队。

（3）要进退自如，把握谈判火候。现代文明谈判，在某种程度上是双方妥协让步的结果。在保住底线的前提下，做些妥协和让步，以退为进，取悦和取信于对方；同时，谈判也是意志的较量，要学会巧妙地坚持和等待，许多谈判的成功都是最后时间的坚持。谁笑到最后谁才是真正的赢家。

（三）谈判中的"听""答""问""辩"

谈判靠策略，策略主要靠语言体现出来。谈判中的语言形式无外乎听、答、问、辩。问得巧，答得妙，辩得稳，在谈判桌上还要"听"得清。

1. "听"得清

俗话说"锣鼓听音,说话听声"。谈判中有一半左右的时间要听对方说话,聚精会神、细心聆听、耐心倾听,了解对方的需要,找出对方的"软肋"或"破绽",是谈判成功的关键。听明白了,才能说明白;听明白了,才能有的放矢。注意在倾听时注视讲话者,主动与讲话者进行目光接触,并做出相应的表情,以鼓励讲话者。比如可扬一下眼眉,或是微微一笑,或是赞同地点点头,抑或否定地摇摇头,也可不解地皱皱眉头,等等,这些动作的配合,可帮助我们集中精力,起到良好的收听效果。谈判桌上,不仅要善于倾听,而且还要积极引导和善于启发对方把要说的话、想说的话尽量都说出来,不要打断对方,不要怕"冷场"。在倾听的过程中,做出分析和判断,拿出自己的应对方略。

据心理学家统计表明,一般人说话的速度为每分钟120到180个字,而听话及思维的速度比说话的速度大约快4倍。因此,往往是说话者话还没有说完,听话者就大概知道什么意思了。这样一来,听话者常常由于精力的富余而思考对策或想别的事,出现点头微笑的形似在听或发愣,而心早已"开小差"了。事实上,我们对对方的讲话听得越详尽、全面,回应就越准确,反驳就越有力。否则,常常会使自己在谈判中陷入被动,对自己十分不利。

2. "问"得巧

谈判中唇枪舌剑,起着引擎作用的就是"问"。怎么问,什么时候问,决定能否掌握谈判桌上的主动权。高明的谈判者往往都是在正式谈判前,根据事先对对方的了解,选择"闲谈"的话题。如,兴趣爱好、时事要闻、天文地理、风土人情、奇闻逸事等。如果能使对方有一种相见恨晚之感,就为谈判奠定了很好的基础。轻松和谐的谈判气氛,能够拉近双方的距离,切入正题之后就容易找到共同的语言,化解双方的分歧或矛盾。

为获得良好的提问效果,首先要对谈判内容做一个精心的问题设计。问什么,怎么问,何时问,甚至于对方的问题答案都要做出预想。高明的谈判人员,常采用"欲擒故纵"之术,先提出一些看上去很一般,并且比较容易回答的问题,而这个问题恰恰是随后所要提出的比较重要的问题的前奏。这样常会使对方措手不及,收到出其不意之效。其次,在对方发言时,对于疑问或分歧,先记录下来,等待对方讲完后,有合适的时机再提出问题。马上反问不但影响倾听对方的下文,而且会暴露我方的意图,这样对方可能会马上调整其后边的讲话内容,从而可能使我方丢掉本应获取的信息。再次,谈判中不要以法官的态度来询问对方,也不要问起问题来接连不断,尤其是提出问题后,不要反复重复,应保持沉默,留出时间的空白,如果这时对方也是沉默不语,则无形中给对方施加了一种压力。最后,掌握问句的语气、句式。比如一个人问牧师:"我可以在祈祷时抽烟吗?"请求被拒绝。后来换成"我可以在抽烟时祈祷吗?"牧师同意了。在商务谈判过程中,提出问题的句式越短越好,如果问句比对方的回答还长,则容易处于被动的地位。

3. "答"得妙

谈判桌上,有问必有答。怎么答,主要是基于对方的"问";怎样"答"更好,则基于谈判效果的需要。因此，谈判桌上，要准确把握住该说什么，不该说什么，以及应该怎样说。首先，对对方的"问"，不要急于回答。回答迅速，说明我们已有充分的准备和实力。但万一出现失误，会给对方留下把柄和反击的机会，而处于被动地位。因此，在对方提出问题之后，我们可借助点支香烟或喝一口茶，或调整一下自己坐姿和椅子，或整理一下桌子上的资料文件等动作来延缓时间，分析对方提问的目的和动机，留出思考的余地，再做回答。其次，"答"的语言，基本要求是不能含糊其辞，不会的就不说，知道的就要在表达上清楚、明白、准确。但也要根据不同的情况，确定怎样回答。有时有些问题不值得回答，就不必回答；泄密或一些无聊的问题等，可以不予理睬，还可以直接使用"无可奉告"这样的外交辞令；有些问题必须回答，但又不能直接正面回答，可以采取避实就虚、迂回的策略。在一次小型联欢会上，一位女士观众向赵本山提出一个问题："听说在全国笑星中你的出场费最高，一场一万多元，是吗？"突如其来的问题使赵本山有些为难，但毕竟是经历过世面的名人，稍加思考后说道："这个问题很突然，请问你是哪个单位的？""我是青岛一个经销电器公司的。""你们都经销什么产品？""录像机、电视机、录音机，等等。""那彩电多少钱一台？""三千多。""那我给你三百你卖吗？"那女士干脆地说道："那当然不能卖，一台电视的价格是由它的价值决定的。""那就对了，演员的价值是由观众决定的。"(观众对赵本山的回答报以热烈的掌声)对于出场费到底多少的问题，赵本山没有直接正面回答，而是采取了避实就虚的办法。开始看似闲聊，实际上都是为正题服务的。

4."辩"得稳

谈判中的一问一答，到一定时候会形成谈判辩论的过程。这一过程，往往是谈判的实质性阶段，常会出现情绪激动、语言过激，甚至行为偏颇的现象。因此，进入辩论阶段，要头脑冷静，学会自我控制。在语言上，首先，话不在多，但要说到点子上，说到要害处。古人云"善辩者寡言"，从简单的相对论来说，说得越少，听得越多。在辩论过程中，言多必失。其次，谈判中的辩论，要讲究各种语言策略和语言艺术。如，当谈判遇到僵局时，常用缓兵之术，绕开障碍，寻找台阶："让我们考虑考虑，下次再议吧！"或"这个问题看来暂时还无法取得一致的意见。我们先放下这个问题，来探讨第二个问题好吗？"再如，当无法获得利益最大化时，为确保利益底线，可以采用佯装退却之术。一次商品价格谈判，出售方决定将商品价格降到现有价格的60%，这是底线。双方讨价还价三个回合。第一回合：降到80%，这样可以了吧？第二回合：不好再降了，看在老顾客的面子上，降到70%，行了吧？第三回合：好吧！赔本降到60%，绝不能再降了！

三、谈判技巧

为做好谈判工作，要掌握以下五种常用技巧。

(一)避实就虚法

"避实就虚"出自于西汉刘安的《淮南子·要略》："击危乘势以为资，清静以为常，避实就虚，若驱群羊，此所以言兵也。"用于军事战术，指避开敌人的主力，攻击敌人的薄弱环节，后延伸为谈论问题时回避要害。也作"避重就轻"或"避难就易"。具体到谈判，就是在面对有些不能直接回答，但又必须回应的问题时，往往采取避开实质问题，做出不失礼节的又能让对方接受的回应。

(二)欲擒故纵法

"欲擒故纵"是孙子兵法三十六计之十六计。"逼则反兵；走则减势。紧随勿追，累其气力，消其斗志，散而后擒，兵不血刃。需，有孚，光"。意思是，逼得对方无路可走，就会遭到决死的反扑；让他逃走，就会消灭敌人的气势。所以要紧紧跟踪敌人，但不要过于逼迫，借以消耗其体力、瓦解其斗志，等他的兵力分散了再加以捕捉。此计通常又被解释为"放长线钓大鱼"。诸葛亮七擒孟获，就是军事史上一个"欲擒故纵"的绝妙战例。谈判中，时常要用到"欲擒故纵"之计。"擒"是目的，"纵"是手段。使用"欲擒故纵"之计就是在表面上故意设置一些假象麻痹对方，一旦时机成熟便收网、反攻，从而实现谈判利益。通常使用"欲擒故纵"之术，话不在多，只要能表达或暗示"谈不成就走"之意就行。

(三)针锋相对法

"针锋相对"出自宋朝释道原《景德传灯录》第 25 卷："夫一切回答，如针锋相投，无纤毫参差。"针锋即针尖。针尖对针尖，比喻双方在策略、论点及行动方式等方面尖锐对立。针锋相对是谈判和生活中常用的方法。主要是在重大原则问题上，不能无原则让步、宽容，应直截了当，针对对方的观点进行辩论和反击。但针锋相对，并不是说在谈判桌上与对方争论时，锋芒毕露、面红耳赤、盛气凌人，从而影响谈判的顺利进行。因此，谈判中要以法律为准绳、以事实为根据说服对方，依法办事。语言表达上，坚定、不可动摇。

(四)旁敲侧击法

"旁敲侧击"出自清朝吴趼人《二十年目睹之怪现状》："只不过不应该这样旁敲侧击，应该明亮亮地叫破了他。"意思是说话、写文章不从正面直接点明，而是从侧面曲折地加以讽刺或抨击。这是谈判和交际中常用的语言技巧。在谈判中，当需要批评或提醒对方而又不便直接提出时，常使用这种幽默风趣的旁敲侧击法，其作用就是启发暗示，步步引入。运用时要注意两点：一是在己方发言之后，留给对方一个短暂的回味时间，对手才能体会到幽默的话语和谜底之间微妙的联系。二是我们不但要善于运用这种幽默技巧，而且还要善于领悟对手的这种幽默。

(五)顺手牵羊法

"顺手牵羊"出自《礼记·曲礼上》："效马效羊者右牵之。"意思是顺手把人家的羊牵走。比喻趁势将敌手捉住或乘机利用别人，用于谈判中就是利用对方在语言上的漏洞和所提出的条件，顺势为我所用。

案例分析

  1986年10月14日，邓小平在北京钓鱼台国宾馆会见伊丽莎白二世和其丈夫爱丁堡公爵菲利普亲王。小平同志在庭院里迎接女王时说："见到您很高兴，请接受一位中国老人对您的欢迎和致意。"女王表示："能到中国来访问，我感到十分高兴，这是我的夙愿。我热切期待着来中国多看些地方。"会见时，为了使客人们放松初次见面的紧张情绪，小平同志妙趣横生地说，北京天气太干燥，要改变一下，能借一点伦敦的雾就好了。菲利普亲王抢着说，雾是工业革命时的产物，现在伦敦没有雾了。小平就说，那可以借点雨，雨比雾更好。菲利普亲王接着说，你们可以借点阳光给我们。宾主哈哈一笑，生疏之感顿消。

  点评：在做出收回香港这样一个重大决策的会见活动中，宾主的寒暄亲切自然、和谐融洽，意义深远。

  在"入世"谈判过程中，中美谈判是龙永图认为最艰难的一环。1998年时，中美就农业问题即将达成共识，但克林顿在这关键环节仍不同意签订协议。

  "美国不签会后悔一辈子。"当时龙永图这样对美国媒体说。果然，美国代表团听说克林顿取消该协议后，都哭了。后来朱镕基总理接到克林顿反悔的电话时说，我看不要签了吧，要签到北京去签！这就是中国在一个大国面前的尊严和姿态。

  在谈判的最后环节，中美问题最后只剩7个问题无法达成共识。在中美双方准备"后事"时，朱总理"板着脸孔"对大家说："今天一定要签协议，不能让美国人跑了，我跟他们谈。"结果，朱总理在谈判桌上让大家捏了一把汗。当美国人抛出前三个问题时，总理都只有一个回答："我同意。""我着急了，这不是要全盘放弃嘛！我不断给朱总理递条子，写着"国务院没有授权"，没想到朱总理一拍桌子说：'龙永图，你不要再递条子了。'我当时真没面子。"想不到，当美方抛出第四个问题时，朱总理说："后面四个问题你们让步吧，如果你们让步我们就签字。"龙永图仿佛回到了当年的现场，舒了口气说："大家总算放心了。我后来想想，国务院不就在这吗？"后来，美方五分钟后同意了中方的意见。

  龙永图说："事实证明，后面四个坚持没有放弃的问题，如汽车贸易等是我们的底线，这就是对优先次序的判断。"

（来源：人民网强国博客）

第十五章 谈判与推销

点评：中国加入世贸组织，是以双赢为目的，而美国总是按照霸王哲学，苛求别人。对于这样的谈判对手，朱镕基总理的做法，堪称典范：三个回合定乾坤。第一回合：中美已经达成协议——可克林顿总统不签字。这一回合，可见美国总统的霸道，同时也将自己置于一种被动的地位。第二回合：中方警告"不签会后悔一辈子"——朱总理接到克林顿反悔电话。这一回合，尤其是朱总理的"我看不要签了吧，要签到北京去签"，表现了中国不畏强权的一种精神和对付强权的一种尊严姿态。第三回合：朱总理前三个问题的让步到后四个包括谈判底线问题的坚决不让步。这一回合，非常关键，朱总理的睿智表现得淋漓尽致：三个问题的首先让步，欲擒故纵，并且首先抢占到"理"和"礼"的制高点。这种商贸谈判，不可能所有问题一方让步到底，"后四个问题你们让步吧"顺理成章。这一过程中朱镕基总理的"今天一定要签协议，不能让美国人跑了，我跟他们谈"这句话，充分表现了总理胸有成竹的自信心和决心；最为精彩的是朱总理使用了一个"如果你们让步我们就签字"的假设肯定句式，没有用"如果你们不让步，我们就不签字"的假设否定句式，表现出中国人的温和和坚定，柔中带刚。可见，朱镕基总理驾驭语言的能力。

中央电视台 2008 年播出的电视剧《走西口》第十一集，有这样一个情节：土匪山里豹子为赎金用鞭子抽打"绑票"——皮匠铺裘老板。土匪要 500 块大洋，裘老板只答应出 180 块大洋，为此土匪用不让睡觉的方式折磨裘老板，裘老板还是不愿多出。后来，田青来审，情况大不一样：

田青坐在凳子上，那商人打起了盹儿，田青用鞭梢捅了一下："这么快就睡着了？"

胖商人哭丧着脸说："小爷爷，我已经两天两宿没合眼了啊！"

"您老贵姓？"田青和蔼地问道。

"免贵姓裘！"

"哦，裘老板！"

"不敢不敢，他们都管我叫裘胖子，你就叫我裘胖子吧！"

"还挺形象的。"

"跟我说说吧，他们怎么熬的你？"

"他们啊，就是不让我睡觉，他们非要我五百块大洋啊！小爷，五百块大洋我没有啊，他们就熬我啊，就是不让我合眼，熬得我实在没有办法啊！我就说，出一百八十块大洋行不行，他们说不行。小爷啊！你干脆就把我撕了票吧，我真要拿出一百八十块大洋，我也凑不夫，家里人也要饿死了！"

接着田青问了一些裘老板家里的事和皮匠铺的生意。

"你的皮匠作坊有多少人？"

"有，有三十来个吧。"

"三十多个，我对皮匠作坊是外行，有三十多个伙计，在包头应该算是最大的皮匠铺吧?"

"不算不算,还有大的。那大的,都有五六十号劳金呢。"

"那你的皮匠铺是自产自销呢,还是把皮子熟出来做批发?"

"我呢,基本上是自产自销,有时候派外柜到外边去推销。有时到草原上去卖给蒙古族人,还有时候到恰克图去卖给俄国人。"

"你刚才说的那三十几个伙计,都只是皮匠吧?"

"有掌柜的,有账房先生。除了账房先生,还有厨子、干杂活的、打零工的。工人吧,还有十来个人。"

"那裘老板,你出一百八十块赎金好像是少了点。"

"啊!小爷,你怎么把我的话全套出来了?你看我这笨劲。"

……

"小爷,就二百三十块啊,咱不能再多了行吗?"

"我跟你保证,就二百三十块大洋,绝对不会再涨价。"

"多谢!"

点评:田青跟裘老板的谈判为什么能够成功,或者说田青开的价,裘老板为什么能够接受?就是因为田青用了一种唠嗑、寒暄式的谈判方式,用语礼貌、态度和蔼,但暗含欲擒故纵的迂回战术。首先很有礼节地从"贵姓""家在哪""家里还有什么人"聊起,并且从关心的角度了解"他们"是怎么"熬"的。受到委屈和煎熬的裘老板就像遇到恩人一样打开了话匣子,有问必答,顺着田青设计的圈套往里钻。田青一直套出裘老板的作坊规模、生产销售方式和销售市场情况,最后得出了"一百八十块大洋好像是少了点"的结论,这时裘老板才如梦初醒:"啊!小爷,你怎么把我的话全套出来了。"最后田青的一番有关人生观、金钱观的"心里话",适时提出再加五十块的要求,这时裘老板自然能够接受,并且表示"多谢"。当然从后面的情节看,田青是有意在帮助裘老板。

案例 4

有两个贫富悬殊的美国人,一天,一起在马路上拾到 200 美元。"见者有份",于是就发生了如何瓜分这 200 美元的谈判。

最初,他们俩都提出平均分配。可是富人一想,这样分配不太公平,他应分得 150 美元,穷人应得 50 美元,理由是 50 美元对于穷人来说,已经是一笔不小的收益了,而对富人来说,150 美元的收益所产生的心理满足感才能与穷人得 50 元的心理满足感相一致,并以新加坡交通违章罚款为例,对富人罚款要比对穷人罚款多得多,理由是若对富人罚款和穷人一样多,富人就会觉得无所谓而起不到制裁作用。穷人听了富人的话觉得有道理,但要自己少分钱,他又不同意。一会儿,穷人突然从路过身边的跛子身上获得了启示,理直气壮地说道:"事情恰恰相反,我应得 150 美元,而你只应得 50 美元。"他用手指着跛子的背影说:"你想想,假若一个健康的人和一个跛子站在同一起跑线上赛跑,你说跛子

第十五章 谈判与推销

能跑赢吗?这显然是不合理的。应该让跛子先跑一段,这样比赛才算公平竞争。"两人各自坚持自己的"理论",谈判几乎陷于僵局,于是他们又回到了各分 100 美元的方案上来。可是富人突然又想起个人所得税所交的税率是不同的,说:"每人都分 100 美元,表面上看起来是一样多,但纳税以后,我的所得就少许多。应该是纳税以后,我跟你所得的现金数一样多才对。"穷人觉得他说的有道理。于是经过一番计算,最后以富人获取 142 美元,穷人获取 58 美元而结束这场谈判。

(选自《交际与口才》1998 年第 6 期的《谈判的砝码——公平》)

点评:谈判的双赢性,决定了谈判语言的情理性,即语言上的争辩要合情合理,可以有各种策略和辩术,否则,在谈判桌上就会理屈词穷。穷人和富人的故事,双方都用了类比推理的方法站在各自的立场上尽量想获取更多利益,这本身是没有问题的。但以只顾自己,不管他人的利益,甚至想压倒对方,战胜对方,自己赢得越多越好,对方输得越惨越好的态度参加谈判,即使胜利了,也是暂时的,表面上赢了,实际上却是输了。

孟子在批评齐宣王不会治国时有以下一段问答。

问:假如您有一个朋友,把妻子儿女托付给别人照顾,自己到楚国去了。等他回来时,他的妻子儿女却在挨饿受冻。对这样的朋友该怎么办?

答:和他绝交。

问:假若管制刑罚的长官不能管理他的部下,那该怎么办?

答:撤掉他!

问:假若一个国家里,政治搞得很不好,那又该怎么办?

齐宣王此时只好顾左右而言他了。

点评:这里,孟子使用"请君入瓮"法,采取假言设问和步步追问相结合的提问方式。先设两问,诱导宣王做出肯定回答,最后提出要害问题——怎样处置不会治理国家的君主,使宣王无言以对。如果首先提出第三个问题,必然会招致齐宣王的愤怒。假言设问与步步追问常运用于辩论与谈判等口才交际形态中。

威尼斯执政官邀请但丁去参加他们举行的宴会。上菜时,但丁看到侍者给自己端来的是一条很小的鱼,而旁边那些意大利各城邦使面前的鱼却一条比一条肥。但丁见状,一声不吭地用手把盘子里的小鱼提了起来,然后凑到自己的耳边仔细地听。"您在干什么?"执政官纳闷地问。"是这样的,"但丁一本正经地说,"几年前,我的一位朋友不幸掉到了海里,至今杳无音讯,不知道现在是否还活着,所以我就问问这些小鱼,看它们知不知

道他的情况。""那小鱼说了些什么?""它们对我说,'我们还很幼小,不知道过去的事情。不过,你可以向同桌的那些大鱼们打听一下。'"

点评:但丁转弯抹角、旁敲侧击,又不失礼节地表达了对执政官的不满,让执政官们自己去领悟其中的含义。

小李来自农村,小张来自城市,两个人同学同寝室,小张常讥笑农村人不如城市人聪明,并公开说小李哪一方面都不如他,同学们故意说不信。"不信,我敢和他打赌!我们相互提问,若有一方不知答案,就付五十元钱。"小张有些急了,沉不住气,大叫道。小李则说:"既然你们城里人比我们乡下人聪明,这样赌我要吃亏。要是我问,你答错了,你输给我五十元钱;你问,我答错了,我输给你二十五元钱。你看怎么样?""就这样吧!"小张自恃聪明,爽快地答应了。小李问道:"什么动物可以被人贴在墙上?"小张答不上来,输了五十元钱。随后,他也向小李提出了一个问题。"我不知道。"小李老实承认,"这二十五元钱给你。"

点评:在谈判中,聪明智慧的谈判者一般都会充分巧妙地利用对方所提出的条件为我所用,以达到后发制人的效果。这个案例,小李顺着小张提出的"乡下人不如城里人"的观点,而提出打赌输钱乡下人不应该和城里人一样多的要求,结果牵出了小张聪明反被聪明误,多输了二十五元钱。

第二节 推 销

推销语言,属于谈判类语言,主要是指推销人员(或营业员)在推销产品(或商品)的过程中,使用的口头谈判性语言。在经济一体化和世界经济全球化的过程中,物流业高度发达,产品流通高度频繁带来价格趋同,甚至连折扣也相差无几,怎样将你的产品推销出去,产品质量、服务水平、诚信程度是基本的因素,而推销口才(包括广告推销)也是必不可少的因素。事实证明,一个成功的销售人员都具有较强的口语交际能力。一个善于用语言艺术说服顾客的推销人员,他的推销业绩要比不善于用语言艺术说服顾客的推销人员的业绩高得多。在推销过程中,推销人员要积极调动自己的语言能力,运用夸张、重复、排比、借代等修辞手段,在尊重事实的基础上极力宣传商品的功用、性能和特点,以增强商品对顾客的吸引力,实现成功交易。

一、推销语言的特征

推销是一种商业贸易活动,其语言的生活性、专业性都很强,除此之外,还有以下几个特征。

(一)针对性

在推销产品的过程中,始终要以客户、产品为核心和目标,以交易成功为目的,有的放矢地运用推销语言。由于推销谈判内容比较丰富,每场推销谈判都有其特定的目标、业务内容、对手、时间与地点等,因此,推销谈判人员必须针对这些具体情况来考虑语言艺术的运用,尽量谈一些目标对象喜欢的话题,然后引向自己要达到的目的,这样,才有可能确保推销谈判的成功。特别是在向对方说明情况、解答问题或提出要求时,更应根据对方的个性和心理特征、思想动态以及问题的性质,有针对性地选择恰当的语言词汇和表达方式来进行。例如,当客户受某些因素的刺激而情绪表现激动时,应选择比较温和的语言做冷处理;而当客户态度冷漠或注意力不集中时,要投其所好,讲一些令其异常兴奋的事情。往往一个人的"兴奋点"就是他的爱好和所关心的话题等。某经销商想向一家超市推销一批产品,几次交谈都未成功。一个偶然的机会,他听说该超市经理是一位"驴友"。等到再次见面的时候,他说自己在所在地组织了一支"驴友"队伍,他们围绕这个话题,交流了很长时间,结果奇迹出现了,在交谈的过程中,这位经理就很轻松愉快地答应了进货。

(二)礼节性

推销的实质就是说服客户实现交易成功。言语生硬和简单是无法完成交易的。因此,推销人员态度上应热情诚恳,言语上要注意语速、语气,注意用词、句式。语速不紧不慢,语气亲切柔和,用词文雅准确,多用启发诱导句式,这样才能缩短与顾客的心理距离,促成交易成功。推销中礼节性的基本用语有五句:"您好""请""对不起""谢谢""再见"。这中间的"您"在推销语言中,用得最多。对于顾客,听起来会感觉到受尊重,很舒服。如:您请坐!您看这样行不?您觉得呢?如果在说的过程中,配合动作,效果又不一样。如:您抽烟!并热情地点上火;您喝茶!且大方得体地为客户端水;您吃菜!将他最爱吃的菜肴转到他的面前。"您"字所容纳的,不仅仅是称谓,还是一种尊重和心理服务。用词文雅准确,要求推销人员尽量用好普通话,念准声韵调,注意语流音变,否则就会产生歧义。某星级酒店的火锅,有大份儿和小份儿之分,服务员问就餐客人:"是要大份,还是要小份?"没加儿化,"大份"跟"大粪"同音。尽管无意,但客观上,语言上的问题让客人感到恶心,哪还有吃火锅的食欲?

(三)灵活性

推销活动要面对不同的顾客,这就要求推销人员善于了解不同的顾客心理,因人而异、因物而异,针对不同顾客的特点介绍产品,投顾客之所好。切忌千篇一律、言语呆板。对不同年龄、职业、性别、爱好的客户要使用不同的称呼语、问候语、宣传语、诱导语等。"货卖一张嘴""买卖不成话不到,话语一到卖三俏"说的就是这个道理。推销语言的灵活性还体现在推销人员在面对尴尬局面时所体现的睿智。在刚开始用钢化玻璃杯时,一个摆地摊的卖钢化玻璃器皿的商贩,为了说明钢化玻璃茶杯质量如何好,不易破裂，他随手拿起一个杯子一扔，不料茶杯"砰"地碎了。尴尬的商贩稍作调整后，对那些面面相觑、甚至有些嘲笑的围观者镇定地说道："你们知道这是一只什么杯子吗？这就是我们平常用的普通茶杯。"他随手又抓起一个茶杯，"大家再来看看钢化玻璃茶杯。"接连扔了三四个，都取得了成功。博得围观者的信任，不一会儿卖出了几十盒茶杯。在这个尴尬的局面中，商贩机智幽默的语言，实际上起到了一个卖关子的作用。这样是容易被购买者所接受的。

(四)诱惑性

现代心理学表明，好奇是人类行为的基本动机之一。在商业推销中，可利用顾客的好奇心，恰当使用诱惑性语言，引起顾客的注意，进而引起顾客的兴趣，实现交易的成功。诱惑性语言是经过设计、有意为之的语言，常常是通过夸张、反问、比喻、借代等修辞手法完成。一位推销员对顾客说："您知道世界上最懒的东西是什么吗？"顾客感到迷惑，但也很好奇。这位推销员继续说，"就是您藏起来不用的钱。它们本来可以购买我们的空调，让您度过一个凉爽的夏天"。推销员制造了一种神秘气氛，引起对方的好奇，然后，在解答疑问时，很技巧地把产品介绍给顾客。或通过令人愉悦的语言诱发人的美好联想，使其产生购买欲。一位勤工俭学的大学生在校门口推销酸梅汤，手拿产品，用甜甜的声音吆喝道："初恋的酸梅汤，两元钱一杯！已尝过初恋味道的，喝一杯可以找回甜蜜的回忆；正在尝的，请比较比较味道如何；没有尝的，更应该尝尝！"诱惑性语言还可以借助名人效应来说服顾客购买产品。例如：一个卖服装的商贩对顾客说"赵本山在春晚表演时穿的就是这个牌子"。

二、推销的语言技巧

推销活动中的语言技巧，主要体现在"怎么问""怎么说""怎么辩"三个方面。

(一)怎么问

在推销语言中，"问"至关重要。提问的能力决定了推销人员推销能力的高低。没有经验或者没有经过训练的推销员，不善于问问题，面对客户就拼命解说，介绍公司，介绍产品的品质、价格、服务多么好、多么棒。对于这种过于热情的服务，顾客不好意思接受，有时还会出现逆反心理。推销过程中恰当的问话，容易交流。到底应该问什么，怎么问呢？

1. 两点选择式

在推销中，常用"两点选择式"问句，尽量不给对方第三种选择权或说"不"的机会。在正常情况下，推销商常用的推销语是是非问句："现在要不要××？"两点式问话是选择句："现在要××还是××？"一家咖啡店卖的可可饮料中可以加鸡蛋。开始服务员这样问顾客："要加鸡蛋吗？"顾客中有"要"的，也有"不要"的。后来，他们改变了问话："您是加一个鸡蛋还是加两个鸡蛋呢？"这样的问话使顾客的选择在"要"的范

围内。服务员问顾客"要加鸡蛋吗?"顾客无论说"要"还是"不要"都是一种质的规定;而问"要加一个鸡蛋,还是两个鸡蛋",则是量的选择了。因为后一个问句中已经预设了这样一个前提:"喝可可汁的都喜欢加鸡蛋。"由于问话的暗示作用,人们往往在不自觉中朝着引导和暗示做出了选择。本来喜欢加鸡蛋的往往要了两个,而不喜欢的呢?也可能顺口要了一个,这就是销售额大增的奥妙所在。两点选择式问句,还利用了人的一种思维习惯,即第一时间接受某一信息并即刻做出决策时,思维往往会被这一信息所固定、所引导。两点选择式的推销过程是一种在所设定目标内的暗示引导。使用得当,会具有一定的魔力效果。

2. 问中探求式

实施成功交易,必须做到知己知彼。事前的调查了解可以知彼,但不是什么事都能够去做调查的。在推销过程中,学会询问,至关重要。在问中探求顾客的想法,在问中探求顾客的需要,在问中寻求解决问题的办法。问中探求式,就像医生一样,对现状进行诊断,而诊断的最好方式就是有策略地提问。探求式提问在推销的不同阶段,有着不同的要求和作用。比如在开场阶段,通常需要以好奇性提问开头,如"我可以请教您一个问题吗?""您为什么会选择这个产品呢?"利用客户的反应收集客户的需求信息。在确认需求阶段,可利用诊断性提问或两点选择式提问加以巩固,如购买电脑,"液晶显示器,是需要 19 吋的,还是 17 吋的?"在细节探讨阶段,可利用聚焦性提问确认,如对购买汽车的客户:"对发动机,您最担心的是什么呢?""这款车的颜色,您觉得怎么样呢?"在谈判成交的阶段,通常用假设性的提问方式试探,如对购买太阳能的客户:"如果没有其他问题的话,您看什么时候去安装比较合适?"既表示了一种尊重,又给了客户一种压力:谈到现在,不好意思说考虑要不要,而是考虑什么时间安装比较合适。

(二)怎么说

在推销语言中,更多的还是陈述式的介绍和劝购。怎么介绍,怎么劝说,有两种基本的、常用的说法。

1. 美言诱导式

喜欢听好听的话,希望得到赞美和表扬是人的本性。生活中,无意间一句不中听的话,可能会伤害一个人的心,甚至可能影响他人的一生,一句赞美可以让一个人心情舒畅、精神焕发。推销术中的美言诱导实际上是心理推销术。为了说服顾客,可以先从发现和巧妙赞美顾客的优点开始,在顾客高兴、有一种心理满足的时候,再向他推销,往往成功率较高。一位中年妇女到服装店买衣服,拿着一款衣服试穿后在那掂量着,这时一位年轻的女店员走过来说:"阿姨,这件衣服您穿上很好看!"中年妇女看看店员,把衣服挂在衣架上,移动脚步准备看另一件衣服时,又走过来一位店员:"大姐,有时穿衣服是让别人看的,刚才您试穿这件衣服时,我看了,颜色、款式都适合像您这样瘦身材和白肤色的人。您穿上至少年轻 10 岁。"中年妇女说:"是吗?"又取下刚试穿的衣服。再一次比试比试后决定买下了。第一个店员的话说得很平常。第二个店员的话就很注意赞美技巧，以及中年妇女的购买心理和年龄心理。打动顾客的心，才能激发其购买欲望。

2. 信息导引式

推销人员的推销语言要有一定诱人的信息量，最基本的有两种信息：一种是产品的可靠性能，二是产品的使用状况。通过推销员的介绍，能够让顾客对推销员有一定的相信度和依赖性，这样就有利于交易成功。有一个生产空调的公司，新生产了一种空调。一个推销员一天只能卖几台，另一个推销员一天却能卖三十多台。卖几台的推销员对来看空调的顾客是这样介绍和推销的："先生您买空调吗？我们这新造的空调可好了，您买吧！"顾客一般都是看看就走了。卖三十多台的推销员对看空调的顾客是这样说的："先生，您一直走到这款空调跟前，说明您很有眼力，这是我们最新的空调产品。这个空调整个的功能，和所有过去的空调都不一样，它不仅能够杀菌，而且能过滤空气，有的时候能自动定时关闭，而且自动调温。这个空调在整个现有的空调当中，它的质量最好，功能最全，而且价钱比所有的空调都便宜。别的公司可以保修两年，保修三年，我们保修五年。先生您试一试，不好，您试验它几天都可以。"第二个推销员的介绍，就有顾客很关心的大量信息。这是有关产品性能的信息引导。

(三) 怎么辩

推销过程中难免会因商品质量、服务质量、价格等问题出现争辩，虽然对推销人员来说这是忌讳，但有时讲究方法和技巧，尤其要注意说话的语气和态度，还会出现意想不到的效果。常用的方法有以下两种。

1. 肯定否定式

在争辩的过程中，不要轻易批评、否定客户的观点，即使需要批评和否定，也要采取先从某个方面给予肯定，再从根本上给予否定的"肯定否定式"辩法。这是一种"心理推销术"。客户是在自尊心获得一定满足时，才会产生心理兴奋和购买兴趣的。反之，则会产生抵触情绪，影响交易成功。推销中的肯定否定式，常用是"是，但是"句式。"是"表明同意顾客的意见，"但是"又解释了顾客意见产生的原因和推销人员的意见。有人推销安利的牙膏，顾客说："太贵了。""是的，价格比普通牙膏是贵些，但安利牙膏瓶装量大，每次使用时只需普通黄豆粒那么一点儿，这样使用的时间长，折算后，实际使用价格并不比普通牙膏贵。"推销人员先肯定了顾客的意见，没有直接反对，下面顾客就能随着推销人员的分析而点头称道。如果直接反对，势必引起无意义的争辩，不欢而散。

2. 借力增效式

借力增效，主要指在推销过程中，往往用名人、用他人、借媒体等正面和积极的有关产品信息进行产品推销。太极拳法有种借力打力技法，就是利用作用力与反作用力的原理，增强力量。在一些私立诊所，墙壁上悬挂着很多痊愈患者送的锦旗；在一些单位悬挂着很多荣誉奖牌，都属于这种借力增效法。而推销业中的借力增效，就是通过销售量、他

人使用信息来进行销售导引,效果很好。在一个名牌洗衣机的产品发布会上面对客户对质量的怀疑,发言人说:"刚刚结束的中国第二届劣质商品展示会上传出信息,××牌洗衣机在国家定点生产洗衣机产品中,接受投诉率最低,仅×%……"这里用的是有利于说明产品质量的会议信息,有据可查,可信度较高。在推销过程中,还经常借用具有一定身份的消费者的话来证明和推销产品。如某酒店服务员,在向用餐者推荐某道菜时,这样说:"这个菜是我们新推出的菜,你们公司的张总最喜欢吃这个菜。他说这是他最近吃到的最好的菜。咱们市美食家协会会长说这道菜是市里一道新的招牌菜。"这样就会增加可信度,把菜品推销出去。

案 例 分 析

某地火车站,有两家报刊亭,一个参加暑期社会实践的大学生经管理部门同意也可来此卖报刊。大学生想:三个卖报人,卖同样的报纸,不好赚钱。大学生决定,不摆摊,带报纸到等车的人群中和进车厢里卖。他每天喊着:"今报、大河报、郑州晚报,八毛一份,两块钱三份。"卖一段时间下来,大学生发现有重大新闻时报纸卖得又快又多。于是,大学生根据新闻内容来叫卖。什么我国出现甲型 H1N1 流感啦、吉林松原高考舞弊案查明 33 人违纪啦、浙江湖州市女副市长坠楼身亡啦……果然,这一招十分见效!原先许多没打算买的人都纷纷买了报纸。几天下来,大学生发现,每天卖的报纸居然比改口前多了一倍!

点评:面对同行竞争,勇者未必胜,但善于用脑、用手法、用技巧的人一定能胜。卖报大学生面对竞争局面,从分析市场开始,不断调整更新销售思路,尤其在语言上做文章,稍做更改,增加其诱惑力,效益大大增加。

第二次世界大战的时候,美国政府针对士兵的厌战情绪推出了一个保险,内容是:如果每个士兵每个月交 10 美元,那么万一上战场牺牲了,他会得到 1 万美元。这个保险出来以后,军方认为大家肯定会踊跃购买。结果没有一个人购买。其实道理很简单,在战场上连命都将没有了,还买这个保险有什么用呀?10 美元还不如买两瓶酒喝呢!所以大家都不愿意购买。连里的一个老兵对连长说:"让我来和大家解释一下这个保险的事情。我来帮你做做工作。"这个老兵对大家说:"弟兄们,我所理解的这个保险的含义,是这个样子的,战争开始了,大家都将会被派到前线上去,假如你投保了的话,如果到了前线你牺牲了,你会怎么样?你会得到政府赔给你家属的 1 万美元;但如果你没有投这个保险,你上了战场牺牲了,政府不会给你一分钱。也就是说你就等于白死了,是不是?大家还想一个问题，政府是首先派投了保险的人上战场还是首先派没有投保险的人上战场？"

点评：这个故事实际上就是一个典型的保险推销，这个老兵就相当于保险公司的业务员。老兵的一番话，体现了推销语言的针对性，使用了信息导引法。

政府针对士兵的厌战情绪，推出了一套保险，这个老兵又针对保险内容，于情于理传达了两个信息：一是投 10 美元，家人可获 1 万美元的赔偿；二是最后一句问话，政府首先会派什么人上战场？实际上答案就在其中。这句问话虽然有点幽默和忽悠，但正好是解决厌战问题的妙策良药。

某推销员上门推销化妆品，女主人说："我不缺化妆品。"这位推销员说："噢，你长得很有气质，不化妆就很漂亮。"女主人听后心花怒放。这位推销员紧接着说："但是，为了防止日晒，应该使用一种适合你这白净皮肤的防晒膏。"没等说完，女主人的钱包就已经打开了。

点评：在推销过程中，经常遇到"没有时间""没有钱"的直接推脱的客户。一般的推销人员吃了这样的"闭门羹"后，总是无奈和放弃。而懂得语言艺术的人，总是试着另辟蹊径，寻找突破口。这位化妆品推销员，就非常善于观察，善于进行美言诱导：一是"很有气质，不化妆也漂亮"；二是皮肤白净。人听好话七窍通。听到赞美让女主人不仅心花怒放，"钱包也早已打开了"。

美国有一个自行车厂家，单车价 186 美元，比一般自行车贵 36 美元，主要是因为在刹车系统方面做了特殊的处理。因为贵，因为顾客不了解，销售了很久，但产品卖得不多。他们去找一家顾问公司，经过对自行车使用寿命为 3~10 年的分析，顾问公司建议，价格不能动，可以在销售方式上加强改进。就是让所有的推销人员在推销这种自行车时，一定要用核心问话的方式进行推销。

"您觉得一辆自行车最主要的考虑是什么呢？是不是安全呢？"

"是呀，当然是呀。"

"那么什么东西最影响自行车的安全呢？是不是刹车呢？"

"是啊，是刹车。"

"您觉得一辆自行车大概能使用多久呢？3 年？5 年？10 年？"

"至少能够用 3 年，好的可以用到 5 年、10 年。"

"好吧，我们就拿最短的时间——3 年来说吧，1 年有 12 个月，3 年有 36 个月，我们的自行车只比别家多 36 块钱，您除以 36 之后，其实您每月只多花 1 块钱就买了安全系统又好、又耐用的一辆自行车，您看这多值得啊！而且这辆自行车用得更长的话，其实您一个月只要花几角钱、几分钱，就能买了。"

第十五章 谈判与推销

点评：核心问话，即已经给了或暗含答案的问话。这样问，不容对方选择，先入为主地给了对方一个重要信息，即要加强的问题。这个案例中，一般人不能够接受一辆自行车比另一辆自行车在 100 多块钱的价值上贵了 36 块钱。但如果贵一块钱，是肯定能够接受的。这种分散量化的办法，符合顾客的满足心理，也是产品推销中的常用方法。

一、先看故事，说出答案之后再看括号里面的提示分析。

故事一：

加贺千代女是日本江户时代很出名的女艺人。

有一天，一位贵族请她前去表演。

府中的女佣人一看到大名鼎鼎的加贺千代女竟然是个长相丑陋的女人，就讥笑起来："我还以为今天能看到大美人呢，没想到却是个丑八怪！她能成为有名的艺人可真够奇怪的。早知道这样，我也不用去厨房干活，直接到台上卖卖丑还能出名呢！"

问题：加贺千代女如何回击这位女佣人，既不失体面，又能很好地说明问题？

（提示：千代女微笑着回敬道："虽有一抱之粗，但柳树仍是柳树。"点评：柳树再丑，它都是婀娜多姿的代名词。在这里，千代女巧妙地运用绵里藏针法，来摆脱了尴尬的场面。尽管她的语气是温和的，但这种温和之中却蕴含着强硬的批评和嘲笑，让对方自惭形秽，恼羞成怒，却又不便发作。）

故事二：

1943 年，周恩来率中共代表团由重庆返回延安。途经西安时，国民党第一战区副司令胡宗南想利用为周恩来洗尘的宴会，轮番敬酒，灌醉周恩来，使其丢丑，在政治气势上压倒"延安"。宴会开始后，主持宴会的政治部主任王超凡，在祝酒词中说："在座的黄埔同志先敬周先生三杯酒，欢迎周先生的光临！请周先生和我们一起，为领导全国统战的蒋委员长的身体健康，先干头一杯！"

问题：周恩来能喝这杯酒吗？或如何为自己解围？

（提示：周恩来举起酒杯，微笑着说："王主任提到了全国统战，我很欣赏。全国抗战的基础是国共两党的合作。为了表示对国共合作抗日的诚意，我作为中国共产党党员，愿意为蒋委员长的健康干杯；各位都是国民党党员，也请各位为毛泽东主席的健康干杯！"胡宗南及其作陪者一听此言都愣住了，不知所措。周恩来举目四顾，微笑着说："看来各位很为难，我不强人所难，这杯酒就免了吧！"胡宗南趁机下台，说："这杯酒免了。"国民党众将官随声附和，此番敬酒便作罢了。点评：周恩来敏捷地从对方的话题里听出"为蒋委员长健康干杯"的政治阴谋，在当时国共合作的形势下，他不便直接拒绝，于是来个顺借话题、针锋相对，"也请各位为毛泽东主席的健康干杯！"这句话把在座的国民党将领都难倒了，潜台词很明显：你们不喝，我也不喝。周恩来表面上推却了喝酒，实际上是争得了国共两党政治上的平等地位。）

二、简要分析下面谈判中的语言技巧。

材料一：

20世纪80年代，撒切尔夫人到中国来和中国领导人商谈有关香港的问题。这是直接决定香港命运的一次商谈。据邓小平的秘书张宝忠回忆，会谈开始，小平就说道，主权问题没有谈判的余地。中国要谈的就是什么时间、采取什么形式，和平收回香港。谈判是给你们一个体面，撤出最后一块殖民地。如果你们不同意，我们就另起炉灶，至于什么时间、什么方式收回香港，我们自己决定。先给了撒切尔夫人一个下马威。撒切尔夫人说，如果你们搞不好，香港将来可能对你们的现代化建设有影响。小平立即反驳道："你错了，如果靠香港这个小地方发展中国是不可能的。中国发展要靠社会主义制度、靠党的领导，靠人民艰苦奋斗。"撒切尔夫人又说：将来管理不好，香港会乱的。邓小平说，这是我们预料中的事情。小平列举了一些可能出现的问题。但最后毫不留情地说，但主要是你们英国人捣乱。小平边说边举起手，做出强调的手势。小平接着说，我们有思想准备，我们打了22年的仗，这点小乱子我们还对付不了吗？撒切尔夫人再问，香港为什么驻军呢？小平直截了当地说，目的就是保证香港的安全和秩序。当香港警察部队维持不了时，军队要帮助他们维持。话音一落，在场所有人都惊呆了。80岁的老人思维如此敏捷，语言如此锋利，立场坚如磐石，稳如泰山，字字句句掷地有声！

材料二：

日本的DG公司经理山本村估与美国一家公司谈生意，美国方面知道DG公司面临破产的境况，就想用最低价格把DG公司的全部产品买下来。DG公司面临两难的抉择：如果不卖，公司的资金就无法周转；如果以最低的价卖给美方，也会元气大伤，从此一蹶不振。当时，山本村估的内心非常矛盾。但是他是个善于把思想隐藏在内心深处的人，当美方在谈判中提出这些要求时，山本村估若无其事地对随员说："你看一看飞往韩国的飞机票是否已经准备好了，如果机票已拿到，明天我们就飞往韩国，那里有一笔大生意在等我们。"言外之意，是对美方这桩生意兴趣不大，成不成对他都无所谓。山本的这种淡漠超然的态度使美方谈判的代表如同丈二和尚摸不着头脑，急忙拨直线电话报告美方总裁，因为当时美方也急需这些产品，总裁最后下决心还是以原价买下了这些产品。

材料三：

汤姆保过险的小车意外地被一部大卡车整个撞毁。下面是保险公司调查员和汤姆就赔偿金额的谈判。

调查员：我们研究过你的案件，我们决定采用保险单的条款。这表示你可以得到3300元的赔款。

汤姆：我知道。你们是怎么算出这个数字的？

调查员：我们是依据这部汽车的现有价值。

汤姆：我了解，可是你们是按照什么标准算出这个数目的？你知道我现在要花多少钱才能买到同样的车子吗？

调查员：你想要多少钱？

汤姆：我想得到按照保单应该得到的钱，我找到一部类似的二手车，价钱是3350

元,加上营业和货物税之后,大概是4000元。

调查员:4000元太多了吧!

汤姆:我所要求的不是某个数目,而是公平的赔偿。你不认为我得到足够的赔偿来换一部车是公平的吗?

调查员:好,我们赔你3500元,这是我们可以付出的最高价。公司的政策是如此规定的。

汤姆:你们公司是怎么算出这个数字的?

调查员:你要知道3500元是你可以得到的最高数,你如果不想要,我就爱莫能助了。

汤姆:3500元可能是公道的,但是我不敢确定。如果你受公司政策的约束,我当然知道你的立场。可是除非你能客观地说出我能得到这个数目的理由,我想我还是最好诉诸法律之途。我们为什么不研究一下这件事,然后再谈,星期三上午11点我们可以见面谈谈吗?

调查员:好的。我今天在报上看到一部七八年的菲亚特汽车,出价是3400元。

汤姆:噢!上面有没有提到行车里数?

调查员:49000公里。为什么你问这件事?

汤姆:因为我的车只跑了25000公里,你认为我的车子可以多值多少钱?

调查员:让我想想……150元。

汤姆:假设3400元是合理的话,那么就是3550元了。广告上面提到收音机没有?

调查员:没有。

汤姆:你认为一部收音机值多少钱?

调查员:125元。

汤姆:冷气呢?

……

两个半小时之后,汤姆拿到了一张4012元的支票。

材料四:

越南战争中,关于战争是继续还是停止,美国坚持继续,苏联希望停止,各自的态度坚定明确。1969年9月,美国总统顾问基辛格与苏联驻美国大使多勃雷宁举行谈判。正当基辛格发言时,尼克松总统给基辛格打来电话,谈了几分钟后,基辛格对多勃雷宁说:"总统刚才在电话里对我说,关于越南问题,列车刚刚开出车站,现在正在轨道上行驶。"老练的多勃雷宁试图缓和一下气氛,机智地接过话头说:"我希望是架飞机而不是火车,因为飞机中间可以改变航向。"基辛格立即回答说:"总统是非常注意词汇的,我相信他说一不二,他说的是火车。"整个谈判,因为语言上的委婉和艺术,使得谈判气氛融洽。

三、分析某公司接待员语言表达存在的问题。

在公司大门处迎接一批客户:"各位顾客,请随我到二楼产品展厅。"

在去二楼的路上与客户聊天:"你们几个是从哪儿来的?"

对身边的一位客户:"您姓什么?"

来到一楼大厅,手指一楼左手楼梯口:"往左边走!"

到了二楼,手指卫生间:"去厕所的,径直走。"

四、"你们的质量有保障吗?"这是在商场、商业谈判中常会遇到的问题。如果你是海尔冰箱的销售人员,你如何回答这样的提问?

五、分析下面问答中批发商的推销语言技巧。

某茶叶零售商,来到茶叶批发市场。在A店:

零售商:有没有100克包装的茶叶?

批发商:没有。

零售商又来到B店:

零售商:有没有100克包装的茶叶?

批发商:没有,但现在有200克的更好卖,更能赚到钱!

六、有专家将推销语言技巧形象地概括为加减乘除法。请按语言的加减乘除法,再各举一例。

1. 语言的加法。例如:客人向你咨询,他的婚宴菜单上还应配点什么菜,你就可以采用语言的加法了。这桌席只有凤没有龙,如果加上一只龙虾就龙凤呈祥了。又如客人订的是寿宴,在咨询你时,你就可以说:这桌寿宴中加上一只甲鱼就增加了寿字的意义。

2. 语言的减法。例如:不到长城非好汉,不吃烤鸭真遗憾。到北京不吃烤鸭真会是一种遗憾。来四川不吃江团,过了这个村就没有这个店了。

3. 语言的乘法。例如有人问:你这个豆腐怎么这么贵?豆腐也卖28元一份?你可以说:这是箱箱豆腐,里面有十几种原料,要用多种烹饪技法制作,在家里是做不出来的。

4. 语言的除法。例如:客人问:这份香辣蟹怎么这么贵?你可以这样说:这是两斤重的海蟹啊,10个人吃,1个人才几块钱,不贵!

七、下面两种洽谈方式,第一种属于"以我为准"的方式,第二种属于"各说各的"方式,分析两种方式所产生的结果。

以我为准:

"这种产品的单价是250元。"

"250元?太贵了。这大大超出了我们的支付能力,你们怎么能这样要价?"

"这是市场现价,我们一直按这个价格出售。"

"这就怪了,我们可以找到其他卖主,他们的售价比你们的便宜多了。你们应该降价。"

各说各的:

"这种产品售价是250元。"

"是单价吗?"

"是的。"

"你开价250元,包括运费,不包括关税,是吗?"

"是的。"

"我们希望每个产品售价220元,不包括运费和关税。"

第十六章 教育教学口语

本章学习与训练的基本要求：

- 了解教育教学口语及其特点。
- 学习教育教学口语的技巧。
- 模拟教育教学口语训练。

教师的教育教学口语是教育艺术的一个基本且重要的组成部分。教师在教学中离不开教育教学口语这一有力的工具。语言作为师生间交流的工具，首先是思维的载体，同时，从其功用看，语言不仅要让人听懂和理解，它还要留给他人一种印象，表达说话人的情感。古人云"凡音者，生人心者也。情动于中，故形于声；声成文，谓之音"。语言必须带有发自内心的真情实感，才能成为心灵间的信使，打动听者。因此，在教学中，教师教育教学口语表达只有发自内心、饱含深情，才能得到心灵的回音。教育教学语言是教师主要的教学手段之一。学校、课堂始终是一种语言的环境，有人对课堂进行"互动分析"，据他们统计，在传统的、比较正规的课堂中，平均70%的时间是教师在讲话。苏霍姆林斯基认为"教师的语言是一种什么也代替不了的、影响学生心灵的工具"。因此，精心锤炼教育教学语言，是每位教师增进技艺、提高业务水平的必练基本功。

第一节 教育教学口语及其特点

教师教育学生的语言和讲课的语言以及在教学中指导学生学习的语言，通常称为教育教学语言。教育教学语言在实际运用中可以分为教育口语和教学口语两大类，二者在使用技巧上各有特色。

教育教学语言是一种艺术，教师语言表达的水平制约着学生智力活动的水平。所以，苏霍姆林斯基指出："高度的语言修养是合理地利用时间的重要条件。""教育的艺术首先包括说话的艺术，同人心交流的艺术，教师的语言修养在极大程度上决定着学生在课堂上脑力劳动的效率。"

教育教学口语如同影视语言、法律语言、音乐语言一样，是一种专业口头语言。教育教学工作的性质、特点决定了它具有自己的风格和特点，具体表现在三个方面。

一是教育教学语言是专业语言。教育教学语言是教师在教学的具体条件下，即有明确的教学目标，针对特定的教学对象，使用规定的教材，采用一定的教学方法，在规定的时间内引导学生在认识和掌握知识、发展智力的活动中使用的语言。因此，它属于专业语言，受到教学工作的性质、任务和特点的制约。它有别于哲学、政治、法律、自然科学的用语，也不同于电影、相声、话剧、音乐等文学艺术语言。它既不是纯粹的书面语言，也不是普通的日常用语。它是口头语言与书面语言的"合金"，是独白形式与对话形式的紧密配合。教学语言是多种语言风格的融汇，是科学性、教育性、艺术性的统一。这种教学语言的独特风格，是数千年来广大教师不断实践、探索、创新的结果。

二是教育教学语言是共性与个性的统一。教学语言具有一般语言的共性，如传递性、节奏性、情感性等，但也有自身的专业特色：一为深浅适度，富有针对性。二为清晰准确，富有逻辑性。三为循循诱导，富有启发性。四为生动活泼，富有形象性。

三是教育教学语言是独白语言与对话语言的结合。有声系统的教学语言主要是口头语言，它分为独白语言和对话语言两种。教师在教学过程中采用讲解、说明和讲演，属于独白语言形式，而使用的问答、讨论及辩论等，则属于对话的形式。教学语言是独白语言与对话语言的有机结合，一堂课中独白语言与对话语言总是交叉穿插的，这是教学语言与其他专业语言明显区别的地方。

第二节　教育口语的基本技巧

教育口语有很多类型，在这里我们重点讲一讲说服语、沟通语、启迪语、暗示语、激励语、评价语、劝解语和应急语这几种形式的基本技巧。

一、说服语

说服，就是要摆事实，讲道理，以理服人。教师要想说服学生首先要分析说服对象。要根据他们的年龄、性格、心理上的差异和思想状况采取不同的说服方式，提出不同的要求，使用不同的语言，做到"一把钥匙开一把锁"。其次，要见机行事，消除对方的心理防线。一般来说，犯错的学生天生就有对老师的一种防范、抵触思想，使教师的说服无济于事，无功而返。所以，要使学生心悦诚服地信服你，接受你的意见，就必须从说服的内容和情态方面与学生的心理相融合，努力创造良好的说服氛围；要联系实际，晓之以理，动之以情；要设身处地，站在对方的立场上分析，随机施教，不能一味地强调要对方接受；要考虑对方的自尊心，宽宏大量，给学生留点面子，避免伤感情。最后，态度要耐心诚恳。说服中应平等相待，以诚相见，应根据学生的理解水平、心理承受能力，推心置腹，坦诚而言；说服中宜缓不宜急，应给学生留有思考的余地和改正错误的机会。在这个过程中忌教师高高在上、盛气凌人。如此，反而容易增加学生的反感，收不到预期的效果。

二、沟通语

沟通是指在教育情境中消除学生的心理隔阂，取得心理认同的过程。

要想沟通，首先必须了解学生的思想动向，知道他们的愿望、要求、个性、情绪，才能对症下药，把话说到对方的心坎上。有些老师由于对学生的情况把握不准，不能及时掌握学生的思想脉搏和真实想法，因此思想教育常常是讲"普通"话，讲一般的大道理，对

学生起不到入耳入心的作用，必然也就收效甚微了。其次，要理解学生。理解包含师生感情上的沟通，也包含教师对学生心理活动及其发展规律的认识。关爱并熟悉学生是理解的重要条件，真诚平等的态度是理解的心理基础。有了理解，才能搭起师生间思想情感沟通的桥梁。这样的教育，才能是卓有成效的。最后，要讲究一些技巧。这些技巧包括以下几点。

(1) 要善于缓和和化解紧张气氛，如说一句轻松幽默的或亲近友好的话语；先让学生坐下，给学生倒杯水等都有助于驱散紧张气氛。

(2) 情理交融，"金石"为开。"精诚所至，金石为开"，教师只有设身处地地为学生着想，成为学生信得过的人，以心换心，以诚相待，才能入情入理，达到沟通思想的目的。

(3) 选用恰当的句式和语气。师生是否心理相融，与教师选用的句式和语气密切相关。导致心理不相融的可能是话语内容，但也可能仅仅是不恰当的句式、语气和语态。比如质问句的语气，往往带有咄咄逼人的意味，会给对方造成强大的思想和心理压力，最终导致"没气生气""越听越气"的不良后果，成为妨碍沟通的障碍。

三、启迪语

启迪语就是启发开导学生的话语，在思想教育中，教师应当能够针对学生的某一问题，善于说理，长于诱导，启迪智慧。通过平等的思想交流和情感交际，引导学生去打开认识的窗口，开启思维的机器，从已知到未知，变消极被动为积极主动，在不知不觉的启发教育中产生对理性的领悟和升华，从而受到激发和教育，引发自觉，提高认识。

常用的启迪语有提问、分析、类比举例、设喻等几种，在实际运用中不管采用哪种方式，都应因事因人而异，善于激发学生的共鸣，让学生在不知不觉中受到教育。

四、暗示语

暗示语，就是用含蓄的语言或示意的举动，让他人能够领会自己想要表达，但却出自某种目的或原因故意藏而未露的意图，从而对他人的心理、行为产生影响的话语。它启迪思维，让学生思而得之，有时比直言更易为学生所接受。暗示用于提醒、点破、批语、告诫等教育场合，是一种委婉的表意方式。由于学生的个性心理存在差异，有些话不必或不便明说，就可以用暗示。

暗示，主要是通过语言来完成的。"望梅止渴"的故事就是典型的例子。除了语言暗示之外，表情、身姿、手势在一定的情境下也都可以起到暗示的作用。而无论是语言或非语言暗示，都要以学生能够领会为原则，不能过于晦涩，否则就会事与愿违。

五、激励语

激励语是对学生进行激发、鼓励的话语。它常用来激发学生积极向上的情绪和意志，

鼓励他们进取动机的确立。在学生的思想教育过程中，激励是"进取"的动力，是"向上"的能源，教师应当学会利用学生的需要，发掘学生内在的潜力，从而激发其干劲和热情，调动学生自身的积极因素，催其奋发向上，全面成长。

激励，要以目标导之，以榜样鞭策，这样才能使学生有目标、有动力。如拿破仑就用"不想当将军的士兵不是好士兵"来激励他手下的士兵。

运用激励语的常用方法有：鼓动、激发、勉励等，不管采用哪种方法，都应注意：其一，激励必须将物质和精神两方面结合，尽量满足学生各方面的、合理的要求；其二，激励要公平，以保护学生的自尊心，教师对学生应一碗水端平，一视同仁、不偏不倚，不能凭感觉、感情用事。

六、评价语

评价，是对学生的思想行为或目前的发展状况，通过或褒或贬的形式所做出的总结和评判。评价，是促使学生思想行为按正确方向发展的一种强化手段，教师给予学生准确而深刻的评价，就像一面镜子，可以照见学生的风貌，同时它又像一块路标，指引学生前进的方向。通过评价，使学生能够正确认识自己，约束自己，明确今后的努力方向，从而形成良好的规范行为。

对学生进行评价，要掌握以下原则。
(1) 调查情况，实事求是。
(2) 公平合理，是非分明。
(3) 以肯定为主，激发学生的进取精神。
(4) 注重特点，讲究形式。
(5) 掌握"火候"，注意场合。

评价语的基本形式是表扬和批评。相关内容参照第十二章《表扬与批评》。

七、劝解语

劝解，就是劝说、调解。在师生交往中，劝解也是一门艺术，它具有开导、劝诫、疏通、调解和抚慰的功能。当学生遇到困难与挫折，心境抑郁，情绪低落时，有效的劝解能使他们化解愁云，心理上得到安慰，产生温暖，逐步消除消极的情绪；当学生之间发生争执和冲突时，有效的劝解能使他们消除纷争，化干戈为玉帛；当发现学生有某种错误的思想、行为或倾向时，有效的劝解能起到正确引导、改变认识、纠正错误、防患于未然的作用。

有效的劝解应遵循以下原则。

1. 既动情又合理

"感人心者莫先乎情"，情感在劝解中起着重要的作用，它可以使学生对你有种信任感，对你敞开心扉。但劝解主要是让学生明理，纠正错误，又应对学生做理性分析，让学生懂理。

2. 既婉转又严肃

劝解语的婉转表达，是为了尊重对方，避免刺激，使人易于接受，妥善地解决问题。有些不便明说的话借幽默说出，还能使人在轻松、愉快的笑声中受到启发和教育。但婉转并不是一味地退让和迁就，面对学生的错误，适时地、严肃地指出，也能使人幡然醒悟。

3. 既正视矛盾又要缓和矛盾

正视矛盾就是教师在劝解学生之间的矛盾冲突时，不是回避而是直接引导矛盾双方从根子上寻找冲突的原因，用解决问题的方式处理纠纷、化解矛盾。而同学之间一般没有太大的利害冲突，所以教师也宜从双方的相似之处和共同利益出发，引导学生顾全大局，正确对待和处理问题，如用历史上《将相和》的故事启发学生明白事理、屈己待人，从而促使其各自反省，引起内心的愧疚，缓和态度，做出妥协让步，这样，便能达到息事宁人、和平共处，使矛盾得以缓解的目的。

4. 既要换位思考，又要立场鲜明

所谓换位思考，既是指启发学生从正反、上下、左右的角度去全面认识和分析问题，又指教师有时也应站在学生的立场上思考问题，发现学生所犯错误的一些"合理性"，更好地理解学生，为解决问题奠定基础。但老师在这个过程中应是非分明，立场鲜明，不能因此而模糊自己的原则和立场。

八、应急语

学生之间、班级之间、师生之间常常会因某些事而引发较大的事件或突发事件。此时，教师首先要保持清醒的头脑，以灵活应变的能力，临场机敏地应对处理，快速有效地运用包括语言在内的手段来平息事态或抑制事态的发展，在这种情况下就要用上应急语。

首先，使用应急语应注意恩威并重。当事态有可能继续发展和扩大时，教师必须采取有力的措施，用果断的话语及时制止事态的发展，抑制冲突。对于一些跟着瞎起哄、赶热闹和盲目冲动的学生要提出严重警告；同时也应从爱护学生的角度，预示事态发展的后果，让学生感受到老师是为他好，从而有效地抑制住事态的发展。

其次，应晓之以理，动之以情，唤醒对方的理智，达到促其收敛的效果。面对"风云突变"的意外事件，教师要冷静思考，准确判断后向学生分析利害，晓以道理，引导他们从不同角度看问题："如果这样会怎么样""如果不这样又会怎么样"，使之头脑清醒，以减少冲突。

第三节　教学口语的基本技巧

教学口语的形式也有很多，我们选取导入语、讲授语、提问语与解答语、结束语这四种基本形式进行阐述训练。

一、导入语

　　课堂导入语是教师在开始讲授新课之前，精心设计的一段简练概括、能引导学生进入预定教学轨道的教学语言。导入语可集中学生的注意力，激发其兴趣，启迪其思维，培养其审美情趣，还可以衔接新旧知识，明确教学目的，调动课堂气氛，沟通师生情感，为一节课的顺利展开奠定良好的基础。

　　导入语的设计原则：目的明确、简明扼要、有吸引力。

　　导入的常用技巧有以下几个。

　　(1) 开门见山，明确内容。

　　(2) 新旧联系，温故引新。

　　(3) 设置悬念，激起兴趣。

　　(4) 利用教具，直观导入。

　　(5) 讲述故事，巧妙铺垫。

　　(6) 引经据典，顺水推舟。

　　(7) 渲染气氛，激发情感。

二、讲授语

　　讲授语是教师向学生直接阐释教材的课堂语言，是教学中最广泛应用的教学口语，是教师教学口语基本功的核心部分，它具有信息量大、信息密度高、影响力大等特点。讲授语包括叙述、描述、解说、评述等，大都以教师的独白语为主体，适当纳入学生的对白语。

　　讲授语的基本要求有以下几个。

　　(1) 准确鲜明。

　　(2) 系统连贯。

　　(3) 通俗形象。

　　(4) 流畅规范。

　　(5) 深浅适度。

　　(6) 重点突出。

　　讲授的基本技巧有以下几个。

　　(1) 抓住重点，提示点拨。

　　(2) 形象描述，化易为难。

　　(3) 补充归纳，加深印象。

三、提问语与解答语

提问语是教师以发问的形式开发学生的智力，唤起学生进行思维活动而使用的口头语言形式。提问是深入的阶梯，是触发的引信，是觉悟的契机。它能激发学生的学习动机，开启其思维，培养其表达能力，检测其学习效果。

提问语的设计要求有：一是目标明确，问题清楚；二是难易得当，结合实际；三是角度新颖，富于启发性。

提问的基本技巧有以下几个。

(1) 填空补缺。
(2) 比较选择。
(3) 递进深化。

解答语是教师在课堂教学中为完成教学目的而答疑解惑，引导学生顺利掌握知识时所使用的教学口语形式，它与提问语相辅相成、相得益彰。

教师在解答时，一是要注意与学生的沟通交流；二是要根据反馈信息适时调整；三是要启发学生多角度思考问题，适当留有余地。

解答的技巧有以下几个。

(1) 直接回答。
(2) 提示作答。
(3) 延伸作答。

四、结束语

一部分内容或一节课教学之后的一段小结语就是结束语。结束语的目的在于强化教学内容，巩固教学效果，启发引导学生探索新知等。结束语的设计：一要归纳梳理，简单明了；二要有利于巩固记忆；三要能过渡延伸。

结束语的基本技巧有以下几个。

(1) 梳理内容，总结归纳。
(2) 承上启下，拓展延伸。
(3) 鼓动号召，激发兴趣。
(4) 设置悬念，引人深思。
(5) 作业练习，加强巩固。

案 例 分 析

学生甲和乙在课外活动时，为了争抢一张乒乓球桌吵了起来，甲在情绪激动时竟动手

打了乙一个耳光。这时,旁边的同学立即上前拉开。乙认为自己被打了耳光,既丢了面子又吃亏,十分恼怒,准备寻机报复。班主任了解情况后,对乙进行了一次说服教育:喜欢体育运动是件好事,它可以锻炼身体,增强体质;和别人争一张乒乓球桌,具有竞争意识,这也是对的,但任何竞争都是有一定规则的,绝不能因此而违反校规校纪,更不能事后报复。这就像你们打乒乓球一样,一个球打丢了,你就失一分,别人就得一分,这就是规则。所以,作为你的班主任,我首先批评你,不应该有报复思想。你想,如此冤冤相报何时了?当然,甲也有错,他不应该当众打你耳光,我已经找他谈过话了,他也认识到了自己的错误,愿意向你道歉,你看如何?……

结果两位同学言归于好,最终成为一对志趣相投的好朋友。

点评:这位班主任说服学生很注意方法,首先肯定了学生坚持锻炼和具有竞争意识是对的,以此求得学生的心理契合,然后借题发挥强调了规则的重要性,并举打球为例,得到学生的认同,使学生既认识到了自己的错误,又接受了另一位同学的道歉。

早上,第一节课上了约10分钟,某生才怯生生地走到教室门口。

师:(严肃地)怎么又迟到了?

生:早上没睡醒,起来晚了……

师:晚上为什么不能早点睡?

生:昨晚我一下自习就睡了。

师:那怎么还迟到呢?

生:(什么也没说了,只是把头低了下去)

点评:老师语气生硬,几句问话都是责备和追问,也不接受学生的解释,学生便只好忍气吞声了。这样,师生感情非但不能沟通,还会扩大距离。这位老师如果使用陈述句,效果可能会好些。如下面这则案例中的老师,就做得很好。

师:A,你今天迟到了半个小时,能不能告诉我这是怎么回事?

生:老师,我昨天晚上看书看得太晚了,今天早晨睡得特别死,连闹钟响了都没听见,所以迟到了。

师:我知道你一向爱看书,这是个好习惯。但如果晚上看得太晚,就会影响早起。你看,上课迟到不但耽误了自己听课,也在一定程度上影响了其他同学专心学习,这些你知道吗?

生:我知道,我这样做确实对大家的学习都有影响,我以后一定不再迟到了。

师:看书是一件好事,不过你是学生,每天必须保证足够的睡眠时间,能不能将看书

的时间提前一点呢?

生:我们家吃饭晚,吃完饭,写完作业,就已经9点了,可我又特别喜欢看书。

师:学校下午4点就放学了,吃晚饭前你都在做什么呢?

生:(不好意思)我看电视了。

师:你的时间是有限的,如果真的喜欢看书,是不是可以少看点电视,匀出时间来看书呢?这样就可以早点睡觉了。

生:我知道了。谢谢老师!我回去试试看,重新安排一下时间,争取以后不再迟到了。

师:老师相信你能做到。不过你今天迟到了,还是应该好好想一想,写一份检查交给我。

生:好的。

点评:这是一次成功的沟通。这位老师尊重犯错误的学生,语气亲切和缓,沟通时先肯定对方的好习惯,取得了学生的情感认同;继而指出其错误的危害,语重心长;最后提出合理的建议,帮助其合理安排时间,可谓关爱殷殷。这样,不仅帮助学生认识到了错误,还找出了错误的根源,避免以后再犯。同时,融洽的交流也增进了师生间的感情。

一位老师走进教室,看见地面很脏,他并没直接批评值日生,而是说:"我们班真是物产丰富呀!五彩斑斓的纸屑撒满地,还有瓜子点缀其间。我们生产了这么多垃圾,总要想办法出口呀!"几位值日生听后,马上明白了老师的意思,迅速将教室打扫得干干净净。

点评:这位老师面对很脏的教室,没有批评,而是用几个褒义词描绘出教室的脏乱现象,很幽默,同时也含有强烈的暗示,使值日生很乐意地接受了批评。

运动会结束后,班主任对全班同学作了一次讲评:

……在运动场上,陈丽同学用自己的速度证明了拼搏的含义,张玲娜同学用自己的眼泪阐释了集体荣誉的重要,叶萍、易咏等同学用自己的行动向我们演示了团结的意义,……我认为那圆圆的400米跑道,就像我们的人生之路,在这条路上,任何一点既是起点,又是终点;走上这条路我们只有勇于向前,用自己的汗水证明我们的努力,用自己的脚步证明我们的成功。我希望在以后的日子里,咱们应该充分发扬我们在运动场上所表现出来的团结拼搏精神,一往无前,维护班集体的荣誉,争取更多的胜利!

点评:这位班主任的讲话不是来自对空洞理论的阐述,而是通过对运动会的讲评,引导同学们要正确地对待自己的人生之路,要充分发挥运动会精神,把班集体搞好。使学生听了为之振奋,起到了很好的激励作用。

一位教师发现班上出现了"早恋"现象,他巧妙地避开这个容易使对方陷入难堪境地并极易引起对方警戒、对抗心理的问题,向全班同学讲起他家乡果园的事情。他说:"我们村子周围有大片的果树园,寒来暑往,春华秋实。有一年秋末冬初,我突然惊奇地发现,有些要落叶的果树枝上竟然又开出了一簇簇小小的果花。不久,花谢了,居然也结出了山楂般大小的果实。可惜没过几天,霜冻就来了,叶落尽了,小果实也烂掉了。后来,我悟出了一个道理:不该开花的时候开花了,不该结果的时候结果了,是会受到自然规律惩罚的。今天,同学们中的一些事情又引起了我们的思索,你们是否也能从中得到一些启迪呢?"

同学们听后深有感触,早恋现象很快就在这个班里消失了。

点评:教师分析了学生的心理特点,避实就虚,通过生动形象的比喻,吸引同学能听进去,使深刻的哲理深入浅出地渗入学生的心灵,从而达到了启迪、警示早恋同学的功效。

一天早操后,老师发现朱绍敏拖着鞋在队伍中别扭地走着,她了解到朱绍敏不停下提鞋是为了保持队伍的整齐,认为这正是集体主义教育的材料。走回教室后,老师先让朱绍敏说明不提鞋的原因——

师:她的思想多好啊!她当时想到的是什么?

生:是集体!

师:对呀,她心里想到的是集体。为了队伍整齐,她硬是拖着鞋走路;为了集体,她宁可自己走路不方便。她的心灵多美啊!她维护了集体荣誉,让我们用热烈的掌声表扬她,感谢她……

点评:这段话,老师表扬朱绍敏"思想好""爱集体""心灵美",话语热情感人。其中感叹句的使用充满赞美之情,不仅使当事人受到鼓励,也使全班同学受到感染和教育。

一位老师的教学日记:

李明是校篮球队的主力队员,但由于过多的体育活动,学习成绩明显下降。我几次找他谈话,让他处理好学习与体育活动的关系,可作用不大,于是我决定家访,争取家长配合。家长接受了我的建议,对他实行"约法三章":①退出校队;②除体育课外,平时不

准进操场;③禁止参加体育比赛。

这下他总该安心学习了吧?事与愿违,课堂上他仍是一副失魂落魄的样子,学习更不认真了。

我又找他谈话。这次是以朋友的身份,先从球谈起,谈女排精神,谈校队近期战况,慢慢地,他脸上露出了笑容,高兴地插起话来。我问他:"近日你怎么不打球了?"他长叹一声,讲起"约法三章",委屈地说:"不让我打球,心里痒痒的,哪有心思学习呢!"听后,我说:"这不能怪你,主要责任在我。"接着我把过去的想法,以及我对家长的建议,坦率地告诉了他。最后我恳切地说:"我和你父母的动机是好的,是让你全面发展,别荒废了学业,然而做法是不妥的,效果是不好的。"

他听我说得诚恳,有些激动,眼里涌出泪花,说:"都怪我自己学习不安心,辜负了老师的一片心意……"我接着说:"在不影响学业的前提下,我还是希望你积极参加体育活动。家长的工作我去做,希望你努力做到思想、学习、身体全面发展。"

……

从此,李明又活跃在操场上,学习也认真起来,成绩也有很大的提高。

点评:在对待这位学生的问题上,老师也犯了一些错误,最终还是通过耐心劝说、引导,培养了学生的学习兴趣。在劝解前,老师先谈论其感兴趣的话题,营造良好的交流氛围;再细心了解情况,耐心倾听,诚恳认错,热情动员,最终做通了学生的思想工作。

一位老师的教学日记:

考试结束后,我将考卷发给了大家,对全班同学的考试情况进行了分析总结。这时,只见李琳突然在座位上气势汹汹地将自己的试卷撕得粉碎。同学们一下子都屏住了呼吸,望着我。

我见此情景,心里也很生气,但望着大家一双双眼睛和李琳通红的脸,我稳定了一下自己的情绪,尽量平静地说:"李琳同学这次考试没考好,她把自己的试卷撕了,说明她自己也对考试不满意,能够认识到自己的不足。我希望大家能学习她这种精神。但我对她这种做法却不敢苟同……"说着说着,我发现李琳慢慢把头低了下去,而其他同学也松了一口气。

点评:这位老师面对课堂上的突发事件,头脑冷静,应对机智,并没有粗暴地去批评学生,而是诚恳地帮大家分析了她撕试卷的"动机",同时温和地点明了她的错误,让学生能容易接受,也消除了课堂上的紧张气氛。

现代诗《再别康桥》的导入语:

有一座桥,风景秀丽,遐迩闻名;

有一个人,风流倜傥,才名远播;
有一首诗,清新空灵,诗坛奇葩。
他是一个生来就为追寻感动的浪漫诗人,
是中国现代文学史上的一颗耀眼的流星。
他才华横溢,文笔洒脱;
他感情丰富,风度翩翩;
他谈话是诗,举动是诗;
毕生行径都是诗。
他轻轻地来,
又悄悄地走,
不曾带走人世间的一片云彩,
却永远投影在读者的波心。

点评:这位老师设计的课堂导入语本身就是一首美妙的诗,它既恰到好处地向学生介绍了作者,又能够很快地渲染出一种诗情画意的典雅气氛,而且创设了"先声夺人"的审美情境,体现出鲜明的抒情格调,不仅向学生传递了语文知识,而且让学生接受了美的熏陶,有利于学生心灵与人格的健康发育。

在学习"弧度制"时,教师直接引入新课:"以前我们研究角的度量时,规定周角的 1/360 为 1 度的角,这种度量角的制度叫作角度制。今天我们学习另外一种度量角的常用制度——弧度制。本节主要要求是:掌握 1 弧度角的概念;能够实现角度制与弧度制两种制度的换算;掌握弧度制下的弧长公式并能用来解题。"

点评:这位教师用简洁明快的语言直接点题导入新课,并提出新课的学习重点、难点和教学目的,以引起学生的注意,诱发探求新知识的兴趣,使学生目标明确地直接进入学习状态。这种方法多用于相对能自成一体且与前后知识联系不十分紧密的新知识教学的导入。

一位自然课教师在上《大气压力》一课时,用实验来吸引学生。上课伊始,学生的眼睛就被教师带来的瓶瓶罐罐所吸引,教师将一片玻璃盖在广口瓶上,翻转过来后,问学生:"如果我一松手,会发生什么现象?"学生齐答:"玻璃片会掉下来。"教师又在广口瓶里盛满水,把玻璃片盖上,翻转过来后,问学生:"如果我一松手,会发生什么现象?" 学生又齐答:"玻璃片会掉下来,水会流出来。"当教师把手松开后,玻璃片并没掉下来,有的学生发出"啊!"的惊叹,有的发出"咦?"的疑问。

点评：这位老师用实验的方法导入新课，巧妙直观，匠心独具；再加之实验结果出乎学生的意料之外，悬念顿生，更吸引了学生的注意力，激起了学生求知的兴趣，为学习这一课奠定了良好的心理基础。

教读朱自清《荷塘月色》，学生对课文第四自然段中"微风过去，送来缕缕清香，仿佛远处高楼上渺茫的歌声似的"一句不好理解，老师讲到——

师：一阵一阵的，断断续续的，有时很香，有时又没有，使劲儿也闻不出来；你再闻，它又来了。就这么个味儿，若隐若现，若有若无。这就好像远处高楼传来断断续续的歌声似的。这就是作者比喻奇特的地方。还有一处，就是作者写动态下的叶子，"叶子本是肩并肩密密地挨着，这便宛然有了一道凝碧的波痕"。为什么像"凝碧的波痕"呢？你们看见过荷塘没有？那微风吹过来，荷叶朝一边靠拢，有的分开了。靠拢，分开，就有起伏，就像波浪。那又为什么是"凝碧的波痕"呢？因为叶子靠拢来以后，整个颜色就显得深了。大家注意体会。这里写荷塘里动态的景物主要是用一些奇特的比喻，绘声绘色地把我们带进迷人、似乎还有点神妙的境界。这就是月下荷塘的景致，很优美，很迷人。下面我们大家一起朗读一下，好好体会体会。(全班朗读第四自然段)

点评：这段叙述语，语言准确、简洁，条理清晰，表达连贯，解开了学生的疑难。教师针对教学内容，讲之有的；根据学生理解情况，讲之有度；联系生活实际，便于学生接受，讲之有法；启迪学生心智，讲之有情。

一年级上册《0的认识》

上课开始，老师在黑板上画了一个"0"，问：小朋友们，知道老师在黑板上画的是什么吗？

学生急忙举手回答："零"。

老师似乎不满意其回答，暗示其坐下。启发道：谁再动动脑筋，0又像什么？

生2：像轮胎。

老师：你真会动脑筋，想得非常好。

生3："0"像太阳。

生4："0"像十五的月亮。

生5："0"像西瓜。

……

与此同时，教室里的学生都是抢起手臂把桌子敲得震山响，纷纷抢着发言，各种想象应有尽有。

(老师分别予以表扬，表扬他们有丰富的想象力。)

活跃的课堂气氛持续了将近20分钟。学生所描述的都是有关"0"像什么。

即将下课，老师进行着课堂小结。

老师：小朋友们，我们这节课学了什么？

生1：我们学习了"0"，我知道"0"像鸡蛋、像地球、还像……

学生还想说，老师马上暗示其坐下，让其他的学生回答。

生2：我知道了"0"像太阳。

生3：我还知道"0"像车轮胎。

连续叫了4个学生，学生的回答都是"0"像什么。老师只能作罢，草草说了有关"0"的作用与意义，就宣布下课了。

点评：从案例中可以看出这是一堂很热闹的课，老师在教学过程中也很注重对学生想象思维的启发，对学生的鼓励和肯定。这堂十分贴近生活的数学课虽然有以上优点，但忽视了学科特点，明显偏离了数学教学的目标，数学内容被机械地套上了情境，牵强附会地联系实际，过多地强调生活来源，"数学知识"几乎成了生活例子的附庸，其结果是既浪费了宝贵时间，又妨碍了学生对数学知识的真正理解。

在高二《生物》第二章的代谢概述中，讲完酶的这一生物学概念后，教师不失时机地提问学生，酶在什么地方合成？[学生]活细胞内。[教师]具体说，活细胞中哪个细胞器合成酶？学生通过积极思考，多数很快答出核糖体。

点评：这种提问语要求学生作答时准确严密，主要训练学生记忆、概括、思考的能力，还能通过教师启发式的追问，培养学生跳跃式思维。这种方法主要根据教学内容中需要记忆的内容而发问，问话可以组织成类似笔试中填空的形式，便于训练学生的记忆力。

生：老师，比喻有哪几种形式？

师：比喻有四种形式。第一种是明喻。典型形式是：甲像乙。本体喻体都出现，中间用比喻词"像、似、仿佛、犹如"等相联结。例如：收获的庄稼堆成垛，像稳稳矗立的小山。第二种是暗喻。典型的形式是：甲是乙。本体喻体都出现，中间没有比喻词，常用"是""成了""变成"等联结。例如：广场上是雪白的花圈的海洋，纪念碑已堆成雪白的山岗。第三种是借喻。典型形式是：甲代乙。不出现本体，直接叙述喻体。但它不同于借代。借代取两事物的相关点，借喻取两事物的相似点。例如："闭塞眼睛捉麻雀"，"瞎子摸鱼"，粗枝大叶，夸夸其谈，满足于一知半解，这种极坏的作风……还在我们党内许多同志中继续存在着。还有一种是博喻。连用几个比喻从不同角度，运用不同的相似点对同一本体进行比喻。例如：瞧，那一群骑自行车翩翩而来的身着风衣的少女，是红蝴蝶，是绿鹦鹉，还是蓝孔雀？

点评：这种提问和回答是最常见的形式，问题直接，正面回答得干脆利索。彰显教师渊博的学识，明确传递给学生集中、系统的知识。

钱梦龙老师在执教《愚公移山》"邻人京城氏之孀妻有遗男，始龀，跳往助之"是这样启发提问的：

师：那个"遗男"有几岁了？

生：七八岁。

师：你又是怎么知道的呢？

生：从"龀"字知道的。

师：噢，"龀"是什么意思？

生：换牙，换牙时七八岁。

师：这个年纪小小的孩子跟老愚公一起去移山，他爸爸肯让他去吗？

生：(思考后)他没有爸爸！

师：你怎么知道？

生：他是寡妇的儿子，孀妻就是寡妇。

点评："不愤不启，不悱不发"，在学生心求通而未得，口欲言而不能时，他们对讲授的内容必定高度注意，进入积极的思维状态，产生探求知识的强烈愿望和巨大动力。钱老师深谙此道，设置问题抓住关键，通过巧妙的点拨式问题，点其要害、拨其疑难，不断地给学生创造"愤""悱"的情境；在老师一步一步的启发追问下，学生精读课文，开动脑筋，找到了问题的答案，理解了课文并提高了阅读理解能力。这番做法引而不发，比老师直接告诉学生，要学生记住"龀"和"孀妻"的意思印象要深刻得多。

《圆的认识》结束语：

师：西方数学、哲学史上历来有这么种说法，"上帝是按照数学原则创造这个世界的"。对此，我一直无从理解。而现在想来，石子入水后浑然天成的圆形波纹，阳光下肆意绽放的向日葵，天体运行时近似圆形的轨迹，甚至于遥远天际悬挂的那轮明月、朝阳……而所有这一切，给予我们的不正是一种微妙的启示吗？至于古老的东方，圆在我们身上遗留下的印痕又何尝不是深刻而广远的呢。有人说，中国人特别重视中秋、除夕佳节；有人说，中国古典文学喜欢以大团圆作结局；有人说，中国人在表达美好祝愿时最喜欢用上的词汇常常有"圆满""美满"……而所有这些，难道就和我们今天认识的圆没有任何关联吗？那就让我们从现在起，从今天起，真正走进历史、走进文化、走进民俗、走进圆的美妙世界吧！

点评：结课时，教师选择最常见的自然现象，用优美的语言引发学生感受圆的神奇魅力，引领学生感受数学的博大与精深，领略人类的智慧与文明。"解释自然中的圆"和"欣赏人文中的圆"，帮助学生在丰富多彩的数学学习中层层铺染、不断推进，努力使圆所具有的文化特性浸润于学生的心间，成为学生数学知识增长的不竭的动力源泉。

一位教师在教学"年、月、日"知识后，作了如下延伸："你知道吗，为什么通常每四年里有三个平年、一个闰年？这个闰年是怎样定出来的呢？我们所经过的一天的时间，又是怎样定出来的？请同学们课后多读课外读物，了解更多知识，相信大家一定会很快找到正确答案的。"

点评：教师根据教学内容，引导学生把视点由课内向课外延伸、扩展，使之成为联系课外知识的纽带。这样，既能使学生对本节课的内容有更深层次的理解，又促使学生运用已知去获取新知，唤起学生探求知识的兴趣，拓宽知识面，扩大视野。

一位教师在教学"除数是两位数的除法"笔算知识后，在结课时，提出了这样的问题："进行除数是两位数的除法计算时，一般按'四舍五入'法把除数看成整十数进行计算比较简便，也就是除数的个位上的数是1、2、3的，通常用'四舍法'把除数看成整十数来试商；除数个位上的数是7、8、9的，一般用'五入法'把除数看成整十数试商。如果除数个位上的数是4、5、6的，用什么方法来试商呢？"

点评：教师利用教学内容的连续性和学生的好奇心，在上一节课的结束时针对下一节课的教学内容提出一些富有启发性的问题，造成悬念，以激发学生的求知欲望，起到"欲知后事如何，且听下回分解"的效果。这个问题，不但预示了下一节课的教学重点，对学生的预习有一定的导向作用，而且使前后两节课过渡自然，衔接巧妙。

一、教育口语有哪些技巧？按要求进行教育口语情境训练。

1. 一年级小学生常犯丢三落四的毛病，请以《小猴掰玉米》的故事，设计一段教育谈话，暗示学生做事应细心。

2. 班上一位同学在考试中作弊，学校给予他处分，他很不服气，认为现在考试作弊现象较普遍，作弊就能提高成绩，太老实就是傻子，这是竞争意识。你如何通过谈话，使这

第十六章 教育教学口语

位学生认识错误并改正作弊行为？

3. 如果你是教师请对这三个不愿登台讲话的同学采取不同的动员和激励方式：一个是胆小、借口"没准备"不愿上台的女同学，一个是腼腆、扭捏、自认为"不善辞令"的男同学，一个是性格倔强、冷冰冰抛出"我说不好"的男生。

4. 班上有个学生叫刘兵，平常不喜欢学习，最爱到网吧玩游戏。一次他又旷课，下午返校后，发现他鼻青脸肿，一问才知，他上午去玩游戏时被他爸撞见，结果就被打成了现在这个样子。如果你是班主任，在家访时如何就此事和刘兵的军人爸爸沟通说服？

二、评析下列教育口语运用的案例。

陈老师要接任一个全校公认的乱班，一些人劝他不要接。他经过仔细调查后，在第一次与全班同学见面时说了下面这些话：

我是咱们班第三任班主任，在我准备接任的时候，有人说咱们班是个乱班，劝我别当你们的班主任。我了解了一下咱们班"乱"在哪里：就是因为咱们班有一批体育爱好者，错把教室当操场，经常吵得别的同学也不能安心学习，致使给人以"乱班"的印象。在我看来这是件好事，因为经常锻炼可以强健我们的体魄，增强我们的体质。比如像我，我的名字叫陈强，父亲给我取这名就希望我长大以后能有一个强健的体魄，现在我也真如他所愿有一副好身体。但我以为，作为一个健全的人不能仅有强健的身体，还必须有高超的智慧。就像我们人有两条腿才能支撑身体平衡一样，只有两者兼备，我们才能算得上是一个健全的人。所以，我们要发挥生龙活虎、活泼奋发的优点，克服自由散漫的缺点，加强锻炼、刻苦学习，既强健我们的体魄，又提高我们的智力水平。我们的口号是：人人为集体，个个为集体争光！今后，凡是对集体不利的事咱们坚决不做，同心协力建设好班集体。我希望我既是咱们班的第三任班主任，又是最后一位班主任，同学们有信心吗？

三、教学口语的训练。

1. 导入语的训练。

(1) 假设你是某一学科的老师，请你根据本专业的特点，自选某一教学内容，设计几种不同的导入语并当众试讲。

(2) 假如你是教育研究者，请你作简要讲话，向某一学校的老师介绍课堂导入语的类型和设计要求。

(3) 以教研组长的身份评析下列教学实例中的导入语设计。

例一：

进行乘法教学时，我用故事导入："有个学生叫李明，同你们一样，上三年级。他过生日那天，爸爸带他去吃拉面。大师傅一次拉一碗面条。师傅把一根又粗又长的面对折了一下拉长，又对折了一下拉长，反复这么拉了 10 次，李明和爸爸看得津津有味。后来一碗面条端上来，爸爸问李明：'你知道这么一碗面条有多少根吗？'李明在桌子上写写画画，张口就来：'这碗面条有 1024 根。'爸爸笑着点点头。李明真神了，他怎么知道有 1024 根？学完这一课，我们就明白了。"

例二：

一位语文教师在讲辛弃疾的词时，用心良苦地下载了《铁血丹心》的 MTV。上课伊

始,他对同学们说:"今天咱们学习辛弃疾的豪放词。在学新课之前,老师想先请大家欣赏一首歌。"多媒体一播放,南北宋交替时期战乱纷飞、民不聊生的情景就展现在学生面前;罗文、甄妮的激情演唱响彻教室的每一个角落。教师从"郭靖""杨康"名字的由来,引导学生探讨"靖康耻"的社会背景,学生们很快进入教师精心设计的情境中,也很快理解了辛弃疾一生的胸襟抱负以及他终生壮志难酬的愤懑。

例三:

一份《春》的教例,是这样导入的:

师:你了解朱自清吗?

生A:写过《骆驼祥子》。(众生笑)

师:谁能说一说同学们为什么笑吗?

生B:《骆驼祥子》不是朱自清写的,是鲁迅写的。(众生又大笑)

生C:《骆驼祥子》是老舍写的。

师:《骆驼祥子》不是散文,而是……

生:(齐声)话剧。

2. 讲授语的训练。

(1) 假设你是某一学科的老师,自选某一教学内容,当众试讲。

(2) 假如你是教育研究者,请你作简要讲话,向某一学校的老师介绍课堂讲授语的类型和要求。

(3) 以教研组长的身份评析下列教学实例中的讲授语设计。

例一:

教读杜甫的《绝句·两个黄鹂鸣翠柳》,一位老师这样描述:

这是一幅春天的美丽的图画:新绿的柳枝上,成双成对的黄鹂在欢快地鸣叫。那蔚蓝的天空好像用水清洗过一般,清澈明朗。一字儿排开的白鹭在碧空飞翔。凭窗向西远眺,那巍峨的群山,大概有千年的积雪吧,在阳光下闪闪发光。就在门前的河边,那停泊的船只啊,或许是远航归来,或许是即将登程航行远方……

例二:

数学课:认识大面额的人民币。

师:这几张人民币你认识吗?说一说它们分别是多少钱?(师出示第五套人民币中100元、50元、20元、10元。生集体识别。)

师:那你们更细致地观察过这些钱吗?请看屏幕,这是老师放大的这几张人民币的正反面,仔细观察一会儿,互相说说你在人民币上都看到了什么?(屏幕展示,生相互交流。)

师:谁愿意说说你在人民币上都看到了什么?

生:我看见人民币上有国徽。

师:每一张人民币上都有国徽。国徽是我们国家的标志,它代表了我们祖国的尊严!

生:我看见人民币上有"中国人民银行"几个字。

师:中国人民银行是人民币印制和发行的地方。

生:人民币上有人民大会堂图片。

师：你们知道这几张人民币的背面分别是哪里吗？老师带你们去浏览一番，好吗？

(结合屏幕画面)100 元人民币的背面是雄伟的人民大会堂，我国重要的会议都在这里召开；50 元背面是西藏的布达拉宫，这里充满着少数民族的风情；人们都说桂林山水甲天下，20 元背面就是秀丽的桂林山水。你们看，这里山环绕着水，水映着山，多美的景色啊！10 元的背面是壮观的长江三峡！我们不禁感叹，祖国的山河多壮美啊！我们可以通过人民币来了解祖国美丽的山河！

生：人民币上有数字。

师：人民币上有不同的阿拉伯数字，这些不同的数字就是人民币不同的钱数，也就是人民币不同的面值。

生：人民币上还有鲜花。

师：你观察得真仔细，请同学们仔细观察这几张人民币上的鲜花图案，你们知道它们都是什么花吗？老师带你们去观赏一下这些迷人的鲜花。

(结合屏幕画面)10 元上的花是醉人的牡丹，20 元上的是出淤泥而不染的荷花，50 元上的是多姿多彩的菊花，100 元上的是绚丽的紫荆花。老师仿佛闻到了扑鼻而来的花香，美丽的鲜花让人民币看起来更漂亮。

生：人民币上还有毛主席头像。

师：每张人民币上都有毛主席的头像。毛主席曾经是我们党和国家的主席。他是一位伟大的领袖。他永远活在我们每一个中国人的心中。

生：我还在毛主席头像的下面看见了毛主席出生的时间和逝世的时间。

师：我们知道这位伟大的领袖生于 1893 年，逝世于 1976 年。还有其他的发现吗？(没有人举手)下面老师想给大家补充一下。

师：人民币正面的右下角是盲文(点字)，盲人通过触摸盲文，就可以知道是多少钱了。人民币背面右上角，分别用汉语拼音和四个少数民族的文字表示中国人民银行的意思。

师：同学们，通过我们这么细致的观察，现在你能很快地识别它们吗？(生快速识别。)

师：谁能说说你是用了什么方法一眼就识别出它的面值？

生：我用看数字的方法识别人民币。

生：我用颜色来识别。

生：我看人民币上的图案来识别。(师板书：数　颜色　图案)

师：刚才，我们观察了第五套人民币中大面值的人民币，认识了新朋友，还有几位老朋友。(师出示第四套的 10 元、50 元、100 元人民币)这些钱是第四套人民币中的 10 元、50 元、100 元，现在仍然通用。

师：我们可以通过观察钱上的数、图案或是颜色来认识不同的人民币。

3. 提问语与解答语的训练。

(1) 假设你是某一学科的老师，自选某一教学内容，以提问和解答作为主要教学手段，当众试讲。

(2) 假如你是教育研究者,请你作简要讲话,向某一学校的老师介绍课堂提问和解答语的类型和要求。

(3) 以教研组长的身份评析下列教学实例中的提问语和解答语设计。

例一:

一位小学教师讲"天花板"一词,本来只要指着天花板,然后用科学的语言阐释一下即可,这位老师却故弄玄虚:

师:你头上是什么?

生:头发。

师:头发上面呢?

生:是帽子。

师:(有些急躁)帽子上面是什么?

生:(恐惧,用手摸帽顶)是老鼠咬的窟窿。

(众生哄堂大笑)

例二:

吴正宪老师讲"圆"这一章时设计的一个问题:

请大家判断:"把一个圆分成两份,每份一定是这个圆的二分之一。对吗?"话音刚落,全班同学已经分成两个阵营,有举"√"的,有举"×"的。面对学生的不同答案,吴老师没有裁决,而让持不同意见的双方各推荐三名代表与同学商量后再发表意见。双方代表各手持一个圆形纸片讨论着,都下定决心要把对方说服。经过讨论准备,小小辩论会开始了。(为易表述,把举"√"的称为"正方",把举"×"的称为"反方"。)

正方:(把手中的圆平均分成两份)"我是不是把这个圆分成了两份?"

反方:(点头)"是,是。"

正方:(举起其中的半个圆)"这份是不是这个圆的二分之一?"

反方:"是,是啊。"

正方:(当仁不让)"既然是二分之一,为什么不同意这种说法?"

反方:(一个代表顺手从圆形纸片上撕下一块纸片,高举着分得的两部分大声问)"这是分成两份吗?"

正方:(连忙应答)"是。"

反方:(紧接着把小小的一份举在面前,用挑战的口吻问)"这是圆的二分之一吗?"

正方:(底气已经不那么足了,小声说)"不是。"

反方:(咄咄逼人)"既然不是二分之一,为什么你要同意这种说法呢?"

在激烈的辩论后,正方服气地却又不好意思地站到了反方的队伍中。

例三:

山东省小学语文教学能手党兆虎老师的《军神》课堂实录(节选)。

师:通过刚才的学习,大家对课文有了初步的感受,下面我们仔细地读课文,你会有更深的理解。刚才有位同学谈到这一段(示13段)。请一位同学再读一遍。

生1读。

师：从这句话中我们知道了刘伯承拒绝——(等学生齐说)麻醉！

师：他为什么拒绝麻醉呢？

生1：他怕施行麻醉会影响到脑神经。他需要一个非常清醒的大脑。

师：一个非常清醒的大脑有什么用？换句话说，刘伯承用清醒的大脑干什么？

生2：他要用清醒的大脑指挥打仗，因为他是将领。

师：你很会读书，结合了解的资料说出了他拒绝麻醉的真正原因。

师：一个摘除眼球这样大的手术，拒绝麻醉却很平静，这是一个怎样的病人啊？你能像他一样平静地说吗？

生3读。

师：你看他多会读书呀！能抓住前面的表示人物神情态度的词语——"平静"体会着来读。

师：请大家快速浏览课文的1到15自然段，看看还有哪些这样的词语？

(生找到并读出：冷冷地问　惊疑　冷冷地问　微微一笑　目光柔和了　生气地说　愣住了　口吃地说)

4. 结束语的技巧。

(1) 假设你是某一学科的老师，请你根据本专业的特点，自选某一教学内容，设计几种不同的结束语并当众试讲。

(2) 假如你是教育研究者，请你作简要讲话，向某一学校的老师介绍课堂结束语的类型和设计要求。

(3) 以教研组长的身份评析下列教学实例中的结束语设计。

例一：

一位教师在《凡卡》一课最后一堂课结课时，启发学生思考："《凡卡》一文末尾并未写出凡卡今后的生活将会怎样，留给我们的只是一个省略号，你认为爷爷能收到凡卡的信吗？假如爷爷收到了凡卡的信，会接他回乡下去吗？凡卡的痛苦生活能得到改变吗？"

例二：

一位地理教师在课尾针对一幅地图讲解完了有关知识时，地图"啪"的一声掉了下来，这时恰好响起了下课铃声，这位教师不失时机，幽默地说道："看来挂图也想休息了，下课！"师生在会心一笑中结束了本堂课。

例三：

一位教师教古诗《瀑布》时，在教学中逐步渗透诗歌的学法，使学生理解诗意，进入意境。教师在结课时再次揭示诗歌的学法："这节课，我们采用'知诗人、解诗题、析字词、明诗句、赏意境、诵诗句'的方法，学习了古诗《瀑布》，这是学习古诗的一个好方法，我们还可以用这个方法去学习其他古诗。"

附　录

中华人民共和国国家通用语言文字法

(2000年10月31日第九届全国人民代表大会常务委员会第十八次会议通过)

第一章　总　则

第一条　为推动国家通用语言文字的规范化、标准化及其健康发展，使国家通用语言文字在社会生活中更好地发挥作用，促进各民族、各地区经济文化交流，根据宪法，制定本法。

第二条　本法所称的国家通用语言文字是普通话和规范汉字。

第三条　国家推广普通话，推行规范汉字。

第四条　公民有学习和使用国家通用语言文字的权利。

国家为公民学习和使用国家通用语言文字提供条件。

地方各级人民政府及其有关部门应当采取措施，推广普通话和推行规范汉字。

第五条　国家通用语言文字的使用应当有利于维护国家主权和民族尊严，有利于国家统一和民族团结，有利于社会主义物质文明建设和精神文明建设。

第六条　国家颁布国家通用语言文字的规范和标准，管理国家通用语言文字的社会应用，支持国家通用语言文字的教学和科学研究，促进国家通用语言文字的规范、丰富和发展。

第七条　国家奖励为国家通用语言文字事业做出突出贡献的组织和个人。

第八条　各民族都有使用和发展自己的语言文字的自由。

少数民族语言文字的使用依据宪法、民族区域自治法及其他法律的有关规定。

第二章　国家通用语言文字的使用

第九条　国家机关以普通话和规范汉字为公务用语用字。法律另有规定的除外。

第十条　学校及其他教育机构以普通话和规范汉字为基本的教育教学用语用字。法律另有规定的除外。

学校及其他教育机构通过汉语文课程教授普通话和规范汉字。使用的汉语文教材，应当符合国家通用语言文字的规范和标准。

第十一条　汉语文出版物应当符合国家通用语言文字的规范和标准。

汉语文出版物中需要使用外国语言文字的，应当用国家通用语言文字做必要的注释。

第十二条　广播电台、电视台以普通话为基本的播音用语。

需要使用外国语言为播音用语的，须经国务院广播电视部门批准。

第十三条　公共服务行业以规范汉字为基本的服务用字。因公共服务需要，招牌、广告、告示、标志牌等使用外国文字并同时使用中文的，应当使用规范汉字。

提倡公共服务行业以普通话为服务用语。

第十四条 下列情形，应当以国家通用语言文字为基本的用语用字：

(一)广播、电影、电视用语用字；

(二)公共场所的设施用字；

(三)招牌、广告用字；

(四)企业事业组织名称；

(五)在境内销售的商品的包装、说明。

第十五条 信息处理和信息技术产品中使用的国家通用语言文字应当符合国家的规范和标准。

第十六条 本章有关规定中，有下列情形的，可以使用方言：

(一)国家机关的工作人员执行公务时确需使用的；

(二)经国务院广播电视部门或省级广播电视部门批准的播音用语；

(三)戏曲、影视等艺术形式中需要使用的；

(四)出版、教学、研究中确需使用的。

第十七条 本章有关规定中，有下列情形的，可以保留或使用繁体字、异体字：

(一)文物古迹；

(二)姓氏中的异体字；

(三)书法、篆刻等艺术作品；

(四)题词和招牌的手书字；

(五)出版、教学、研究中需要使用的；

(六)经国务院有关部门批准的特殊情况。

第十八条 国家通用语言文字以《汉语拼音方案》作为拼写和注音工具。

《汉语拼音方案》是中国人名、地名和中文文献罗马字母拼写法的统一规范，并用于汉字不便或不能使用的领域。

初等教育应当进行汉语拼音教学。

第十九条 凡以普通话作为工作语言的岗位，其工作人员应当具备说普通话的能力。

以普通话作为工作语言的播音员、节目主持人和影视话剧演员、教师、国家机关工作人员的普通话水平，应当分别达到国家规定的等级标准；对尚未达到国家规定的普通话等级标准的，分别情况进行培训。

第二十条 对外汉语教学应当教授普通话和规范汉字。

第三章　管理和监督

第二十一条 国家通用语言文字工作由国务院语言文字工作部门负责规划指导、管理监督。

国务院有关部门管理本系统的国家通用语言文字的使用。

第二十二条 地方语言文字工作部门和其他有关部门，管理和监督本行政区域内的国家通用语言文字的使用。

第二十三条　县级以上各级人民政府工商行政管理部门依法对企业名称、商品名称以及广告的用语用字进行管理和监督。

第二十四条　国务院语言文字工作部门颁布普通话水平测试等级标准。

第二十五条　外国人名、地名等专有名词和科学技术术语译成国家通用语言文字，由国务院语言文字工作部门或者其他有关部门组织审定。

第二十六条　违反本法第二章有关规定，不按照国家通用语言文字的规范和标准使用语言文字的，公民可以提出批评和建议。

本法第十九条第二款规定的人员用语违反本法第二章有关规定的，有关单位应当对直接责任人员进行批评教育；拒不改正的，由有关单位做出处理。

城市公共场所的设施和招牌、广告用字违反本法第二章有关规定的，由有关行政管理部门责令改正；拒不改正的，予以警告，并督促其限期改正。

第二十七条　违反本法规定，干涉他人学习和使用国家通用语言文字的，由有关行政管理部门责令限期改正，并予以警告。

第四章　附　则

第二十八条　本法自 2001 年 1 月 1 日起施行。

参 考 文 献

[1] 国家语委普通话测试中心，教育部语用司. 普通话水平测试实施纲要[M]. 北京：商务印书馆，2004.
[2] 王建华. 新编大学生口语交际教程[M]. 杭州：浙江大学出版社，2005.
[3] 阎秀萍，周晓. 演讲与口才[M]. 北京：中国物资出版社，2004.
[4] 邵守义，谢盛圻，高振远. 演讲学教程[M]. 北京：高等教育出版社，1997.
[5] 岑运强. 言语交际语言学[M]. 北京：中国人民大学出版社，2008.
[6] 张严明，陈兴焱. 新编普通话口语表达技能教程[M]. 郑州：郑州大学出版社，2007.
[7] 李珉. 普通话口语交际[M]. 北京：高等教育出版社，2003.
[8] 欧阳友权. 口才学修订本[M]. 长沙：中南大学出版社，2002.
[9] 李建南，黄淘安，王强东等. 口头交际的艺术[M]. 北京：中国青年出版社，1992.
[10] 闻君，金波. 现代口才实用全书[M]. 北京：时事出版社，2008.
[11] 《演讲与口才》杂志 2005—2009 年各期.
[12] 《交际与口才》杂志 2006—2007 年各期.

参考文献

[1] 国家林业局森林病虫害防治总站. 林业有害生物预警, 监测与检疫实施办法[M]. 北京: 中国林业出版社, 2004.
[2] 李建光. 园艺植物学实习实验及专题实习[M]. 保定: 河北大学出版社, 2005.
[3] 姚云峰. 园林. 北京林学院[M]. 北京: 中国林业出版社, 2001.
[4] 陈有民. 园林树木学. 修订版. 中国林业教育学会[M]. 北京: 中国林业出版社, 1997.
[5] 卓丽环. 园林苗圃学[M]. 哈尔滨: 东北林业大学出版社, 2005.
[6] 刘克旺, 陈永贵. 园林植物及其在园林景观中的应用[M]. 长沙: 湖南大学出版社, 2007.
[7] 苏雪痕. 植物造景[M]. 北京: 中国林业出版社, 2002.
[8] 苏德江. 园林绿化树木[M]. 天津: 天津大学出版社, 2002.
[9] 李端沛, 徐德全. 主要花卉种苗生产[M]. 北京: 中国林业出版社, 1997.
[10] 何礼华. 花卉, 观叶植物实用栽培手册[M]. 北京: 中国农业出版社, 2008.
[11] 《园林》杂志. 上海 2005～2009 年各期.
[12] 《花卉》月刊. 广东 2006～2007 年各期.